FRANCKE

Bodie Thoene

Prag – der Konflikt

Die Zion-Passion 2

FRANCKE
Verlag der Francke-Buchhandlung GmbH

Diese Geschichte ist meinem Bruder Howard,
meinen Schwestern Pabbie, Tanya, Cindy und unseren Kindern
gewidmet.
Gemeinsam erinnern wir uns an den 91. Psalm
in unserer viel-benutzten Bibel und an die Gebete,
die unsere Großmutter für uns sprach ...

ISBN 3-86122-007-5

5. Auflage 2001

Originaltitel: Prague Counterpoint

Published by Bethany House Publishers, Minneapolis, USA

Deutsch von Agentur Lardon/Tilmar Sylten
Umschlaggestaltung: Reproservice Jung, Wetzlar
Umschlagillustration: Dan Thornberg
Satz: Druckerei Schröder, 35083 Wetter/Hessen
Druck: St.-Johannis-Druckerei, 77922 Lahr/Schwarzwald 33633/2001

Inhaltsverzeichnis

Prolog

Die Altstadt von Jerusalem

20. Mai 1948

Es war vorbei. Von den Juden, die die Altstadt verteidigt hatten, überlebten nur dreißig. Nicht eine Kugel hatten sie mehr übrig, als sie schließlich vor Major Abdullah Tell, dem Oberbefehlshaber der Arabischen Streitkräfte, ihre Waffen niederlegten.

„Hätten wir gewußt, was von euch noch übrig ist", sagte Tell respektvoll, „wären wir mit Stöcken statt mit Gewehren gekommen!"

Die anderen jüdischen Verteidiger lagen tot inmitten der Trümmer des jüdischen Viertels. Sie hatten tausende von arabischen Soldaten so lange aufzuhalten, bis sich der Rest der jüdischen Freiheitskämpfer hatte bewaffnen können und auf die Angriffswellen der Jordanier, Syrer und Ägypter – und jener, die aus Irak und Iran gekommen waren, um gegen die jüdischen Zionisten zu kämpfen, – vorbereitet war.

Die große Hurva-Synagoge, Nissan Bek und die anderen jüdischen Heiligtümer wurden zerstört. Explosionen erschütterten den ehrwürdigen Boden. Und das Leben der Juden nahe der Klagemauer, das zweitausend Jahre gewährt hatte, ging zu Ende.

Zitternd und gezeichnet von Hunger und Trauer, kamen eintausendzweihundert Bewohner des jüdischen Viertels, die nicht gekämpft hatten, aus den Kellern, in denen sie schon seit Wochen Schutz vor den Kugeln der Araber gesucht hatten. Die Alten, die Rabbiner, die ihr Leben der Lehre und der Andacht gewidmet hatten, weinten bei dem Anblick, der sich ihnen bot. Schwarzer Rauch stieg von der Hurva-Synagoge auf, Flammen loderten aus den Fenstern und hüllten die Kuppel ein.

Unter vorgehaltenen Gewehren wurden Frauen und Kinder zu den alten Rabbinern auf den Platz getrieben. Ihre Gesichter waren von Ruß und Tränen verschmiert. Die meisten der Frauen hatten ihre Ehemänner in den Kämpfen verloren. Jetzt wurden die Söhne, die älter als dreizehn waren, von ihnen getrennt. Einige vermochten wenigstens ein Andenken aus ihrer Wohnung zu retten. Rabbiner trugen die Schriftrollen der Thora mit sich, während weinende Frauen Fotos an ihre Brust preßten und die Namen derer riefen, die jetzt unter den Trümmern des jüdischen Viertels begraben lagen.

„Wohin bringt ihr uns?" rief jemand, als sie an den siegreichen arabischen Kämpfern vorbeigeführt wurden.

„Dich bringen, alter Mann?" grölte ein Soldat. „Seit zweitausend Jahren lebt dein Volk gefangen in diesen Mauern! Wir befreien euch Juden aus Jerusalem, mehr nicht!"

Den Alten wurde freies Geleit in die Weststadt gewährt. Die übriggebliebenen Verteidiger des Viertels sollten nach Osten in ein Kriegsgefangenenlager in Jordanien gebracht werden.

Mit der einen Hand stützte Jakov Lebowitz seinen Großvater. Mit der anderen umklammerte er das Cello, das einst Leah Feldstein gehört hatte. Tränen schossen dem alten Mann in die Augen. Wie Bäche einen zerfurchten Berg flossen sie die Falten seines Gesichts entlang.

„Nie mehr werde ich über dieses Pflaster gehen, Jakov", sagte der alte Mann.

„Es wird nicht für immer sein, Großvater." Jakov versuchte, ihn zu trösten. Aber die Schultern des alten Mannes erzitterten unter seinem Schluchzen. Er hatte seine Familie durch die Nazis verloren; dennoch hatte das heilige Jerusalem seiner Seele Kraft verliehen. Jetzt wurde ihm auch das genommen.

„Vielleicht nicht für immer, Jakov, aber ich werde es nicht mehr erleben." Liebevoll glitt sein Blick über die Steinplatten der historischen Gehwege. Dann sah er zu dem schwarzen Rauch empor, der sich über ihnen erhob, wie der Rauch von Millionen Toten über Polen und Deutschland.

„Wir werden zurückkommen, Großvater!" weinte der Junge. „Wir *müssen* zurückkommen!"

Ein Araber mit breitem Gesicht wandte sich bei Jakovs trotzigem Schrei zu ihnen um. Er grinste durch seine Zahnlücken. Als er jedoch den sperrigen Kasten erblickte, in dem sich das Cello befand, verengten sich seine Augen.

„Du! Junge!" bellte er und trat auf Jakov zu. „Was schleppst du da mit dir 'raus?" Ein solches Gepäckstück hatte er nie zuvor gesehen. Er spannte sein Gewehr. Offensichtlich verdächtigte er den Knaben, Waffen aus der Altstadt herauszuschmuggeln, um sie den Juden zu bringen, die noch im neuen Teil der Stadt kämpften.

Jakov blieb stehen. Voller Wut und Verbitterung preßte er die Zähne zusammen angesichts der Entweihung der jüdischen Gebetshäuser.

Sein Großvater legte eine Hand auf den Arm des Jungen. „Vergreif' dich nicht im Ton", warnte er. „Ein arroganter Blick wäre ihm Grund genug, uns zu töten."

Jakov senkte seinen Blick, als der Araber den Gewehrlauf auf seine

Stirn richtete. „Es ist ein Musikinstrument", sagte er mit leiser Stimme. Er war sich selbst noch nicht sicher, warum er Leahs Cello mitgenommen hatte. Ihre Schallplatten waren zerstört, ihr Plattenspieler in Stücke geschossen. Einzig das Cello schien in ihrem Zimmer unversehrt geblieben zu sein. Er hatte beinahe vergessen, daß er es mit sich die Stufen hinuntertrug, als der Ruf ertönte, daß die Stadt gefallen sei.

„Mach' das auf, du Hund!" forderte der Soldat. Jakov legte den Kasten auf einen Haufen Schutt. Mit zitternden Händen öffnete er das Schloß. Er schlug den Deckel zurück und trat hastig beiseite.

Der Soldat ging um das Cello herum, als wäre es eine Bombe. Er blinzelte das Instrument an. Dann warf er einen neugierigen Blick auf Jakov. „Nimm's 'raus aus dem Kasten!" verlangte er. „Spiel es!" Er wollte einen Beweis für Jakovs Behauptung.

„Ich kann es nicht spielen." Jakov hob Leahs Cello mit derselben Sorgfalt heraus, mit der sie es tausende Male getan hatte, wenn sie den Kindern und den Alten in Tipat Chalev vorgespielt hatte. „Es gehört mir nicht." Er hielt es hoch, damit der Soldat es betrachten konnte.

„Du kannst nicht damit spielen? Es gehört dir nicht?" höhnte der Soldat. „Warum schleppst du's dann mit dir 'rum?"

„Ich weiß nicht." Jakov weinte jetzt. „Ich weiß es nicht!" Er haßte die Tränen, die er vergoß. Er bemühte sich doch so sehr, sie zurückzuhalten. „Es hat uns Freude bereitet!" rief er. Er dachte an die wundervollen Nächte, in denen Leah ihnen vorgespielt hatte. „Es hat soviel durchgemacht." Er dachte an die vielen Geschichten, die ihnen Leah von ihrer Flucht aus Wien vor zehn Jahren erzählt hatte. „Es blieb am Leben, als sie starb. Hätte ich denn zulassen sollen, daß ihr es tötet?" Was er sagte, machte überhaupt keinen Sinn mehr. Der Soldat sah ihn irritiert und voller Widerwillen an. Er zuckte die Schultern. Dann ging er weiter, um einem alten Rabbi zu befehlen, eine Thora auszurollen, die er kontrollieren wollte.

Liebevoll schloß Jakov den Cellokasten, doch nicht rechtzeitig, um zu verhindern, daß sich die Asche des alten Jerusalem auf das polierte Holz des Instruments legte.

1. Wien: Der letzte Sonnenaufgang

Er war vierunddreißig Jahre alt geworden, ohne daß ihm je aufgefallen war, wie verschiedenfarbig der Morgenhimmel aussah. Aber dies würde sein letzter Sonnenaufgang sein, und mit einem Mal schien der Horizont unglaublich bunt zu strahlen.

Walter Kronenberger stand am Fenster seines schäbigen Hotelzimmers und beobachtete, wie sich die Farben am östlichen Himmel veränderten. Tiefes Purpur ging in tausend verschiedenen Abstufungen von Blau und Rot bis zu einem helleren Rosa über, dort, wo schließlich die Sonne aufgehen würde.

Unter ihm rumpelten deutsche Panzer mit dem Wappen des Tausendjährigen Reichs durch die Straßen Wiens. Walter beachtete sie nicht. Er kannte ihren Anblick. Wegen dieses Schauspiels und dieser Geräusche hatte er Deutschland verlassen. Wie jeder Narr, der sich noch in Österreich aufhielt, hatte er nie damit gerechnet, daß die Panzer auch hierher kommen würden.

Hinter sich konnte er den tiefen, regelmäßigen Atem seiner Söhne hören. Er hob den Spalt der Jalousie ein wenig, und ein verlorener Lichtstrahl fiel auf das zerstrubbelte blonde Haar der Jungen.

Plötzlich verflog sein Interesse am Sonnenaufgang. Stattdessen wandte er sich um und starrte die beiden Fünfjährigen an. Sie waren alles, was von seinem zerstörten Leben übriggeblieben war; von seiner Liebe zu Maria. Und sie waren das einzige, weswegen er es bereute, diese Welt zu verlassen.

Die Pistole, die er gekauft hatte, war geladen und lag neben zwei schlichten weißen Briefumschlägen auf dem Tisch. Wenn die Nazis kämen, um ihn zu holen, – und das würden sie heute zweifellos – würde er nicht kampflos sterben. Aber dessen war er sich sicher: heute würde er sterben.

Er streckte seine Hand aus, wie um die Stirn des kleinen Karl zu berühren, aber er ließ sie über dem Kopf des Kindes schweben. Und in diesem Moment größter Verzweiflung betete er für ihn. Wer würde diesem armen Kleinen jetzt seine Liebe schenken? Wer würde ihn wiegen, wenn er nachts weinte, wegen der immer wiederkehrenden Ohrenschmerzen? Die Schmerzen hatten Karl reifer werden lassen – reif und zermürbt. Aber wer würde sein Innerstes erkennen jenseits der Mißbildung, die ihn zu einem Objekt des Spotts und Hohns gemacht hatte?

Für einen Moment ließ Walter seinen Blick auf die Waffe schweifen und dann zurück zu Karl. *Wäre es nicht barmherziger . . . ?* Bei dem Gedanken zog Walter seine Hand erschreckt zurück. Er schloß die Augen und betete noch inbrünstiger. Morgen würde die Sonne wieder aufgehen, und seine Söhne würden ohne Vater sein. Das wußte Walter. Aber sie *mußten* am Leben bleiben!

Als spürte er die Verzweiflung seines Vaters, öffnete Karl seine Augen und blinzelte ihn verschlafen an. *Blaue Augen, schöner noch als der Sonnenaufgang,* dachte Walter. *Voller Güte und Liebe. Lieber Gott, laß jemanden sein Innerstes erkennen.* Walter streichelte die Stirn des Jungen. *Sie sind jetzt deine Kinder!*

„Bist du hungrig, Karl?"

Der Junge überlegte einen Moment. Schließlich nickte er langsam.

„Dann komm leise mit mir. Wir werden uns gemeinsam den Sonnenaufgang ansehen und etwas Apfelstrudel essen. Ludwig lassen wir solange noch schlafen, einverstanden?"

* * *

An einem Tag wie diesem wäre es passender gewesen, die Sonne wäre überhaupt nicht über Österreich aufgegangen. Die Wälder hinter Wien hätten in friedlicher Dunkelheit verharren sollen. Die vorüberziehende Nacht hätte sich besser an den hochaufragenden Türmen des Stephansdoms verfangen und sich wie ein tiefschwarzes Leichentuch über die Stadt gelegt. Die Tauben, die unter den Regenrinnen mit ihren scheußlich geschnitzten Figuren schliefen, hätten weitergeschlafen, bis auch sie zu Stein geworden wären.

Doch die Sonne ging auf, und mit ihr verwandelten sich die Herzen der Menschen zu Stein. Die verräterischen Glocken des Stephansdoms läuteten wie zur Begrüßung von Hitlers Truppen. Die Figuren über dem Eingang erwachten zu Leben; sie begnügten sich nicht länger damit, stille Zeugen der menschlichen Torheiten zu sein. Sie stürzten sich von der Brüstung herab und begrüßten ihren Herrn mit lautem Siegesgeschrei: *„Heil Hitler! Heil! Deutschland! Deutschland über alles!"*

Österreich existierte nicht mehr. Ohne daß sich der geringste Widerstand geregt hat, ohne daß ein Tropfen Blut vergossen wurde, hatte es kapituliert. Der Führer hatte sein Versprechen wahrgemacht.

Deutschland und Österreich waren eine Nation, ein Volk, mit einem Führer.

Die schwarz-roten Hakenkreuzfahnen wurden vor die Fenster gehängt. Sie bedeckten die Stadt als schossen sie wie Pilze aus den Wänden.

An nur einem Tag war Österreich ausgelöscht worden; es war, als hätte es das Land nie gegeben. Seine Stimme ging im lärmenden Geläut des Stephansdoms unter. Die Vögel flatterten durch die Luft, als würden sie von den widerhallenden Rufen aufgewirbelt: „Heil Hitler! Heil Hitler! Heil . . ." Die Sonne hätte besser ihr Antlitz hinter den Wolken verborgen und beim Anblick eines solchen Verrats geweint. Aber sie tat es nicht.

* * *

Leah Feldstein lag neben ihrem Mann und starrte durch das hohe Fenster hinaus auf ein schmales Fleckchen blauen Himmels. Shimon atmete tief und hielt sie im Schlaf dicht an sich gedrückt. Sie rührte sich nicht, obwohl sie noch vor Sonnenaufgang aufgewacht war. Solange sie friedlich beieinander lagen, konnte sie so tun, als ob sich nichts geändert hätte. Die Ereignisse des vergangenen Tages und der Nacht waren nichts als ein Traum. Wie jeden Morgen würden sie aufstehen, gemeinsam frühstücken und zum Musikverein gehen.

Zwei kleine Koffer standen gepackt neben der Tür. Leah vermied es, sie anzusehen. Sie erinnerten sie an all das, was sie vergessen wollte. Unverwandt starrte sie auf den Fleck blauen Himmels. Es tröstete sie ein wenig, daß der Himmel unverändert schien. Sie würde einfach nicht daran denken, was sich unter diesem Himmel abspielte. Sie gestattete ihren Gedanken nicht, zu den Barrikaden zu wandern, mit denen österreichische Nazis den Judenplatz absperrten. Sie wollte sich nicht daran erinnern, mit welchem Stolz milchgesichtige Jungen ihre Hakenkreuzbinden an den Armen getragen und ihr und Shimon Gemeinheiten zugerufen hatten, als sie letzte Nacht versucht hatten, zu Elisas Haus zu gelangen.

Grimmig biß sich Leah auf die Lippen, als sie die wunde Stelle zwischen Shimons Augen betrachtete. Einer von den Jugendlichen an der Barrikade hatte Shimon mit einer Flasche direkt ins Gesicht getroffen. „Stinkender jüdischer Abschaum!" hatten sie gebrüllt.

„Ihr werdet schon sehen, was die Deutschen mit euch anstellen werden!"

Sie waren zu hundert gewesen – vielleicht sogar noch mehr. Die ganze Nacht hindurch hatten sie ihre Freudenfeuer abgebrannt und ihre Lieder gegröhlt. Leah und Shimon waren zu ihrer Wohnung am Judenplatz zurückgekehrt. Erschöpft und voller Angst hatten sie abgewartet, bis ein barmherziger Schlaf sich schließlich ihrer bemächtigte.

Irgendwo weiter entfernt hörte Leah den Motor eines Lastwagens. Die Schreie und Drohrufe der Nazis waren mittlerweile verstummt. Zweifellos waren die Jugendlichen an den Barrikaden eingeschlafen. Auch das Böse brauchte seinen Schlaf, um neue Kräfte zu sammeln für die Übergriffe, die mit Sicherheit heute anstanden.

Leah schloß die Augen und hielt Shimons große Hand fest umklammert. Sie erinnerte sich daran, wie Elisa Rudy Dorbranskys zerschmetterte Hand beschrieben hatte. Armer Rudy! Wie hatten ihn die Nazis leiden lassen! Wie lange noch, bis sie ihre Raserei einmal mehr gegen den Judenplatz richteten? Jetzt gab es keine österreichische Schutzpolizei mehr, die dem Toben Einhalt gebieten könnte. Die Regierung Österreichs war zerschlagen. Der österreichische Kanzler war verhaftet. Jetzt galten deutsche Gesetze in Wien.

Der Gedanke daran ließ Leah erschaudern. Sie hatte Angst – um sich selbst, um Shimon, um Elisa. Um jeden, der nicht die Hand zum Gruß auf das Kreuz der blutigen Reichsflagge hob. Was würde jetzt mit ihnen passieren? Die Nazis würden die Ausweise von jedem Mann, jeder Frau und jedem Kind am Judenplatz kontrollieren. Es hatte bereits die ersten Verhaftungen gegeben. Die Nazis würden keine Zeit vergeuden, um Österreichs Gesetze in bezug auf die Judenverfolgung denen des Reiches anzupassen. Was in Deutschland Jahre gedauert hatte, würde in Österreich innerhalb weniger Tage vollbracht werden.

Shimon atmete tief ein und dann langsam aus. Er räusperte sich und drückte zärtlich Leahs Hand. „Schon wach?" flüsterte er heiser.

„Zu wach", erwiderte sie. Sie preßte sich dichter an seinen wärmenden Körper. Er hatte noch immer seine Schuhe an. Sie hatten es nicht gewagt, sich während der langen dunklen Stunden auszuziehen.

Shimon drückte sie noch dichter an sich und vergrub sein Gesicht in ihrem Nacken. „Hast du überhaupt geschlafen?"

Sie antwortete mit einer Gegenfrage. „Hast du sie gehört? Wie sie diese Lieder da unten gesungen haben?" Die Texte der Lieder waren wie scharfe Messer in sie eingedrungen, als die Nazis mit Fackeln unter ihrem Fenster entlangmarschiert waren.

„Ob ich sie gehört habe?“ Shimon drückte sie kurz zur Beruhigung. „Natürlich. Sie haben nicht einen Ton getroffen. Und diese Texte werden sich nicht gut verkaufen lassen hier in Wien. Sie halten keinen Vergleich mit Mozart oder Strauss aus.“ Er wartete auf ihre Antwort, doch es kam keine. Er drückte sie noch einmal. Dann setzte er sich auf. „Andererseits verkauft sich Nazi-Musik vielleicht besser, wenn die Musiker Wien verlassen, was?“

„Shimon ... ?“ Ihre Stimme zitterte. „Was werden wir tun?“

„Wir haben unsere Visa für Palästina.“

„Du weißt, wieviel das wert ist, wenn *sie* zu entscheiden haben –“

„Was entscheiden? Ob sie uns in ein Konzentrationslager werfen? Eine Cellistin und einen Paukenspieler? Wir sind ohne jede Bedeutung. Es gibt keinen Grund für sie, uns hierzubehalten, Leah. Wir werden ihnen einfach erzählen, daß wir die Porzellanteller schon letzten Monat nach Jerusalem geschickt haben. Wir haben nichts mehr, was sie zertrümmern könnten.“ Seine Worte sollten zuversichtlich klingen, aber Leah wußte, daß auch er Angst hatte.

„Was jetzt?“ Sie drehte sich um und blickte flehend zu ihm hinauf.

„Jetzt?“ Er sah weg zu dem blauen Fleck am Himmel. „Kaffee machen. Waschen. Kämm' deine Haare. Es ist Sonntag, und wir werden ganz ohne Zweifel ein Konzert im Musikverein geben müssen.“

„Hör' auf!“ Sie schrie fast. „Es ist nicht irgendein Tag! Shimon, hör' auf, so zu tun, als ob es so wäre, oder ich verliere noch meinen Verstand!“

Er würde ihr den Luxus nicht gestatten, sich in diesem Moment selbst zu bemitleiden. „Wenn du deinen Verstand verlierst, dann werde ich das Geschirr eben allein in Jerusalem auspacken müssen. Dabei wird's sicher Scherben geben.“ In seinen Mundwinkeln zuckte so etwas wie ein Lächeln. Leah blinzelte ihn verärgert an.

„Wie kannst du so reden, als wär' nichts passiert?“

„Weil im Moment nichts passiert ist.“ Er streckte sich und erhob sich. Auf dem Weg zur Tür wich er ihrem Blick aus. „Noch nicht, jedenfalls. Und bevor es passiert, will ich eine Tasse Kaffee. Ich werde meine Zähne putzen und auf die Toilette gehen. Und ich werde auch meine Schuhe für eine Weile ausziehen.“

Er verschwand in dem anderen Zimmer, während Leah ihm nachstarrte. Sie war wütend auf ihn. Aber es half ihr irgendwie. Sie setzte sich vorsichtig auf und betrachtete ihre zerknitterten Kleider. Sie würde sich umziehen. Shimon hatte recht. Noch war nichts geschehen. Und wenn es denn geschah, konnte sie sich dem ebenso gut in sauberen und gebügelten Sachen entgegenstellen. Sie hörte das Geklapper von Töpfen und Pfannen aus der Küche, während sie die Schubladen auf der Suche nach einem blauen Pullover und einem Rock durchwühlte. Shimon würde nie lernen, Kaffee zu kochen. „Ich mach's schon!" rief sie. Mit einem Mal waren Wut und Furcht verflogen. Shimon machte es ihr leicht, sich zu verstellen. Abermals warf sie einen Blick gen Himmel. Sie würden sich solange verstellen, bis die Realität ihre Aufmerksamkeit verlangte.

Shimon stand lächelnd im Türrahmen. Seine Füße waren jetzt nackt, sein Hemd aufgeknöpft. Sein Haar stand nach einer Seite hin ab. „Das habe ich gehofft." Er drückte ihr die Kaffeekanne in die Hand.

In diesem Augenblick drang ein lauter Schrei vom Judenplatz zu ihnen herauf. Eine Fensterscheibe ging klirrend zu Bruch.

„Das ist es, was wir von Juden halten!" Ein zweiter Stein folgte, dann noch einer. Glassplitter flogen durchs Zimmer und regneten auf den Boden. Shimon zerrte Leah hinter die Tür des Kleiderschranks. Dort unten schienen Tausende zu stehen.

„Wir werden die Wände mit eurem Blut beschmieren!"

„Jetzt kriegt ihr kommunistischen Juden einen Vorgeschmack auf Recht und Ordnung!"

„Kommt 'raus, ihr Juden! Kommt 'raus aus euren Löchern! Raus ans Licht des Großdeutschen Reichs!"

Shimon schloß die Schranktür hinter ihnen. Zitternd hockten sie in totaler Finsternis zwischen Wolle und Mottenkugeln. Leah lehnte ihren Kopf an Shimons breite Brust. Sie klammerte die Kaffeekanne noch fester, als ein weiterer Stein das Fenster über dem Bett zerschlug. Leah wollte sprechen, aber sie bekam keinen Ton heraus. Der Gedanke schoß ihr durch den Kopf, daß ihr Kaffeewunsch sie zu lange aufgehalten hatte. Ein dummer Gedanke, wenn gleichzeitig Stiefel die Treppe heraufgetrampelt kamen. Aber in diesem Augenblick wünschte sie sich nichts sehnlicher als eine Tasse starken, schwarzen Wiener Kaffees.

2. Elisas Frage

Das winzige Badezimmer in dem uralten Haus in Prag sah in etwa so aus, wie sich Elisa den Maschinenraum eines Schiffes vorstellte. Der Dampf ihres heißen Badewassers stieg empor und schlang sich um Rohre, die überall aus den Wänden und der Decke herausragten. Jedesmal, wenn sie den Wasserhahn aufdrehte, wimmerte es in der Leitung, und die Rohre vibrierten bedrohlich. Die niedrige Decke verriet, daß das Bad früher eine Kleiderkammer gewesen war. Es gab weder ein Fenster noch einen Luftabzug. Die Feuchtigkeit kondensierte an den Rohren und tropfte an den Wänden herab auf den gefliesten Boden. Die Klempner in Prag waren nachlässig; und doch, in diesem Moment, schien es keinen annähernd so perfekten Ort auf der Erde zu geben.

Elisa rutschte in die Wanne und ließ das Wasser um ihre schmerzenden Schultern plätschern. Sie legte ihren Kopf zurück, bis dicke goldene Haarsträhnen im warmen Wasser schwammen. Ihr Vater war zuhause und schlief wohlbehütet zwischen sauberen Laken, während Anna neben dem Bett im Obergeschoß Wache hielt.

* * *

„Sie sind sehr krank gewesen, Theo Linder", hatte der Arzt mit einem deutlichen tschechischen Akzent gesagt. „Sehr krank, wirklich." Er hatte mit der Zunge geschnalzt und abermals Theos Puls gemessen.

„Typhus", hatte Theo geröchelt. Er brauchte keinen Arzt, um zu wissen, wie krank er gewesen war.

Der Arzt hatte seine Augenbrauen hochgezogen und dann die Stirn gerunzelt. Respektvoll wiederholte er das Wort *Typhus.* „Aber bestimmt nicht hier in Prag!" Er wandte sich an Anna. „Ich habe schon lange kein Typhus mehr in Prag erlebt! Wer hat ihm gesagt, daß er Typhus gehabt hat?"

„Nicht hier. Hier hat es ihm niemand gesagt, niemand", erwiderte Anna. Sie streckte ihre Hand aus, um Theos dünnes graues Haar zu glätten. „Er war ... sehr lange fort, verstehen Sie?"

„Wo ist er gewesen, Madame?" Der Arzt sah erst zu Anna, dann wieder zu Theo. „Wo ... daß er in einem solchen Zustand zurückkehrt?"

„Deutschland, Herr Doktor." Theo sprach leise.

„Deutschland? Wir haben hier nichts von einer solchen Epidemie in Deutschland gehört." Er wirkte verwirrt und besorgt.

„Ich war ... an einem Ort in der Nähe von München. Dachau."

Der Arzt schien sofort zu begreifen. Langsam schüttelte er seinen Kopf. „Ja", sagte er nach langem Schweigen. „Von *solchen* Orten haben wir hier gehört. Es hat hier tatsächlich diese Gerüchte gegeben." Jetzt war Theo für ihn ein leibhaftiger Beweis für die nationalsozialistische Justiz. Elisa beobachtete den kleinen dicken Doktor, dessen Vorstellungskraft all die Details hinzufügte. Eine furchtbare Ahnung überschattete sein Gesicht. Eine ganze Weile stand er vor Theo, ohne ein Wort zu sagen. Schließlich wandte er sich an Anna. „Ihr Mann hat großes Glück gehabt, daß er so einen Ort überlebt hat. Hier in Prag glauben wir an Wunder." Er zuckte mit den Schultern, als wollte er sagen, daß es keine andere Erklärung dafür gab.

Anna nahm Theos Hand und hielt sie fest. Tränen füllten ihre Augen. Elisa hatte sich abgewandt. Dieser Augenblick schien ihr zu intim, als daß jemand anderes dabei sein sollte. Ihr Vater war nach Hause gekommen. Er würde wieder gesund werden. Das war in der Tat ein Wunder.

* * *

Elisa ließ sich in der Badewanne aufweichen. Zum ersten Mal seit über einem Jahr stiegen ihre Sorgen um Theo wie der Dampf empor und verflüchtigten sich. Erst, als sie an jene dachte, die sie in Wien zurückgelassen hatte, meldete sich neues Unbehagen und tröpfelte in ihr Bewußtsein wie das Wasser von den rostigen Rohren.

Murphy hatte das Haus verlassen erst kurz bevor der Doktor kam. Er würde sofort zurückkommen, nachdem er das Londoner Büro der Nachrichtenagentur gefunden hatte. Noch immer hatte Elisa die vage Hoffnung nicht aufgegeben, daß er mit der Neuigkeit wiederkäme, daß die Briten gemeinsam mit den Franzosen die – wie Murphy es nannte – „Vergewaltigung Österreichs" verhindern würden. Die Welt konnte doch nicht tatenlos zusehen, wie Nazi-Deutschland eine Epidemie der Gesetzlosigkeit verbreitete.

Trotz des warmen Wassers erschauderte sie. Leah und Shimon würden mit als erste vernichtet werden, falls das eintrat. Sie schloß die

Augen und lehnte den Kopf an die kühle Eisenwanne. Wie naiv zu hoffen, daß die Deutschen nicht längst die Kontrolle über Österreich gewonnen hatten! Hatte ihr Thomas von Kleistmann nicht erzählt, daß das Deutsche Oberkommando Hitler niemals hätte einmarschieren lassen, wenn die Großmächte nur zusammenhielten? Die jubelnden jugendlichen Nazis in den Straßen Wiens in der letzten Nacht konnten nur eins bedeuten. Der erzwungene Rücktritt des österreichischen Kanzlers Schuschnigg konnte nur eins bedeuten: Briten und Franzosen hatten Hitler nicht aufgehalten. Österreich war verloren. Eine Seuche, schlimmer noch als Typhus, war in Europa außer Kontrolle geraten.

Thomas hatte sie vor all dem gewarnt. Andererseits hatte ihr Thomas auch gesagt, daß es keine Hoffnung für Theo gab. Hatte er nicht behauptet, daß Theo tot sei? Als er das gesagt hatte, hatte sie Theo aufgegeben. Und doch ...

Jemand klopfte leicht gegen die Tür. „Elisa, Liebes", rief ihr Anna zu. „Kann ich einen Augenblick hereinkommen?"

Elisa zog den dünnen Vorhang vor die Wanne und öffnete das Schloß. „Natürlich, Mama."

Ein kalter Luftstoß wehte ins Badezimmer, als Anna hereinhuschte. Sie klappte den Klodeckel herunter und setzte sich ans Fußende der Wanne. „Fühlst du dich besser?"

„Hmm." Elisa klang schläfrig. Aber sie war hellwach und wünschte sich, daß Anna gleich zur Sache kam. Der Tonfall ihrer Mutter verriet, daß sie nicht nur wissen wollte, wie sie sich fühlte. Elisa vermutete, daß dieser Besuch etwas mit John Murphy zu tun hatte.

„Der Doktor ist fort. Er sagt, dein Vater würde wieder zu Kräften kommen, wenn er nur zu essen bekommt – *gutes* Essen und viel Ruhe. Trotzdem kann es Monate dauern, bis er wieder der alte ist." Es folgte eine lange, merkwürdige Pause. „Dein Vater sagt, du seist verheiratet."

Elisa warf einen Blick auf ihren Ehering. In diesem Augenblick wünschte sie sich, sie hätte ihn nicht am Finger. Wie konnte sie ihre Heirat mit John Murphy erklären? Anna würde die Tatsache, daß es sich bloß um eine Geschäftsverbindung handelte, nicht verstehen; daß sie es nur getan hatte wegen eines amerikanischen Passes und der damit verbundenen Sicherheit.

„Hmm."

„Mit diesem netten Amerikaner John Murphy." Anna klang verletzt. „Du hast mir nichts davon erzählt."

„Es ging alles so schnell, Mutter." Der Schmerz in Elisas Schulter kehrte zurück. Nie würde sie ihre Reisen nach Deutschland erklären können, oder die Flüchtlingskinder. Oder die geschmuggelten Pässe. Anna hatte genug eigene Sorgen.

„So schnell? Zu schnell für ein Telegramm?"

„Ja. Ich ... es kam ... sehr plötzlich."

Anna räusperte sich mütterlich. „Ich habe nicht die Absicht, mich in deine Angelegenheiten einzumischen, Elisa, aber diese Impulsivität sieht dir nicht ähnlich. Überhaupt nicht."

Da hatte Anna recht. Ihr ganzes Leben lang war Elisa alles andere als impulsiv gewesen. Sogar in ihrer Beziehung zu Thomas war sie jahrelang standhaft geblieben. Elisa hatte Murphy nicht aus einer Laune heraus geheiratet. Die ganze Angelegenheit war bis ins kleinste Detail durchdacht gewesen. Aber wie konnte sie ihrer Mutter erklären, daß sie jüdische Kinder aus Deutschland herausgeschmuggelt hatte? Jetzt würde sie mit ziemlicher Sicherheit dasselbe in Österreich tun. Konnte sie wirklich ihrer Mutter sagen: *Mutter, er ist lieb und nett, und ich glaube, ich liebe ihn wirklich, aber ich habe ihm sechstausend Dollar gezahlt, damit er mich heiratet. Es ist schlicht ein Geschäft ... ?*

„Du hast recht." Elisa war für den Vorhang dankbar. Sie konnte Annas mißbilligendes Gesicht nicht sehen. „Normalerweise bin ich nicht impulsiv."

Anna räusperte sich erneut. Ihre Stimme klang sanft und verständnisvoll. „Elisa, ich weiß, es ist ein schwieriges Jahr für uns alle gewesen. Ich sehe ein, daß du mich nicht belästigen wolltest. Aber wenn du in etwas verwickelt bist, solltest du nicht ..."

Wie konnte Anna etwas wissen? Elisa hatte niemandem außerhalb ihres kleinen Freundeskreises von ihren Ausflügen nach München erzählt. Auch nicht von ihrem Geigenkasten oder den Pässen oder ... „Verwickelt? Was meinst du damit, Mutter?"

„Ich weiß, wie es ist, wenn du einen Mann triffst. Einen gutaussehenden Mann. Und ... ich weiß, wie sehr Thomas von Kleistmann dich verletzt hat. Und ich wäre absolut nicht überrascht, wenn du dich mit einem gutaussehenden jungen Amerikaner wie diesem Murphy eingelassen hättest und ..."

„Und was?"

„Dein Vater sagt, er erinnere sich daran, daß du ihn auf dem Bahnhof in Berlin vor über einem Jahr kennengelernt hast. In der Nacht ... in der Nacht, in der dein Vater verhaftet wurde."

„Murphy hat mir geholfen." Elisas Kopf fing an zu hämmern. Sie erinnerte sich an die Nacht, in der sie in Dachau gewesen war. Sie erinnerte sich an die eindeutigen Blicke der deutschen Soldaten auf den langen Zugfahrten nach Deutschland. Sie erinnerte sich an Sporers Blick, als er letzte Nacht an der Grenze der Jüdin die Kleider heruntergerissen hatte. Und an Otto Wattenberger, als er flüchtig ihren Paß kontrollierte. „Woher wußte Papa, daß ich verheiratet bin?" fragte sie.

„Er hat den Kerl bei der Grenzkontrolle letzte Nacht gehört. Er sagte, der Mann schien dich zu kennen. Er hätte die Tatsache kommentiert, daß du jetzt verheiratet seist, und ..."

„Es war Otto Wattenberger, Mutter." Elisa hoffte, daß Ottos Verbindung zu den Nazis Anna vom Thema Hochzeit ablenken würde.

„Nicht sehr verwunderlich", sagte Anna nach kurzem Überlegen. „Seine arme Mutter. Gute, arme Martha." Dann, ohne Umschweife, platzte sie heraus: „Bist du schwanger, Elisa? Ist das der Grund, warum du ihn geheiratet hast?"

Bei der Frage mußte Elisa laut herauslachen. Sie lachte, wie sie als Kind über einen Charlie-Chaplin-Film gelacht hatte, wenn er wieder eine Torte ins Gesicht bekam. „Mutter!" Die Frage schien unglaublich! Zum Schreien komisch! „Mutter!" wiederholte sie immer noch lachend.

Anna war verlegen, aber sie blieb ruhig. „Du hast selbst gesagt, daß du nicht übereilt handelst!" Sie rümpfte die Nase. „Mir ist beim besten Willen kein anderer Grund eingefallen, warum du einen amerikanischen Journalisten heiraten würdest, ohne es mir vorher zu erzählen." Jetzt klang Anna wieder verletzt.

„Wegen Geld, Mutter!" Elisa lachte wieder. Es war die Wahrheit; Murphy hatte *sie* des Geldes wegen geheiratet. Aber Anna war sicher, daß Elisa sich über sie lustig machte.

„Also gut!" Anna erhob sich. „Du kannst mir nicht vorwerfen, daß ich gefragt habe ... daß mich ein Schwiegersohn interessiert, von dem meine eigene Tochter glaubt, mir nichts erzählen zu müssen."

Augenblicklich war Elisa besänftigt und bereute ihr Verhalten. „Es tut mir leid, Mama. Ich wollte es dir sagen, sobald der richtige Moment gekommen wäre. Ich hätte es gesagt. Aber es sind so viele andere Dinge passiert, und ich ..." Sie streckte ihre linke Hand durch den Vorhang und hielt den Ringfinger abgespreizt. „Das hat er mir gegeben."

„Wie wundervoll, Elisa! Blauer Lapislazuli mit goldenen Blättern darüber! Er ist ganz wunderschön!" Anna hielt die Hand ihrer Tochter. „Ich bin so glücklich für dich, Liebes." Ihre Stimme klang, als weinte sie. „So glücklich für uns *alle!*"

Elisa drückte ihre Finger und beließ ihre Hand im liebevollen Griff ihrer Mutter. „Du und Papa, ihr seid impulsiv gewesen, nicht wahr? Ich meine, als ihr geheiratet habt?"

„Hmmm. Es war Krieg. Es schien das Passende zu sein. Koste jeden Augenblick des Lebens aus. Ich habe es nicht bereut. Nicht einen Moment." Anna klang voller Sehnsucht und schien so zufrieden, wie seit jenem schrecklichen Weihnachten in Kitzbühel nicht mehr. Anna seufzte und ließ Elisas Hand los. „Ich sollte jetzt zu ihm gehen. Er schläft, aber ich kann es kaum glauben, daß er hier ist. Ich werde mich ein wenig zu ihm setzen und dich deinem Bad überlassen."

Elisa blieb noch lange im Wasser. Sie merkte kaum, daß es auskühlte. Sie starrte auf den blauen Ring und wußte sich nicht zu helfen. Sie fragte sich, warum Murphy etwas so Schönes gekauft hatte für diese scheinheilige Hochzeit. *Wahrscheinlich Schuldgefühle,* entschied sie. *Er hat sich schuldig gefühlt, weil ... weswegen?* In Europa wimmelte es von Ehen aus reiner Bequemlichkeit. Jeden Tag heirateten Menschen mit weit weniger Gründen und für viel weniger Geld als sechstausend Dollar! Vielleicht erwartete Murphy nicht, daß sie den Ring behielt. Nicht für immer. Sie konnte sich leicht einen einfachen Goldring kaufen. Sie könnte ihrer Mutter sagen, daß der blaue Lapislazuli in den Abfluß gefallen war. Daß sie ihn in der Wanne verloren hatte.

Der Gedanke, daß ihr der Ring vom Finger rutschen könnte, ließ sie eine Faust ballen. Sie wollte den Ring nicht verlieren. Es war lächerlich, das wußte sie. Aber sie wollte auch Murphy nicht verlieren.

Sie trocknete sich ab und zog sich schnell an. Sie hoffte, daß er zurückkäme, sobald sie sich fertig geschminkt und ihr Haar in Ordnung gebracht hatte. Vielleicht würde er bei ihr bleiben. Oder sie mit sich nehmen. Vielleicht konnten sie gemeinsam zurück nach Wien gehen und Leah und Shimon finden. Und vielleicht, wenn sie etwas Zeit miteinander verbracht hatten, würde er erkennen, daß ihr die ganze Sache mehr bedeutete als ein amerikanischer Paß.

Sie wischte einen Kreis frei auf dem beschlagenen Spiegel. „Murphy", flüsterte sie. „Willst du mich, Murphy?" Was für eine törichte Frage. Natürlich *wollte* Murphy sie. Es war offensichtlich, daß er sie jede Minute wollte, die er mit ihr verbrachte. Sie runzelte die Stirn und überlegte noch einmal, was sie ihn fragen würde. „Aber, Murphy, *liebst* du mich?" Sie schloß die Augen und überlegte sich dutzend Möglichkeiten, wie er sagen würde: *„Ja! Wir haben so viel gemeinsam durchgestanden, wie könnte ich je wieder von dir getrennt sein, Elisa?*

Mein Leben wäre so leer ohne dich. Ob ich dich liebe? Warum fragst du mich nicht, ob ich weiter atmen möchte?"

Vielleicht würde er das alles sagen. Andererseits würde er sie vielleicht auch amüsiert ansehen und sagen: *„Machst du dich lustig über mich? Ich? John Murphy soll ein Fräulein lieben? Tut mir leid, Elisa, ich muß mein Flugzeug kriegen. Wir sehen uns – irgendwo, irgendwann. Übrigens, ich habe da dieses Mädel in London. Könntest du mir nicht den Ring schicken?"*

Sie schüttelte den Kopf, als wollte sie ihre dummen Gedanken verscheuchen. Murphy hatte sich bereits vor langer Zeit entschieden. Sie nahm es ihm nicht übel. Und sie brauchte ihn auch nicht zu fragen.

3. Murphys Story

„Murphy! John Murphy? Sind Sie das?“ Die verblüffte Stimme von Larry Strickland vom Londoner Büro des Internationalen Nachrichtendienstes kam knackend über die Leitung.

„Richtig. Jedenfalls war ich's noch, als ich das letzte Mal in den Spiegel gesehen habe.“ Murphy betrachtete sein erschöpftes Gesicht, das sich in der Fensterscheibe der Telefonzelle spiegelte. Sogar dieser unzureichende Spiegel zeigte ihm die tiefen Ringe unter seinen Augen. Nach den Ereignissen der vergangenen Nacht war er sich nicht sicher, ob das finstere Gesicht zu ihm gehörte.

„Wo ...“ Stricklands Stimme war kaum zu verstehen. „Sind Sie in Wien?“

„Prag!“ rief Murphy, um das statische Knistern zu übertönen. „Vom Wiener IND wird in nächster Zeit auch niemand in London anrufen.“

Strickland klang verärgert. „Mein Gott, Murphy! Was machen Sie in Prag?“ Es war eher ein Vorwurf als eine Frage. Wie konnte es ein Reporter gerade in dem Augenblick wagen, die Front in Wien zu verlassen, wo Hitler mit seinen Truppen einmarschierte?

„Sie wollen doch Neuigkeiten, oder nicht?“ schrie Murphy zurück. „Die werden Sie von Wien aus nicht bekommen!“

„Haben Sie's gesehen? Moment, ich brauche einen Stift.“ Mit einem Mal war Strickland die Aufmerksamkeit in Person. Natürlich mußten die wirklich korrekten Berichte von außerhalb Österreichs gesendet werden. Die Nazis hatten jede Möglichkeit, mit der Außenwelt zu kommunizieren, abgeschnitten. Schon bevor die deutschen Truppen Wien erreicht hatten, waren österreichische Nazis in das IND-Gebäude eingedrungen und hatten die Poststelle und die Funkstation geschlossen. Die einzigen Nachrichten aus Österreich bestanden in den knalligen Aufmachern deutscher Zeitungen.

Murphy starrte dumpf auf das Titelblatt des *Völkischen Beobachters*. „Österreich vor Untergang bewahrt“ las Murphy laut vor. „Ist es das, was ihr dort drüben zu hören kriegt?“

„Herr Goebbels hat erklärt, daß es gewalttätige Aufstände von den Roten gegeben hat. Kämpfe, Plünderungen, Mord und Totschlag. Was hat es damit auf sich?“

„Erstunken und erlogen. Jedes Wort. Das behaupten sie, um eine Rechtfertigung zu haben. Die einzigen Gewalttätigkeiten, die ich letzte Nacht auf Wiens Straßen gesehen habe, fanden statt, nachdem die österreichischen Nazis hinter ihren Steinen vorgekrochen kamen. Sie haben das jüdische Viertel der Stadt abgesperrt. Wer weiß, was dort heute morgen passieren wird? Sie haben die Redaktionen geschlossen. Haben angefangen, jeden zu verhaften, der so aussah, als hätte er was gegen den Anschluß. Die meisten österreichischen Kabinettsmitglieder rennen um ihr Leben. Soweit ich weiß, wartete ein Flugzeug auf dem Wiener Flughafen auf Kanzler Schuschnigg, bis die Luftwaffe landete. Schuschnigg weigerte sich zu gehen. Der Kerl hat Mut. Das gestehe ich ihm zu."

„Wo steckt er jetzt?"

„In Haft, wo sonst? Und überall in der Stadt haben sich letzte Nacht Menschen umgebracht."

„Selbstmorde?"

„Vor allem Juden. Ein paar Sozialisten. Das ist das einzige Blut, das in dieser ganzen verdammten Angelegenheit vergossen wurde, Larry. Das einzige Blut."

„Und es gab überhaupt keine Gegenwehr?" Strickland schien geistesabwesend. Er machte sich Notizen, und Murphy schwieg für einen Moment. Aus jeder Tasche kramte er zerknüllte Zettel. Mit dem Telefon zwischen Ohr und Schulter geklemmt, strich er das Papier glatt. Er versuchte, dem Gekritzel, das er aufgeschrieben hatte, als er die Grauen der österreichischen Kapitulation mitansehen mußte, irgendeinen Sinn zu entnehmen.

„Warte eine Sekunde, Larry!" Er blinzelte auf die Rückseite eines Briefumschlags. „Hier hab' ich's. Ich hab' alles aufgeschrieben. Tut mir leid. Ich wollte keine Zeit verlieren. Eine Sekunde, dann les' ich es dir druckfertig vor."

Strickland räusperte sich. Er schien erleichtert, daß er nicht den Schwall ungeordneter Gedanken und Emotionen, den Murphy ihm übermittelte, entziffern mußte. „So kenne ich Sie. Also los, Murphy. Sie haben eine Story für mich?"

Murphy hatte die Story auf den Rand einer Speisekarte geschrieben. Die Fortsetzung folgte auf der Rückseite einer zerrissenen Illustrierten, und den Schluß fand er schließlich auf seiner Rechnung vom Hotel Sacher. Zum ersten Mal fiel Murphy auf, daß ihm die Jungs vom Presse-Corps eine Magnum-Flasche Sekt auf die Rechnung gesetzt hatten. Das würde er später mit ihnen klären, wenn er zurück in Wien war. Das heißt, wenn sie nicht mittlerweile alle in irgendeinem Konzentrationslager hockten. Und falls überhaupt jemand nach Wien zurückkehrte.

„Ja, Larry. Eine Story. Es liest sich wie ein Nachruf ..." Das Knistern in der Leitung verschluckte seine Worte.

„Was?"

„Ich sagte, es liest sich wie ein Nachruf! Wie ein Zugunglück! Wie damals, als die *Titanic* gesunken ist! Genauso grauenhaft." Er hielt den ersten Papierfetzen hoch. „Fertig zum Mitschreiben?"

„Wir haben eine Deadline –"

„Machen wir eine *richtige* Schlagzeile daraus." Murphy warf den *Völkischen Beobachter* auf den Boden. „Wie wär's damit: *Nach Ablauf des Hitler-Ultimatums: Nazis haben die Macht an sich gerissen.*"

„Ist besser als das, was wir bislang aus Deutschland zu hören bekommen haben." Strickland stieß ein kurzes, bitteres Lachen aus. Er war wütend, und sein Zorn weckte Murphys eigene Empörung. Zuletzt war er fast zu müde gewesen, um wütend zu sein.

„Wenn das in Ordnung ist, wie wär's, wenn ihr es eimrahmen würdet?"

Er wiederholte die Worte, die er aufgeschrieben hatte, nachdem sie das IND-Büro durch die Hintertür verlassen hatten, als die Nazis durch den Vordereingang hereinkamen. „*Wien, 11. März. Eine Zensur wurde eingeführt. Ein Befehl, der im Telefonamt aushängt, besagt, daß alle Telefonate in deutscher Sprache geführt werden müssen. Korrespondenten des Internationalen Nachrichtendienstes, einer amerikanischen Organisation, wurden gegen ihren Willen und ohne Anklageerhebung im Büro festgehalten.*"

„Großartig! Gute Arbeit, Murphy!" Stricklands Lob schien die statischen Störungen zu vertreiben. Plötzlich kam seine Stimme klar und deutlich herüber. „Machen wir das fertig, und dann erzählen Sie mir, wie Sie's geschafft haben, 'rauszukommen."

„Die Geschichte hebe ich mir für eine Unterhaltung bei einem Abendessen im Presseclub auf." Murphy hatte nicht vor, Elisa oder ihren Vater zu erwähnen. Theo Lindheim schlief jetzt friedlich in dem kleinen Haus in der Prager Altstadt. Aber der Schrecken der letzten Nacht war noch zu frisch, als daß Murphy darüber reden wollte.

„Nach dieser Story hat jeder was zu erzählen", sagte Strickland. „Das gibt eine Unterhaltung!" Er lachte, aber Murphy lachte nicht mit. Er machte sich zuviele Sorgen um seine Freunde, die im von den Nazis beherrschten Wien hatten zurückbleiben müssen. Er wollte sich nicht vorstellen, wieviele Gesichter bei einem solchen Essen im Presseclub fehlen würden.

Murphy erschauderte unwillkürlich. „Also los, geben wir Amerika etwas, worüber es sich bei einem Hackbraten unterhalten kann, was? Fertig?" Er fing an, vom Rand der Speisekarte vorzulesen. *„Unter Gewaltandrohungen aus Berlin gab der österreichische Kanzler, Kurt von Schuschnigg, gestern nach und trat unter dramatischen Umständen zurück. Die Nazis, mit Dr. Arthur Seyß-Inquart als neuem Kanzler, sind an der Macht . . .*"

„Langsam, langsam!" Strickland klang ganz aufgeregt.

Murphy konnte sich nicht bremsen. Er wollte den schrecklichen Artikel schnell hinter sich bringen. Er wollte damit fertig werden, die Notizen zerreißen und so tun, als könnte so etwas nicht wirklich passieren. *„Einem unvorbereiteten Publikum, das einem der üblichen Radioprogramme mit fröhlichen Wiener Walzern lauschte, . . .*" Shimon und Leah tauchten vor seinem geistigen Auge auf. Warum hatten sie nicht in Elisas Wohnung gewartet? Zweifellos hatten sie sich die schreckliche Meldung von Schuschniggs Rücktritt am Judenplatz angehört. Zu dem Zeitpunkt war es für sie zu spät gewesen, sich in Sicherheit zu bringen. Niemand am Judenplatz würde heute morgen sicher sein. Kein Jude in Österreich würde mehr sicher sein. Er hielt einen Augenblick inne, um Strickland Gelegenheit zu geben, mitzukommen.

„Okay, ich hab's. Lesen Sie weiter."

„Die Stimme des möglicherweise letzten Kanzlers eines unabhängigen Österreichs bekannte abends um viertel vor acht in seinen eigenen Worten, er habe sich ausschließlich der Gewalt gebeugt.'"

„‚Gewalt gebeugt' in Anführungszeichen?"

„Es ist das, was er gesagt hat."

„Das hat er am Radio gesagt? Während die Nazis auf Österreich zumarschiert sind? Er ist so gut wie tot."

Murphy erwiderte nichts. Strickland hatte mit seiner Vermutung nur allzu recht. Der österreichische Kanzler hätte besser das Flugzeug genommen. Murphy tat es leid, daß er es nicht getan hatte. *„Um ein Blutvergießen angesichts des deutschen Einmarschs, der zum Zeitpunkt seiner Rede bereits vollzogen wurde, zu verhindern, erklärte Schuschnigg daraufhin seinen Rücktritt.*"

„Hab' ich."

„Als Schuschnigg seine Rede beendete, schwärmten Tausende von Nazis auf Wiens Straßen und übernahmen die Kontrolle, ohne auf den geringsten Widerstand zu stoßen."

„Tausende?"

Die Erinnerung an die apfelbäckigen Bauernjungen, die an den Barrikaden Schnaps tranken, kam Murphy einmal mehr in den Sinn. „Kinder", murmelte er. „Hauptsächlich Schüler. Zu jung, um sich an den letzten Krieg zu erinnern. Zu dumm, um zu erkennen, wohin sie Herr Hitler führen wird."

„So wollen Sie das gedruckt haben, Murphy?" fragte Strickland verblüfft.

„Nein, aber es ist die Wahrheit."

„Geben Sie mir Bescheid, wenn Sie nur so vor sich hin schwatzen, okay?" Das Geräusch des Stiftes, als Strickland Murphys letzte Worte wieder durchstrich, war deutlich zu hören.

„Ja, sicher. Tut mir leid. Die Deadline, nicht wahr?" Zehn Minuten lang komponierte Murphy den Abgesang auf eine ganze Nation. Nichts verschwieg er, und es war wie ein Nachruf. Sein müdes Spiegelbild starrte ihn an. Er wollte fertig werden, wollte zurück zu Elisa, sie in die Arme schließen und mindestens eine Woche schlafen. Aber es sollte nicht sein.

Strickland las Murphy den ganzen Artikel noch einmal vor. „Das ist was für die Geschichtsbücher, Murph." Er war absolut beeindruckt. „Während die anderen Jungs noch unter Verschluß sind, haben Sie es ihnen allen weggeschnappt. Sie werden vor Wut kochen!"

Murphy konnte dem Gedanken nichts abgewinnen. „Das wär's dann. Ich werde mich nach einem weichen Bett umsehen, und –" Murphy bereute es augenblicklich, das er seinen Mund aufgemacht hatte.

„Tut mir leid, Murphy. Noch können Sie nicht schlafen. Nicht in Prag. Unsere Bosse wollen Sie hier in London haben. Das Nachrichtenbüro stellt eine Mannschaft für eine Direktübertragung zusammen. Zum ersten Mal werden wir New York mit einer Direktübertragung herausfordern. Mit so einer Story werden wir Sie hier brauchen." So wie Strickland den Plan darstellte, hätte Murphy davon begeistert sein sollen. Normalerweise hätte Murphy für eine solche Gelegenheit alles gegeben. Aber nicht an diesem Morgen. Nach London fahren, bedeutete, von Elisa getrennt zu sein. Wie konnte er sie jetzt verlassen? Nach der letzten Nacht? Nach allem? „Sie werden sich nach jemand anderes umsehen müssen."

Strickland verschlug es für einen Moment die Sprache. Dann explodierte er: „Es *gibt* niemand anderes, Sie Blödmann! Besorgen Sie sich einen Flieger! Schwimmen Sie durch den Kanal, wenn es sein muß, aber seien Sie gefälligst um Mitternacht hier." Strickland ließ nicht mit sich handeln.

„Heute nacht? Aber –" Murphys Spiegelbild sah so aus, als bräche es jeden Moment in Tränen aus.

„Heute nacht. Kein ‚Aber'. Wenn Sie die Sache verpassen, finden Sie sich ganz schnell in den Staaten wieder und können über Suppenküchen und Wohlfahrtsverbände schreiben! Haben Sie kapiert?" Das statische Knistern verstärkte sich wieder, als ob Stricklands Gebrüll die Telefonleitung beschädigt hätte.

Murphy murmelte etwas zur Antwort, in der Hoffnung, Strickland dadurch über seine Einwilligung im Unklaren zu lassen. Aber es gab nichts Unklares daran. Nicht wirklich. Sogar das müde Gesicht im Spiegel verstand, das die Weltöffentlichkeit über Österreich in Kenntnis gesetzt werden mußte. Diejenigen, die zu jung waren, um sich an den Krieg gegen Deutschland zu erinnern, brauchten eine Ermahnung. Diejenigen, die zu blind waren, die Zukunft zu erkennen, brauchten Murphys Blick, damit er ihnen dabei half. Er hing den Hörer auf die Gabel und wußte, daß diese Geschichte noch lange nicht zu Ende war. Genaugenommen war es gerade erst der Anfang, und es mochte noch viel Zeit vergehen, bis irgendjemand wieder ruhig würde schlafen können.

* * *

Anna Linder öffnete die Tür, noch bevor Murphy ein zweites Mal klopfen konnte. „Du brauchst nicht anzuklopfen, John!" Sie umarmte ihren neuen Schwiegersohn kurz. „Elisa hat mir alles erzählt! Du mußt unserer Elisa wirklich viel bedeuten, daß sie dich heiratet ohne auch nur ..." Sie beendete den Satz, indem sie mit ihren Fingern schnippte.

Murphy schluckte kräftig. Ihm war nicht klar, was Elisa ihrer Mutter erzählt hatte, aber offensichtlich war es nicht die ganze Wahrheit. „Nun, ich ... ich muß mich erst noch daran gewöhnen." Er lächelte unbeholfen, während Anna ihm Mantel und Hut abnahm.

„Theo und ich haben auf dieselbe Art geheiratet. Ohne meinen Eltern etwas zu erzählen. Sie hätten es nicht gutgeheißen. Obwohl ich sicher bin, daß wir mit dir einverstanden gewesen wären. Ich meine, wir *sind* mit dir einverstanden!" Ihre Begeisterung ließ Anna um Jahre jünger erscheinen, als kurz vor Sonnenaufgang an diesem Morgen, als Murphy sie das erste Mal gesehen hatte. Er war erstaunt, wie sehr

Anna Linder ihrer Tochter ähnelte. Eine ältere Version von Elisa, aber noch immer schön.

„Wie geht es ihrem Mann?" Murphy wechselte das Thema, obwohl er sicher war, daß es ihm gut gehen mußte.

„Ein bißchen Fürsorge, Essen, viel Liebe, sagt der Doktor, und er wird sich erholen. Ich ... weiß nicht, wie ich dir danken soll." Ihre Dankbarkeit brachte Murphy in Verlegenheit.

„Wo ist Elisa?" Er wechselte das Thema erneut.

„In deinem Zimmer. Komm'. Du mußt erschöpft sein. Ich habe die Jungens aus ihrem Zimmer gescheucht."

„Das war nicht nötig, wirklich ..." Murphy versuchte ihr zu erklären, daß er fort mußte. Anna war aber so voller Pläne, daß sie ihn gar nicht hörte.

„Sie sind zum Bäcker gegangen. Prag hat Frühstücksgebäck, wie du es noch nie probiert hast. Das Essen in Deutschland ist so langweilig, findest du nicht? Sie werden bald zurück sein. Ich werde ein paar Eier und Wurst vorbereiten ..." Sie riß die Tür zu einem kleinen Schlafzimmer auf. Elisa saß vor einem Kamin und bürstete sich die Haare. Wie sie so dasaß mit ihrem kobaltblauen Pullover und Rock, erinnerte sie Murphy an ein Bild von einem dieser französischen Maler, dessen Namen er immer wieder vergaß. Ihr Haar schimmerte wie maisfarbene Seide, und das Feuer loderte hinter ihr.

„Hallo, Murphy." Ihre Blicke trafen sich.

„Hey!", sagte Murphy. Etwas anderes fiel ihm nicht ein.

„Das ist euer Zimmer." Anna zeigte auf das Doppelbett. „Ich habe die Wäsche gewechselt. Was für ein Tag! Ein schrecklicher Tag für die ganze Welt. Für Wien. Aber der Herr wird mir verzeihen, daß ich glücklich bin. Mein Mann ist nach Hause gekommen, und meine Tochter ist verheiratet –"

Elisa schienen die Worte ihrer Mutter verlegen zu machen. „Mama", unterbrach sie Annas Freude, „soll ich dir mit dem Frühstück helfen?"

„Ihr zwei wollt miteinander reden. Gewiß wollt ihr dabei allein sein", sagte Anna. „Das ist jedenfalls euer Zimmer. Für die Frischvermählten."

„Vielen Dank –" Murphy wand sich unter der Aufmerksamkeit – „Mrs. Linder."

„Nicht Mrs. Linder!" protestierte Anna. „Anna. Oder Mama, vielleicht. Du bist jetzt ein Teil unserer Familie." Sie klopfte ihm auf den Rücken und eilte dann in die Küche.

Murphy und Elisa sprachen kein Wort. Beide spürten sie den

Druck, der durch ihre Irreführung auf ihnen lastete. Schließlich sprach Murphy: „Das –“ Er zeigte auf das Bett – „du weißt, daß das nicht funktionieren wird.“

Elisa nickte. Ihr Gesicht war tiefrot. „Unmöglich.“ Sie erhob sich plötzlich und wandte sich von ihm ab. „Es tut mir leid. Ich habe keinen Weg gefunden, ihr zu erklären, was das alles zu bedeuten hat.“

„Willst du, daß wir uns ein wenig unterhalten?“ Murphy fühlte sich hilflos, töricht, wie sie so neben dem Bett standen. Er wollte nicht darüber nachdenken. *Saubere Wäsche, zurückgeworfene Federbetten, zwei Kissen.*

Elisa nickte und fegte an ihm vorbei in den Flur. Der frische Duft ihrer Haut ließ ihn für eine Sekunde schwindlig werden. „Ich könnte etwas frische Luft gebrauchen“, sagte Elisa. Sie sah sich nicht nach ihm um, während sie sich ihren Mantel überwarf.

Dumme Idee, dachte Murphy. Er wünschte sich, er hätte die Tür hinter sich zugezogen, Elisa in seine Arme genommen und sie auf die kühle, frische Bettwäsche gelegt. Er wollte weder spazierengehen noch reden oder an irgendetwas anderes außer sie denken. *Zum Teufel mit Österreich und dem Internationalen Nachrichtendienst, mit Adolf Hitler und seinen übergeschnappten Nazis und England und Frankreich und ...*

„Du siehst deiner Mutter sehr ähnlich“, sagte Murphy, während er ihr durch die Haustür folgte. „Sie scheint sehr glücklich ...“

4. Die Brücke

Vier winzige Paar Hosen lagen sorgfältig zusammengelegt neben dem abgenutzten Koffer auf dem Bett. Hemden, Pullover und frischgestopfte Socken waren bereits gepackt.

Walter Kronenberger saß auf der Ecke des durchhängenden Bettes und hatte seine Söhne in die Augen geschlossen. Die beiden kleinen Jungen standen mit dem Rücken zu ihm an dem schmutzigen Fenster und starrten mit großen Augen auf das Spektakel, das sich unter ihnen auf der Straße vor ihrem schäbigen Hotel abspielte.

Walter schien von dem Geschrei der Menge nichts mitzubekommen. Frauen und Männer standen eng zusammengedrängt in der schmalen Nebenstraße, die von der Ringstraße abging. Väter hoben ihre Kinder hoch, damit sie einen Blick auf die Panzer und die Feldhaubitzen und die uniformierten Reihen deutscher Soldaten, die an den jubelnden Massen vorbei die breite Durchgangsstraße entlangmarschierten, werfen konnten.

„Wir können alles sehen, Vater!“ rief Ludwig, dessen blonder Schopf aufgeregt auf- und abhüpfte.

Karl, dessen strahlender Blick dem Ausdruck seines Bruders entsprach, nickte. Ein dunkelblauer Schal bedeckte seinen Mund. Es war bemerkenswert, wie sehr sich die beiden Jungen im sanften Schimmer der Morgensonne in Blick und Ausdruck ähnelten. Wie sehr sie ihrer Mutter ähnelten. Der Gedanke traf Walter mit der Wucht einer heißen Klinge. Er wollte seinen Blick abwenden, doch er konnte es nicht. Er wollte seine Kinder vom Fenster zu sich rufen, sie in die Arme schließen und leise mit ihnen weinen. Aber er wollte ihnen nicht diesen letzten Augenblick der Freude nehmen. Sie waren erst fünf Jahre alt. Wie konnten sie verstehen, daß das, was sie von ihrem Aussichtspunkt betrachteten, eine Flutwelle des Terrors war, die sie bald alle verschlingen würde?

Wie Vorhänge einer Bühne rahmten hohe Gebäude den Anblick der Parade ein. Die Jungen konnten nur kleine Teile des Ereignisses erkennen. Zuerst tauchte die Mündung einer Panzerkanone auf, dann schob sich der Lauf langsam vorüber wie der Rüssel eines riesigen Elefanten. Schließlich erschien der Panzer selbst, auf dem behelmte Soldaten der Menschenmenge inmitten eines Blumenmeeres und umherflatternder Flugblätter zuwinkten. Die Soldaten schienen mit ihren zum Hitlergruß erhobenen Händen direkt nach ihnen zu greifen.

Karl streckte seine Hand aus, um Ludwigs Hand zu nehmen. Ludwig, selbst von makelloser Schönheit, schien niemals den häßlichen Spalt zu bemerken, der den Gaumen und die Lippe seines Bruders teilte. In ihm spiegelte sich die Seele seines Bruders. Durch ihn teilten sich die Gefühle und Gedanken mit, die Karl lediglich durch ein unartikuliertes Stöhnen auszudrücken vermochte. Obwohl Karl die Worte und Sätze klar und deutlich in seinem Kopf formulieren konnte, war er ohne Lippen geboren, um sie zu formen.

„Ah-er!" rief Karl und zeigte auf etwas, das sich jenseits des Fensters abspielte.

„Vater!" echote Ludwig. „Komm' schnell her!"

Walter stand hinter ihnen, während die glänzende schwarze Mercedes-Limousine langsam vorüberfuhr. Dort unten, mit der einen Hand die Windschutzscheibe haltend und die andere zum starren Gruß erhoben, stand Adolf Hitler. Der Schirm der Uniformmütze verdeckte seine Augen. Er hatte seine Mundwinkel leicht heruntergezogen. Und mit einem strengen, stolzen Gesicht fuhr er an jenen vorbei, die ihre Stimmen erhoben, um ihm zu huldigen. Seine schlichte, braune Uniform war ebenso schmucklos wie beredt: hier war ein einfacher Mann, die Stimme des deutschen Volkes!

So wie Ludwig für Karl sprach, so maßte sich Hitler an, seine Stimme für das geknechtete deutsche Volk zu erheben! Als Journalist in Hamburg hatte Walter erklärt, daß Hitler nicht die Stimme, sondern eine erhobene Faust sei, die auf all jene in Deutschland herabfahren würde, die es wagten, sich ihm zu widersetzen. Wegen dieser „unerhörten Lüge", wie es die Gestapo genannt hatte, war Walter zwei Jahre in Dachau inhaftiert gewesen. Als er nach Hause kam, war seine Frau tot und seine Söhne in der Obhut eines Nachbarn. Im Schutz der Nacht hatte er Deutschland verlassen. Heute erkannte er zu spät, daß er nicht weit genug geflohen war. Dieser Moment – dieser kurze, flüchtige Anblick des erhobenen Arms, der die Faust Deutschlands trug – überzeugte Walter, daß es tatsächlich keinen Ort auf der Erde gab, der weit genug entfernt war.

Schützend legte er seine Arme um die Schultern seiner Söhne. Er kniete neben sie und drehte sie weg von dem Spektakel, damit sie ihn ansahen. Wunderschöne blaue Augen starrten ihn mit derselben Ernsthaftigkeit an. „Ich muß fort", sagte er leise.

Augenblicklich verfinsterte sich der Blick der beiden Jungen. „Können wir mit dir gehen, Vater?" fragte Ludwig. Karl berührte flehend die Wange seines Vaters.

„Nein, meine Söhne.“ Er schüttelte langsam seinen Kopf. „Diesmal nicht. Aber eines Tages werden wir alle wieder vereint sein.“

„Aber warum können wir nicht mit?“ Tränen schossen in ihre Augen – zornige Tränen, verletzt und verwirrt.

„Wo ich hingehe, ist kein Platz für kleine Jungen.“ Er zog sie dichter an sich.

„Aber wo werden wir hingehen?“ fragte Ludwig. Karl jammerte leise und lehnte seine weiche Wange an Walters.

Walter kämpfte gegen die Gefühle an, die ihm das Herz zu zerreißen drohten. Er wollte seinen Mund öffnen, gemeinsam mit Karl seine Verzweiflung herausstöhnen. Es gab keine Worte, mit denen er die klaffende Wunde, die er verspürte, hätte beschreiben können. „Sehr schlechte Menschen“ – er schluckte hart – „sind nach Wien gekommen. Ihr dürft nicht hierbleiben. Ihr seid hier nicht sicher.“

Der Schal vor Karls Mund verrutschte leicht. In diesem Augenblick hörte Walter erneut die Worte des Arztes, als er das winzige, deformierte Kind das erste Mal in den Armen hielt. „Er wird sterben, wenn wir ihn seinem Schicksal überlassen. Eine solche Mißbildung ist zu jeder Zeit schrecklich gewesen. Aber jetzt, heute, in diesem großartigen Dritten Reich steht Schönheit und körperliche Vollkommenheit an allererster Stelle, Walter. Womöglich wäre es barmherziger für das Kind, wenn wir es einfach sein ließen.“

„Sie meinen, es verhungern ließen?“ Walter drückte das Baby fester. Tränen fielen auf das Laken, als eine kleine Hand, mit makellos geformten Fingern sich aus den Tüchern löste und Walters Gesicht streichelte.

„Essen kostet ihn große Anstrengung. Er wird nie in der Lage sein zu sprechen. Es ist mittlerweile sehr alltäglich geworden, Walter, derartige Mißbildungen dahinscheiden zu lassen. In nicht allzu ferner Zukunft wird es gesetzlich vorgeschrieben sein“, sagte der Arzt gleichgültig. „Dann werden wir gar keine Wahl mehr haben. Was für einen Platz im Reich hätten die geistig Zurückgebliebenen und solche, die kaum als menschliche Wesen zu erkennen sind? Es wäre barmherziger, dieses Leben auszulöschen, bevor es eigentlich beginnt ...“

Jetzt richtete Walter liebevoll den Schal. Er nahm Karls makellose Finger und küßte sie sanft.

„Ahhhh!“ wimmerte Karl in Todesangst. Er klammerte sich an seinen Vater; er wollte ihn nicht gehen lassen.

„Wohin werden wir gehen, Vater?“ Jetzt weinte auch Ludwig.

„Weint nicht, meine Lieblinge.“ Walter ließ seinen Tränen freien

Lauf. „Es gibt freundliche Menschen hier in Wien. Ich habe von ihnen gehört. Sie werden sich um euch kümmern, bis wir wieder zusammen sein können ... Eines Tages, wir alle. Eure Mami. Ihr und ich. Zusammen, meine Söhne! Gott wird dafür Sorge tragen!"

* * *

Männer, Frauen und Kinder standen erschreckt auf dem Judenplatz. Sie sprachen kein Wort, widersetzten sich nicht den uniformierten deutschen Soldaten und den eitlen österreichischen Nazis, die sie eingekreist hatten. Fragen, die ihnen in schroffem Tonfall zugebrüllt wurden, beantworteten sie leise und einsilbig. Diejenigen, die festgehalten wurden, hatten schon nach kurzer Gefangenschaft gemerkt, daß es besser war, sich denen, die sie gefangen hielten, nicht zu widersetzen. Jeder Widerspruch wurde mit einem Schlag ins Gesicht beantwortet.

Leah stand in Shimons Schatten. Sie konnte nicht über die Köpfe der Menge um sie herum sehen. Ein dutzend Mal während der letzten halben Stunde hatte Shimon ihr zugeflüstert: „Sie bringen noch mehr." Daraufhin war eine leichte Bewegung durch die Menge gegangen und sie rückten alle noch dichter zusammen.

Es schien Leah, daß die deutschen Soldaten höflicher waren als die Österreicher. Obwohl sie sie nicht sehen konnte, waren die deutschen und österreichischen Stimmen leicht zu unterscheiden.

„Zeig' mir deine Papiere, Judenschwein!" brüllte ein Nazi aus Wien. Dieser Haß schien nicht zum weichen Wiener Dialekt zu passen. „So, damit hast du nicht gerechnet, daß wir gewinnen würden, was? Da bist du überrascht, du bolschewistischer Jude? Es wird nicht Lenins Bild am Ballhausplatz hängen, sondern Adolf Hitlers! Und ihr Juden werdet einfach hängen!"

Den Worten folgte ein greller Schmerzensschrei, als dem Gefangenen der Griff einer Reitpeitsche in den Magen gerammt wurde. Die Männer zuckten zusammen, als der junge Jude zu Boden ging und noch einen weiteren Tritt in den Magen erhielt. Leah wollte „*Warum?*" herausschreien. Aber sie tat es nicht. Mit einem Blick brachte Shimon sie zum Schweigen. Er atmete tief ein, um seinen eigenen Zorn herunterzuschlucken, und wandte sich finsterblickend ab. Hier und da konnte man ein Schluchzen hören. Gelegentlich war da der ängstliche Schrei einer Frau, deren Mann fortgerissen und in eine der kleineren

Gruppen getrieben wurde, die auf dem Platz gebildet wurde. Aber zum größten Teil schwiegen die Juden Wiens.

Die Türme des Stephansdoms waren zu sehen. Um neun Uhr läuteten die Glocken ihren endgültigen Verrat, als sie Adolf Hitler in der Stadt begrüßten. In der Ferne konnte Leah die jubelnden Massen hören, die sich versammelt hatten, um dem triumphalen Einzug des Führers beizuwohnen, dem die Soldaten des Reichs im strammen Schritt folgten. Wieviele Österreicher waren ausgeschwärmt, um Zeuge des Eröffnungsaktes der Zerstörung ihres Landes zu sein? Hunderttausend? Eine halbe Million? Die Ringstraße vibrierte unter dem Druck der Massen. Die großen Konzertsäle warfen die schallenden Rufe zurück: *„Heil Hitler! Heil Hitler!"* Immer und immer wieder erklang der Ruf. Leah konnte jedes Wort verstehen. Es bestand kein Zweifel, was dieses Geschrei für diejenigen bedeutete, die schweigend auf dem Judenplatz warteten. Ihr Schicksal war besiegelt. Das Urteil war gefällt. Die Glocken des Stephansdoms schienen nun das Ende des jüdischen Lebens und der jüdischen Kultur in Wien einzuläuten.

Leah erschauderte. Sie erinnerte sich daran, wie die Glocken für Irmgard Schüler geläutet hatten, als der Rauch von Rudy Dorbranskys Leichnam vom Krematorium aufgestiegen war. Dieselben Männer, die Irmgard und Rudy ermordet hatten, hatten jetzt die Kontrolle über die Stadt und das ganze Land übernommen. Leah sah auf ihre Hände und dann auf die abgehackten Finger der Statue. Das Gesetz der Vernichtung war gekommen und würde sie alle vernichten.

* * *

Ein feuchter, kalter Nebel stieg an diesem Morgen in Prag von der Moldau auf und hüllte die vielen Türme der Stadt ein. Gemeinsam spazierten Murphy und Elisa langsam über den Mala-Strana-Platz in Richtung Karlsbrücke. In Stein gehauene Heilige blickten auf sie und die knappe Handvoll anderer Fußgänger herab, die durch den frühmorgendlichen Nebel zu irgendeinem Notstandstreffen der Regierung im Hradschin eilten. Keiner von ihnen sagte ein Wort. Allein das Schweigen der Heiligen schien zu den Neuigkeiten, die aus Österreich gekommen waren, zu passen.

Murphy wollte Elisas Hand nehmen, doch sie hatte ihre Hände tief in ihren Manteltaschen vergraben. Den Blick starr auf das Kopfsteinpflaster des Platzes geheftet, schien ihr grimmiges Gesicht eine tausendjährige Trauer zu spiegeln. Es war kalt. Der Dunst drang durch Murphys Mantel, streckte seine eisigen Finger aus und ließ ihn bis auf die Knochen frösteln. Er schlang seinen Kragen enger ums Kinn; und schließlich, überzeugt, daß Elisas Hände außer Reichweite waren, steckte auch er seine Hände in die Taschen.

Alles bis auf Elisa schien grau und leblos. Ihre Haut war blaß und sanft wie feines Porzellan. *Sie wirkt gerade ebenso zerbrechlich wie Porzellan,* dachte Murphy und wandte seinen Blick ab. Er räusperte sich, als wollte er etwas sagen, aber das Geräusch schien unnatürlich und aufdringlich, so daß er stattdessen seine Gedanken durch den Nebel davontreiben ließ.

Plötzlich sah Elisa zu ihm auf und lächelte traurig. „Du wolltest etwas sagen, Murphy?" fragte sie.

Er hatte nicht erwartet, daß sie sprechen würde, und ihre Frage überraschte ihn. „Nein", sagte er. „Ich meine, ... willst du reden? Ich dachte, ..." Er warf ihr einen Blick zu. Sie betrachtete ihn neugierig. „Ich hatte nicht den Eindruck, daß du dich unterhalten wolltest."

„Murphy –" Sie wartete nicht, bis er fertig war. „Ich will dir danken. Für ... das Leben meines Vaters. Dafür, daß du uns hierhergebracht hast."

Er zuckte mit den Schultern und sah zu einem der Heiligen hinauf. „Jeder hätte –"

„Nein." Sie hatte sich wieder nachdenklich dem Kopfsteinpflaster zugewandt. „Nicht irgendeiner." Sie biß sich auf die Lippe. Dann streckte sie ihre linke Hand aus. Der goldene und blaue Lapislazuli-Ehering brachte als einziges Farbe in das Grau. Sie begann, den Ring abzuziehen. „Ich nehme an, du willst ihn zurück."

Murphy griff nach ihrer Hand. „Nein, Elisa." Sie zog ihre Hand nicht zurück, und er faltete seine Finger um ihre. Ihr blasses Gesicht errötete ein wenig. Er war erleichtert, daß er sie berühren konnte. Ineinander verschlungene Hände, Handfläche gegen Handfläche.

Nach einem langen Schweigen sprach sie erneut. „Bist du sicher, daß du ihn nicht zurückhaben willst? Womöglich triffst du eine Frau und ..."

Er zog seine Stirn in Falten. „Wenn das passiert, laß ich es dich wissen." Er bedauerte, daß sie das gesagt hatte. Sie konnte nicht allzu viel für ihn empfinden, wenn ihr der Gedanke an ihn mit einer anderen Frau so wenig ausmachte. „Vielleicht kannst du ihn noch einmal brauchen . Du weißt nie, was kommt. Vielleicht wirst du einen Ehering nochmal brauchen."

Bei seinen Worten erschauderte sie. „Du glaubst doch nicht, daß sie hierherkommen können, oder? Nicht in die Tschechoslowakei!" Furcht schwang in ihrer Stimme mit. Sie sah wieder auf das Kopfsteinpflaster hinunter, als könne sie es nicht ertragen, sich vorzustellen, wie Hakenkreuzfahnen am Mala-Stana-Platz flatterten.

„Nicht, solange die Tschechen irgendetwas zu entscheiden haben."

„Prag ist nicht Österreich!" Fast flehte sie ihn an, als könnte ein Versprechen von Murphy ihre Sicherheit in Prag garantieren.

Tausend Gedanken rasten durch Murphys Kopf. Die Tschechen besaßen eine der am besten ausgerüsteten Armeen Europas. Vier Millionen Männer und Befestigungsanlagen entlang der Grenze zu Deutschland. Das würde er ihr sagen, damit würde er sie beruhigen. Er würde ihr nicht von den Deutschen erzählen, die im Sudetenland lebten, oder den Nazis darunter, die lautstark eine Vereinigung mit dem Reich forderten. Heute morgen würde er sich vorsehen, was er sagte. In diesem Augenblick brauchte Elisa die Hoffnung, daß Hitler irgendwo aufgehalten werden konnte – von irgendeiner starken Hand. „Ja", sagte Murphy zuversichtlich. „Die Tschechen haben eine starke Regierung. Ihre Verfassung ist beinahe identisch mit der amerikanischen. Vier Millionen Soldaten stehen zwischen uns und Hitler."

Bei seinen Worten hob Elisa ihren Kopf und seufzte erleichtert. Sie drückte seine Hand und lächelte, als ob ein schweres Gewicht von ihr genommen wäre. „England und Frankreich werden zu ihnen stehen. Die Tschechoslowakei ist zu wichtig. Mein Vater hat das immer schon gesagt. Daß dieses Land wie die Schweiz sei. Neutral. Die Tschechoslowakei ist für die Großmächte zu wichtig, als daß sie es im Stich lassen könnten."

Persönlich traute Murphy den Großmächten nicht weiter, als er einen Stein zu werfen vermochte. England und Frankreich, mit Leuten wie Chamberlain oder Daladier an der Spitze, waren wie gelähmt vor Angst angesichts Hitlers Kriegsmaschinerie. Er hätte sich nicht geträumt, daß deutsche Truppen mit einer derartigen Leichtigkeit nach Österreich hätten einmarschieren können. Aber er würde Elisa seine Sorgen nicht anvertrauen. „Deine Familie ist jetzt wieder zusammen", antwortete er ihr und schloß sie dabei sanft in seine Augen. „In Sicherheit. Das ist, was zählt. Ihr werdet hier alle solange sicher sein, bis ich etwas arrangiert habe, um euch in die Staaten zu bringen."

Ihr Blick verfinsterte sich erneut. Sie sah hinauf zu den Turmzinnen der Brücke, deren steinerne Heilige schweigend ihren Blick erwiderten. „Es gibt soviele Heilige in Prag. Du kannst dich so an sie gewöhnen, daß sie dir gar nicht mehr auffallen.“ Sie hielt an und schaute zur Karlsbrücke hinüber. Das Wasser des Flusses brandete gegen die Stützpfeiler. Sie schloß ihre Augen für einen Moment, und es sah so aus, als betete sie ... oder, als ob sie sich an etwas erinnerte.

„Was ist?“ fragte Murphy schließlich.

„Leah.“

„Leah?“

„Wir haben mal zusammen auf der Brücke gepicknickt.“ Sie ging weiter. Langsamer diesmal, als sie die Brücke durch den steinernen Torbogen betraten. Murphy wollte nicht an Leah Feldstein denken. Er wollte nicht, daß Elisa an sie dachte oder über sie sprach. Leah war der Köder an einer deutschen Angel, um Elisa von ihrem sicheren Ort wegzulocken. „Sie wird es schon geschafft haben.“

„Das weißt du nicht.“ Elisa sah ihn scharf an. „Wie kannst du überhaupt so etwas sagen, wenn sie es letzte Nacht nicht einmal bis zur Wohnung geschafft haben?“

„Sie haben ihre Visa für Palästina.“ Das war eine schwache Begründung, und er wußte es. Die Visa waren jetzt wahrscheinlich wertlos.

„Und du weißt genau, wieviel das bedeutet.“ Aus ihrer Stimme klang Verbitterung. Und noch etwas. Murphy wußte, daß sie noch immer in Wien wäre, wäre nicht Theo Lindheim in dem Moment aufgetaucht. Elisa floh um ihres Vaters willen; genauso, wie sie um Shimons und Leahs willen geblieben wäre. Dessen war er sich jetzt sicher.

„In ein paar Tagen werde ich wieder zurück in Wien sein.“ Murphy hatte nicht beabsichtigt, ihr zu sagen, daß er so bald gehen würde.

„Du verläßt Prag?“ Sie schien überrascht. „Wann?“

„Heute nachmittag.“ Er sah auf das graue Wasser hinaus und die unter der Brücke liegende Insel.

„Dann werde ich dich begleiten.“ Ihr Tonfall verbot jeden Widerspruch.

Er hielt noch immer ihre Hand, aber ihr Griff war nicht mehr so sanft. „Das kannst du nicht“, sagte er einfach. Sie riß ihre Hand los und stopfte sie außer Reichweite in ihre Manteltaschen. Er wurde wütend. „Zuerst muß ich nach London, um einen Bericht über diesen ganzen Mist zu senden. Eine Direktübertragung im Radio bis in die Staaten.“ Ihr entging die Wichtigkeit dieses Ereignisses.

„Und wirst du ihnen von all den Menschen berichten, die wir in Wien zurückgelassen haben?“ Ihr Tonfall war anklagend. Sie lehnte sich gegen die Steinbrüstung der Brücke und starrte hinunter in die Strömung. „Was wirst du ihnen erzählen, Murphy?“

„Was ich gesehen habe. Dann gehe ich zurück nach Wien und ..."

„... berichten, was immer berichtenswert ist", beendete sie seinen Satz für ihn. „Ich habe das alles in Deutschland erlebt, Herr Murphy. Ich weiß, wie die Nachrichten aussehen werden. Ich kenne Konzentrationslager, in denen diejenigen stecken, die anderer Meinung sind, die nicht arischen Blutes sind. Soll ich dir deine Story schreiben? Du brauchst nicht nach Wien zurückzugehen, nur um zuzuschauen, Murphy. Ich kann dir sagen, was passieren wird. Heute morgen. In diesem Augenblick. Hier unter der Statue des heiligen Nepomuk kann ich es alles deutlich vor mir sehen. Sicher und behütet im Haus meiner Eltern in Prag, kann ich Leah sehen. Ich erinnere mich daran, wie ich hier auf der Brücke mit ihr gestanden habe und darüber gelacht habe, wie dumm die Männer sind." Plötzlich wandte sie sich Murphy zu. Aus ihren Augen sprachen Angst und Trauer und das schreckliche *Wissen.* „Leah ist meine Freundin, im Grunde meine Schwester. Ja, es ist nicht zuviel, wenn ich das sage. Geh' du nach London und zurück nach Wien um deiner Arbeit willen. Aber ich muß aus einem anderen Grund zurück nach Wien."

„Nein!" Er packte sie bei den Schultern. „Ich schaffe dich und deine Familie 'raus aus diesem europäischen Durcheinander, wenn du nur ruhig bleibst für eine Weile!"

„Was meine Familie angeht, hoffe ich, daß sie in dein Land werden gehen können. Aber, was mich betrifft, habe ich andere Dinge zu tun."

„Gib mir nur ein bißchen Zeit!" flehte Murphy sie an. „Nur ein paar Wochen, um mir die Sache anzusehen. Ich werde sie finden. Bleib' hier, und ich geh' zurück und finde sie. Mit mir haben die Nazis nichts vor." Er zuckte die Schultern. „Ich bin ein amerikanischer Berichterstatter. Also berichte ich. Und ich werde deine Freunde finden. Meine Chancen, sie dort herauszuschaffen, sind besser als deine."

Die Entschlossenheit in Elisas Blick schwankte. Sie suchte in seinen Augen nach den Möglichkeiten dessen, was er gesagt hatte. Sie berührte die Steinbrüstung der Brücke, als erinnerte sie sich an Leahs Hand, wie sie dort gelegen hatte. In der Geste lag ein unausgesprochenes Versprechen für ihre Freundin. „Ja", sagte sie mit kaum hörbarer Stimme. „Und wirst du ihr einen Brief von mir überbringen?"

Murphy seufzte erleichtert auf. „Natürlich! Und eine Dose Kekse, wenn du möchtest!" Er lachte.

Sie lachte nicht mit ihm. Sie drehte den Ehering an ihrem Finger. „Und wann wirst du zurückkommen, Murphy?" Es schwang etwas in der Frage mit, das Murphy gefiel. Abermals griff er ihre Hand.

„Ein paar Wochen.“ Er hob ihr Kinn, als wollte er sie küssen. Aber sie befreite sich und trat einen Schritt zurück.

„Ich bin dankbar für das, was du getan hast . . . und was du tun wirst . . . für meine Familie. Für Leah . . .“

„Dankbar.“ Irgendwie enttäuschte ihn das Wort. „Sicher. Dafür hast du mich ja bezahlt, oder?“ Er machte eine knappe Verbeugung. „Ist im Preis für die Hochzeit und den amerikanischen Paß inbegriffen.“

Sein Sarkasmus gab ihr einen Stich. Ihr Gesicht verfinsterte sich. Sie sah wieder zum Hradschin, als sich die Sonne einen kleinen Spalt am Himmel freikämpfte. „Trotzdem bin ich dankbar.“

Murphy salutierte, aber sie sah seine Bewegung nicht. „Zu Diensten.“ Er lachte, als täte es nichts zur Sache, als hätte er alles tatsächlich nur des Geldes wegen getan. „Ich bin hungrig“, sagte er. „Das Frühstück sollte mittlerweile fertig sein. Überhaupt, wann wirst du deiner Mutter mitteilen, daß ich nur die Kopie eines Ehemannes bin?“

Sie hatte sich bereits dem Haus zugewandt. „Es ist nicht wichtig, daß sie es weiß. Nicht jetzt, wo du abreist. Laß sie glauben, ich sei die beschützte Ehefrau eines Amerikaners. Sie verdient das bißchen Zeit, wo sie sich keine Sorgen um mich machen muß. Und wenn ich zurück nach Wien muß –“

Murphy wirbelte sie herum. „Wenn du das noch ein einziges Mal sagst, zerreiße ich diesen Paß und werfe den Ring höchstpersönlich über die Brücke!“

„Dann besorg’ ich einen neuen.“ In ihren Augen blitzte die Warnung auf, daß sie nicht sehr lange gehorsam in Prag warten würde. Murphy hatte ein Versprechen zu erfüllen, einen Brief zu Leah nach Wien zu bringen. Und sollte er versagen, würde Elisa die Aufgabe einfach selbst in die Hand nehmen. Dann, als hätte sie die Sinnlosigkeit eines solchen Streites mit ihm erkannt, ließ sie ihn fallen und tat, als hätten sie Leahs Namen nie erwähnt. „Komm’ schon, Murphy.“ Ihr Tonfall klang entschuldigend. „Es gibt da etwas, das ich dir zeigen will, bevor du gehst.“

5. Abfahrt

Jetzt, da er Elisa quer über den alten Stadtplatz von Prag folgte, kam es Murphy seltsam vor, daß Theo Lindheim sein Haus ausgerechnet in der Nähe des Judenviertels gekauft hatte – so dicht an all dem, weswegen er aus Deutschland hatte fliehen müssen.

Als hätte sie seine Gedanken gelesen, deutete Elisa auf den Turm des Rathauses. Am Fuß des Turmes waren siebenundzwanzig Kreuze in das Kopfsteinpflaster eingelassen. „Mein Vater hat diesen Ort immer geliebt", erklärte sie. „Seine Familie liegt auf dem alten Judenfriedhof nicht weit von hier begraben. Es ist der älteste Platz Prags."

„Aber Theo ist kein Tscheche." Murphy war überrascht.

Elisa lächelte ihn an, als sei er unglaublich schwer von Begriff. „Nein. Er ist Jude, Herr Murphy. Oder hast du das vergessen? Falls ja, bist du der einzige, der einen so entscheidenden Punkt vergessen hat." Sie lachte ihn an und zeigte auf die Kreuze im Pflaster. „Papa hat mich immer hierhergeführt, als ich noch ein kleines Mädchen war." Sie blieb stehen. „Und ich habe Leah hierhergeführt. Diese Stelle markiert den Ort, an dem 1621 siebenundzwanzig tschechische Adlige hingerichtet wurden. Ich vergesse immer, warum sie getötet wurden. Wenn es Papa wieder besser geht, werde ich ihn danach fragen. Er weiß alles über Prags Geschichte. Er kennt sich darin besser aus, als ich in deutscher Geschichte. Besser, als ich mich in Berlin zurechtfinde."

Sie sieht wie ein kleines Mädchen aus, dachte Murphy, während er sie dabei beobachtete, wie sie diesen historischen Ort und die damit verbundenen Legenden in sich aufsog, als wären sie etwas absolut Neues. „Prag ist mir völlig fremd." Murphy trat um eins der Kreuze herum. „Wenn ich zurückkomme, kannst du mich ja vielleicht einmal herumführen."

„Es gibt tausend Geschichten." Sein Interesse gefiel ihr.

„Ah, was soll's, du kennst mich ja: immer an einer guten Geschichte interessiert."

„Papa sagt immer, die alten Geschichten unterschieden sich nicht so sehr von neuen. Gutes kämpft gegen Böses. Manchmal ist es schwierig, die beiden auseinanderzuhalten."

„Manchmal. Heute allerdings nicht", sagte Murphy entschieden.

„Unser Haus steht nicht allzu weit entfernt von dem Haus, in dem Kafka geboren wurde. Er hat dieses Buch über einen Mann geschrieben, Josef hieß er. Er wurde verhaftet, verurteilt und hingerichtet, ohne je zu erfahren, warum." Sie wandte sich Murphy zu, und mit einem Mal schien sie wütend zu sein. „Dieses ganze Jahr über habe ich Prag und dieses Haus und jeden Gedanken an Kafka gehaßt, weil es mich an Papa erinnerte. Eines Nachts bin ich zu einem Hügel bei Dachau gefahren. Ich habe dort lange gestanden und an die Geschichten gedacht, die Papa mir von diesem Ort erzählt hat. Menschen, die allein aus dem Grund getötet wurden, weil sie eine andere Meinung als jemand anderes haben. Vielleicht ist das der Grund, warum Papa sich entschieden hat, ein Haus zu kaufen, das so dicht ... so dicht an dem Ort liegt, wo sich diese alten Dinge zugetragen haben."

Wie ein Schleier wehte der Nebel über den Platz, bis Murphy fast das Gefühl hatte, daß er und Elisa als einzige in der Stadt übriggeblieben waren. Er spürte die schwere Last der Vergangenheit an dieser Stelle. Es gab eine Menge in Prag, was er nicht wissen wollte. Er wollte Elisa bei der Hand nehmen und sie weit weg von diesem Ort führen. Die Fenster der Gebäude blickten wie unzählige Augen auf sie herunter. Murphy konnte das Gefühl nicht abschütteln, daß diese stummen Augen eine Menge gesehen hatten. Und sie würden noch vor Jahresende eine Menge mehr gesehen haben. „Was denkst du, sollten wir nicht zurückgehen?" fragte er. Er wollte nicht zugeben, daß ihm dieser Ort mit einem Mal eine Gänsehaut verschaffte. Er erinnerte sich daran, wie er einmal als Kind allein zu Hause gewesen war. Er hatte das Klavier solange angestarrt, bis die Tasten Zähne zu sein schienen, die ihn zu verschlingen drohten. Er war nach draußen gelaufen und hatte dort auf seine Eltern gewartet, bevor er sich wieder ins Haus hineingetraut hatte. Wie er jetzt hier mit Elisa auf dem Platz stand, überkam ihn dasselbe Gefühl.

„Nur eine Minute noch." Mit einem Ruck sah sie zu der großen Astronomischen Uhr am Turm des Altstädter Rathauses hinauf. „Mutter würde nicht verstehen, wenn wir nicht abgewartet hätten, bis daß die Stunde schlägt." Wenige Minuten später schlug es acht Uhr. Kleine Fenster sprangen vor ihnen auf, und der Apostelzug erschien: Christus und die 12 Apostel zogen, sich nach außen drehend, vorbei. „Sieh doch nur, Murphy!" rief Elisa, und wieder fiel es ihm leicht, sie sich als kleines Mädchen vorzustellen, das sich an der Hand ihres Vaters festhielt. Er nahm sie in die Arme, und sie lachte und drückte seinen Arm ganz fest, als der Tod eine zierliche Glocke läutete, und ein alter Mann seinen Kopf schüttelte, als wollte er sagen, daß es für ihn noch nicht an der Zeit sei zu sterben. Der Tod drehte seine Sanduhr um, als ein Geizhals vorbeirollte, gefolgt von einem jungen Dandy, der gerade seinen Anzug in Ordnung brachte. „Papa sagt immer, diese letzten beiden stünden dafür, daß du nichts mitnehmen kannst.“ Elisa lachte abermals verzückt. Dann schloßen sich die Fenster wieder. Im Dachgiebel verkündete ein Hahn, daß eine Stunde vergangen war.

„Das ist besser, als alles, was ich am Times Square gesehen habe“, sagte Murphy. Er genoß Elisas Nähe, und wie sie seinen Arm drückte.

„Times Square?“ Ihre Wangen waren gerötet, als sie sich ihm schließlich zuwandte.

Er wollte sie küssen. Sie war so nah, so frisch und endlich frei von den Sorgen der vergangenen Wochen. „In New York. Vielleicht kann ich ihn dir einmal zeigen.“

Ein leichtes Lächeln umspielte ihre Mundwinkel. Sie sah auf seine Lippen, dann wieder in seine Augen. „Times Square. Ich würde ihn gern einmal sehen.“ Flüchtig berührte sie mit ihren Lippen seinen Mund; dann, noch bevor er sich rühren konnte, löste sie sich von ihm und hastete über den Platz auf die schmale Gasse zu, in der Kafka aufgewachsen war – zu dem Haus, in dem ihnen Anna gerade ein üppiges Frühstück zubereitete.

Anna begrüßte sie an der Tür. Augenblicklich führte sie Murphy durch die Halle, vorbei am Eßzimmer in das Schlafzimmer, in dem Theo auf einem Dutzend kleiner Kissen lagerte.

„Er hat nach dir gefragt, John.“ Anna öffnete die Tür einen Spalt und spähte hinein. Theo war wach. „Theo, Liebling“, rief sie sanft, „dein Schwiegersohn ist hier. Elisa hat sich schließlich doch dafür entschieden, ihn mit uns zu teilen.“

Murphy wünschte sich, Elisa hätte ihrer Mutter die Wahrheit über ihr Arrangement gesagt. Das hätte die Dinge erheblich vereinfacht. Anna eilte den schmalen Flur zurück und ließ ihn allein mit Theo in dem schwachbeleuchteten Raum.

Theo streckte Murphy seine Hand entgegen. Die Hand war noch dieselbe, doch der dazugehörende Arm war spindeldürr. Die Hand war immer noch groß und Murphy erstaunlich vertraut nach einem Jahr. Und als Murphy die Hand ergriff, fiel es ihm leicht, sich an Theo Lindheim zu erinnern, wie er ihn ein Jahr zuvor in Berlin getroffen hatte. Wie das kleine Flugzeug im Sturm zu kämpfen hatte; und doch war Theo so entschlossen, so furchtlos gewesen. Jetzt schien alles an ihm verwelkt und alt – alles, außer den Händen.

„Sie haben mich so fest eingepackt, John Murphy, daß ich mich kaum bewegen kann.“ Auch Theos Stimme klang eingefallen und hohl. „Ich glaube, sie haben Angst, daß ich mich in Luft auflösen könnte.“

Murphy atmete den köstlichen Duft tschechischer Würste, der das Haus erfüllte, tief ein. Sein Magen knurrte vor Hunger. „Mit dem Essen sind Sie in nullkommanichts wieder der Alte." Murphy setzte sich ihm gegenüber.

„Stellen Sie sich vor –" Theo fuhr mit seinen Fingern über sein dünnes Gesicht – „ich habe Anna immer dafür getadelt, daß sie mich mit so gutem Essen vollstopft." Für einen Moment spiegelten sich in seinen Augen die entfernten Gesichter zehntausender hungriger Menschen. Auf einen Lastwagen gestapelte Brotlaiber – und noch etwas anderes ...

„Anna sagte, Sie wollten mich sprechen?" Murphys Stimme holte Theo zurück in die Gegenwart.

Theo nickte und warf einen Blick auf sein Handgelenk, wo noch immer das metallene Armband Auskunft über seine vermeintliche Identität gab. Er hielt Murphy das grob gearbeitete Schild hin. J. *Stern* war darauf zu lesen und eine Nummer.

„Sie nannten mich Stern", erklärte Theo. „Sie behaupteten, Theo Lindheim sei bei einem Flugzeugabsturz ums Leben gekommen. Ich war Jakob Stern. Zuviele meiner Freunde hätten womöglich etwas dagegen gehabt, verstehen Sie, wenn Theo Lindheim in Dachau gewesen wäre. Freunde, die noch wichtige Dinge vorhaben für das Wohl des wahren Deutschlands." Schmerz stand in seinen Augen geschrieben. „Das ist der Grund, warum ich sie nicht um Hilfe bitten konnte. Ich weiß, daß sie diese Dinge tun müssen, oder Deutschland wird untergehen." Er zögerte und sah zur Zimmerdecke hinauf. „Ein Menschenleben zählt nicht im Vergleich dazu."

Murphy fühlte sich irgendwie unbehaglich. Dieser alte, gebrochene Mann gab sich der Illusion hin, daß er noch immer Freunde innerhalb der Reichsgrenzen hätte. Doch es gab niemanden mehr in der deutschen Regierung, der noch bei Sinnen war. Murphy war Zeuge gewesen dieses unheimlichen Fackelmarschs auf der Wilhelmstraße, der Bücherverbrennungen, der rituellen Freudenfeuer unter den Hakenkreuzen. „Ich fürchte, sie haben alle den Verstand verloren, Theo", sagte Murphy ruhig.

Theo wandte seinen Blick Murphy zu und lächelte, als wüßte er ein Geheimnis, das er nicht verraten würde. „Nicht alle. Nicht alle haben ihren Verstand verloren. Einige sind in die Schweiz gegangen. Einige nach Paris. Einige nach Prag. Und einige nach Dachau." Er schwenkte seinen Arm hin und her, bis sich das Armband um sein Handgelenk drehte. Dann verflog sein Lächeln, und er musterte Murphy forschend. „Und einige wirklich mutige Männer sind dageblieben. Sie leben und atmen, hoffen und beten in diesem schrecklichen Tal des Todes. Sie müssen fest daran glauben, daß es diese Männer gibt, Murphy. Irgendwie müssen die Engländer und die Franzosen und ... all die anderen daran glauben, daß es diese Männer gibt. Daß sie handeln werden, wenn nur ..."

Murphy biß sich auf die Lippe. „Theo", fragte er, „Sie wissen, was in Österreich passiert ist? Sie wissen, was letzte Nacht geschehen ist? Die Deutschen haben die Grenze überschritten. Haben das Land eingenommen. Es gab niemanden, der dort drüben protestiert hätte. Es gab kaum ein Wort des Protestes vom Rest der Welt. Wo sind diese Männer, von denen Sie sprechen? Diese mutigen Deutschen, die sich Hitler entgegenstellen werden? Wer sind sie? Worauf warten sie?"

Theo antwortete nicht. Er wirkte noch älter, noch müder. Murphys Fragen zertrümmerten die Hoffnung, an die er sich ein Jahr geklammert hatte, während er die Hölle durchlebt hatte. Er drehte langsam den Kopf von einer Seite zur anderen. Dann schüttelte er noch einmal den Kopf, bis ihm Tränen in die Augen traten.

„Kann das wahr sein? Haben sie alle mein Land verlassen? Sind sie alle davongelaufen oder ermordet oder ... dazu gebracht worden, den Worten eines Wahnsinnigen zu glauben?"

Von der Tür hinter ihnen rief Elisa leise nach ihrem Vater. „Papa?" Murphy wußte sofort, daß sie Theo zugehört hatte. Sie trat ins Zimmer. „Papa –" Sie schluckte heftig und suchte nach Worten. Schwerfällig lehnte sie sich gegen die Kommode. Sogar in dem trüben Licht konnte Murphy sehen, wie ihre Hände zitterten. Theos Erinnerung war jetzt auch ihre. „Einige sind noch übrig ... *gute* Männer!" Ihre Stimme bebte.

„Elisa", setzte Theo heiser an, „Kind –"

„Du darfst die Hoffnung nicht aufgeben, Papa! Ich weiß, daß es sie gibt! Thomas hat es mir gesagt!" Die Worte sprudelten aus ihr heraus. Es tat nichts zur Sache, daß Murphy mit im Raum war. Sie schien ihn gar nicht wahrzunehmen.

„Thomas?" fragte Theo erstaunt. „Du hast ihn getroffen?"

„Ja. In Tirol. Und in meiner Wohnung in Wien!" Sie kniete sich neben das Bett. „Er ist ein guter Mensch, Papa, wie wir es schon immer gewußt haben!"

Mit einem Mal dachte Murphy nicht länger an Deutschland. Die Erinnerung an Elisa in den Armen Thomas von Kleistmanns war noch frisch und quälend. In ihrem Brief an Murphy hatte sie diesen Kerl

Thomas erwähnt. Es war deutlich zu erkennen, daß sie ihn noch immer liebte. Murphy beobachtete ihr Gesicht, als sie Theo von ihm erzählte.

„Er hat dich wie seinen Vater geliebt", sagte sie. „Und er ist noch immer dein Sohn und ein Sohn Deutschlands."

Murphy erhob sich und verließ unbemerkt das Zimmer. Er hatte genug gehört. Immer, schien es, würde Thomas von Kleistmann zwischen ihnen stehen. *Und warum auch nicht?* dachte Murphy. Von Kleistmann besaß die älteren Rechte.

Wilhelm und Dieter, Elisas Brüder, lümmelten im Wohnzimmer herum. Sie beobachteten Murphy neugierig. Oder vielleicht war es auch Mißtrauen. Wie auch immer, Murphy kam zu dem Schluß, daß sie wahrscheinlich hungrig waren. Frische Sesambrötchen stapelten sich auf einem Teller in der Mitte des Eßtisches, eingerahmt von einer Platte mit Eiern und einer mit Würstchen. Anna trug gerade eine Kanne mit dampfendem Kaffee aus der Küche herein.

„Es geht ihm gut", strahlte sie. „Glaubst du nicht, Murphy? Elisa sagte, daß du lieber Murphy genannt wirst, statt John. Klingt sehr amerikanisch, wenn du mich fragst. Bist du hungrig?"

Murphy war der Hunger vergangen. „Das sieht großartig aus. Fast wie zu Hause bei meiner Mutter." Er bemerkte zwei adressierte Briefumschläge, einer an Leah und einer an den Maestro des Musikvereins. Sie lagen neben seinem Teller. „Aber die Wahrheit ist –" Er steckte die Briefe ein – „Ich muß sofort nach London. Ich ..." Er versuchte, der Enttäuschung in Annas Blick auszuweichen. „Ich kann nicht bleiben. Wir senden direkt ... über den Anschluß, und ich ... kann nicht bleiben."

„Aber ... aber, John!"

„Es tut mir leid. Ich werde es ein andermal wieder gut machen. Aber ich kann nicht bleiben. Darf ich ein paar von den Brötchen mitnehmen?" Er versuchte, beiläufig zu klingen. In Wahrheit wollte er einfach weg, bevor Elisa ins Zimmer kam. Da war die Haustür. Es gab nichts, was ihn daran hinderte, sofort hinauszustürmen.

„Brötchen? Was, natürlich. Soviel du willst. Aber kannst du nicht ... ?"

Murphy stopfte sich vier in die Tasche. Dann wandte er sich Wilhelm zu, der ihn jetzt offen feindselig musterte. „Wilhelm? Kannst du fahren?" Murphy warf ihm die Autoschlüssel zu. „Kannst du mich zum Flughafen bringen? Ich hasse Abschiedsszenen. Hasse es, deine Schwester weinen zu sehen." Murphy umarmte Anna kurz. Wilhelm strahlte jetzt über das ganze Gesicht. „Sag' Elisa, sie soll gut auf den Wagen aufpassen, bis ich zurück bin, okay?"

6. Ruf nach Wien

Die Mitarbeiter der deutschen Botschaft in Paris hatten alle noch dieselben Kleider an, die sie schon am Vortag getragen hatten – die Krawatten waren verrutscht, Mäntel und Hosen zerknittert und die Gesichter unrasiert. Während der ganzen langen Nacht, in der der österreichische Anschluß stattfand, hatten sie sich mit hysterischen Telefonanrufen aus Berlin herumschlagen müssen.

„Wie sieht die französische Antwort auf unsere Aktion aus? Hat es Anzeichen für eine Mobilisierung gegeben? Was hat man Ihnen mitgeteilt? Plant Frankreich, sich an seine Schutzzusage an Österreich zu halten?"

Im kalten Licht des frühen Morgens schien es, als seien die einzigen Menschen, die in Paris eine schlaflose Nacht verbracht hatten, die Deutschen innerhalb dieser Wände. Von Anbeginn der Krise hatte sich die französische Regierung in Schweigen gehüllt. Ohne Zweifel war Premierminister Daladier zu seiner gewohnten Zeit ins Bett gegangen. Er würde ja alles über den Zusammenbruch Österreichs in den Morgenzeitungen und den Berichten auf seinem Schreibtisch lesen können.

Die obersten drei Knöpfe seiner Uniformjacke hatte Thomas von Kleistmann geöffnet. Er war in der Nacht gelegentlich auf seinem Stuhl eingedöst, und jetzt hatte er einen steifen Nacken. Er fuhr sich mit der Hand über sein fahles, unrasiertes Gesicht. Seine Wangen waren wie Sandpapier. Seine Augen brannten vom Rauch der kettenrauchenden Männer, denen auch nicht viel anderes zu tun blieb. Die Aschenbecher auf dem blankpolierten Tisch quollen über. Ein blauer Dunst lag in der Luft, als das erste Morgenlicht durch die Fenster fiel. Halbleere Schnapsgläser und Tassen mit kaltem Kaffee standen überall herum und hinterließen Ringe auf der Tischplatte und Flecken auf dem Teppich neben dem Sofa und den gepolsterten Sesseln des Aufenthaltsraums. Mittlerweile hatten sich alle außer Thomas von Kleistmann und Ernst von Rath auf ihre Zimmer zurückgezogen.

Thomas blickte hinaus auf das naßglänzende Pflaster der Straße vor dem Botschaftsgebäude. Keine französischen Truppen waren vorbeimarschiert, um Österreich zu retten. Kein wütender Franzose hatte vor den Toren gegen die deutsche Aggression protestiert. Nichts hatte sich verändert. Niemand kümmerte sich darum – mit Ausnahme vielleicht der Österreicher selbst.

Mit einem Seufzer wandte er sich vom Fenster ab. Auf der anderen Seite des Raumes hing Ernst von Rath erschöpft in einem großen Lehnsessel. Seine blaße Gesichtsfarbe schien fast durchsichtig vor Übermüdung. Er betrachtete Thomas mit trauriger Verzweiflung. Zweifellos nahmen ihre Gedanken dieselbe düstere Richtung. Sie hatten beide eine Menge riskiert, um Engländer und Franzosen vor dem drohenden Machtwechsel in Österreich zu warnen. Inmitten begeisterter Nazis hatten sie sich dazu entschlossen, einer höheren Moral ihre Loyalität zu erweisen.

Und dies war es, wohin sie ihr Gewissen gebracht hatte. Was hatten ihre Anstrengungen genutzt? Hitler hatte sich als ein absolutes Genie erwiesen. Hatte er sein Versprechen nicht erfüllt, Österreich mit Deutschland zu vereinen? Und nicht ein Tropfen deutschen Blutes war vergossen worden! Genau, wie er es seinen ängstlichen Generälen prophezeit hatte: „*England und Frankreich haben kein Rückgrat! Sie werden keinen Finger rühren, um uns aufzuhalten!*" Jetzt würde die Öffentlichkeit den kleinen Gefreiten zu einer Gottheit erheben!

Die Blicke der beiden trafen sich. *Was hat es genutzt, daß wir dieses Risiko auf uns genommen haben? Was hat es genutzt, daß die Generäle Hitler gewarnt haben, er treibe uns in einen Krieg? Er hat bewiesen, daß sie sich geirrt haben. Vielleicht haben wir uns ebenso geirrt? Wir sind doch niemand. So unbedeutend! Was hat es genutzt, Ernst?* Obwohl die Worte unausgesprochen blieben, erreichten sie doch ihr Ziel; Ernst zuckte hilflos mit den Schultern und schüttelte den Kopf.

„Trotz allem eine ruhige Nacht in Paris", sagte Ernst. Er warf einen Blick auf seine Uhr. „In Wien wird es heute eine Parade geben, nehme ich an." Er schien keine Kraft zu besitzen, sich aus seinem Sessel zu erheben. „Dieses Mädchen, in das Sie verliebt sind. Sie ist immer noch in Wien, nicht wahr?"

Thomas wandte seinen Blick ab. Er schaute zur Treppe und der Eingangshalle hinüber. „Ja. Ja", erwiderte er niedergeschlagen. Er hatte an nicht sehr viel anderes außer Elisa gedacht, während der langen Stunden des Wartens. Einzig ihretwegen war er erleichtert, daß sich der Anschluß ohne jeden Kampf vollzogen hatte. Aber zweifellos stand das Wien noch bevor. Die Nazi-Regierung würde mit äußerster Gewalt jeden noch so geringen Widerstand der Österreicher brechen. Er hatte die Pläne der *Operation Otto* gesehen. Mit Sicherheit brandeten dort die Wogen antisemitischer Gewalt bereits auf.

„Bringen Sie sie her", sagte Ernst, der die Furcht in Thomas' Augen las.

„Das habe ich versucht. Sie will nicht." Unentwegt starrte er auf die Wassertropfen, die von der Dachrinne des Gebäudes tröpfelten. „Vielleicht kommt sie ja jetzt." Seine Stimme klang hoffnungslos. Wenn man sie hier zusammen mit Thomas sah, würde die Gestapo sie todsicher als die Halbjüdin Elisa Lindheim wiedererkennen. Es war aktenkundig, daß Thomas in Berlin häufig mit ihr gesehen worden war. Paris konnte nicht die Antwort auf die Frage nach ihrer Sicherheit sein. Das hatte er sich schon vor Monaten klargemacht. Hätte er nicht diese kleine Rolle im Plan des Generalstabs gespielt, mit dem Hitler hatte aufgehalten werden sollen, wäre er schon längst mit ihr aus Europa fortgegangen. Aber ... „Sie würde nicht mit mir gehen", wiederholte er. Er erwähnte nicht, daß sie ihn nicht länger liebte. Er vermochte ja selber kaum, das zu glauben. Er hoffte noch immer, daß er mit der Zeit in der Lage wäre, die Wunden zu heilen, die sie auseinander gebracht hatten.

„Sie hätten sie besser überredet zu kommen, Thomas." Ernst schien dankbar, daß sich das Gespäch zur Abwechslung einmal um Frauen drehte. „Holen Sie sie lieber her. Wenn sie so schön ist, wie Sie sagen ... Sie wissen ja, daß Wien nur so wimmeln wird von Wehrmachts-Offizieren. Und von diesen arroganten SS-Kerlen." Er senkte seine Stimme. „Manche Frauen sollen sich ja tatsächlich zu solchen Typen hingezogen fühlen."

„Sie nicht." Thomas stellte sich die Schwärme deutscher Soldaten vor, die jetzt die Straßen Wiens bevölkerten. „Sie ist Musikerin. Sensibel und anständig."

Ernst lachte zum ersten Mal seit zwei Tagen, als er Thomas ansah: der dunkle Schatten seiner Bartstoppeln, die breiten, muskulösen Schultern. Sein dichtes, schwarzes Haar hing ihm in die Stirn. „Sie wollen mir doch nicht weismachen, daß sie auf sensible Typen fliegt? Sie sehen eher einem Preisboxer ähnlich als einem Dichter, Thomas. Wie hätte sie sich jemals in jemanden wie Sie verlieben sollen?"

Ernst machte nur Spaß, aber Thomas lachte nicht. Er erwiderte nicht einmal etwas. Von der Treppe her ließ sich das forsche Klacken der Schuhe des Botschafters vernehmen. Er hatte geduscht und sich umgezogen; und jetzt war er der einzige in der Botschaft, der eine erholsame Nachtruhe hinter sich zu haben schien. Er nickte Thomas nur knapp zu, als er auf dem Weg zu seinem Büro an den breiten Flügeltüren vorbeiging.

Das Telefon auf Ernsts Schreibtisch klingelte in diesem Augenblick. Er zwang sich aufzustehen und wankte ins Foyer, um den Anruf entgegenzunehmen. Der Lärm der erwachenden Welt durchzuckte Thomas schmerzhaft. Er lehnte seinen Kopf gegen die Fensterscheibe und versuchte, Ernsts Worte zu verstehen, die vom Nebenraum herüberhallten.

„Einen Moment, Herr Admiral. Ja, er ist hier." Ernst kam wieder zurück. „Thomas! Es ist Admiral Canaris! Er ist gerade in Wien eingetroffen und will Sie sprechen!"

Es war ganz natürlich, daß der Chef der Abwehr mit dem Rest der deutschen Bürokratie in Wien auftauchte. Dennoch, ein Anruf von Canaris aus Wien brachte Thomas einigermaßen aus der Fassung. Er hätte sich gewünscht, daß jeder deutsche Offizier sich einfach diesem kleinen Gefreiten widersetzt und geweigert hätte, Österreich zu betreten. Canaris' Anwesenheit in Wien war die endgültige Bestätigung, daß der Anschluß vollzogen war. Thomas schien es wie eine persönliche Niederlage.

„Ja, Herr Admiral." Er versuchte, munter zu klingen.

„Sie werden hier benötigt, von Kleistmann." Canaris versuchte nicht, seine Müdigkeit zu verbergen. „Himmler und seine Gestapo sind bereits dabei, die Zivilbevölkerung zu bearbeiten. Das Mindeste, was wir von der Abwehr tun können, ist, die Akten des österreichischen Militärs zu übernehmen, bevor sie uns das auch noch abnehmen."

Seine Unverblümtheit verblüffte Thomas. Er sah über seine Schulter, ob irgendjemand in der Nähe war, der das Gespräch hätte mithören können. Natürlich war es kein Geheimnis, daß Canaris als Chef der Abwehr, Himmler und seine Gestapo-Schläger nicht ausstehen konnte. „Jawohl, Herr Admiral", entgegnete Thomas.

„Morgen früh mit dem ersten Flug nach Wien!" schnappte Canaris ungeduldig. „Verpassen Sie ihn nicht!" Er knallte den Hörer auf, ohne eine Antwort abzuwarten.

Thomas eilte auf sein Zimmer, um zu duschen und sich umzuziehen; seltsam, aber seine Niedergeschlagenheit und Erschöpfung waren wie weggeblasen. Es schien ihm wie ein Wunder, daß er nach Wien beordert wurde. Keine Sekunde länger dachte er an das eroberte Land oder an das Chaos in der Stadt. Seine Gedanken kreisten allein um Elisa und ihre kleine Wohnung direkt um die Ecke vom Musikverein!

* * *

Murphy war schon eine Stunde fort, als Elisa schließlich aus dem Zimmer ihres Vaters kam. Wie ein wahrer Söldner hatte er seine Aufgabe erledigt und war dann verschwunden. Elisa blieb es überlassen, ihre Lügengeschichte allein vor ihren Eltern weiterzuspielen.

„Wilhelm hat ihn zum Flughafen gefahren." Anna zuckte unbehaglich ihre Schultern. „Er sagte, er wolle dich nicht weinen sehen." Es war Anna, die angesichts der augenscheinlichen Enttäuschung in Elisas Blick fast geweint hätte.

Elisas strahlendes Lächeln verblaßte, nur um sofort von einer gespielten Sorglosigkeit ersetzt zu werden. „Dieser Murphy!" Sie wich dem Blick ihrer Mutter aus. Sie wollte nicht, daß Anna sah, wie betroffen sie war. „Immer rennt er los, um sich irgendeine Story zu angeln. Aber deswegen habe ich noch nie geheult", log sie. Sie drehte sich um und fing an, im Geschirrschrank zu kramen. „Papa sagt ..." Sie sprach zögernd mit geistesabwesender Stimme. „Er sagt, er hätte gerne eine Tasse Tee." Sie stand da und starrte auf die Tassen.

Anna legte eine Hand auf die Schultern ihrer Tochter. Sie langte um sie herum und nahm Tasse und Untertasse vom Bord. „Diese Amerikaner", sagte sie verärgert. „Genau wie man sie aus dem Kino kennt! Keine Vorstellung von Familie oder –"

Elisa drehte sich abwehrend um. „Aber das ist er *nicht*, Mutter! Er ist ... Vom ersten Augenblick an war er ..." Tränen schossen ihr in die Augen. Warum in aller Welt verteidigte sie John Murphy? Sie biß sich auf die Lippe. Da war es also, ohne daß sie es wollte. Trotz der offensichtlichen Verachtung, die er für sie empfand. Sie liebte ihn, und jetzt würde es Anna auch wissen!

Anna war perplex. Ihr erster Morgen, an dem sie glücklich wieder vereint waren, war ruiniert. Sie streckte ihre Arme aus. „Natürlich ist er wunderbar, Liebling." Anna schloß Elisa fest in ihre Arme. „Er hat dich sicher aus Österreich herausgebracht. Und er hat deinen Vater sicher zu uns nach Hause gebracht!" Ihr Mitgefühl ließ Elisa nur umso heftiger weinen. „Er muß so wunderbar zu dir sein, daß du ihn so liebst, Elisa. Du hast nicht mehr so geweint, seit Thomas –" Anna strich Elisa zärtlich übers Haar.

„Oh, Mama!" sagte Elisa leise mit tränenerstickter Stimme. Sie wollte ihrer Mutter so viel erzählen, doch sie konnte es nicht. Sie ertrug es nicht, sich die Enttäuschung in Annas Blick vorzustellen. *Ich habe mich Thomas hingegeben, und er hat mich trotzdem verlassen. Ich weiß nicht, ob ich ihn überhaupt je wirklich geliebt habe. Aber ich habe mich von ihm ausnutzen lassen. Am Ende habe ich ihn verloren. Und jetzt habe ich Murphy verloren, seinen Respekt, die Bewunderung in seinen Augen. Ich habe es ihm erzählt, Mama, und jetzt ist auch er fort ...*

Anna nahm sie bei den Schultern. „Wilhelm hat seinen Wagen zurückgebracht!" sagte sie aufgeregt. „Du weißt, wie die Männer sind –"

Nein, wollte Elisa sagen, *ich habe keine Ahnung!*

Anna wischte mit dem Saum ihrer Schürze Elisa die Tränen aus dem Gesicht. „Beeil' dich, Elisa! Du kannst mit dem Wagen zum Flughafen fahren und dir ein Ticket nach London besorgen und ... vielleicht ist sein Flugzeug noch gar nicht abgeflogen!" Anna malte sich die Szene aus, als seien sie und Theo die Darsteller. „Wenn er dein Vater wäre, würde ich genau das tun ..."

Aber er ist nicht Papa. Und ich bin nicht du. Murphy würde nur seine Augen verdrehen und sagen: Geh nach Hause. „Er hat gesagt, daß ich ihn nicht begleiten könne", antwortete sie leise. Sie sah zur Uhr. *Was hat er gesagt, wann ging sein Flug?*

„Natürlich hat er das gesagt." Anna führte Elisa aus der Küche. „Er hat sich gedacht, daß du wahrscheinlich bei deinem Vater sein wolltest und –"

Oh, Mutter, woher willst du das wissen? Es ist alles so verrückt. So furchtbar und verwirrend. Er ist einfach nur eine bezahlte Eskorte gewesen ...

Die Geige und ein kleiner vollgestopfter Lederkoffer standen nebeneinander vor dem Bett. Anna hob sie auf. Als Romantikerin von Kopf bis Fuß durchlebte sie die Romanze stellvertretend für ihre Tochter – obwohl es gar keine Romanze gab.

„Du hast genug Zeit, wenn du dich beeilst, Liebling. Er sagte, er wäre in zwei Wochen zurück. Dann werden wir alle vereint sein."

Widerstandslos tat Elisa, als akzeptierte sie diesen undenkbaren Vorschlag. Sie würde eine Stunde oder so fortbleiben und dann mit der traurigen Nachricht zurückkommen, daß Murphys Flug schon weg war und es einfach keinen freien Platz mehr auf irgendeinem Flug nach London gegeben hatte.

* * *

„Der Flug nach London?" fragte der Angestellte hinter dem Schalter abwesend. „Ist schon vor einer halben Stunde weg, Fräulein."

Elisa legte sich eine Hand auf die Stirn. Ihre Enttäuschung widersprach jeder Vernunft, sagte sie sich selbst. Sie war sich nicht einmal sicher, warum sie überhaupt zum Flughafen gekommen war. Sie hatte erwartet, daß Murphy bereits fort wäre. Auf alle Fälle hatte sie den Vorschlag ihrer Mutter sicher nicht ernsthaft erwogen. Und doch stand sie hier, kurz vorm Heulen, weil John Murphy schon auf halbem Wege nach London war.

„Kann ich Ihnen sonst irgendwie behilflich sein?“ Der Angestellte sah an ihr vorbei zu den in der Schlange wartenden Damen und Herren.

Sie riß ihren Kopf hoch, als der Gedanke an Leah und Shimon sie durchfuhr. „Ja! Wien! Gibt es heute einen Flug nach Wien?“

Der Angestellte sah sie ungläubig an. „Wien?“ schnaubte er. „Werfen Sie mal einen Blick dort hinüber, Fräulein!“ Er zeigte auf eine große Gruppe, die trostlos auf den harten Bänken in der Halle saß. „Die sind gerade aus Wien *gekommen!* Der allerletzte Flug. Niemand fliegt *nach* Wien! Und es wird für eine ganze Weile auch niemand mehr herauskommen.“ Er sah wieder auf seine Unterlagen. „Tatsächlich sind alle Flüge nach Deutschland gestrichen!“

Elisa errötete. Jeder in Hörweite starrte sie an. Wer bei Verstand konnte allen Ernstes heute nach Wien wollen, wenn er oder sie nicht irgendetwas mit den Nazis zu schaffen hatte? „Ich bin Musikerin“, unternahm sie einen schwachen Erklärungsversuch. „Bei den Wiener Philharmonikern.“

Der Angestellte sah sie über seinen Brillenrand hinweg an. „Nun, wenn Sie dorthin zurückgehen, werden Sie eine neue Melodie spielen, das kann ich Ihnen sagen.“

Sie wandte sich ab. Sie spürte die verächtlichen Blicke derer, die ihr Gespräch mitangehört hatten.

„Himmel!“ lachte der Mann hinter ihr in der Schlange. „Millionen versuchen, aus Österreich herauszukommen, und die hier will hinein! Um ein Konzert zu geben!“

Elisa blieb hinter dem Lenkrad des Packard hocken. Wie ein Baby hielt sie ihre Geige in den Armen und starrte ausdruckslos auf das Armaturenbrett. Ohne Zweifel würde auch kein Zug die Grenze nach Österreich passieren. Sie und Murphy waren mit dem Auto nach Prag gefahren. Konnte sie nicht einfach wieder zurück nach Wien fahren? Jetzt, da ihr Vater in Sicherheit war, warum sollte sie nicht einfach wieder die Grenze nach Österreich überqueren, so wie sie es in den letzten Wochen so oft nach Deutschland hinein getan hatte? Konnte der Versuch, in ihre Wohnung zurückzukehren, tatsächlich gefährlicher sein, als Pässe oder Kinder aus Deutschland herauszuschmuggeln?

Die Antwort schien mit einem Mal so einfach. Anna hatte ihr die Entschuldigung präsentiert, die sie brauchte. Sie würden glauben, sie wäre mit Murphy in London. Von Prag aus waren es mit dem Wagen bis nach Wien nur ein paar Stunden.

Sie ließ den Motor an und nahm denselben Weg zurück, den sie erst in der Nacht zuvor gekommen war.

7. Gefangenschaft

Hunderte waren mittlerweile am Judenplatz schon in Haft genommen worden. Warum sie, im Gegensatz zu anderen, fortgeschafft wurden, schien ein völliges Rätsel zu sein. Papiere wurden kontrolliert und Namen mit denen, die auf einer Liste standen, verglichen. Diejenigen, deren Namen sich auf der Liste fanden, wurden auf Truppentransporter geladen und weggebracht. Es war niemandem gestattet, den Platz zu verlassen, es sei denn, er konnte beweisen, daß er kein Jude sondern arischer Abkunft war.

Leah taten die Beine vom stundenlangen Stehen weh. Denen, die auf dem Platz festgehalten wurden, gestand man kein Trinkwasser zu. Kleine Kinder fingen vor Hunger und Durst zu schreien an. Aber die schlimmste Folter bestand darin, daß ihnen in der ganzen Zeit der Zugang zu Toiletten verwehrt wurde. Es machte den Nazis Spaß, sie auf diese vergleichsweise kleine Weise zu foltern. Sie freuten sich jedesmal, wenn jemand darum bat, ein Klo aufsuchen zu dürfen. Eine Erlaubnis wurde nie erteilt. Das Opfer ihres Spotts mußte sich daraufhin abseits stellen, bis er oder sie, nach qualvollen Stunden, sich in die Hosen machte. Dann schütteten sie ihren Hohn über ihm aus: *„Drekkiger Jude! Du ekelhaft stinkendes Vieh!“*

Immer und immer wieder wurde dieses schreckliche Spiel wiederholt. *Aber,* dachte Leah, *ihr Nazis seid das Vieh.* Es war etwas Unmenschliches in der Art, wie sie dieses Grundbedürfnis verweigerten. Die Männer und Frauen, die sich auf diese Weise erniedrigt hatten, wurden daraufhin zum öffentlichen Abort geführt, wo sie die Kloschüsseln mit Gebetstüchern und heiligen Gegenständen, die aus der Synagoge geraubt waren, schrubben mußten.

Ein großer deutscher SS-Standartenführer war für all das verantwortlich. Sein schwarzer Uniformrock war von makelloser Sauberkeit, seine Hosen hatten eine rasiermesserscharfe Bügelfalte und seine Stiefel waren so poliert, daß sie in der Morgensonne glänzten. Die meiste Zeit über sprach er kein Wort. Seine Unteroffiziere stellten die Fragen, während er zuhörte; mit einem Rucken des Kopfes entschied er dann, wer auf dem Judenplatz bleiben konnte und wer zur weiteren Befragung in das neue Gestapo-Hauptquartier geschafft wurde.

Leah erkannte seinen Stellvertreter sofort. Er trug Zivilkleidung, und seine Hakenkreuzbinde war am Ärmel eines rauhen Tweedmantels befestigt. Sein Haar hatte er in die Stirn gekämmt, so wie Hitler persönlich. Eine runde Nickelbrille blinkte in der Sonne.

„Dieses Pärchen dort, Sporer –" Der Standartenführer richtete seine Reitpeitsche auf Shimon und Leah. Dabei warf er einen Blick auf ihre ineinandergefalteten Hände.

Sporer nickte und kam forsch auf sie zu. Das Klemmbrett steckte unter seinem Arm. Er hatte ein hageres Gesicht, und seine Mundwinkel waren leicht nach oben gezogen, als machte ihm seine Arbeit großen Spaß. Er sah genauso aus wie auf dem Foto in der Zeitung, als Schuschnigg ihn wegen der Aufstände hatte verhaften lassen. Das war der Kerl, der Elisa zu Boden gerissen und johlend dabei gestanden hatte, als andere in der Hoffnung auf eine Vergewaltigung dazugekommen waren. Ein kalter Schauer überlief Leah, als Sporer sie mit seinem Blick abtastete, wie ein Metzger das Schlachtvieh.

Leah wandte sich von ihm ab. Sie zwang sich, dem SS-Standartenführer direkt ins Gesicht zu sehen. Blaue Augen, blondes Haar. Das perfekte Abbild eines gutaussehenden jungen arischen Gottes.

„Name?" fragte Sporer gelangweilt.

„Shimon und Leah Feldstein." Shimon reichte ihm ihre Personalausweise.

Shimons Stimme war angespannt, und Leah fragte sich, ob er sich auch an Sporers Foto aus der Zeitung erinnerte. Sporer war einer der ersten Nazi-Gewalttäter gewesen, die nach Schuschniggs Treffen mit Hitler in Berchtesgaden auf freien Fuß gesetzt worden waren. *Männer von solcher Grausamkeit mußten sehr wichtig für das Reich sein*, dachte Leah. Und jetzt hielt dieser Mann ihr Leben in seinen Händen.

Sporers Gesichtsmuskel zuckte, als er ihre Papiere durchsah. „Jüdische Musiker", murmelte er an niemanden direkt gerichtet. „Für euch wird es sicher keine Verwendung mehr geben, jetzt, wo Österreich eins mit Deutschland ist. Es ist Reichsgesetz, daß deutsche Musik ausschließlich von rassereinen Deutschen gespielt werden darf." Er wandte seinen Blick nicht von den Papieren. Dann suchte er die Namensliste auf seinem Klemmbrett ab.

„Musiker?" fragte der Standartenführer. Etwas Menschliches flakkerte in seinem Gesicht auf. Fast schien es, als lächelte er Leah an.

„Politische Gesinnung?" fragte Sporer, wobei er die Seiten der Liste zurückfallen ließ.

„Wir sind einfach nur Musiker", antwortete Leah. „Muß denn jeder in Wien eine politische Überzeugung haben?"

Sporer hob sein Kinn herausfordernd. „Du lügst", sagte er triumphierend. „Ihr beide seid Zionisten."

„Wir planen, nach Palästina zu ziehen", setzte Shimon an. „Aber wir sind keine politischen Aktivisten."

„Auch gelogen! Eure Namen stehen auf der Liste!" Sporers Stimme war laut genug, daß einige in der Menge auf sie aufmerksam wurden. „Wir haben eure Namen! Jeder weiß, daß Zionisten Kommunisten sind!" Seine Augen leuchteten, als hätte er Verbrecher gefaßt. Er drehte sich zum Standartenführer um. „Wir haben ihre Namen von zwei anderen, die wir verhört haben."

„Wir haben Visa für Palästina", wandte Shimon ein.

„Die haben auch zehntausend andere!" schnappte Sporer. „Zusammen mit falschen Papieren."

„Unsere Papiere sind in Ordnung." In Shimons Gesicht zeigte sich zum ersten Mal eine Spur von Angst.

„Die neue Regierung Österreichs wird entscheiden, ob eure Papiere tatsächlich in Ordnung sind." Sporer genoß ganz offensichtlich die Macht, die er über die Juden auf dem Platz besaß.

Der Offizier folgte neugierig der Unterhaltung. Leah ließ ihren Blick nicht von ihm. „Ihr seid also Zionisten", sagte er zu guter Letzt. „Mit Papieren für Palästina." Das schien ihn zu amüsieren. „Seid ihr euch im Klaren, daß die Araber, die täglich in Jerusalem Krach schlagen, die schlimmsten Antisemiten sind, die es gibt?" Er klopfte mit seiner Reitpeitsche gegen sein Bein. „Ihr seid Musiker. Für wen wollt ihr denn in Palästina spielen? Ich habe von keinem bedeutenden Orchester gehört, daß in der Wüste gegründet worden wäre."

Es schien ihn tatsächlich zu interessieren. Leah antwortete höflich: „Doch, es gibt dort ein Orchester. Seit 1936."

„Bestimmt von Juden gegründet, die aus Deutschland 'rausgeschmissen wurden", erwiderte Sporer hochmütig.

Der Standartenführer wandte sich an ihn. „Das ist zweifellos richtig." Er lächelte leicht. „Ich habe es stets bedauert, daß wir solche Talente aus deutschen Konzertsälen verbannt haben. Die Juden haben wir verbannt, während wir uns in Scharen versammeln, um Affen oder Bären auftreten zu sehen."

„Wenigstens tun Affen und Bären nicht so, als seien sie Menschen, so wie die Juden, Herr Standartenführer. Und wenn Bären ein Instrument spielen könnten, wäre es ihnen nicht erlaubt, neben arischen Musikern auf der Bühne zu stehen."

„Vielleicht, Sporer", erwiderte der Offizier. Die Diskussion amüsierte ihn. „Es sei denn, der Bär werde gebraucht, um einen leeren Platz zu besetzen." Er nickte Leah zu und wandte sich an sie: „Ich habe Talent stets sehr bewundert. Selbst das von Bären, die auftraten." Er freute sich über seinen eigenen Scherz. „Sogar für talentierte Juden muß es einen Platz auf der Welt geben", sagte er zu Leah. „Ich habe Sie sofort erkannt, Frau Feldstein. Ich habe Sie zweimal hier in Wien und einmal zuvor in Salzburg spielen hören."

Leah spürte eine Woge der Erleichterung. Hier war jemand, der etwas für gute Musik und Musiker übrig hatte. Vielleicht gab es Hoffnung. „Hat Sie meine Leistung zufriedengestellt?" Sie versuchte, nicht daran zu denken, daß man sie gerade mit Zirkustieren verglichen hatte.

„Absolut." Der Standartenführer zog an seinen Handschuhen. „Dvoráks ‚Symphonie in b-moll', glaube ich. Sehr hübsch. Und dann noch Blochs ‚Hebräische Rhapsodie'. Solche Musik wird natürlich nicht länger in Wien aufgeführt, weil sie von einem Juden geschrieben wurde."

„Traurig", sagte Shimon leise.

Der Standartenführer funkelte ihn mißbilligend an. „Vielleicht wird das Orchester in Palästina sie spielen? Wir haben das hier wirklich nicht nötig, nicht wahr? Mit soviel ausgezeichneten deutschen Komponisten. Schade, ja, da die Stücke ein amüsantes Beispiel für die Pfiffigkeit der Juden sind. Aber nicht traurig."

Shimon bereute, daß er überhaupt etwas gesagt hatte. Die Menschlichkeit des Offiziers schien bei seiner Rechtfertigung der deutschen Politik zu verfliegen. „Ja, die deutschen Komponisten sind ... natürlich ..." Der vernichtende Blick des Standartenführers brachte ihn zum Schweigen. Er wollte herausschreien, daß gute Musik nichts mit der Herkunft des Musikers zu tun hatte, aber er wagte nicht, mit diesem Rassenwahn zu streiten.

„Sie sind also auch Musiker?" fragte der Offizier Shimon. „Ich kann mich nicht an Sie erinnern."

„Ich bin Paukist", erklärte Shimon.

„Es gehört kein großes Talent dazu, auf eine Trommel zu schlagen." Der Standartenführer wippte ein wenig auf seinen Zehenspitzen, als er sein Urteil verkündete. „Das brächten sogar Affen und Bären fertig, was, Sporer?"

Sporer lachte laut auf. „Der hier hat eher was von einem Bären, denke ich." Er grinste Shimon höhnisch an. Urplötzlich holte der Standartenführer mit seiner Reitpeitsche aus und knallte sie Shimon zwischen die Beine. Shimon heulte vor Schmerz auf und sackte zu Boden. Mit einem Schrei warf sich Leah dazwischen, als der Offizier erneut ausholte.

„Sie sehen, Sporer", grinste er, „sogar einen Bären kann man in Schach halten und mit einem wohlgezielten Stoß in die Knie zwingen."

Shimon krümmte sich vor Schmerzen. Er schnappte nach Luft, unfähig zu sprechen.

„*Ihr* seid wie Tiere!" schrie Leah. „Geht weg! Laßt uns in Frieden!"

„Das Bärenweibchen ist ganz außer sich." Sporer tat, als wollte er Leah schlagen. Der Standartenführer hob einhaltgebietend seine Hand.

„Warten Sie", sagte er immer noch lächelnd. „Der Führer hat zum Ausdruck gebracht, daß die Wiener Kultur so weiterbestehen soll wie bisher. Zunächst einmal werden also sogar Juden in den Orchestern bleiben. Zumindest solange, bis man arische Künstler gefunden hat, um sie zu ersetzen."

Leah streichelte zärtlich Shimons Kopf und versuchte, ihn zu trösten. Sie hörte die Worte des Offiziers nicht. „Mein Liebling", sagte sie sanft. „Armer Liebling."

Der Standartenführer stupste sie mit seinem Stiefel an. „Steh' auf", verlangte er.

Tränen der Wut liefen Leah übers Gesicht. Sie hatte an diesem Morgen genug gesehen von der arroganten Überheblichkeit der arischen Rasse. Sie würde nicht mehr darauf reagieren.

„Er hat gesagt: Steh' auf!" Sporer packte sie am Arm und riß sie von Shimon weg.

„Warum haben Sie das getan?" Sie funkelte ihre Peiniger wild an. „Warum?"

Kalt und ihren Gefühlen absolut gleichgültig gegenüber, hob der Standartenführer eine Augenbraue leicht an. Er unterhielt sich prächtig. „Sie haben ein Konzert heute nachmittag im Musikverein, nicht wahr?" fragte er.

„Es gibt an diesem grauenhaften Tag kein Konzert in Wien!"

Er versetzte ihr einen heftigen Schlag quer über den Mund. „Halt dein Maul, Judenhure! Und hör' genau zu, was das Großdeutsche Reich für Wien plant!" Nichts Menschliches war jetzt noch im Gesicht des Offiziers zu erkennen. Er glaubte alles, was man ihm erzählt hatte. Er war Teil der „Herrenrasse". Er war reinen Blutes, und Leah war ein „Untermensch". Sie war zu nichts da, außer um deutschen Offizieren, die zu Tausenden nach Wien kamen, Vergnügen zu bereiten.

Leah sah ihn nicht mehr an. Ihr Blick war auf Shimon und das Kopfsteinpflaster des Judenplatzes geheftet. Sie dachte an Rudy. Die abgetrennten Finger des armen Rudy. Sie schwieg.

Der Standartenführer fuhr fort, beglückt darüber, daß er diesen wahnsinnigen und sinnlosen Streit gewonnen hatte. „Es gibt ein Konzert heute im Musikverein, Frau Feldstein. Mozart. Vortrefflichste deutsche Musik für die Offiziere und Angehörigen der Wehrmacht. Kammermusik, wenn ich mich recht erinnere. Diesen *Bären* werden sie dabei nicht zum Trommeln benötigen." Er versetzte Shimon, der noch immer nach Atem rang, einen Stoß. „Aber *dich!*" Er verengte seine Augen. „Du bist die erste Cellistin, oder nicht? Auf alle Fälle solange, bis ein deutscher Cellist als Ersatz für dich gefunden ist. Dich werden sie am Musikverein brauchen."

Leah erschauderte. Sie wollten sie zum Auftritt zwingen, während sie Shimon als Geisel zurückbehielten! Wie ein Tier sollte sie ihre Herren auf Befehl unterhalten. „Shimon muß mit mir kommen." Sie hob trotzig ihr Kinn.

„Wenn er mit dir ginge, wie könnten wir dann sicher sein, daß du zurückkommst?" fragte der Offizier herablassend, als spräche er mit einer Fünfjährigen. „Nein, ich denke nicht. Bei der Musik, die ihr heute vortragt, gibt es keine Pauken."

„Bitte, lassen Sie uns gehen." Tränen schossen ihr in die Augen. Es mußte doch noch ein letzter Funken Barmherzigkeit in diesem Mann übrig sein. „Wir haben doch Papiere für Palästina."

„Wir haben diese Papiere nicht gesehen", sagte der Standartenführer voller Mitgefühl. „Woher sollen wir das wissen?"

„Sie sind in unserer Wohnung!" erwiderte Leah. „Bitte –"

„*Wo* in eurer Wohnung?" Der Offizier beugte seinen Kopf leicht zur Seite.

„Im Schreibtisch meines Mannes. Sie werden sehen. Wir haben schon unsere ganzen Sachen nach Palästina geschickt."

Der Offizier schnippte mit den Fingern in Sporers Richtung. „Holen Sie die Unterlagen", befahl er barsch. „Diese Juden haben gegen deutsches Recht verstoßen. Sie haben Gegenstände aus dem Land geschafft, ohne die Erlaubnis des Amtes für –"

„Aber –" Leah fand kaum Worte angesichts dieser Beschuldigung. „Aber wir haben die Sachen schon vor Wochen abgeschickt ... aus Österreich, nicht aus Deutschland!"

„Österreich *ist* Deutschland!" brüllte der Standartenführer. „Und zum letzten Mal: es ist der Wunsch Deutschlands, daß Bären und

Affen und sogar Juden auf Befehl auftreten! Dein Mann bleibt solange hier unter unserer Obhut, bis eure illegalen Aktivitäten untersucht worden sind! Und natürlich wirst du heute auftreten. Du wirst sogar voller Freude spielen, um die Vereinigung Österreichs mit Deutschland zu feiern!"

* * *

Bill Skies, Timmons, Johnson und ein halbes Dutzend anderer Korrespondenten waren faktisch Gefangene in den Büros des Internationalen Nachrichtendienstes, nicht weit entfernt vom Anwesen der Rothschilds. Es waren Amerikaner, Briten und Franzosen unter ihnen, und sie waren in keiner wirklichen Gefahr. Aber sie hatten beobachtet, wie vier österreichische Journalisten von der Gestapo mit vorgehaltener Waffe abgeführt wurden. Sie sollten wegen „ideologischer Unregelmäßigkeiten" bei ihrem Eintreten für ein unabhängiges Österreich verhört werden.

Bill Skies würde einen offiziellen Protest einlegen, wenn sich die Lage ein wenig abgekühlt hatte. Aber im Moment war sie am Kochen. Sie hatten am freigeräumten Schreibtisch ein Kartenspiel begonnen. Drei Mann von der SS und zwei von der SA in braunen Hemden sahen ihnen aufmerksam zu. Timmons teilte seine Zigaretten mit ihren Wärtern. Die Atmosphäre war beinahe freundschaftlich.

„Wie kommt es, daß ihr Amerikaner der nationalsozialistischen Bewegung so feindselig gegenübersteht?" fragte ein junger, muskulöser SS-Mann, als er sich vorbeugte, um in Johnsons Karten zu sehen.

Johnson hielt sich die Karten vor die Brust und schnappte auf englisch: „Weil ihr alle ein Haufen Schummler seid!"

Der SS-Mann blinzelte irritiert. Seine Kameraden rasselten ein paar deutsche Ausdrücke herunter beim Versuch, Johnsons Bemerkung zu erklären. Keiner paßte. „Was ist ein ‚Schummler'?" fragte der SS-Mann, wobei er Johnsons englisches Wort benutzte.

„Erklären Sie diesen Knallköpfen, was ein Schummler ist, Timmons." Johnson sprach immer noch englisch. Er war auf Timmons sauer. „Schließlich haben Sie ihnen eine halbe Packung Lucky Strikes gegeben."

„Ich versuch' ja bloß, ein bißchen Spannung abzubauen." Timmons breitete unschuldig seine Arme aus.

„Wenn Sie ein bißchen Spannung abbauen wollen, dann gehen Sie aufs Klo!“ brüllte Johnson. „Und laden Sie die SS nicht ein, mit uns Karten zu spielen!“ Er wandte sich an den jungen Soldaten. Seine Augen traten zornig vor, und seine Nackenhaare sträubten sich. „Schummler! Ich sag' dir, was ein *Schummler* ist! Ihr seid ein Haufen Voyeure!“

„Voyeure?“ Der Soldat erhob sich und trat zurück. Er konnte diese Amerikaner verhaften, wenn er wollte, und das würde er auch – wenn er nur herausfände, wovon der Kerl redete. Ein anderer Soldat zuckte die Achseln.

„Yeah! In anderer Leute Privatleben 'rumschnüffeln! Ihnen über die Schulter in die Karten gucken!“ Er warf die Karten in die Luft, und sie flatterten zu Boden. „Ihr verhaftet die Leute, weil sie *denken!* Ihr seid Knallköpfe! Ihr und euer Boß!“

Der Soldat richtete sich kerzengerade auf. Mit einem Mal trat ein Ausdruck arroganter Überheblichkeit in seine jungenhaft hübschen Gesichtszüge. „Herr Johnson!“ gab er laut zurück. „Ich muß Sie auffordern, mit dieser verrückten Schreierei aufzuhören! Wenn Sie auch nur ein abfälliges Wort über das Reich äußern, werde ich Sie festnehmen lassen!“

Johnson kümmerte sich nicht darum. Er funkelte Timmons böse an. „Sehen Sie, welchem Abschaum Sie Ihre Lucy Strikes gegeben haben? Sie wollen mir nicht einmal erlauben zu sagen, was für eine winselnde Tunte dieser Verrückte ist, den sie ‚Führer' nennen!“

Bill Skies hustete laut, als hätte er sich an seiner Zigarre verschluckt. „Sie sind betrunken, Johnson! Halten Sie den Mund! Er ist betrunken!“ Skies wandte sich entschuldigend an die Männer von der SS und schnitt eine verschreckte Grimasse. Die Männer zogen ihre Pistolen.

„Nicht betrunken genug!“ Johnson brüllte immer noch. Dann huschte ein engelhaftes Lächeln über sein Gesicht. „Hör' mir gut zu, du schweinsköpfiger arischer Albino! Soll ich dir auf deutsch sagen, was ich von dir und deinem Hitler denke? Ja? Auf deutsch, ja?“ Johnson gab eine Kanonade beißender Schimpfworte von sich, die keiner Übersetzung bedurften.

Kinnladen klappten herunter. Funkelnder Zorn trat in die Augen der Männer. Dieser amerikanische Journalist hatte nicht den Schatten eines Zweifels daran gelassen, was er von Adolf Hitler, der SS, der SA und der Gestapo hielt – und nebenbei auch noch das Wort *„Schummler“* erklärt.

Ein paar Päckchen Lucky Strikes würden diesmal kaum reichen, um

Johnson aus dem Kerker der Gestapo wieder herauszubekommen, aber für den Moment fühlte er sich einfach sehr viel besser.

* * *

Walter steckte das letzte bißchen Geld, das er übrig hatte, zusammen mit den Fotos für die Pässe der Jungen in einen Briefumschlag. Als deutscher Staatsbürger war Walter gezwungen gewesen, sich beim österreichischen Einwanderungsbüro registrieren zu lassen. Damals war er ein Flüchtling aus Nazi-Deutschland gewesen. Jetzt war Österreich Nazi-Deutschland. Es würde nur eine Frage der Zeit sein, bis Name und Adresse von Walter Kronenberger auf einer Liste auftauchte.

Er steckte den Umschlag in die Tasche von Karls Jacke. Dann änderte er seine Meinung und steckte ihn tief in die Kniestrümpfe des Jungen. „Du mußt ordentlich darauf achtgeben, Karl." Er nahm ihn bei den Schultern. „Es ist sehr wichtig, daß du den Brief nicht verlierst. Es ist Geld darin. Verstehst du?"

Karl nickte. Sein Kopf hüpfte auf und ab auf dem Schal, der seinen Mund verbarg.

Mit demselben ernsthaften Gesichtsausdruck wandte sich Walter an Ludwig. „Und weißt du noch, wo ihr hingeht?"

„Aber, Vater", protestierte Ludwig. „Du begleitest uns doch. Muß ich mich denn daran erinnern?"

„Für den Fall, daß wir getrennt werden, Ludwig", erklärte Walter behutsam zum dritten Mal. „Du mußt es wissen. Sag' mir den Namen, Ludwig. Nach welchem Ort wirst du fragen, wenn wir uns in der Menge verlieren?"

Ludwig streckte seine Unterlippe ein wenig vor. Der Gedanke, seinen Vater in der Menge zu verlieren, gefiel ihm nicht. „Aber –"

Walter packte seine Schultern, als wollte er das Wort aus ihm herausschütteln. „Sag' es!" Dieser kleine Anflug von Ernsthaftigkeit reichte schon. Tränen schossen Ludwig in die Augen. Walter ertrug den Anblick nicht. Er schlang seine Arme fest um den Jungen und streichelte sein Haar. „Du mußt sehr tapfer sein, Ludwig. Ihr beide, Karl. Ihr müßt euch heute wie Erwachsene benehmen. Mir zuliebe, oder es wird mir das Herz brechen!" Er preßte seine Augen fest zusammen.

„Musikverein", murmelte Ludwig.

„Na also, du bist ein guter Junge!“ Walter klopfte ihm auf den Rükken. „Und wen wollt ihr besuchen?“

„Meine Tante. *Unsere* Tante. Nur, daß sie nicht wirklich unsere Tante ist.“

„Aber das darfst du nicht sagen. Du darfst nicht sagen, daß sie nicht wirklich eure Tante ist, Ludwig. Verstehst du mich?“

Der Junge nickte. „Ja.“

„Wie heißt deine Tante?“

Der Junge dachte lange nach. „Leah.“

„Und wie merkst du dir ihren Namen?“

„Er fängt auch mit einem ‚L‘ an. Wie Ludwig.“

Karl klatschte anerkennend Beifall. Er hatte sich alles genau wie Ludwig gemerkt, auch wenn er es nicht aussprechen konnte. Es gab keinen Familiennamen, an den sie sich hätten erinnern müssen. *Leah* war alles, was man Walter zugeflüstert hatte, vor Monaten, als er aus Deutschland geflohen war. Er hatte gehofft, daß er diese Information niemals brauchen würde.

Walter erhob sich und musterte seine Söhne. Sie waren genau wie er angezogen. Kurze Lederhosen und grüne Trachtenjacken aus Wolle mit passenden Hirschhornknöpfen. Sie sahen aus wie Tiroler Bauern, die hergekommen waren, um der überwältigenden Truppenparade der Deutschen beizuwohnen. Walter blieb nichts, außer zu hoffen und zu beten, daß man sie nicht aufhalten würde, um ihre Ausweise zu kontrollieren. In seinen Papieren stand klar und deutlich der Name Walter Kronenberger, und er war als Staatsfeind des Reichs bekannt.

„Es gibt heute ein Konzert im Musikverein.“ Er sah zu Karl, der die Situation irgendwie besser zu erfassen schien. „Sonntags gibt es immer ein Konzert. Falls wir ... getrennt werden, müßt ihr in der Lage sein, euch dorthin zu finden. Geht zum Hintereingang. Dort ist ein alter Mann, der die Tür bewacht. Ludwig, du mußt ihm sagen, wen ihr treffen wollt.“

„Aber was ist, wenn sie nicht da ist?“ Ludwig zitterte bei dem Gedanken, daß sie allein bleiben könnten.

„Der Mann an der Tür wird wissen, wo ihr sie finden könnt.“ Er reichte jedem der Jungen ein Bündel, das in einen Schal eingewickelt war. „Käse und Brot, das könnt ihr essen, solange ihr wartet.“ Er versuchte zu lächeln. „Wie bei einem Picknick.“

„Wirst du nicht mit uns essen?“ Ludwig betrachtete das Bündel. Er konnte nicht lächeln. Sein Vater verließ sie. Vielleicht für immer, so wie ihre Mutter sie verlassen hatte.

Walter antwortete nicht. Er klemmte den kleinen Koffer unter seinen Arm, öffnete die Tür und trat in den dunklen Flur. Karl sah zurück zum Bett, dann hinauf an die Decke mit den Wasserflecken hoch über seinem kleinen Kopf. Walter wußte, daß er sich das alles einprägte. Karl nahm jede Kleinigkeit wahr. Falls Ludwig diesen Moment vergaß, würde Karl sich für sie beide daran erinnern. Aus seinen jungen Augen sprach eine Trauer und ein Begreifen, für das er viel zu jung schien. Er folgte seinem Vater in den Flur. Er gab Ludwig einen Schubs, daß es an der Zeit wäre, die Sicherheit dieses Zimmers zu verlassen, das ihr Heim gewesen war.

8. Die Flüchtlinge

Die Mauern des Londoner Tower glänzten in der strahlenden Nachmittagssonne. Wie ein Fremdenführer rasselte der Taxifahrer die Liste der unglücklichen Frauen und Männer herunter, die dort über die Jahre hingerichtet worden waren. Irgendwie empfand Murphy diese grausame Aufzählung als angenehmen Zeitvertreib.

„Schauen Sie mal, Heinrich VIII. –" Der Taxifahrer schob seine Kappe zurück und ließ eine beginnende Glatze sehen. Er zeigte auf den Tower. „Warum, hab' ich mir gesagt, als der arme König Edward wegen Mrs. Simpson auf seinen Thron verzichtet hat, warum lassen sie den armen Kerl nicht in Ruhe? Hat nicht Heinrich VIII. sechsmal geheiratet? Und den meisten von seinen armen Weibern haben sie genau da in diesem Tower den Kopf abgeschlagen! Und dann die Töchter von dem alten Heinrich! Die Tudor-Schwestern –"

„Königin Maria und Königin Elisabeth?" Murphy machte diese seltsame Übertragung der Geschichte auf gegenwärtige Politik Spaß.

„Genau, Chef! ‚Bloody Mary', wie wir sie heute nennen! War genau wie ihr Vater. Hat die Protestanten fertiggemacht, die ihrem Vater geholfen hatten. Sogar die traurige kleine Elisabeth hat sie in ebendiesen Tower geworfen! Und dann, als Elisabeth an der Reihe war, ist wieder eine ganze Menge Blut geflossen! Führer werden immer ihre Gegner fertigmachen, sag' ich. Die Geschichte ist der beste Beweis dafür! Also, was soll dann bloß das ganze Theater um diesen Hitler, frag' ich? Und warum sollten wir Engländer auch bloß 'n Finger rühren für dieses Österreich? Bin selber nie dagewesen und hab' auch nicht vor hinzugehen!"

Murphy antwortete nicht. Er wandte seinen Blick ab und starrte wieder zum Tower. England hatte es tatsächlich weit gebracht seit Heinrich VIII. und „Bloody Mary". Heute wurde eine loyale Opposition nicht mehr geköpft. Man stieß sie aus dem politischen Leben aus. Zweifellos wäre Winston Churchill unters Beil gekommen, hätte er ein paar Jahrhunderte früher gelebt. Heute setzte man ihn einfach auf Sparflamme. Derzeit teilte die Mehrheit der Engländer die Meinung des Taxifahrers. *„Was soll das ganze Theater um diesen Hitler?"*

Murphy war zu müde, um sich zu streiten. Sein Kopf dröhnte, als das Taxi schließlich vor dem Büro des Internationalen Nachrichtendienstes in der Fleet Street hielt. Er holte das Geld hervor für die Fahrt vom Flughafen Heathrow bis hierher. Aber dann hielt er es einen

Moment lang zurück. Der Taxifahrer streckte erwartungsvoll seine Hand danach aus. Vielleicht war es den Versuch ja wert, diesem selbsternannten Philosophen zu erklären, was in Europa vor sich ging. Vielleicht würde er es ja weitererzählen.

„Ich komme gerade aus Österreich." Murphy hielt das Geld außer Reichweite. Er hatte ein aufmerksames Publikum. „Glauben Sie mir, verglichen mit Hitler und den Nazis ist ‚Bloody Mary' ein Schneewittchen."

„Und was schert's uns?" fragte der Taxifahrer ungehalten. „Sogar Napoleon ist nicht über'n Kanal gekommen, Chef! Und die spanische Armada? Vor der Küste versenkt, das ist sie!"

„Napoleon und die Spanier hatten keine Flugzeuge. Das wäre vielleicht einen Gedanken wert, was?" Murphy legte dem Taxifahrer das Geld in die offene Hand und stieg aus. „Es hat mich weniger Zeit gekostet, den Kanal zu überqueren, als mit dem Taxi hierherzufahren. Die Nazis haben Flugzeuge. England hat Pazifisten." Murphy lächelte den verdutzten Taxifahrer an. Dem Fahrer fiel keine Antwort ein. Murphy trat auf den Bürgersteig und fuhr sich müde mit der Hand übers Gesicht. Er würde heute nacht einfach der ganzen Welt berichten, was er erlebt hatte. Vielleicht verstanden dann Leute wie der Taxifahrer, was das ganze Theater sollte.

Busse und Autos rasten an ihm vorbei, von überall her ertönten Hupen. Soviele Menschen, die glaubten, daß England von einer Tragödie, wie sie Österreich gerade widerfuhr, nicht bedroht war!

Murphy schüttelte seinen Kopf, um den Gedanken loszuwerden. Er sah hinauf zu den hoch aufragenden Gebäuden, die die besten Zeitungen der Welt beherbergten. Was wäre wohl nötig, um sie zu überzeugen? Eine deutsche Bombe, die in das Redaktionsbüro der Londoner *Times* einschlug?

„Murphy!" rief ihm Larry Strickland ungeduldig von der Tür zu. Strickland sah übernächtigt aus, als hätte er überhaupt nicht geschlafen. Seine Ärmel waren aufgerollt, und sein spärliches graues Haar stand in allen Richtungen von seinem Kopf ab. Neugierig folgte er Murphys Blick. „Wo schauen Sie denn hin? Der Himmel ist klar. Kein Regen. Kommen Sie 'rein, Sie Blödmann! Wir haben zu arbeiten!"

* * *

Walter hielt die Hände seiner Söhne fest umklammert, während er sie durch die Menschenmenge führte, die sich am Heldenplatz sammelte, um den Führer zu begrüßen. Er schätzte, daß sich mindestens zweihunderttausend Leute auf dem Platz drängelten. Die riesigen Reiterstatuen trugen zusätzliche Reiter auf ihren Rücken: dutzende Männer und Jungen waren daraufgeklettert, um eine bessere Sicht zu erhaschen. Die Menge begrüßte die Eroberer nicht nur freundlich, sondern überschwenglich. Aber Walter hatte solche Aufmärsche in Deutschland gesehen. Ihm war nur zu bewußt, daß Goebbels als Propagandaminister dafür zuständig war, enthusiastische Massen aufzubieten, um Hitler Beifall zu klatschen. Die Fotografen, die Bilder von dieser endgültigen Niederwerfung schossen, waren weder in der Lage, den starken deutschen Akzent der jubelnden Menge mit aufzunehmen, noch konnten sie die verängstigten Gesichter der Österreicher einfangen, die an diesem Tag zu Hause blieben. Es war Walters Verständnis für diese Nazi-Schauspiele, das ihn doppelt gefährlich für das neue Regime machte.

Sein Verständnis anderer, noch ernsterer politischer Machenschaften hatte ihn seine Heimat gekostet; er war sich sicher, daß es ihm zu guter Letzt sein Leben kosten würde. Seine Artikel hatten empört die zunehmende Praxis der erzwungenen Sterilisation angeprangert. Jene, die nach Ansicht der Regierenden sowohl in geistiger als auch in körperlicher Hinsicht nicht perfekt waren, wurden eliminiert. Einige Kirchenmitglieder hatten sich seinem Aufschrei angeschlossen, und auch sie waren verhaftet worden.

Walter sah zu den Kirchtürmen hinauf. Die Glocken schlugen und kündeten von der Ankunft Hitlers. Hakenkreuzfahnen wurden aus den obersten Fenstern gehängt. Kardinal Innitzer, der österreichische Erzbischof, war mit einer Grußbotschaft an den Führer herausgetreten. Jetzt läuteten die Kirchenglocken immer und immer wieder, während sich die Prozession von Schloß Schönbrunn zum Hotel Imperial bewegte! Walter würde in der Kirche keine Zuflucht für sich oder seine Söhne finden. Schon jetzt hatte der Kardinal der Doppelmoral ein Fundament errichtet. Jene unter den Geistlichen, die sich widersetzten, würden sich hinter Stacheldraht wiederfinden. Walter zuckte es in den Fäusten, während die Glocken dröhnten. Sie schlugen die Stunde des Todes – nicht nur der Juden, sondern auch er, wie Karl, die dem irrsinnigen Rassenstandard nicht entsprachen.

An diesem Morgen hatte Walter den Text der Grußbotschaft des Kardinals gehört: *Deutsche Gedanken und deutsche Gefühle waren stets gegenwärtig in Österreich. Österreichs Katholiken werden die wahrhaftigsten Söhne des Großdeutschen Reiches sein, in dessen Arme sie an diesem Tage zurückgeführt wurden! Vorausgesetzt, daß die Freiheiten der Kirche garantiert werden.* Es war ein Pakt mit dem Teufel. Hitler war von solchen patriotischen Worten hocherfreut. Er schüttelte herzlich die Hände des Kardinals und *versprach* ...

Inmitten dieses Meeres an Hüten, Wehrmachtsuniformen und schwarzer SS-Jacken waren die neugierigen Augen der Gestapo allgegenwärtig. Auch Walters Augen standen keine Sekunde still, als sich das Trio Zentimeter für Zentimeter seinen Weg durch das Gedränge bahnte. Er hatte sie schon während der ganzen letzten Wochen in Wien wahrgenommen. Er hatte gespürt, daß er beobachtet wurde – auch wenn er nie mehr als einen Schatten gesehen hatte, der ihm zurück zum Hotel gefolgt war. Die meiste Zeit hatte er dieses Gefühl auf seinen Verfolgungswahn nach der Verhaftung in Deutschland geschoben. Jetzt war er sich sicher, daß die Schatten nicht seiner Einbildung entsprungen waren. Mit einem Mal war all seine vage Hoffnung auf Sicherheit verflogen. Er war als Flüchtling in Österreich eingeschlafen, und als er aufwachte, war er einmal mehr ein von den Nazis Gejagter.

Der kleine Koffer rutschte unter seinem Arm weg. Er blieb für einen Moment stehen, um ihn zurechtzurücken und warf einen Blick hinauf zu dem Sockel einer Statue. Ein Mann in der braunen Uniform der SA sah direkt zu Walter herüber. Vielleicht zeigte sich das plötzliche, schreckliche *Wissen* auf Walters Gesicht. Wie ein gehetztes Tier hatte Walter seine Nase in die Luft gestreckt und den Anblick seines Verfolgers erhascht. Im selben Augenblick hatte der Jäger seine Angst gewittert, und jetzt hielt sein Blick Walter Kronenberger gefangen!

Walter blickte sich hastig nach dem schnellstmöglichen Fluchtweg um. Er sah zurück zu dem Mann auf der Statue. Jagdfieber zeigte sich in dessen Gesicht. Der Mann kletterte vorsichtig von der Statue herunter, um Walter nicht aus den Augen zu verlieren.

„Vater?" Ludwig zupfte ihn am Ärmel. „Wo sind wir?"

Walter bückte sich und drückte Karl den kleinen Koffer in die Hände. Dann sagte er in dringendem Ton zu Ludwig: „Wohin gehen wir, Ludwig?"

„Weißt du das denn nicht, Vater?" Das Kind war verwirrt.

„Doch, ich weiß es. Aber sag' du es mir! Sag' es, Junge! Wohin gehen wir?"

Die Glocken läuteten wie verrückt. Walter sah auf. Der SA-Mann kämpfte sich seinen Weg zu ihnen durch.

„Zum Musikverein", wiederholte Ludwig, und Karl nickte zustimmend.

„Gut!" Er umarmte seine Söhne. Eine letzte Umarmung. Zu schnell. Zu schnell vorüber. Der Jäger hatte die Jungen nicht gesehen. „Vergeßt nicht: Ich liebe euch!" rief er. „Geht jetzt!" Damit wandte er ihren verstörten, verschreckten Gesichtern den Rücken zu und begann seine eigene, verzweifelte Flucht durch Massen an menschlichem Fleisch, die ihn immer wieder aufhielten.

Der kleine Koffer fiel zu Boden. Die Menge verschluckte Walter und hielt den Nazi auf, der ihn verfolgte. „Vater!" schrie Ludwig. „Vater!"

Karl packte Ludwig am Arm. Seine Hand legte sich fest über den Mund seines Bruders. Ein grauenvolles Verstehen lag in seinem Blick. Sie konnten ihm nicht folgen. Sie durften nicht!

Die beiden kleinen Jungen reichten den Umstehenden nur bis zur Hüfte. Die Welt hatte sich in Stiefel und Kleider und zertrampelte Blumen auf dem Pflaster zu ihren Füßen verwandelt.

„Halt!" brüllte es hinter Walter her. „Haltet ihn! Haltet den Mann!"

Ludwig war wie gelähmt vor Angst. Jegliche Farbe war aus seinen Wangen gewichen. Er konnte sich nicht an den Namen erinnern, von dem sie nur Sekunden zuvor gesprochen hatten. Nur das Wort *Vater* hallte in ihm wider.

Karl betrachtete seinen Bruder besorgt. Entschlossen hob er den Koffer auf und drückte ihn Ludwig in die Arme. Er brauchte Hilfe, schien die Geste zu sagen. Er konnte ihn nicht alleine tragen.

„Aber wo gehen wir hin?" fragte Ludwig. Tränen liefen ihm übers Gesicht. „Karl, wo sind wir? Wo ist Vater?"

Karl antwortete, indem er verärgert seine Stirn zusammenzog und eine ruckartige Kopfbewegung machte. Gehorsam packte Ludwig den Griff des Koffers und half Karl, ihn auf ein freies Stück Rasen neben einem Brunnen zu schleppen. Mit einem Kopfnicken bedeutete Karl, daß sie hier eine kleine Pause einlegen würden. Mit seinen Händen schöpfte er etwas kaltes Wasser aus dem Brunnen. Hatte ihr Vater ihnen nicht beigebracht, sich das Gesicht zu waschen, wenn sie geweint hatten? Karl wischte mit dem kalten Naß Ludwigs Gesicht ab. Dann spritzte er sich selbst eine Handvoll ins Gesicht, wobei er darauf achtgab, nicht den Schal naßzumachen, der seinen Mund verdeckte.

Er stellte sich auf Zehenspitzen und versuchte, einen flüchtigen Blick von seinem Vater zu erhaschen. Aber vor ihm erstreckte sich ein Meer von Erwachsenen. Zivilisten, Soldaten. Die meisten von ihnen trugen die Armbinde mit dem gekrümmten Kreuz darauf, das sein Vater so sehr haßte.

* * *

Das tschechische Ackerland breitete sich wie ein grüner Teppich vor Elisa aus. Friedlich weidete das Vieh, und der Geruch frischgewendeter Erde und blühender Obstgärten lag süß in der Luft. An jedem anderen Sonntag wäre dies ein perfekter Tag für ein Picknick gewesen, ein Nachmittag, an dem man im sanften Sonnenschein hätte vor sich hindösen können.

Ein langer Konvoi tschechischer Armeelastwagen rumpelte langsam vor Elisa die Straße entlang. Auch sie waren auf dem Weg zur tschechisch-österreichischen Grenze. Auf der anderen Straßenseite bildete sich ein langer Stau unglücklicher Flüchtlinge, die es irgendwie geschafft hatten, die Blockaden der Nazis an der Grenze zu überwinden. Frauen und Männer klammerten sich an ihre mageren Habseligkeiten, während sie müde ins Landesinnere stolperten. Andere, die mehr Glück hatten, fuhren auf den Trittbrettern von Autos, die bis an die Grenze ihres Fassungsvermögens mit Menschen und Gepäck gefüllt waren. Plärrendes Hupen zerschnitt die ländliche Idylle. Ungläubiges Verzweifeln lag in den grimmigen Gesichtern. Und Elisa suchte gequält in diesen abertausenden Gesichtern nach Leah. Nach Shimon. Vielleicht waren sie ja unter diesen wenigen Glücklichen, die der ersten Welle nationalsozialistischen Terrors entkommen waren. *Bitte, Gott ...*

Sie ärgerte sich nicht über die Langsamkeit der Armeefahrzeuge. Immer wieder wurden sie mitten auf der Straße von der Flut menschlichen Leids aufgehalten, die ihnen entgegenkam. Dutzende wanderten an ihnen vorbei. Dann Hunderte. Ihre gehetzten Blicke verschmolzen zu einem einzigen vertrauten Gesicht. Aber Leah war nicht unter ihnen. Liebe Leah. Schwester, Freundin. Warum war sie letzte Nacht nicht in die Wohnung gekommen? Dann wären sie heute alle zusammen in Prag, sicher und in Freiheit. *Bitte, Gott ...*

Noch ein paar Kilometer von der Grenze entfernt, bogen einige Lastwagen und Truppentransporter von der Hauptstraße auf verwinkelte Ackerpfade ab. Etwa ein Dutzend fuhr weiter vor Elisa. Der Flüchtlingsstrom verebbte ein wenig. So wie es keine Flüge und keine

Zugverbindung mehr geben würde, so würden keine unglückseligen Flüchtlinge mehr die Grenze zu Fuß überqueren.

Neugierige, erstaunte Blicke musterten Elisa am Kontrollpunkt. Die wenigen Grenzposten der letzten Nacht waren von dutzenden tschechischen Soldaten verstärkt worden. Jeder von ihnen trug ein Gewehr oder eine Maschinenpistole. Der Schlagbaum aus Holz war mit grausigem Stacheldraht umwickelt, und in Abständen von jeweils hundert Metern staken scharfkantige Panzerfallen aus dem Asphalt.

„Wo kommt denn die her?" wollte ein diensthabender Offizier wissen. „Wie hat sie überhaupt so weit kommen können?"

„Ist einfach dem Konvoi gefolgt, nehme ich an", gab ein Soldat beunruhigt zurück.

Die Soldaten, die ihr während der langen Reise zugewunken und zu ihr herübergegrinst hatte, stiegen mit fröhlichen Rufen wie *„Viel Glück!"* und *„Besuch' mich mal, wenn wir die Deutschen geschlagen haben!"* von ihrem Wagen ab. Das Winken und Grinsen wurde allerdings durch das strenge Mißfallen des Offiziers aufgehoben, der sich jetzt Elisas Fenster näherte.

„Was glauben Sie denn, was Sie hier tun?" fragte er ungehalten.

„Ich ... versuche, nach Wien zurückzugelangen", behauptete Elisa tapfer. Den Tumult um sie herum beachtete sie nicht.

„Unmöglich!" Er deutete mit dem Kopf auf eine weitere Stacheldrahtrolle, die quer über den Asphalt gespannt wurde.

Hastig holte Elisa ihren amerikanischen Paß hervor. „Mein Mann ist in Wien. Ich soll ihn dort treffen." Er warf einen Blick auf das Siegel des Passes. „Gestern hätten Sie ihn dort vielleicht noch treffen können. Aber Sie kommen zu spät!" bellte er. „Wir erwarten eine Invasion der deutschen Wehrmacht. Haben Sie denn nichts gehört? Sie haben Österreich eingenommen. Frankreich und Großbritannien werden womöglich den Krieg erklären." Die Vorstellung schien ihn mit Hoffnung zu erfüllen. *„Krieg!* Und hinter dieser Barrikade ist die Front!"

Elisa folgte mit ihrem Blick seiner Hand, die auf das sich dahinter erstreckende Ackerland und ein paar Bauernhöfe zeigte. Ein winziges Dorf schimmerte in der Sonne. Der Zwiebelturm einer Kirche war deutlich auf der österreichischen Seite der Grenze zu erkennen.

Mit einem Lächeln versuchte sie, ihn umzustimmen. „Deutschland und die Tschechoslowakei werden doch sicher zehn Minuten warten können, bis ich die Grenze überquert habe."

Er fand das nicht komisch. „Sie werden umkehren müssen." Er richtete sich auf. Er preßte seine Zähne zusammen, und seine Augen funkelten verärgert ob ihrer Dummheit. „Sie hätten überhaupt gar nicht so weit kommen dürfen."

„Was ist mit all den Leuten, die Sie durchlassen?" Sie deutete mit dem Kopf auf ein paar Nachzügler, die sich an ihnen vorbei schleppten.

Als Antwort reichte er ihr sein Fernglas. „Sehen Sie selbst." Er zuckte mit den Achseln und trat beiseite, um sie zu den österreichischen Kontrollanlagen sehen zu lassen.

Elisa fühlte einen Kloß im Hals. Beim Anblick der tausenden Zivilisten, die jenseits der Barrikaden ausharrten, rumorte es in ihrem Magen. Womöglich waren Leah und Shimon darunter. Bajonette glitzerten auf deutschen Gewehren. Der Horror der letzten Nacht erwachte in ihr aufs Neue.

Der Offizier nahm ihr das Fernglas ab. „Sehen Sie", sagte er. „Viele Tausende haben es nicht mehr geschafft. Das hier ist nur eine Handvoll. Und Sie kehren jetzt wieder um und fahren zurück. Wenn Ihr Mann Amerikaner ist, kann er Wien zweifellos verlassen, wenn er will. Sie werden die Grenze heute jedenfalls nicht passieren!"

Erkannte der Offizier die tiefe Enttäuschung, die sich auf Elisas Gesicht abzeichnete? Er dämpfte seine Stimme mitfühlend. „Es tut mir leid. Vielleicht dauert es gar nicht lange, bis alles wieder geregelt ist. Wir können nur hoffen, nicht wahr? Aber Sie sehen ja selbst."

Ein weiterer Truppentransporter bremste hinter dem Packard ab. Der Kühlergrill grinste Elisa durch den Rückspiegel scheußlich an. Die Hupe ertönte angesichts des Zivilfahrzeugs. Sie nickte. Vorsichtig scherte sie aus und brachte den Wagen am Straßenrand zum Stehen. Es war ihr nicht möglich zu helfen. Als sie sich darüber klar wurde, ließ sie ihren Kopf sinken und fing an zu weinen. Was mochte in ihrem geliebten Wien vor sich gehen? Einmal mehr stand sie vor den weißen Mauern und schaute auf das stacheldrahtumgebene riesige Dachau. „Gott!" schluchzte sie laut. „Warum läßt du das zu?"

Es gab keine Antwort. Sie hatte keine erwartet. Jemand klopfte vorsichtig an ihre Scheibe. Sie sah auf und erblickte das angespannte Gesicht eines jungen Mannes, der zu ihr hineinspähte. Sie rollte die Scheibe herunter und wischte sich die Tränen ab.

„Sind Sie in Ordnung, Fräulein?" fragte der junge Mann. Er hatte seinen Hut zurückgeschoben. Seine Frau und drei Kinder standen in einer kleinen Reihe hinter ihm und betrachteten Elisa neugierig. Sie alle wirkten ausgemergelt, erschöpft und hungrig. „Sind Sie aus Österreich gekommen?"

Elisa nickte. Die Störung mißfiel ihr.

„Wir auch." Er atmete erleichtert auf. „Sie haben einen Wagen, Fräulein." Er musterte den Packard von vorne bis hinten. „Nicht viel Gepäck." Seine Frau packte ihre Kinder voller Hoffnung. „Fahren Sie irgendwo hin?"

Es schien egal zu sein, wohin sie fuhr. Die kleine Familie wollte mitgenommen werden. Überall war es besser als hier. Allein der Anblick Österreichs erfüllte sie mit Schrecken. Würde sie sie mitnehmen? Nach Prag? Ja, Prag war schon ziemlich weit entfernt von den Nazis. Weit entfernt von den Parolen, die sie brüllten, den erhobenen Fäusten, die sie aus ihrem Heim vertrieben hatten. Prag würde sicher sein.

9. Nachrichten aus dem Radio

Wie das Klappern tausender gigantischer falscher Zähne kauten die Schreibmaschinen in der Redaktion die Geschichte Österreichs wider und spuckten sie mit einem triumphalen *Kling* am Ende jeder Zeile aufs Papier. Der Lärm war ohrenbetäubend. Telefone und Fernschreiber konkurrierten mit brüllenden Reportern. Korrespondenten aus aller Herren Länder saßen über ihre Maschinen gebeugt, während sie die britische Reaktion auf den Überfall der Nazis für ihre eigenen Zeitungen übersetzten. Niemand blickte auch nur auf, als Murphy hinter Strickland an papierübersäten Schreibtischen und überquellenden Papierkörben vorbeiging. An jedem anderen Tag hätten seine Zellenkumpane Murphy gegrüßt, aber nicht heute. Die Welt war verrückt geworden, und – wie immer – schien der Irrsinn genau auf die fünfzig Schreibtische der IND-Redaktion zuzulenken. Nicht einmal die hingebungsvollsten Kettenraucher wagten es, inmitten dieses Chaos' eine Zigarette anzuzünden. Ein winziger Funken und die gesamte Fleet Street würde in Flammen aufgehen.

Strickland brüllte über den Lärm hinweg: „Ein paar von den Jungs haben es rausgeschafft! Bill Jordan und seine Frau sind mit dem letzten Flug von Wien nach Paris geflogen. Er sagt, Sie hätten ihm seinen Packard gestohlen!"

„Ich hab' ihn gekauft. Er ist in Prag!" Murphy lachte, erleichtert darüber, daß die beiden sicher Paris erreicht hatten.

„Amanda Taylor ist vor ein paar Stunden mit dem Flugzeug aus Berlin gekommen! Die *Times* leiht sie uns für die Übertragung! Was für ein Weib!" Strickland meinte es als Kompliment für Amanda. Sie war in der Tat eine „von den Jungs", was für eine Frau eine ziemliche Auszeichnung war. Der Gedanke, die langbeinige Brünette wiederzutreffen, erfreute Murphy. Er war nicht mehr mit ihr in Verbindung gewesen, seit er Berlin ein Jahr zuvor verlassen hatte, um über den spanischen Bürgerkrieg zu berichten. Amanda war, wie es die Jungs in der Redaktion ausdrückten, *„die Dame mit dem meisten Mumm in den Knochen"*. Sie trug einen ziemlich hübschen Kopf auf ihren Schultern, und alles, was darunter kam, war ebenfalls vom Feinsten. Amanda Taylor war nie schüchtern gewesen, wenn es darum ging, ihre weiblichen Attribute zu nutzen, um an eine Story heranzukommen. Mit ihren großen, braunen Augen und ihrer einer Sanduhr gleichenden Figur ergatterte sie in dreißig Minuten die schwierigsten Aufträge, während die erfahrensten männlichen Auslandskorrespondenten schmählich scheiterten. Ihr Geschlecht und ihr gutes Aussehen brachten ihr einen enormen Vorteil gegenüber den übrigen Zeitungsleuten. Aber niemand schien es ihr zu verübeln. Amanda war immer großzügig gewesen. Nachdem sie ihnen allen den Aufmacher weggeschnappt hatte, vergaß sie nie, ihre Information mit den anderen zu teilen.

Murphy konnte sie durch die Glaswand von Stricklands Büro sehen. Sie war der Mittelpunkt der Aufmerksamkeit von etwa einem halben Dutzend Zeitungsleuten in dem kleinen Kabuff. Im dem Moment, da Murphy sie entdeckte, sah sie auf und erkannte auch ihn. Ein breites Lächeln zeigte ihre aufrichtige Freude und ihre Erleichterung. Ihre Lippen formten sich zu einem stimmlosen „Johnny Murphy!", und die Köpfe der anderen Reporter fuhren herum. Sie hoben ihre Hände zum Gruß, während Amanda die Glastür aufstieß und seinen Namen rief: „Johnny! Sie haben es geschafft!" Sie umarmte ihn kurz, dann verzog sie ihre Nase. „Mein Lieber, Sie sehen einfach fürchterlich aus!"

„Hi, Amanda." Er lächelte schüchtern. „Sie sehen großartig aus, wie immer. Was gäbe ich nicht für eine heiße Dusche und eine ganze Nacht Schlaf!" Der einzige Trost war, daß alle, bis auf Amanda, genauso schlecht aussahen und rochen wie er.

„He, Murph." Scat Freedman hob zustimmend sein Kinn.

„Wie geht's Ihnen, Murph?" Tom Phelps nickte grimmig. „Was gibt's Neues von Johnson und Timmons?"

Phelps war einer der regelmäßigen Pokerspieler in Murphys Zimmer im Hotel Adlon in Berlin gewesen. Er hatte dem jungen Timmons beim Spiel soviel Geld aus der Tasche gezogen, daß Timmons für gewöhnlich pleite gewesen war. „Das letzte Mal, daß ich sie gesehen habe –" Murphy setzte sich auf einen freien Stuhl am Fenster – „haben sie ein paar Kerlen von der Wehrmacht beigebracht, wie man pokert."

„Dem Jungen geht's also gut?" Phelps machte sich aufrichtige Sorgen.

„Timmons? Ich glaube nicht, daß sie ihn verhaften werden, nur weil er gewinnt."

„Gut." Phelps räusperte sich. „Er schuldet mir Geld. Ich hoffe, er zieht ihnen die Hosen aus, diesen kleinen ... " Er warf Amanda einen Blick zu und überdachte seine Ausdrucksweise.

„Nazis", beendete Amanda seinen Satz.

„Yeah", fügte Scat hinzu, „irgendjemand muß sie bei ihrem eigenen Spiel schlagen, oder wir werden alle in Schwierigkeiten stekken."

Murphy betrachtete in dem kleinen Raum die vertrauten Gesichter seiner Kollegen. Es war nicht einer unter ihnen, der nicht einige Zeit in Wien beim Nachrichtendienst verbracht hätte. Ihr Zorn entsprach seinem eigenen. „Jetzt können wir wenigstens allen sagen: *Ich hab's ja gleich gesagt*", bemerkte Murphy.

Amanda hob skeptisch eine Augenbraue hoch. „Und sie werden sagen: *Ach ja?*"

Strickland zog die Tür hinter sich zu, wodurch er das Klappern der Schreibmaschinen ausschloß. „Nicht, wenn wir's richtig anstellen." Er setzte sich hinter seinen verkratzten Schreibtisch und studierte einen momentlang seinen Notizblock. „Bill Morrow wird euch Clowns interviewen. CBS und BBC senden die Sache gemeinsam. Vorausgesetzt, die Atmosphäre und die Sonnenflecken stören nicht die Übertragung, sollten wir passend zum Abendessen aus amerikanischen Radios ertönen."

Er klopfte mit seinem Stift auf den Block. „Das Ziel ist, daß jeder, Mann, Frau oder Kind, seine Gabel fallen und seine Bohnen kaltwerden läßt, wenn wir anfangen zu reden." Er hielt inne und ließ dieses Ziel auf sie wirken. „Sie werden eure Erlebnisse aus erster Hand erfahren. Aus euren Mündern direkt in ihre Ohren. Das ist noch nie gemacht worden, und es muß klappen." Er betrachtete Murphy über den Rand seiner Brille hinweg. „Okay, Murph, womit wollen Sie Amerika den Appetit verderben?"

Murphy schloß die Augen. Er preßte seine Finger auf seinen Nasenrücken, während er die schrecklichsten Eindrücke der letzten Nacht Revue passieren ließ. Nicht Schuschnigg kam ihm in den Sinn, wie er sich von den Österreichern verabschiedete. Es waren nicht die Hakenkreuzfahnen, wie sie von jedem öffentlichen Gebäude flatterten. Auch nicht die Armbinden der jungen Schüler, die an den Barrikaden standen. Er seufzte tief, aber antwortete nicht.

„Nun?" fragte Strickland ungeduldig.

Die traurige Melodie, mit der Elisa Abschied von Wien genommen hatte, hallte in Murphy wider. Theo, wie er gebrochen und halb erfroren auf der Straße lag, dann, wie er in den Kofferraum gequetscht werden mußte, weil er gezwungen war, aus noch einem Land zu fliehen. Aber all das konnte er nicht während einer Übertragung erzählen, die auf beiden Seiten des Atlantik gehört werden konnte.

„Alles in Ordnung, Johnny?" Amanda legte mitfühlend ihre Hand auf seinen Arm.

Er öffnete die Augen. „'Tschuldigung." Er zuckte die Achseln. „Es gibt so vieles. Wieviel Zeit werden wir haben?"

„Je zwei Minuten."

„Zwei –" Wie konnte er das in zwei Minuten erzählen.

„Das ist Radio, Murphy." Strickland lehnte sich zurück. „Geben Sie uns einfach genug Material, das wir in zwei Minuten lesen können. Ein paar Absätze. Einen Nachruf auf Österreich." Strickland schlug eine Seite in seinem Notizblock auf und überflog das Blatt. „Zum Beispiel", setzte er fort, „Bill Jordan wird sich von Paris zu uns zuschalten. Er wird davon berichten, wie die Leute sich um das letzte Flugzeug prügeln. Sich zerreißen, um einen Platz auf dem Flieger zu bekommen. Es war so gestopft voll, daß es kaum hoch kam. Eine Frau schaffte es, aber ihr Mann blieb zurück. Sie wissen schon, solche Sachen. Was einen richtig packt."

„Sicher", stimmte Murphy leise zu. Für ihn war es mehr als nur eine Story. „In Deutschland starb die Vernunft langsam." Er sah zum Fenster hinaus, während er sprach. „Wie wenn man einen Frosch ins kalte Wasser wirft, und es dann allmählich erhitzt. Verstehen Sie?" Er sprach zu sich selbst. „Der Frosch wird sich solange an die Hitze gewöhnen, bis das Wasser schließlich kocht. Das ist es, was in Deutschland passiert ist. Jeder hat sich irgendwie dran gewöhnt. Hier ein Gesetz, da ein Gesetz. Ein Nachbar verschwindet, und Sie hoffen, daß Sie es nicht sind ..."

Strickland räusperte sich. „Amanda deckt die deutsche Seite der Story ab."

Murphy sah sich nach den anderen um. Sie starrten ihn an. Vielleicht fragten sie sich, ob er den Verstand verlor. *Red' einfach, Murphy,* sagte er sich. *Erzähl' ihnen, was du gesehen hast!* „Die Nazis drängelten sich schon an der Grenze, als wir ankamen. Frauen und Männer wurden durchsucht und verhaftet. Kaum einem wurde die Weiterfahrt gestattet. Ich sah eine Familie –" Er schluckte heftig. „Mann, Frau, kleines Kind. Juden, denke ich. Jeder, der Jude ist, wollte raus aus Österreich." Er zuckte die Schultern. „Sie verprügelten den Mann. Und direkt vor ihm und den Augen des Kindes zogen sie die Frau aus –"

„Sie meinen, direkt am Kontrollpunkt?" wiederholte eine Stimme tonlos. „Zogen sie sie aus?"

Murphy sah zu Amanda. Ihre warmen braunen Augen funkelten erregt. Sie wußte, daß es wahr war. Und sie wußte, daß dieser einsame

Akt der Gewalt den Tod von Anstand und zivilisiertem Verhalten in Österreich markierte. Eine ganze Nation war bei lebendigem Leib in einen kochenden Kessel voller Haß geworfen worden. Es blieb keine Zeit, sich an diese Brutalität zu gewöhnen. Es hatte sie schlicht überwältigt – ein Inferno, dessen Hitze ihnen den Sauerstoff der Freiheit aus den Lungen sog, bis Österreich im Staub lag, moralisch ausgebrannt und vernarbt wie Deutschland.

„Natürlich wissen Sie –" Amandas klarer britischer Akzent war von Zorn gefärbt – „daß das Propagandaministerium behauptet, es hätte Krawalle in Wien gegeben. Daß man die Deutschen um Hilfe ersucht hätte, um die Ordnung wiederherzustellen. Daß Goebbels ...!" Sie fluchte und warf einen Blick auf Phelps, der noch ein paar ausgesuchte Worte zu ihrem Kommentar beisteuerte.

Strickland lächelte beinahe. „Können wir leider nicht senden. Die Zensur würde nach zehn Sekunden die Stecker rausziehen. Aber wir müssen jeden Ehemann in Amerika dazu bringen, daß er seine Frau ansieht, als sei sie diejenige, die in der Öffentlichkeit an der Grenze ausgezogen wurde. Nicht wahr, Murph?"

Murphy rieb seine Hand über die Stoppeln seines Kinns. Er wollte es einfach nur hinter sich bringen. Einfach nur schlafen und von hohem grünen Gras auf den Feldern Pennsylvanias träumen. Er wollte an seine eigene Mutter und seine jüngere Schwester denken, die wohlbehütet in der Küche standen und das sonntägliche Abendessen für den Pastor und dessen Kinderschar zubereiteten. *Orgelmusik. Gesang in der Halle. Gelächter und ein Gespräch über Ernte und Vieh, während langsam die Sonne untergeht.* Es gab einen Platz in der Welt, wo die Dinge friedlich und *richtig* verliefen! Jetzt stand er kurz davor, die Vorstellung des Undenkbaren direkt in Amerikas Heime zu bringen.

„Es ist immer noch Sonntag, nicht wahr?" fragte er. „Ist es auch drüben in der Heimat noch Sonntag?" Er konnte sich das große Philco Radio vorstellen, das gegenüber Mutters plumpem blauen Sofa stand. Seine Eltern, seine Brüder und seine Schwester würde seine Stimme hören. Er würde ihnen die Geschichte von der Demütigung der jungen Frau erzählen, wie sie unter den grellen Scheinwerfern des Kontrollpunktes von den Nazis ausgezogen wurde. Er würde sie die qualvollen Schreie des Ehemannes hören lassen, der nicht helfen konnte. Er würde es erzählen, als sei die Frau seine eigene gewesen ... *Elisa?*

„Ja", sagte Strickland geduldig. „Es ist Sonntag daheim."

* * *

Stunden später erreichte Elisa abermals die Außenbezirke Prags. Die Trittbretter des kleinen Packard kratzten beinahe über den Asphalt, so voll war er. Die Automarke wurde von dem Gepäck und den Körpern von einem Dutzend weiterer unerschrockener Passagiere verdeckt, die sich aneinander und an ihren Taschen während der ermüdenden Fahrt festhielten. Ausgezehrte Männer und Frauen saßen auf dem Wagendach. Elisa konnte zwischen den sechs Flüchtlingen, die vorsichtig auf der Kühlerhaube hockten, gerade die Straße sehen.

Mit jeder Meile, die sie hinter sich brachten, entspannten sich ihre versteinerten Gesichter erleichtert. Sie waren die Glücklichen. Sie waren dem Leid entronnen. Es war besser, nicht an diejenigen zu denken, die nicht so glücklich waren. Keiner von ihnen würde über Prag hinaus ins Sudetenland weiterfahren, dem Teil der Tschechoslowakei, der von Deutschstämmigen bewohnt war. Wie hartnäckiges Unkraut waren die Wurzeln der Nazi-Propaganda tief in die Herzen vieler, die dort lebten, eingedrungen, fest geführt von Männern wie Hans Frank und Albert Sporer. Niemand bezweifelte, daß sie direkt von Adolf Hitler unterstützt wurden.

Außerhalb des Sudetengebiets war das Land ein Zufluchtshafen für Flüchtlinge aus Deutschland. Es war, wie Theo es Elisa erklärt hatte, „eine zweite Schweiz. Demokratisch und frei." Die Stadt Prag war nicht von der Krankheit des Antisemitismus befallen, die jetzt in Österreich und auch schon in Teilen Polens ausbrach. Seit tausend Jahren lebten die Juden in relativer Harmonie mit den Tschechen. Theo hatte oft gesagt, daß die beiden Rassen auch weitere tausend Jahre friedlich nebeneinander leben und arbeiten würden im Schatten der hundert Türme.

Elisa fuhr an die Seite der Straße, die auf den Wenzelplatz stieß. Dahinter konnte sie die mächtige Bronzestatue des Königs Wenzel sehen, die die Stadt überblickte. Ihre Passagiere rutschten vom Wagen herunter und bedankten sich bei ihr. Das Gepäck stapelte sich auf dem Bürgersteig. Niemand schien zu wissen, wohin er sich wenden konnte. Elisa bot ihnen nicht an, sie noch weiter mitzunehmen. Sie konnte nicht einmal für sich selbst entscheiden, was sie als nächstes tun sollte.

Auf der anderen Seite des Platzes erkannte sie das Telegrafenamt. Im Gegensatz zu den anderen Ladenfronten, die am Sonntag geschlossen waren, hatte das Amt geöffnet. Menschen drängelten sich darin. War es möglich, daß noch immer Telegramme nach Wien gesendet wurden? Es gab keine andere Erklärung.

Elisa stellte sich an die lange Schlange an, die sich vor den polierten

Marmorschaltern gebildet hatte. Zusätzliche Beamte waren angestellt worden, um Nachrichten von besorgten Freunden und Verwandten zu übermitteln. Die Telegramme konnten nicht direkt nach Österreich geschickt werden. Sie wurden zunächst nach Italien weitergegeben und von dort aus in das frischbesetzte deutsche Territorium gesendet.

Die ganze Zeit plärrte ein Radio, das auf einem Regal hinter dem Schalter stand. Das Geschrei der triumphierenden Menge in Wien füllte den überfüllten Raum. *„Die wunderbare Szene, die Sie hören können, findet vor dem Hotel Imperial statt, das an der berühmten Ringstraße Wiens liegt ...“*

Elisa erstarrte, blieb wie angewurzelt stehen, während sie der Übertragung lauschte. Das Hotel Imperial war nur einen kurzen Fußmarsch vom Musikverein entfernt. Sie war jeden Tag daran vorbeigegangen. Und jetzt, während die Telegrafentasten die Ängste der Männer und Frauen in dem vollgestopften Raum hinaustickerten, schloß sie die Augen und stellte sich vor, wie sie unter dem Balkon im dritten Stock stand, auf dem Hitler sich der jubelnden Menge präsentierte. *„Der Reichskanzler, Adolf Hitler, ist auf dem Balkon des Hotels Imperial erschienen. Immer wieder gibt es tosenden Beifall von der Menge ...“*

„Fräulein, bitte.“ Ein kleiner, sehr jung aussehender Mann gab ihr einen leichten Stups. Sie war nicht nachgerückt in der Schlange.

Sie nickte abwesend und starrte auf die Nachricht, die sie sich aufgeschrieben hatte. Sie mußte sich in acht nehmen, welche Worte sie jetzt nach Wien sandte. Die Gestapo würde mit ziemlicher Sicherheit die Telegrafenämter beaufsichtigen. Der Gedanke ließ sie erschaudern. So sehr sie es wollte, sie konnte Leah kein Telegramm schicken. Eine kurze Erklärung für den Orchesterleiter, warum sie nicht da war, war alles, was ungefährlich war.

WIENER PHILHARMONIKER: Bleibe in Prag, bis sich die Lage beruhigt STOP Habe versucht zurückzukommen, wurde nicht durchgelassen STOP Werde so schnell wie möglich zur Arbeit zurückkehren STOP ELISA

Das würde reichen müssen. Ihre Arbeit im Orchester war solange sicher, da sie nicht als Flüchtling gebrandmarkt wurde. Sie durfte bei den Behörden nicht den Verdacht erwecken, daß sie aus Wien geflohen sei. Zumindest würde eine solche Botschaft beweisen, daß sie versucht hatte, zurückzukommen, daß sie keinen Grund hatte, das neue Regime zu fürchten.

Als die knurrende Stimme des Führers die Ringstraße erfüllte und auch die letzten Illusionen über sein Vorhaben zu Grabe trug, bezahlte Elisa ihr Telegramm und steckte sich eine Kopie davon in die Tasche. Sie konnte sie der Gestapo zeigen, falls diese in Wien von ihr wissen wollte, warum sie diesen freudigen Augenblick verpaßt hatte. *„Ich hätte so gerne gespielt"*, würde sie ihnen erzählen. *„Aber es war unmöglich, verstehen Sie?"* Dann würde sie ihnen den Durchschlag reichen, mit Datum und Unterschrift. *„Habe versucht, zurück nach Wien zu kommen. Wurde zurückgeschickt ... Aber ich hatte die Möglichkeit, die Rede des Führers am Radio zu verfolgen ..."*

Seine Rede knisterte wie Feuer: *„Ein großer Führer", sagte er spöttisch, „beschrieb einmal den Sinn der sogenannten Unabhängigkeit Österreichs als den, die Bildung eines wirklich großen Deutschen Reiches zu verhindern. Hiermit erkläre ich dem Land seine neue Mission!"* Erneuter Jubel brach aus. *„Die älteste Ostprovinz des deutschen Volkes soll nunmehr das jüngste Bollwerk der deutschen Nation sein!"* Noch mehr Jubel unterbrach die Rede. Elisa wußte, daß solche Worte in der Ringstraße nicht ausgesprochen werden könnten, wenn nicht jeder in der Regierung, der etwas dagegen hatte, zum Schweigen gebracht worden wäre. Sie biß sich auf die Lippe, um ihre Gefühle unter Kontrolle zu halten. Sogar hier in Prag konnte es Spitzel von Himmlers Gestapo geben. Sie durfte sich nicht gestatten, ihre Angst zu zeigen. Hitler fuhr fort: *„In dieser historischen Stunde kann ich die Erfüllung meines größten Lebensziels bekanntgeben: Den Eintritt meines Heimatlandes in das Deutsche Reich!"*

Der Tumult wurde so laut, daß sogar die Stimme des Kommentators übertönt wurde. *Wenn Leah und Shimon noch in Wien sind, können sie das Gebrüll zweifellos hören,* dachte Elisa. Wie den läutenden Glocken des Stephansdoms konnte sich niemand in der Stadt diesem Lärm entziehen. Elisa stand in der Mitte des überfüllten Raumes und lauschte schweigend. Sie hielt sich eine Hand an die Stirn. Sie war von der unerschütterlichen Überzeugung erfüllt, daß sie, sobald die Grenze wieder für den Reiseverkehr freigegeben wurde, zurück *mußte.* Solange das nicht möglich war, würde sie versuchen, hier in Prag mit den Männern und Frauen Kontakt aufzunehmen, die Teile der langen Kette von geschmuggelten Pässen für deutsche jüdische Kinder waren.

Elisa kannte keine Namen, und sie hatte auch keine wirklichen

Anhaltspunkte, wo ihre Kameraden zu finden waren. Leah hatte ihr erklärt, daß niemand in der Organisation mehr als nur die oberflächlichsten Informationen über die anderen besaß. Auf diese Weise war es sicherer. Die Verhörmethoden der Gestapo brachen im Endeffekt jeden noch so starken Widerstand. Elisa war selbst nur ein winziges Teil in einem Netzwerk, das sich von Deutschland über ganz Europa bis nach Palästina erstreckte. Sie war schlicht ein Kurier. Das Netzwerk konnte sie ersetzen, falls sie geschnappt und in Deutschland verhaftet wurde. Sie kannte niemanden außer Leah, Shimon und den alten Instrumentenmacher in München. Sie kannte keinen ihrer Prager Verbindungsleute beim Namen, noch wußte sie, wie sie aussahen. Sie fühlte sich völlig abgeschnitten. Die Gestapo konnte sie foltern, so wie sie Rudy Dorbransky gefoltert hatten, und doch würde sie ihnen nichts Wichtiges verraten können. Diese Tatsache war zweifellos sehr beruhigend für das Fluchthilfeunternehmen, aber in diesem Moment der frustrierendste Aspekt für Elisa.

„Fräulein?“ Eine Hand berührte sie sanft an der Schulter. „Geht es Ihnen nicht gut?“

Elisa öffnete ihre Augen und lächelte schwach. „Doch“, antwortete sie. Neugierige Blicke brachten sie aus ihrem Tagtraum zurück. „Ich stelle mir nur vor, wie es dort jetzt aussehen mag.“ Sie sah zu dem plärrenden Radio hinüber. Dann verließ sie so eilig das Telegrafenamt, als würde sie von den Ereignissen in Wien verfolgt.

10. Zuflucht

Ludwig und Karl wurden von der Menschenmenge erfaßt und mitgerissen. Der Koffer, den sie am Morgen noch so sorgfältig und liebevoll gepackt hatten, fiel zu Boden. Sofort hatte die Menge ihn verschluckt, während sie sich verzweifelt aneinander festklammerten. Karl schob seinen Arm unter die ledernen Hosenträger seines Bruders. Die Erwachsenen um sie herum schienen die beiden kleinen Jungen überhaupt nicht wahrzunehmen. Sie rangen nach Atem und versuchten, aufrecht stehen zu bleiben, um nicht zu stürzen und zertrampelt zu werden.

„Karl!" schrie Ludwig, als er von seinem Bruder fortgerissen wurde. Nur der Hosenträger verband die beiden Jungen jetzt noch. „Karl!" schrie er noch einmal und versuchte, nach ihm zu greifen. Ein Ellbogen rammte sein Gesicht. Er wäre zu Boden gestürzt, wäre das Gedrängel nicht so dicht gewesen. Er konnte nichts sehen außer Karls Hand, deren Knöchel weiß hervortraten, während sie den Träger umklammerte. Die Hand stak zwischen zwei Männern hervor, die die Brüder trennten.

Ludwig konnte Karls unterdrückten Schrei hören, als ein Finger abrutschte, und nur noch zwei Finger den Hosenträger hielten.

„Hier bin ich, Karl!" schrie er. „Laß nicht los! Karl! Halt fest, sonst werden wir uns verlieren!" Dann rief er nach Walter. „Vater! Vater!" Und in diesem Augenblick brach ein ohrenbetäubendes Gebrüll aus. Hitler trat auf den Balkon heraus.

„Da ist er!"

„Heil Hitler!"

„Sieg heil!"

In diesem schrecklichen Augenblick ging ein Ruck durch die Menge, und der Griff der kleinen Finger löste sich. Ludwig fiel aufs Straßenpflaster. Dabei schürfte er sich sein Knie auf. Er schrie vor Schmerz auf. Verängstigt fing er zu weinen an. Wo war Karl? Warum hatte er nur losgelassen?

Jemand trat ihm auf seine Hand. Mühsam versuchte er, sich aufzurappeln. Das Gedränge raubte ihm den Atem. Er konnte nicht länger nach Karl oder seinem Vater rufen. Er konnte nur noch wie ein Ertrinkender nach Luft schnappen, der um sein Leben kämpfte!

Schuhe, Stiefel und Hosen schlugen gegen ihn. Seine Nase blutete. Sein Knie blutete. Aber das alles war ihm egal. Nur etwas Luft! Seine

Mutter schoß ihm durch den Kopf. Er wollte nach ihr rufen, aber er fand keine Stimme. Er holte aus und trommelte mit seinen Fäusten gegen die schwarzen Lederstiefel eines Soldaten. Er riß an den Hosen eines Mannes. Und schließlich öffnete er in einem letzten Akt der Verzweiflung seinen Mund und vergrub seine Zähne im Bein des Mannes.

Über sich hörte er jemanden fluchen. Dann griff plötzlich eine Hand nach ihm und packte ihn an seiner Lederhose, zog ihn hoch und höher ins Licht und an die Luft.

„Was tust du da?" brüllte ihn ein rotfunkelndes Gesicht an.

Ludwig japste, füllte seine Lungen mit frischer, süßer Luft. „Ich bin hingefallen!" jammerte er.

„Du hast mich gebissen!"

„Wo ist mein Bruder?" Verzweifelt sah er sich um. Der feste Griff des Mannes bot ihm einen guten Aussichtspunkt. „Karl! Wo ist mein Bruder?"

„Wo sind deine Eltern?" fragte der Mann, ohne ihn gehen zu lassen.

Ludwig wiederholte den Namen des Ortes, den ihm sein Vater genannt hatte: „Musikverein! Musikverein!" Er zappelte, um freizukommen.

„Sie werden dich zertrampeln!" Der Mann schüttelte ihn. „Halt still!" Jetzt sah auch er sich nach Karl um. „Zwei kleine Jungen allein in diesem Durcheinander!" Er schwang Ludwig auf seine Schultern. Sein blutendes Knie nahm er nicht mehr wahr.

Ludwig starrte in die engzusammengepreßte Menge. „Karl! Wo bist du?"

In dem allgegenwärtigen „Heil Hitler!" ging seine Stimme völlig unter. Plötzlich wie durch ein Wunder erblickte er eine kleine Hand, die nach oben ragte. Es war Karl! Er wußte, daß es Karl war! Ihre Finger waren nahezu identisch. „Dort!" schrie Ludwig triumphierend. *„Dort* ist mein Bruder!" Er zeigte auf die Stelle, wo Karl nicht weiterkam.

Der Mann kämpfte gegen den Menschenstrom an, bahnte sich seinen Weg zu dem Kind. Mit seinen Ellbogen stemmte er sich gegen die Mauer singender Menschen und streckte seine Hände aus. Er packte Karl am Hemdkragen und hob ihn auf seine andere Schulter.

Verschwitzt und zerzaust zog Karl den Schal, der seinen Wolfsrachen verbarg, herunter und japste nach Luft. Dann ließ ihn die Macht der Gewohnheit sein Kinn einklemmen, und er bedeckte die Deformierung wieder. Er schien eher verärgert denn verängstigt von diesem Vorgang. Er hatte Ludwigs Hosenträger losgelassen. Diese Unachtsamkeit hatte sie beinahe ihr Leben gekostet. Mit einem entschlossenen Blick knotete er die Hosenträger seines Bruders durch seine Finger. Nie mehr würden sie getrennt werden!

„Heil!“ brüllte die Menge, als Hitler ihr zuwinkte.

Karl betrachtete den lächelnden, winkenden Mann mit dem komischen Schnurrbart. Er fragte sich, ob der Mann wohl ihren Vater von dort, wo er stand, sehen konnte.

* * *

Auf den Karten, die in den Ladenfenstern der Ringstraße hingen, war bereits das „neue“ Österreich eingezeichnet. Dieser Umstand mußte auch den letzten Zweifler davon überzeugen, daß der Führer diesen Moment schon vor Monaten geplant hatte. Auf anderen Läden stand in frischer roter Farbe das Wort *„Jude!“*.

Leah wandte ihren Blick ab. Mit finsterer Miene bahnte sie sich ihren Weg durch das Gewühl, das die Bürgersteige verstopfte. Ihr Gesichtsausdruck und das mächtige Instrument, das sie trug, mußten ihr irgendwie einen offiziellen Charakter geben. Jedenfalls traten die Menschen beiseite und ließen sie durch. Wien war erfüllt von Musik, und sie mußte offenbar etwas mit dieser großartigen Feier des Anschlusses zu tun haben.

Sie hatte ihre Noten vergessen. Aber sie wagte es nicht, umzukehren. Vor ihr war die vertraute Backsteinfassade des Musikvereins. Tränen brannten in ihren Augen, als das Gebrüll vor dem Hotel Imperial wieder anhob und Hitler zu seinem fünften Dakapo auf den Balkon heraustrat. Als sie die Stufen zum Bühneneingang erkannte, fing Leah zu rennen an. Sie wollte nur noch dort hinein. Sie wollte die Tür zuschlagen und den Wahnsinn aussperren, der so plötzlich ihre Heimat ergriffen hatte! *Wieviele Mitglieder des Orchesters werden wohl heute hier sein?* fragte sie sich. Es war niemand zu sehen. Sie kletterte die Stufen hinauf und stieß die Tür auf, so als ob sie verfolgt würde.

Einen Moment lang blieb Leah in dem schummerigen Licht stehen. Die riesige Halle war leer. Nicht ein einziger Musiker war da, um sein Instrument für das Sonntagskonzert zu stimmen. Die ganze Bühne lag im Dunkeln, die Notenständer waren leer.

Entfernt drang der Lärm von draußen herein.

„Hallo, ist da wer?“ rief Leah zögernd, als hätte sie eine riesige, leere

Gruft betreten. Nur das Echo ihrer eigenen Stimme antwortete ihr. Wie ein Kontrapunkt schloß sich das Gebrüll der jubelnden Nazis an: *„Heil Hitler! Heil Hitler!“*

Sie erschauderte. Mit zusammengekniffenen Augen sah sie zu den Notenständern und den Stühlen, wo ihre Freunde und Kollegen hätten sein sollen. Tausend Geister füllten die Bühne, während sie so hinstarrte, Gesichter von Musikern, die ihr eine Familie geworden waren. Wo waren sie jetzt? Hatte sie diese Fratze des Bösen vertrieben? Wo war Elisa? Wo war Rudy – ?

Bei der Erinnerung an Rudy warf sie ihren Kopf hoch. Es war, als hörte sie die Schüsse und die grauenhaften Schreie des aufgebrachten jungen Nazis noch einmal, der Rudy töten wollte. Hätte sie damals schon gewußt, was geschehen würde, hätte sie ihn warnen können, daß er besser verschwinden und sich irgendwo weit weg von Wien verstecken sollte. Aber sie hatte nicht in die Zukunft sehen können, und Rudy hatte sterben müssen. Sie konnte auch jetzt nicht in die Zukunft sehen, und die Unsicherheit ihrer eigenen Situation erschreckte sie.

Hatte sie der Nazi-Offizier am Judenplatz hierhergeschickt, obwohl er wußte, daß es heute kein Konzert geben würde? War es irgendeine Falle? Sie blickte sich über ihre Schulter um, als hätte etwas Böses das Gebäude betreten. Sie hielt das Cello fest, als fände sie etwas Trost in seiner Nähe.

Erneut drang das Gebrüll von draußen in den Saal. Leah wollte fortrennen. Aber überall in den Straßen wurden Juden zusammengeschlagen. Überall in der Stadt war das blutrote *Jude* an die Wände geschmiert. Sie schluckte und zwang sich, zu ihrem Platz auf der Bühne zu gehen. Sie berührte den Notenständer und nahm den Bleistift auf, mit dem sie sich hin und wieder Notizen in der Partitur machte. Sie betrachtete versonnen die Kerben in ihrem Stuhl. Schließlich schloß sie die Augen und stellte sich die unendliche Stille des Orchesters und des Publikums in dem Moment vor, da der Dirigent seinen Taktstock hob.

Es ist dieser Augenblick, sagte sie sich. *Niemand hustet oder stört das Programm. Sie warten. Warten auf die Musik. Jetzt ist dieser Augenblick,* malte sie sich aus. *Und ich werde keine Angst haben.* Einen Moment lang schien sie der Gedanke zu beruhigen. Shimon stand über seine Pauke gebeugt. Elisa saß ihr gegenüber. Der Maestro zögerte und –

Hinter sich hörte sie das Geräusch der Flügeltür. Und dann hallte das nervöse Husten eines Mannes herüber.

„Hallo?“ fragte eine Männerstimme laut und zerstörte Leahs friedlichen Tagtraum. „Ist da jemand?“

Sie gab keine Antwort. Schritte klapperten über den Holzboden. Sie erschien ganz blaß in dem Licht. Vielleicht war sie selbst ein Geist. Wenn sie sich ganz still verhielt, würde dieser Mensch mit den lauten Schuhen und der von Schnaps rauhen Stimme wieder weggehen. Vielleicht würde er den verängstigten Geist nicht sehen, der mit seinem Cello zwischen den leeren Stühlen und den Notenständern stand.

„Sie da!“ Die Stimme hatte sie gefunden. „He! Soll denn hier heute kein Konzert stattfinden?“ Er stand an der Seite. Offensichlich wollte er nicht unbefugt die heiligen Bretter der Bühne betreten.

Leah spürte, daß sie sicher sein würde, wenn sie ihren Notenständer nicht verließ; niemand würde sie anrühren, solange sie nicht diesen Ort verließ und in das grelle Licht der wirklichen Welt hinaustrat.

Sie starrte zu dem Mann herüber, der nur ein Schatten war zwischen den hohen Schluchten und Seilen des Vorhanges. „Kein Konzert“, erwiderte sie. Der Klang ihrer eigenen Stimme überraschte sie. Nein. Sie konnte kein Geist sein. Geister konnten nicht sprechen.

Der Mann ließ ein kurzes scharfes Lachen hören. „Ah, natürlich. Der *Führer!*“ sagte er, als erklärte dieser eine Name alles. „Hat Kanzler Schuschniggs Pläne ein wenig durcheinandergebracht, was? Heute hätte die Volksbefragung stattfinden sollen, nicht wahr? Kein Konzert. Keine Abstimmung.“

Leah betrachtete ihn wortlos. Sie hatte den Volksentscheid beinahe vergessen. Das heutige Konzert hatte zur Feier der österreichischen Unabhängigkeit stattfinden sollen. Kein Wunder, daß niemand gekommen war.

„Sind Sie allein hier?“ fragte der Mann. Mit seiner Frage brandete neue Furcht in Leah auf.

„Nein“, log sie.

Er lachte abermals. „Ich sehe aber sonst niemanden.“ Er beugte seinen Kopf. Die Lichter waren in seinem Rücken, und sie konnte sein Gesicht nicht erkennen. Aber irgendetwas bewegte sich neben ihm.

„Das ist ein großer Saal.“ Sie hob trotzig ihr Kinn, als er einen Schritt näher kam.

„Wie auch immer. Ich habe einen Auftrag“, schnaufte er.

„Dann sollten Sie vielleicht zum Kartenbüro gehen.“ Sie rührte sich immer noch nicht von der Stelle. Wenn er ihretwegen gekommen war, würde sie einfach auf der anderen Seite der Bühne hinauslaufen und den Hauptstromschalter umlegen und damit das Licht löschen. Der

Plan gab ihr ein Gefühl der Überlegenheit. Sie würde ihren Weg in die Tiefen des Gebäudes finden, während mögliche Verfolger in der Dunkelheit hilflos umherirren müßten. Ihre Stimme nahm einen scharfen Ton an. „Nur Musikern ist der Zutritt hinter der Bühne gestattet."

Die Stimme des Fremden klang plötzlich entschuldigend. „Genau das habe ich ihnen auch erklärt, Fräulein. Aber sie bestanden darauf, daß ich zum Bühneneingang ginge und nach jemanden fragen solle, die Leah heißt."

Leah hoffte, daß man den Schrecken nicht auf ihrem Gesicht erkennen konnte. Mit einem Mal wurden ihre Hände feucht. „Leah, und weiter?" fragte sie. Sie war froh, daß ihre Stimme nicht zitterte.

„Ich habe keine Ahnung, wie *weiter,* Fräulein." Der Mann schien ehrlich überrascht.

Leah war überzeugt, daß der Besucher zur Gestapo gehörte, um auf den Befehl des Offiziers hin nach ihr zu suchen. Hatte bereits jemand ihre geheime Organisation verraten? War ihr Name so schnell schon auf die Liste gesetzt worden? Sie sah den Hauptstromschalter klar vor sich. In Sekundenbruchteilen hatte sie sich ihren Fluchtweg überlegt. „Leah ist ein häufiger Name", sagte sie.

„Genau das habe ich ihnen erklärt, Fräulein. Aber sie bestanden darauf. Der Name ihrer Tante sei Leah. Der eine der Jungen ist sich ganz sicher, da er auch mit L anfängt wie sein Name: *Ludwig.* "Er trat einen Schritt beiseite, und zwei kleine Kinder mit goldenem Haar erschienen neben ihm. Sie waren offensichtlich verängstigt. Einer hatte Blut auf seinem Hemd. Der andere verbarg seinen Mund hinter einem Schal und starrte hinauf zum Schnürboden der Bühne und dann wieder zu Leah. „Sie wurden irgendwie in der Menge von ihrem Vater getrennt." Der Mann zuckte die Schultern. „Der hier ist hingefallen und beinahe totgetrampelt worden. Ich habe ihn aufgehoben. Ich habe auch den anderen gefunden. Bitte, Fräulein, ich muß Freunde treffen. Sicherlich wird ihr Vater herkommen und sie suchen. Oder ihre Tante. Die, die Leah heißt. Es wurde ihnen aufgetragen, herzukommen und ..."

Leah rührte sich nicht von der Stelle. Sie sah zuerst die Jungen an, die einander in jedem sichtbaren Aspekt absolut glichen; dann sah sie zu dem Mann. Wenn das ein Gestapo-Trick war, um sie dazu zu bringen, die Jungen anzunehmen, dann würde sie nicht darauf hereinfallen.

„Warum warten Sie nicht draußen mit ihnen? Wenn sie sich verlaufen haben, werden ihr Vater oder ihre Tante mit Sicherheit nach ihnen sehen."

„Fräulein –" Der Mann räusperte sich nervös. „Ich habe sie nur vom Bürgersteig aufgelesen, bevor sie zertrampelt wurden. Ich habe sie hierhergebracht, wie das ein anständiger Bürger tun sollte, und jetzt werde ich ihnen *Auf Wiedersehen* sagen." Er tippte sich an den Hut. „Und Ihnen *Adieu!*" Er machte auf den Absätzen kehrt und tätschelte einem der Jungen den Kopf, bevor er aus dem Gebäude eilte.

Die Haustür fiel vernehmlich ins Schloß, als er ging. Leah verharrte neben ihrem Notenständer. Die zwei kleinen Jungen betrachteten sie eine Weile. Dann streckten sie ihre Hände neugierig aus und strichen über den weichen roten Samt der Vorhänge. Mit offenen Mündern starrten sie hinauf zu den Laufstegen, den Lichtern und den Seilen. Ihre Augen leuchteten bei dem Anblick verzaubert.

Leah zögerte, bevor sie sprach. Sie mußte ihre Fragen sorgfältig wählen. Falls diese Jungen hergebracht worden waren, um ihr eine Falle zu stellen, durfte sie nicht verraten, daß sie schon dutzenden Kindern bei der Flucht aus dem Reich geholfen hatte.

„Habt ihr jemals zuvor schon eine Bühne gesehen?" fragte sie sanft. Es waren kleine Kinder. Wenn sie von bösen Männern hergebracht worden waren, dann hatten sie sich das nicht ausgesucht.

„Einmal haben wir mit unserer Mutter die *Nußknacker* gesehen", antwortete einer der beiden Jungen eifrig, während sein Bruder nickte.

„Seid ihr Brüder?" fragte Leah, obwohl die Antwort deutlich zu erkennen war.

„Ja", sagte der sprechende Junge stolz. „Ich bin Ludwig, und das ist Karl. Wer sind Sie?"

Leah ignorierte seine Frage. Sie hatte das Gefühl, daß noch andere Ohren in den oberen Reihen des Parketts zuhörten. „Ihr müßt große Angst gehabt haben, als ihr euren Vater verloren habt."

„Karl hat sich an meinen Hosenträgern festgehalten, aber dann bin ich hingefallen und habe mir mein Knie aufgeschürft." Er hielt sein blutiges Knie hoch, um es Leah zu zeigen. „Aber ich habe nicht geweint. Nicht so doll, jedenfalls. Dann hat mich der Mann hochgehoben, weil ich ihm ins Bein gebissen habe, als er auf meine Finger getreten ist. Und ich habe ihm gesagt, er soll uns hierher bringen. Weil Vater gesagt hat, daß Tante Leah hier sei."

„Wie sieht eure Tante Leah denn aus?" fragte Leah und trat einen Schritt auf das Duo zu.

Beide Jungen zuckten die Schultern und schauten dann wieder hinauf zu dem verwirrenden Takelwerk. „Vater hat uns etwas zu Essen gepackt, aber ich habe mein Päckchen verloren. Und wir haben den

Koffer verloren. Aber Karl hat noch sein Essen." Karl nickte wieder und strich sich mit der Hand über seinen Bauch. „Haben Sie was zu essen, Fräulein?" fragte Ludwig. Er streichelte noch immer den Samtvorhang.

Leah lächelte nachdenklich. Aufgeschürftes Knie, Koffer verloren, nur ein Eßpaket für die beiden. Ein fünf- oder sechsjähriges Kind konnte in solchen Dingen nicht so überzeugend lügen. Auf alle Fälle würde sie ihre Unterhaltung nicht hier auf der Bühne weiterführen.

„Würdet ihr euch gerne die Bühne ansehen?" Sie griff nach ihrem Cello und ging auf sie zu. „Alles, meine ich. Es gibt da ziemlich viel zu sehen. Dann könnt ihr eurem Vater davon erzählen, wenn ihr ihn seht." Sie erreichte den Bühnenrand und berührte das stille Kind an seiner Schulter. Seine Augen lächelten. Leah fragte sich, warum es den Schal um seinen Mund gebunden hatte. „Vielleicht könnt ihr eure Tante Leah auch herumführen, wenn sie euch holen kommt." Sie führte sie hinter die Bühne, wobei sie ihnen den Sinn aller möglichen Seile und Lichter erklärte. „Nur ein Essenspaket für zwei so große Jungen! Vielleicht finde ich ja noch etwas, das wir uns teilen können." Sie hatte ihre Stimme zu einem Flüstern gesenkt. Falls sich noch andere in dem Gebäude befanden, wollte sie nicht, daß sie ihnen folgten. „Aber jetzt müssen wir uns ganz still verhalten." Sie hielt sich einen Finger an den Mund, als sie eine Treppe erreichten, die nach unten führte. Der Bereich unter der Bühne war in unzählige kleine Übungsräume aufgeteilt. Flure wanden sich zwischen Schränken und Schließfächern hindurch. In den Bühnenboden über ihnen waren Falltüren eingelassen.

Die Jungen folgten ihr durch das Labyrinth. Sie schienen zu wissen, was es bedeutete, sich still zu verhalten. Sie klammerten sich aneinander fest. Karl hielt sein Eßpaket fest, während Leah den unhandlichen Cellokasten an verstaubten Kulissen, Requisiten und aufeinandergestapelten Stühlen vorbeimanövrierte.

Vor ihnen war ein tiefschwarzer Flur, der über Stufen zu einem darunter liegenden Bereich führte. In diesem Augenblick hallte das Geräusch einer zuschlagenden Tür durch das Gebäude. Leah streckte ihre Hand aus, um den Jungen Einhalt zu gebieten. Über ihnen konnten sie deutlich das Klacken von Stiefeln auf dem Bühnenboden und rauhe Männerstimmen vernehmen.

„Ich bitte vielmals um Entschuldigung, mein Führer", drangen die Worte nach unten. „Ganz Wien hat sich versammelt, um Sie zu begrüßen. Ohne Zweifel befand sich auch das gesamte Orchester darunter.

Ein Festtag. Sogar die Musik Wiens muß verstummen, wenn Sie Ihre Stimme erheben, um zum deutschen Volk zu sprechen!"

„Ich bin von Dummköpfen und unfähigen Narren umgeben!" Der Führer hob gegenüber seiner kleinen Zuhörerschar seine Stimme. „Unsere Panzer und Lastwagen verstopfen Österreichs Straßen! Unsere Ankunft hat sich um Stunden verzögert! Wir müssen den Franzosen und den Engländern wie unfähige Idioten vorgekommen sein! Und dann komme ich in Wien an, und alles ist genauso unvorbereitet!"

Die Stimme war unverkennbar. Leah erschauderte und schubste die Jungen zurück in die Dunkelheit des Korridors. Sie wollte nicht mehr hören. Hitler war verärgert über seine zögernden Generäle, und jetzt würde es nicht einmal ein Konzert ihm zu Ehren geben.

Leah konnte sich nicht gleichzeitig auf das Cello, die Jungen und die Dunkelheit konzentrieren. „Steckt eure Hände in meine Taschen", flüsterte sie, während Hitlers Ärger von der Bühne zu ihnen herunterdrang und den Zuschauerraum erfüllte. Die Finsternis des Ganges war vollkommen. Aber Leah wußte genau, wo es langging. Sie nahm das Cello in die eine Hand und tastete sich mit der anderen die Wand entlang, während sie beruhigend auf die Brüder einredete. „Ich habe elf Türklinken gezählt, jetzt zwölf. Die dreizehnte ist die des Heizungskellers. Und jetzt gehen wir um eine Ecke." Sie tastete nach der Ecke und zog dann die Brüder hinter sich her. Der Gang war hier enger. Sie tastete sich weiter die kalten Steine entlang, bis sie einen letzten Türknauf gefunden hatte. Leah drückte die Klinke herunter und öffnete schnell die Tür. Dann schaltete sie das Licht ein. Sie standen in einem winzigen Übungsraum mit schalldichten Wänden und einem Klavier, das die gesamte Breite der Rückwand einnahm.

„Ich kann gar nichts sehen." Ludwig und Karl blinzelten unglücklich.

Tatsächlich schien das Licht nach ihrer Reise durch die dunklen Tiefen des Musikvereins unnatürlich hell. Leah schloß die Tür und verstaute ihr Cello in der Ecke. Einen Moment lang hantierte sie am Türschloß herum. Dann betrachtete sie das Klavier. Sie wünschte, Shimon wäre hier. Aber das war er nicht, und so würde sie das Klavier halt alleine schieben müssen. Sie löste die Bremsen und lehnte sich dagegen. Karl und Ludwig halfen ihr, und sie war überrascht, wie leicht es sich über den Boden rollen ließ. Als sie es vor die Tür geschoben hatten, stellte Leah die Bremsen wieder fest. Atemlos hockten sie sich auf die Bank.

„Das ist mein Versteck", sagte sie in einem verschwörerischen Tonfall. „Ich übe hier recht oft, weil sich niemand so weit nach hinten zu trauen scheint. Hört mal." Sie legte ihren Kopf ein wenig zur Seite. Die Brüder machten es ihr nach. „Was hört ihr?" fragte sie lächelnd.

Die Jungen blickten verwirrt. Es war so still, wie es nur sein konnte. „Ich hör' überhaupt nichts", sagte Ludwig. Karl zuckte die Achseln.

„Genau. Das ist ein sehr ruhiger Ort. Kein häßliches Geschrei dringt in diesen Raum. Es ist ein magischer, friedlicher Ort. Musik lebt hier in den Wänden. Wunderschöne Musik."

„Warum können wir sie nicht hören?" Ludwig zog die Stirn in Falten.

„Sie wird nicht eher herauskommen, bis die sehr bösen Männer, die wir gerade gehört haben, fortgegangen sind. Solange sie aber da sind, müssen wir ebenso still warten." Sie legte sich einen Finger auf den Mund. „Wir werden ein Spiel spielen. Wer am leisesten sein kann, gewinnt einen Groschen."

Ludwig schob seine Unterlippe vor. „Aber das ist nicht gerecht. Karl sagt nie etwas."

Leah beachtete den Einwand nicht. „Das Spiel geht jetzt los. Und wenn ihr beide ruhig seid, habe ich für jeden von euch einen Groschen."

Das schien Ludwig zu befriedigen. Die Jungen hockten sich auf ihre Fersen und warteten. Sie musterten die magischen Wände um sie herum. Minuten vergingen. Leah war zufrieden, daß weder Licht noch Geräusche aus diesem winzigen Zimmer entweichen konnten. Aber auch falls der leiseste Ton Cellomusik an irgendjemandes Ohr drang, würden sie ihn nicht zu dem Raum hinter dem Heizungskeller zurückverfolgen können. Selbst Mitglieder des Orchesters wußten kaum etwas von diesem Raum. Leah hatte sich hunderte Male hierher zurückgezogen, seitdem sie ihn vor zwei Jahren entdeckt hatte. Niemand hatte sie bisher hier gefunden.

Zu guter Letzt räusperte sie sich. In der Stille des Zimmers wirkte der Laut befremdlich. „Ihr wart beide so gute Jungen", flüsterte sie leise. Es gab keinen Grund, lauter zu sprechen. „Hier habt ihr jeder einen Groschen." Sie betrachtete nachdenklich die Papiertüte, die Karl festhielt. „Jetzt müssen wir wohl doch dein Mittagessen teilen, Karl. Wir hatten nicht die Gelegenheit, die Schachtel mit Gebäck aus meinem Schrank zu holen. Aber das werden wir nachholen. Versprochen."

Karl reichte ihr seine Spende. Und erst in diesem Augenblick kam es ihr urplötzlich in den Sinn, daß das Kind keinen Ton von sich gegeben hatte, seit sie ihn das erste Mal gesehen hatte. Der Schal war sorgfältig vor seinen Mund gebunden und verbarg sogar noch den unteren Teil seiner Nase. „Bist du erkältet, Karl?“ fragte sie.

Der Junge schüttelte den Kopf und nickte Ludwig zu, damit er für ihn spräche. Leahs Blick wanderte von einem zum anderen. „Was ist denn?“

„Er kann nicht sprechen“, sagte Ludwig knapp. Hungrig betrachtete er die Essenstüte, die Leah im Schoß hielt.

„Bist du krank?“ Die Frage richtete sie an Karl, der mit seinen Fingern befangen den Mund unter seiner Abdeckung berührte.

„Nein“, fuhr Ludwig fort. Die Erklärung war schlicht und unbekümmert. Karl begann, den Schal abzuwickeln. „Mama sagt, Gott habe Karls Lippen im Himmel behalten, wo sie jetzt Tag und Nacht den Engeln vorsingen.“ Erst wickelte er eine Schicht ab, dann die nächste. „Jetzt ist Mama auch im Himmel, und Vater sagt, daß Karl in diesem Moment ihr gerade vorsingt, obwohl Karl und ich –“

Leah versuchte, das Mitleid zu verbergen, das sich ihrer bemächtigte, als sie die klaffende Lücke sah, dort, wo die Oberlippe des Kindes hätte sein sollen. Eine zerklüftete Öffnung führte durch den Kiefer in die Nase. Ihr Lächeln gefror, und sie wollte sich abwenden. Ihr Blick schwankte, und Karl bemerkte Leahs Schrecken beim Anblick seiner Mißgestaltung.

Sie zog ihr Kinn ein wenig ein, als Karl wegblickte. Dann streckte sie ihre Hand aus und hob sein Kinn etwas, bis sich ihre Blicke trafen. „Wie wundervoll von Gott, daß er es dir ermöglicht, deiner Mutter vorzusingen. Ich bin sicher, daß sie sich andernfalls große Sorgen um euch machen würde“, sagte sie verständnisvoll.

Tränen füllten die Augen des Kindes, als es langsam nickte. Es lag eine unausgesprochene Frage in der Luft. Leah kannte sie nur zu gut. *Aber wer wird jetzt für uns singen?*

Seine Trauer schien zu viel für einen fünfjährigen Jungen. Es zerriß Leah das Herz, und sie wollte ihn tröstend in ihre Arme schließen. Aber sie tat es nicht. Sie mußte nachdenken. Falls diese Jungen tatsächlich von der Gestapo ausgesucht waren, um ihr eine Falle zu stellen, dann waren sie eine exzellente Wahl. Bei dem Gedanken wandte sie ihren Blick von Karl ab. Er runzelte die Stirn und lehnte sich offensichtlich enttäuscht zurück. Seine Hand verbarg instinktiv seinen Mund. Der Zauber war zerstört.

* * *

Wie ein Muttertier, das seine Verfolger von den Kleinen im Nest weglockt, so war Walter Kronenberger weit von seinen Söhnen fortgerannt.

Zweimal hatte er geglaubt, der Verfolgung des Braunhemden entkommen zu sein, der wie ein Hund hinter ihm herlief. Doch dann hatten sich Gestapobeamte der Jagd angeschlossen.

Walter kämpfte gegen die wogende Menschenmenge an wie gegen Wellen im Meer. Vor sich konnte er den Palast der Rothschilds sehen. Deutsche Soldaten standen an den Eingängen des Anwesens des berühmten jüdischen Barons Wache. Für einen Augenblick ertappte sich Walter bei der Hoffnung, daß es dem Baron und seiner Familie gelungen wäre, aus Wien herauszukommen. Direkt hinter dem Palast befand sich das Büro des IND. Nur noch dieses eine Ziel hatte Walter Kronenberger in seinem Leben: Er mußte die Tür des Büros des Internationalen Nachrichtendienstes rechtzeitig erreichen.

Wenigstens sechs Männer versuchten jetzt, sich zu ihm durchzukämpfen. Mit erhobenen Armen schwammen auch sie gegen die Menge an. Sie hatten es aufgegeben, hinter ihm herzurufen. Stimmen und Befehle gingen in dem Tumult ungehört unter.

Der Bürgersteig vor dem IND-Büro war leer. Walter betete, daß jemand – irgendjemand aus der freien Welt – da wäre, als Zeuge seines letzten Willens.

„Halt! Halt, du Schweinehund!" schallte es hinter ihm her.

Ein Schuß wurde abgefeuert. Die Kugel pfiff an Walters rechtem Ohr vorbei und prallte an der Mauer des Gebäudes ab. Walter schrie auf, nicht aus Furcht, sondern aus Erschöpfung. Er warf sich gegen die Tür, stieß sie auf und stürzte ins Innere.

Gesichter starrten ihn verblüfft an, als er schweratmend liegenblieb. Männer in deutschen Uniformen standen zusammen mit verärgert dreinblickenden Zivilisten. Sie hatten ihre Jacken ausgezogen, ihre Ärmel aufgerollt und Tintenflecken auf ihren Händen. Es waren Reporter!

Walter weinte erleichtert. Mühsam richtete er sich auf. SS-Soldaten zogen ihre Waffen, während seine Verfolger von der Gestapo in das Büro polterten. Sie waren genauso atemlos wie Walter von der Hetzjagd.

„Was zum –" Einer der Journalisten nahm seine Zigarre aus dem Mund und sprang auf.

Das Netz zog sich zu. Walter versuchte zu sprechen. „Heiße Kronenberger! Journalist aus Hamburg! Sie werden jeden zum Schweigen bringen! Schweigen ... *töten!*"

Ein Gestapo-Agent machte einen Satz auf ihn zu. Walter zerrte an seiner Manteltasche. Die verwirrten Zuschauer standen wie angewurzelt vor Entsetzen. Kugeln aus einem Dutzend Pistolen zerrissen seinen Körper, als er ausrief: „Sagt es ihnen! *Warnt* –" Eine letzte Kugel durchschlug seinen Kiefer und brachte ihn ein für allemal zum Schweigen. Der Brief, den er aus seiner Manteltasche gezogen hatte, flatterte zu Boden. Unter einem Schreibtisch blieb er unbemerkt liegen.

11. Nachtmusik

Leah wäre auf und ab gegangen, wenn der kleine Übungsraum genug Platz geboten hätte. Ludwig hatte sein Essen vor sich auf den Boden ausgebreitet und knabberte an den Krümeln. Karl drehte sich zur Wand, damit Leah nicht sehen konnte, wie er sich mit dem Essen abmühte. Hätte Leah sich nur einen Zentimeter bewegt, wäre sie auf Käse oder Brot oder einen der Jungen getreten. Sie war nicht hungrig. Also setzte sie sich auf die Klavierbank und überlegte, was sie am besten als nächstes unternehmen würde.

Noch an diesem Morgen hatte sie sich darüber freuen können, daß die Flüchtlingskinder aus ihrer Wohnung heraus auf verschiedene Plätze außerhalb des Judenviertels verteilt worden waren. Wie konnte sie danach zwei Jungen zurück zum Judenplatz bringen? Das Feuer des Hasses loderte dort am heißesten. Sie wagte nicht einmal daran zu denken, was auf dem kleinen Platz direkt vor ihrem Haus geschehen war. Bei der Erinnerung an Shimon, wie er auf das Kopfsteinpflaster stürzte, wurde ihr übel. Sie wollte laut aufschreien, doch verboten es ihr die Umstände. Sie hatte jetzt die Gefühle dieser beiden Kinder zu berücksichtigen. Sie mußte hart bleiben, wo sie doch am liebsten weinen und toben wollte angesichts dessen, was um sie herum geschah. *Ein Aufschrei kann so erholsam wie ein heißes Bad in einer kalten Nacht sein,* sinnierte sie.

Eine Stunde war vergangen, ohne daß sich etwas auf dem Gang vor der Tür rührte.

Leah hatte kaum Zweifel, daß sie jetzt allein in dem riesigen Haus waren. Sie räusperte sich und betrachtete den Cellokasten. Es gab nichts, wobei sie ihre Gedanken besser ordnen konnte als beim Üben. „Ich denke, es ist an der Zeit, ein bißchen Musik zu hören."

Karl drehte sich um und sah sie an, während er sich seinen Schal umlegte. *Er hat freundliche Augen,* dachte Leah, wobei sie den Kasten zu sich heranzog. Seine traurigen Augen schienen mehr zu bemerken, als der kleine Ludwig je würde sehen können. Mit leuchtenden Augen verfolgte er, wie Leah den Kasten öffnete und der dunkelschimmernde Lack des Instrumentes zum Vorschein kam.

„Was ist das?"

„Man nennt es –" Sie hob das Instrument heraus und versuchte, nicht an die letzte Nacht zu denken, in der sie darauf gespielt hatte

– „Violoncello.“ Sie gab eine Fröhlichkeit vor, die sie nicht empfand. „Sein Name ist Vitorio und es kann singen.“

Sie hatte ein aufmerksames Publikum. Der Ausdruck auf ihren Gesichtern war ihr ein großer Trost. Sie konnte über ihr Cello reden! Sie konnte sich leicht die Zeit damit vertreiben, während sie gemeinsam darauf warteten, daß es dunkel wurde. Wenn es dann soweit war, konnten sie sich hinausschleichen und weggehen ... aber *wohin?* Das war die Frage. Sie mußte heute nacht zu Shimon zurück. Der Offizier hatte zu verstehen gegeben, daß sie Shimon als Geisel behielten, um sicher zu gehen, daß sie zurück zum Judenplatz kam. Was aber sollte sie mit diesen beiden hier anfangen?

„Wie singt Vitorio denn?“ zwitscherte Ludwig munter.

„Wir können ihn dazu bringen.“ Sie winkte Karl näher heran. „Gib mir deine Hand, Karl.“ Sie schüttelte seine Finger und hielt sie dann an die Saiten. „Mach nur. Zieh an einer.“ Das Kind gehorchte und lachte heiser, als das Cello mit einem klaren Ton antwortete. Es war das erste Mal, daß Karl einen Laut von sich gab, seit Leah ihn kannte. Sie freute sich über sein Lachen.

Ohne einen weiteren Gedanken an seine Kratzer zu verlieren, kroch Ludwig näher heran und hockte aufgeregt auf seinen Knien. Seinen Zeigefinger hielt er ausgestreckt. „Jetzt ich?“

Leah nickte, und Ludwig zupfte auch an einer Saite. Karl zog an einer anderen. Sie kicherten und quietschten vor Freude. All die Angst war für einen Moment vergessen. Leah holte den Bogen hervor und hielt ihn vor sie hin.

„Und das nennt man einen Bogen.“ Kleine Finger schossen vor, um auch daran zu zupfen. „Nein.“ Sie zog ihn weg. „Man darf das Pferdehaar nicht berühren. Es würde dreckig werden, und man kann es nicht waschen.“

Sofort versteckten die beiden Jungen ihre Hände hinter ihrem Rükken, als wollten sie sie außer Reichweite einer möglichen Bestrafung bringen.

„Und das tut man mit dem Bogen“, sagte sie, als sie langsam das Pferdehaar über die Saiten zog und ein langanhaltender Ton erklang, ruhig und besänftigend. Bewunderung füllte die Augen der jungen Gefangenen, und als Leah die klare, lebhafte Melodie der Bach-Suiten zu spielen begann, wippten sie im Takt mit.

Leah schloß ihre Augen. Sie spielte aus ihrer Erinnerung, wie sie es als Kind getan hatte. Es gab sechs Suiten, mit fünf oder sechs lebhaften Sätzen. Sie spielte sie alle nacheinander, während sie alles durchdachte, dann wußte sie, was sie zu tun hatte. Sie beendete ihren Vortrag mit einem Tusch und öffnete die Augen. Sie war jetzt davon überzeugt, daß die Jungen keine Falle für sie darstellten. Ihre Not war echt.

Irgendwann während der Darbietung hatte Leah ihr Publikum verloren. Karl und Ludwig waren in der Ecke auf dem Boden eingeschlafen.

Leise legte Leah das Cello beiseite und zog die Decke von dem Klavier. Sie breitete sie über die Jungen. Dann schaltete sie das Licht aus und legte sich auch hin, um auf die Dunkelheit zu warten.

* * *

Elisa saß vor dem kleinen Haus in Prag, während das letzte Sonnenlicht langsam verblaßte. Klaviermusik drang durch die Fenster nach draußen. Anna spielte auf dem Klavier, das Theo ihr 1936 gekauft hatte, als ihm zum ersten Mal der Gedanke kam, daß sie nicht länger in Deutschland würden bleiben können. Es war ein schöner Stutzflügel. Einlegearbeiten aus glänzendem Nußbaumholz zeigten winzige Blumensträuße. Natürlich war er nicht so großartig wie der massive Konzertflügel, der bei ihnen daheim in Berlin im Musikzimmer stand, aber Theo hatte gehofft, daß er einen gewissen Trost für Anna bedeuten würde.

Doch in der ganzen Zeit, als Theo in Gefangenschaft war, hatte es Anna nicht ein einziges Mal fertiggebracht, darauf zu spielen. Bis heute abend hatte es in diesem Haus keine Musik gegeben. Heute abend aber gab es für die Lindheims aus der Wilhelmstraße in Berlin Grund für eine fröhliche Feier. Warum fiel es Elisa in diesem Augenblick so schwer, sich zu ihrer Familie zu gesellen? Sie verharrte hinter dem Lenkrad des Packard und starrte zu den beleuchteten Fenstern hinauf. Ihr eigenes Herz war nicht in der Lage, sich der Freude ihrer Familie anzuschließen, weil nur wenige Stunden von hier entfernt so viel Trauer herrschte.

Sie traute sich nicht, ihrer Mutter von ihrem verunglückten Versuch zu berichten, die Grenze nach Österreich zu überqueren. Sie würde schlicht behaupten, daß die Flüge nach London schon für mehrere Tage im voraus ausgebucht waren. Sie war gezwungen, in Prag zu bleiben, bis sich die Dinge ein wenig beruhigt hatten. Von ihrem eigenen Glück überwältigt, würde Anna ihr alles glauben, was ihre lange

Abwesenheit erklärte. Heute abend war die Welt innerhalb der vier Steinmauern des alten Hauses in Ordnung, und alles schien wahr und gut!

Elisa starrte durch die verschmierte Windschutzscheibe hinaus zu dem Lichtkegel einer Straßenlaterne. Irgendwo hier in dieser Stadt gab es Menschen, die ebenso um Wien trauerten wie sie selber. Sie mußte diese Menschen finden. Im Schatten eines Hauses auf der anderen Straßenseite erkannte Elisa plötzlich den orangefarbenen Schimmer einer brennenden Zigarette. Einen Moment lang konnte sie die Umrisse des Gesichts eines Mannes erkennen. Dunkle Augenbrauen. Hohe Wangenknochen. Ein dichter, herabhängender Schnurrbart. Sah er zu ihr herüber? Sie blinzelte in die Dunkelheit, wo das Bild wie nach dem Abbrennen eines Blitzlichts in der Luft zu verweilen schien. Panik ergriff sie. Ihre Hände auf dem Lenkrad wurden feucht. Schnell packte sie ihre Handtasche, den kleinen Koffer und den Geigenkasten und kletterte aus dem Wagen. Wie lange mochte der Mann dort schon stehen? Und *warum* war er überhaupt da?

Sie hastete die Stufen hinauf und schlug kräftig gegen die Tür. Die Musik verstummte, und sie konnte ihren Bruder Wilhelm lachen hören, der zur Tür gelaufen kam, um ihr zu öffnen.

„Ich bin's! Elisa!" rief sie. Der Klang ihrer eigenen Stimme überraschte sie. Sie wünschte, sie hätte nicht ihren Namen genannt. Sie warf einen Blick über ihre Schulter in die Dunkelheit auf der anderen Seite der Straße. Es gab kein Anzeichen mehr, daß sie von dort aus jemand beobachtete. Aber sie fühlte noch immer einen Blick auf sich ruhen.

„Elisa?" Annas überraschtes Gesicht erschien, als sie die Tür aufriß. „Warum bist du nicht in London, Schatz?" Sie führte Elisa ins sichere, beleuchtete Innere des Hauses.

„Ich hab's versucht, Mama", sagte Elisa mit einem schwachen Lächeln. Mehr sagte sie nicht; es interessierte sich ohnehin niemand für ihre Erklärungen. Sie freuten sich einfach, daß sie zurück war.

„Theo!" rief Anna ins Wohnzimmer, wo Theo neben dem Klavier auf dem Sofa lag. „Sieh nur, wer hier ist!"

„Wir hören gerade ein kleines Konzert", sagte Theo mit einer heiseren, aber glücklichen Stimme. „Deine Mutter spielt alle meine Lieblingsstücke, und wir kommen gut voran."

Theos Gesicht, die lächelnden Gesichter der anderen, das Licht der Lampen – all das wurde von dem aufgeklappten Deckel des kleinen Flügels reflektiert wie von einem Spiegel. Anna führte sie ins Wohnzimmer, während ihr Wilhelm das Gepäck abnahm. Elisa erkannte ihr eigenes Spiegelbild in dem glänzenden Holz. *Ich muß auch lächeln,* dachte sie. *Diesen Augenblick darf ich nicht zerstören.*

* * *

Anna sang leise im Badezimmer. Theo las im Licht der Nachttischlampe in der Bibel, als Elisa ihren Kopf zur Tür hereinsteckte, um Gute Nacht zu wünschen.

Er sah auf und lächelte. „Komm doch eine Minute herein, Elisa", sagte er leise. „Wie ich sehe, hast du immer noch die Guarneri", bemerkte er geradeheraus. Ein unausgesprochenes Verständnis wechselte zwischen Vater und Tochter.

„Rudys Geige." Sie nickte. „Ja, Papa. *Ich* habe sie jetzt."

Er biß sich auf die Lippe und zog die Schultern zusammen. „Seit wann weißt du Bescheid?"

Sie beantwortete seine Frage nicht. „Ich hätte es eher wissen sollen, Papa", sagte sie. „Du hättest es mir sagen können."

„Und riskieren, dich und deine Brüder und deine Mutter mit hineinzuziehen?"

„Waren wir das denn nicht sowieso schon? Du weißt, daß nach dem Gesetz der Nazis die ganze Familie bestraft wird, wenn sich ein Mitglied des Widerstands schuldig macht. Wir steckten genauso mit drin, Papa; wir haben nur nichts davon gewußt."

„Deshalb habe ich euch herausbringen müssen. Aus Deutschland heraus. Ich war mir nicht sicher, ob ich beobachtet werde, bis sie Pfarrer Jacobi geschnappt haben."

„Wie lange hast du ihnen geholfen, Papa?" Elisa beobachtete ihn aufmerksam, als säße sie das erste Mal einem wahren Helden gegenüber.

Er klappte die Bibel zu und legte sie neben sich aufs Bett. „Ihr Kinder habt 1933 die Machtergreifung Hitlers kaum mitbekommen. Das Gesetz forderte, daß wir, die wir jüdischer Abstammung waren, unsere Papiere abgeben mußten. Wir bekamen sie wieder mit einem Stempel, der uns als Juden kennzeichnete. Wie alle anderen gehorchten auch wir. Wir waren Deutsche. Deutsche, die zufällig Juden waren, aber dennoch Deutsche. Als wir die Papiere zurückbekamen, waren sie mit einem *J* versehen. Jedesmal, wenn du nach Deutschland zurückkamst, mußtest du sie mit dir führen. Auf das Fälschen eines Ausweises stand

Gefängnis, wie du weißt. Also gehorchten wir. Dich habe ich fortgeschickt, Elisa. Ich glaube nicht, daß du den Ernst der Lage erfaßt hast, bis dich Thomas zurückgestoßen hat.“

Sie wandte ihren Blick schnell von ihrem Vater ab. Es schien, als blickte er direkt in ihr Innerstes. Aber sie wollte ihm nicht ihre Geheimnisse offenbaren. „Ich habe zu hart gearbeitet, um es zu bemerken“, murmelte sie.

Theo fuhr fort: „Es gab Dinge, die betrafen auch nichtjüdische Deutsche. Die Nazis brachten Gesetze heraus, die jene zur Sterilisation zwangen, von denen angenommen wurde, daß sie 'rassisch unwerte' Nachkommen haben könnten. Natürlich war die Kirche entsetzt. Katholiken und Protestanten wehrten sich dagegen und wurden verhaftet. Jüdische Gruppen protestierten und wurden festgenommen. Der Verfall der deutschen Rechtstaatlichkeit fing damit an, daß denen, die noch nicht einmal geboren waren, sämtliche Rechte versagt wurden. Jüdische, katholische und protestantische Schulen wurden geschlossen. Die gesamte Ausbildung fiel in die Hände des Staates.“

„Ich war so sehr mit meinem eigenen Leben in Österreich beschäftigt. Das Studium und ...“ Elisa war beschämt von der Aufzählung der Ereignisse, die zu dieser Nacht geführt hatten. Sie hatte kaum etwas davon mitbekommen. Ihr Vater hatte recht. Bis zu dem Tag, an dem der Mann, den sie zu lieben geglaubt hatte, ihr den Rücken kehrte, hatte sie nur an sich gedacht.

„Das war meine Absicht, Elisa. Ich wollte, daß dein Leben so normal und glücklich wie möglich verlief. Deine Mutter stimmte mit mir darin überein. Wir hätten Wilhelm und Dieter ebenfalls fortgeschickt.“ Er gab sich große Mühe, das tatsächlich so Unfaßbare verständlich zu machen.

„Aber, Papa“, fragte sie, „wie lange hattest du mit dem Widerstand zu tun?“

„Ich habe ihnen Geld gegeben. Das ist alles. Ich habe nichts Tapferes oder Bewundernswertes getan, Elisa. Wer am gefährdetsten war, wurde außer Landes geschmuggelt. Kirchenführer, die den Mut aufbrachten, sich zu widersetzen, wurden verhaftet. Sie wurden durch andere ersetzt, die bereit waren, sich der Nazi-Doktrin zu beugen. Allmählich wurde der organisierte Widerstand zerbrochen. Ich gehörte zu den kleinsten Rädern im Getriebe. Ich stellte Geld zur Verfügung, keinen Mut. Ich versuchte, auf der sicheren Seite zu bleiben – schon wegen meiner Familie. Ich glaubte, dieser Irrsinn würde vorübergehen. Das tat er nicht.“

Er nahm ihre Hand und sah ihr fest in die Augen. „Und jetzt bist du da irgendwie hineingerutscht." Er sah ins Wohnzimmer hinüber, wo der Geigenkasten am Klavierschemel lehnte. „Du hast die Guarneri immer noch."

Sie nickte. „Papa ...", setzte sie an. Sie brach ab, da sie sich ihrer Gefühle nicht sicher war. „Ich muß dieses furchtbare Theater weiterspielen, bis es zu Ende ist. Oder bis ich aufgehalten werde."

Theo betrachtete sie schweigend. „Das dachte ich mir", sagte er traurig. „Und heute? Hast du versucht, nach London zu kommen?"

„Und Wien", antwortete sie wahrheitsgemäß. Das Geständnis bedeutete eine Erleichterung.

Er zuckte die Schultern und preßte die Lippen zusammen. „Ja, ich erinnere mich, daß du dich letzte Nacht um jemanden in Wien gesorgt hast." Er sah sie scharf an. „Elisa, du darfst keinen Gedanken daran verschwenden, dorthin zurückzugehen."

„Ich muß."

„Nicht sofort, Kind."

„Ich bin kein Kind. Oder, falls doch, so bin ich *dein* Kind! Du würdest es genauso machen!"

„Hör' mir zu!" Seine Stimme klang drängend, aber nicht maßregelnd. „All die Dinge, die sich in Deutschland langsam über die letzten sechs Jahre entwickelt haben, werden über Österreich von heute auf morgen hereinbrechen! *Von heute auf morgen!* Verstehst du mich? Was die Gestapo in Berlin im Schutz der Dunkelheit getan hat, wird in Wien an hellichtem Tage geschehen! Elisa, Gott hat dir das Schicksal deiner Freunde erspart! Was immer an organisiertem Widerstand in Wien existiert, wird zerschmettert! Du mußt für ein paar Tage bei uns bleiben. Vielleicht Wochen oder Monate. Du *mußt!* Und dann, wenn die Zeit gekommen ist, falls sie jemals kommen wird, wirst du ein Instrument in den Händen Gottes sein!"

Seine Worte entzogen ihr den letzten Rest an Kraft. Wenn er recht hatte, war sie hilflos in Prag – schlimmer noch, sie war *nutzlos!* „Meine Freunde!"

„Bete für sie Elisa." Theo hob ihr Kinn. „Es gibt Zeiten, in denen es kein Licht im Dunkeln gibt, und dann müssen wir um eine noch so winzige Kerze bitten, damit sie uns leuchtet." Er tätschelte den abgegriffenen Ledereinband seiner Bibel. „Diese kleine Lektion habe ich in einer Zimmerecke in Dachau gelernt. Bete, und ich werde mit dir beten, Kind."

Sie nickte widerwillig. Wie schwer es war, tatenlos abwarten zu müssen! „Ja. Ja, Papa. Aber wenn Murphy kommt – *falls* er zurückkommt und falls er nach Wien gehen *kann*, dann werde ich mit ihm gehen."

Ein fragender Ausdruck stand in Theos Blick. „Murphy. Ein feiner Kerl. Natürlich wirst du mit ihm gehen. Er ist dein Ehemann, nicht wahr?" Er warf einen Blick auf ihren Ring. Sie errötete tief.

Ihr Vater schien heute nacht direkt durch sie hindurchsehen zu können. Spürte er auch, daß ihre Heirat mit Murphy lediglich ein Geschäft bedeutete? „Ja, mein Ehemann", sagte sie, aber die Worte blieben ihr in der Kehle stecken.

„Und du liebst ihn, nicht wahr?" Jetzt war da so etwas wie ein Lächeln in Theos Gesicht.

Sie holte tief Luft und setzte sich gerade hin. „Wir sind verheiratet", verteidigte sie sich. Sie wollte herausbrüllen, daß sie niemals einen Mann würde lieben können, der sie so schmählich verließ, der Geld für eine Heiratsurkunde annahm. Und doch lagen ihre Gefühle bloß, sobald sein Name erwähnt wurde.

Theo sagte eine Weile nichts. Er musterte sie mit einem Blick, der jedes unausgesprochene Detail zu verstehen schien. „Ein amerikanischer Paß wird ohne Zweifel von großem Nutzen sein. Ich bin froh, daß du nicht länger so tun mußt, als seist du Elisa Linder aus der Tschechoslowakei."

Sie hörten Anna aus dem Badezimmer kommen. Die Luft duftete augenblicklich nach Zahnpasta und Perfüm. „Mutter ist ... heute abend so glücklich", sagte Elisa und versuchte, nicht selber dabei unglücklich zu klingen. „Ich bin froh, daß ihr einander habt."

„Laß uns unsere kleinen Geheimnisse für uns behalten, Elisa? Anna soll sich keine Sorgen machen müssen." Er tätschelte ihre Hand.

Sie war froh für die Gelegenheit, offen zu ihm sein zu können. Er verstand ihr Bedürfnis, das zu tun, was in ihrer Macht stand. Irgendwie verstand er sogar die Sache mit Murphy. Er konnte in ihren Augen lesen, als sähe er in einen Spiegel. „Danke, Papa." Sie küßte ihn auf die Stirn, und er umarmte sie fest.

„Ja, du bist mein Kind", antwortete er leise, als Anna eine Melodie von Bach summend, ins Schlafzimmer kam.

12. Sperrstunde

Vor dem Musikverein blieb Leah bei den beiden Jungen im dunklen Schatten stehen. Eine Kolonne Truppentransporter rumpelte unter einer Straßenlaterne entlang. Diesmal beförderten sie allerdings keine deutschen Wehrmachtssoldaten. Zusammengepfercht wie Vieh transportierten sie Hunderte von Österreichern, die während der Feiern verhaftet worden waren. Leah konnte ihre blassen, verbitterten Gesichter erkennen, als sie den Lichtkegel der Laterne passierten. Überall auf dem Pflaster lagen von den LKWs zerquetschte Blumen herum wie Sträuße auf einem Massengrab. So also ging Wiens erster Tag als Teil des Tausendjährigen Reiches zu Ende!

Angst ließ Leahs Atem schneller gehen; einer der Gefangenen konnte Shimon sein! Sie stand wie angewurzelt, während die düstere Parade scheinbar endlos vorbeizog. Das konnten nicht nur Hunderte sein, machte sich Leah klar; *Tausende* waren verhaftet worden! Wo wurden sie hingebracht? Die Gefängnisse in Deutschland waren schon jetzt überfüllt; immer neue Lager kamen hinzu!

Es schien keine Zivilisten mehr frei auf der Straße zu geben. Die jubelnden Massen waren verschwunden. Unter den roten Reichsbannern schien die Straße dunkel und leblos zu sein. Nur die Lastwagen blieben zurück und mit ihnen die traurigen Gesichter, die durch die Holzstreben auf die vorüberziehende Stadt starrten. Dieses Elend schien Leah noch schrecklicher als die grölenden Massen. In der Menge hatte man sie wenigstens nicht bemerkt. Aber wie konnte man eine Frau allein mit zwei Jungen und einem Cello übersehen, wenn niemand sonst auf der Straße war?

Sie preßte ihre Hand gegen die Stirn und versuchte daran zu denken, was sie vorhatte. Es war ihr alles so klar erschienen, als sie ihr Cello gespielt und sich ein Dutzend Pläne zurechtgelegt hatte. Elisas Wohnung war nur etwa fünf Minuten zu Fuß vom Musikverein entfernt. Dorthin würde sie die Jungen bringen; und von da aus würde sie allein weiter zum Judenplatz und zu Shimon gehen. Allein der Gedanke an ihn ließ sie ihren Kopf hochreißen und die Gesichter auf den langsam dahinrollenden Truppentransportern absuchen. Sie *mußte* herausfinden, ob er zu denen gehörte, die fortgeschafft wurden!

In der schrecklichen Sorge um Shimons Sicherheit fand sie die Kraft weiterzumachen. „Kommt jetzt, Jungs." Sie holte tief Luft und trat auf den beleuchteten Bürgersteig hinaus. Die Augen der Gefangenen starrten weiter ausdruckslos zu ihr herunter – *durch* sie hindurch –, als wäre sie gar nicht da. Sie hob ihr Kinn und versuchte, ihren Blick geradeaus zu richten, während die Brüder hinter ihr hertrotteten. Es fiel nicht leicht, den Dieselgestank und das Dröhnen der Motoren zu ignorieren. Ihr Kopf brummte von dem Lärm und dem Gestank. Vor sich konnte sie im Schatten der Hauseingänge die undeutlichen Umrisse von deutschen Soldaten wahrnehmen, die Wache standen. Das Trio entfernte sich eilig vom Musikverein. Lastwagen rollten weiter, rollten an ihnen vorüber, aus dem Lichtkegel der Laternen in die Dunkelheit und wieder in einen neuen Lichtkegel, bis jeder Lastwagen und jedes der fahlen Gesichter sich glichen.

Die wachthabenden Soldaten schauten sie an. Was hatte sie zu dieser Nachtzeit draußen auf der Straße zu suchen? Zwei Soldaten traten ihr in den Weg. Und in diesem schrecklichen Augenblick erkannte sie das Gesicht eines der Gefangenen in dem geisterhaften Licht. Leah stockte der Atem. Große vertraute Hände streckten sich ihr zwischen den Holzverstrebungen eines Gefangenentransporters entgegen.

„Leah! Leah!" rief Shimon. Sein Gesicht war schmerzverzerrt, seine Stimme keine Halluzination; sie hatten ihn verhaftet! Ihren Shimon!

Alles um sie herum drehte sich, während das Dröhnen der Motoren die Stimme übertönte; und Shimons Gesicht verschwand unwiederbringlich in der Dunkelheit. Der Cellokasten entglitt ihrer tauben Hand, und ihre Knie sackten ein. Sogar die Dunkelheit verfärbte sich gelblich, und wie aus weiter Ferne hörte Leah den Widerhall von Stiefeln. Sie versuchte, Shimons Namen auszusprechen, aber es kam kein Laut über ihre Lippen. Die Dunkelheit verschlang sie.

* * *

In dieser Nacht lag Elisa allein unter der warmen, weichen Decke ihres Bettes. Nie zuvor war ihr bewußt geworden, wie fürchterlich groß und einsam so ein Bett sein konnte. Sie streckte ihre Hand aus und fühlte das leere Kissen neben sich. Es war kalt und unberührt, so wie ihr Leben einst gewesen war. Die Dinge waren viel ordentlicher, wenn man sein Leben allein führte. Niemand, um den man sich Sorgen machen mußte. Niemand, den man fragen mußte, wann er was vorhatte oder wann er essen wollte. Weniger Abwasch. Alles an seinem

Platz. All das hatte sie sich gesagt, nachdem Thomas ihre Träume zerstört hatte. Sie hatte beinahe geglaubt, daß das Leben allein tatsächlich besser war.

Dann war etwas geschehen. John Murphy war in ihr Leben getreten wie eine neue, unvergeßliche Melodie. Die Musik seines Lachens, seine klaren grauen Augen, die ihre suchten, der Gang seines langen, schlanken und muskulösen Körpers, als er von ihr fortging – all das kam ihr jetzt wieder in den Sinn, ohne daß sie es wollte. Diesen Mann zu lieben, war sogar noch hoffnungsloser als ihre Liebe zu Thomas von Kleistmann. Murphy war Amerikaner. Eines Tages würde er zurück nach Amerika gehen. Jetzt war er nur hier, weil es sein Beruf verlangte. Er half ihr, weil sie ihn dafür bezahlt hatte. Sie war sich sicher, daß er nichts dagegen gehabt hätte, wenn sie ihm heute nacht die Wärme eines geteilten Bettes und ihres Körpers als zusätzliche Bezahlung angeboten hätte. Bei dem Gedanken an seinen Kuß führte sie ihre Finger zu ihren Lippen und schloß die Augen. „Murphy", flüsterte sie; dann verkrampfte sie sich, um der Sehnsucht zu widerstehen, die sie durchzuckte.

Nein! Sie würde sich keinem Mann aus bloßer Dankbarkeit hingeben. Ihre Ehe mit Murphy bestand nur auf dem Papier. Das würde sie nicht vergessen. Sie würde sich für den Moment stählen, an dem sie sich womöglich wiedertrafen. Sollte er wirklich in zwei Wochen zurückkommen, wie er es versprochen hatte, würde sie freundlich lächeln und ihn fragen, wie es ihm mit der Arbeit ergangen sei. Und was heute nacht anging, so würde sie ihrem Verlangen nicht nachgeben. Für sie war Liebe nichts als ein Wunsch. Ein Flüstern in der Nacht, das keinen Bestand hatte, sprach man es im kalten Licht der Wirklichkeit laut aus.

Sie wandte ihren Kopf ab und starrte auf die Kohlen, die auf dem Rost des Kamins glimmten. Dieses Feuer hatte auch schon in ihr gelodert. Sie hatte die Qual dieses Feuers kennengelernt, als sie ihr Herz an Thomas verlor. Ihre Liebe war ein süßes Lied gewesen, das sie am Ufer der sanft dahinfließenden Spree gesungen hatte. Das Leben damals war jung und schön gewesen. Das Feuer hatte sie verschlungen, fast zerstört. Dann waren die Kohlen langsam verglimmt und schließlich ganz verloschen. Jetzt wußte sie, daß sie mit diesem amerikanischen Reporter nicht denselben Fehler wiederholen durfte.

Elisa berührte den Ring, den er ihr gegeben hatte. Sie nahm ihn ab und hielt ihn ins Licht des Kamins. Das Gold der winzigen Blätter leuchtete sanft. Sie drehte ihn um und las noch einmal die Gravur auf der Innenseite: *Elisa – Hohelied 5:16 – Murphy.* Sie erinnerte sich an die Worte: „So ist mein Geliebter, ja, das ist mein Freund." *Geliebter? Freund? Wie kannst du es wagen?*

Mit einem Mal überkam sie Wut und verdrängte ihre Trauer. Sie schleuderte den Ring quer durch den Raum. Klackernd schlug er gegen die Wand, und fast ebenso schnell war Elisa aus dem Bett. Sie knipste die Lampe an und fiel auf die Knie, um nach dem Ring zu suchen.

Er lag inmitten eines Rosenkelchs im Muster des Teppichs am Fußende ihres Bettes. Sie hob ihn auf. Für einen Moment preßte sie ihn an ihr Herz, bevor sie ihn wieder auf den Finger schob. „Murphy!" weinte sie leise. „Oh, Murphy! Warum müssen wir dieses schreckliche Spiel spielen?"

Auf ihren Knien hockend traf sie die Schwere ihrer Hilflosigkeit mit niederschmetternder Wucht. Was konnte sie in bezug auf John Murphy unternehmen? Nichts. Und was war mit Leah und Shimon und den anderen in Wien? Es gab nichts, was sie hätte unternehmen können.

„Ein Instrument in den Händen Gottes", hatte ihr Vater sie genannt. Aber heute nacht war sie wie die Guarneri einfach beiseite gestellt. Wartend. Darauf wartend, daß sie geführt würde. So schnell wie der Gedanke gekommen war, kam ihr ein anderer. *Sogar beiseite gestellt und ungenutzt war die Guarneri doch von Nutzen gewesen. Ein Botschafter. Ein Kurier in meinen Händen.* Über die feindlichen Grenzen, vorbei an Schlagbäumen, hatte sie Nachrichten und Pässe sicher transportiert.

Sie senkte ihren Kopf. Und während sie den Ring an ihrem Finger hin und her drehte, gehorchte sie der Lektion, die ihr Vater in Dachau gelernt hatte. Einen nach dem anderen nahm sie ihre Lieben in ihr Gebet auf und übergab sie nacheinander in die Hände dessen, der sie noch mehr liebte, als selbst sie es sich vorzustellen vermochte.

* * *

Jemand hielt Leahs Kopf an seine Jacke gepreßt. „Fräulein?" fragte die besorgte Stimme eines jungen Soldaten, während er vorsichtig ihre Hand streichelte. „Fräulein, sind Sie in Ordnung?"

Ihre Augenlider flatterten. Etwas war geschehen. Ein deutscher Soldat sah traurig und besorgt auf sie herunter. Plötzlich erinnerte sie sich an Shimons Gesicht, seine Hände und seine Stimme, als er in Sekundenschnelle von ihr fortgeschafft worden war. Sie stöhnte leise und schloß die Augen. Sie durfte dem Soldaten ihren Kummer nicht zeigen. Sie zuckte vor Schmerzen zusammen und biß sich auf die Lippe.

Kleine weiche Hände berührten sie, und sie öffnete die Augen wieder. Der kleine Karl hockte über ihr. Er führte ihre Finger an seine Wange. Er hatte alles mitbekommen! Er hatte gesehen, wie Shimon vom Lastwagen aus nach ihr gegriffen hatte, und er hatte begriffen! Er hatte dasselbe zuvor schon erlebt. Jetzt kniete er neben ihr und streichelte ihr Gesicht, so wie ein anderer ihn gestreichelt hatte, als er krank gewesen war. Und in diesem Moment kindlicher Weisheit führte er ihre Fingerspitzen zu dem Schal, der seinen Mund verbarg, und berührte ihre Lippen, als wollte er ihr sein Schweigen signalisieren.

„Fräulein, Sie sind ohnmächtig geworden!" Zwei andere Männer traten zu dem jungen Soldaten. Schwarzglänzende Stiefel bildeten einen Kreis um sie. „Sollen wir einen Arzt rufen?"

Leah ergriff Karls Hand und setzte sich mühsam auf. Sie mußte stark sein! Sie durfte nicht zulassen, daß die Soldaten etwas bemerkten! „Es ... tut mir leid", murmelte sie.

Der Soldat seufzte erleichtert. „Es herrscht seit *Stunden* Ausgangssperre, Fräulein!" Er lehnte sich auf seinen Absätzen zurück. „Was haben Sie überhaupt hier draußen zu suchen?"

„Ausgangssperre?" fragte sie. „Das habe ich nicht gewußt. Ich ... ich ...", stammelte sie. Wie konnte sie das nur erklären?

„Sind Sie krank? Was haben Sie während der Sperrstunden draußen zu suchen? Wir haben den Befehl, jeden zu erschießen, der ..."

Leah spürte, wie ihr übel wurde. „Wir sind nicht ... wir ... heute in der Menschenmenge, wir ... Ich versuchte, nach Hause zu kommen, als ich plötzlich ... ohnmächtig wurde." Sie hielt inne und sah zum Musikverein. „Ich nahm meine Neffen mit dorthin, um abzuwarten, und wir sind ... eingeschlafen."

„Dann hätten Sie dort bis zum Morgen warten sollen. Es herrscht Ausgangssperre. Jeder, der sich nicht daran hält, wird verhaftet."

Als sie das hörte, fing Leah zu weinen an. Die Tränen galten nicht ihrer mißlichen Lage, sondern Shimon. Der letzte Truppentransporter rumpelte vorbei und verschwand um eine Ecke. Sie waren allein auf der stillen Straße. „Ich habe es nicht gewußt", sagte sie leise. „Wie hätte ich es wissen sollen?"

„Brauchen Sie einen Arzt, Fräulein?“ Ein hochgewachsener Soldat in der Uniform eines Hauptmanns kauerte sich neben den jungen Obergefreiten, der ihr jetzt Vorwürfe machte, weil sie die Ausgangssperre mißachtet hatte.

„Ich will einfach nur nach Hause“, jammerte sie leise. Karl legte seinen Arm beschützend um ihre Schultern.

„Können wir denn nicht heim?“ heulte Ludwig unglücklich.

„Fräulein, Sie sind gerade mitten auf der Straße zusammengebrochen“, beharrte der Hauptmann. „Sind Sie in Ordnung?“ Seine Sorge war aufrichtig.

Leah hoffte inständig, daß man sie nicht nach ihrem Ausweis fragte. „Ich bin nicht krank“, sagte sie eilig. „Nur … ich bin *in anderen Umständen,* verstehen Sie, und …“

„Ach so!“ Der Hauptmann schien plötzlich erleichtert. „Natürlich, die Aufregung heute war zuviel für Sie –“ Er wurde von einem großen, schlanken Mann unterbrochen, der hinter ihn trat und eine Hand auf seine Schulter legte.

„Ich bin Otto Wattenberger, Hauptmann. Vielleicht kennen Sie ja meinen Namen?“ sagte der Mann. Er sprach mit österreichischem Dialekt. Leah wußte, daß er aus Tirol stammte, noch bevor er mehr als ein halbes Dutzend Worte gesprochen hatte. Sie erkannte in ihm einen der Männer, die an diesem Morgen gemeinsam mit Sporer am Judenplatz gewesen waren.

Der verblüffte Hauptmann schlug seine Hacken respektvoll zusammen. „Sie ist ohnmächtig geworden, Herr Wattenberger“, erklärte der Hauptmann.

„Sie verstößt gegen die Sperrstunde.“ Der Tonfall des Österreichers war genauso arrogant wie am Judenplatz. Leah wagte es nicht zu sprechen. Sie betete im stillen, daß er sich nicht an sie erinnerte.

„Sie und die Kinder –“ stammelte der Hauptmann. „Sie ist schwanger, Herr Oberst Wattenberger.“ Die Ankunft dieses wichtigen österreichischen Nazis schüchterte den Hauptmann offensichtlich ein.

„Sie kennen doch die Befehle, oder nicht? Verstöße gegen die Ausgangssperre bedeuten Arrest.“

„Bitte –“ versuchte Leah zu erklären. „Wir haben nichts davon gewußt. Wir sind im Musikverein eingeschlafen, und als wir wieder aufwachten –“

„Ruhe!“ befahl Otto. Er schien seine Macht zu genießen.

„Aber Herr Wattenberger –“ Der Hauptmann versuchte, die Tatsache zu verteidigen, daß er der Frau und den Kindern nicht sofort

Handschellen angelegt hatte. Der Nazi in Zivil unterbrach ihn mit einem vernichtenden Blick.

Die Soldaten traten zurück. Sie warteten darauf, daß Herr Wattenberger eine Entscheidung fällte. „Noch gestern, Fräulein", sagte er knapp zu Leah, „entsprachen solche Entschuldigungen der österreichischen Lebensweise. Jetzt müssen wir den Vertretern der neuen Ordnung beweisen, daß wir Österreicher ebenso diszipliniert und unnachgiebig sein können wie sie." Otto Wattenbergers Augen blitzten so stählern wie am Morgen auf dem Judenplatz. *Ist das der Mann, der Shimon verhaftet hat?* fragte sich Leah. „Sie sind schwanger?" fragte er.

Leah nickte. „Ich habe die ganze Aufregung heute nicht verkraftet." Ihre Stimme zitterte, obwohl sie versuchte, sie zu kontrollieren.

Er starrte sie weiter an, während sie auf dem Bürgersteig hockte. „Ja", entgegnete er gedankenverloren. „Das kann ich mir gut vorstellen. „Heute war jeder ein wenig leichtsinnig." Er lachte kurz auf. Die Soldaten fielen mit in das Lachen ein und wischten sich erleichtert über die Augenbrauen. Vielleicht würde es ja doch nicht gemeldet, daß sie die Frau nicht verhaftet hatten.

„Bitte." Leah streckte ihre Hand aus. „Helfen Sie mir auf. Ich fühle mich schon viel besser, viel kräftiger."

Der deutsche Hauptmann reichte ihr seine Hand und half ihr zuvorkommend auf die Beine. Sofort ergriffen Ludwig und Karl ihre Hände und lehnten sich gegen ihren Rock. Sie spürten, daß der Zivilist weit bedrohlicher als die deutschen Soldaten war, und sie beobachteten ihn ängstlich.

„Die Mütter des Reiches müssen freundlich behandelt werden", sagte Wattenberger widerwillig. „Sie bedeuten die Zukunft des Reiches." Noch immer hatte er nicht ihre Papiere sehen wollen. „Wohnen Sie weit von hier?" fragte er, wobei er die Jungen betrachtete.

„Um die Ecke. Nicht weiter als ein oder zwei Querstraßen." Leah war immer noch schwindlig.

„Dann werde ich darauf achten, daß Sie wohlbehalten nach Hause kommen", sagte Wattenberger.

Die anderen Soldaten schienen vor Freude jubeln zu wollen. Sie würde nicht verhaftet werden! Der Nazi würde sie persönlich nach Hause begleiten. Niemand würde sie beschuldigen, daß sie die Verstöße zu nachgiebig behandelt hätten.

„Unsere Pflichten lassen es nicht zu, Fräulein –" sagte der Hauptmann und schlug seine Hacken zusammen. „Sie sind in sicheren Händen. Im Namen des Führers heißen wir Sie und die Kinder im Reich willkommen und wünschen Ihnen einen guten Abend! Heil Hitler!"

„Herr Oberst Wattenberger!" Der Hauptmann nickte ihm zu. „Einen schönen Abend und Heil Hitler!"

Wattenberger gab den gleichen Gruß zurück. Leah hob dagegen nicht ihren Arm, und das Lächeln des Hauptmanns schwand ein wenig. In dem Moment zog Ludwig den Hauptmann an der Jacke, nachdem ihm Karl einen leichten Stoß versetzt hatte. Er hob seinen kleinen Arm und ahmte den Gruß nach. „Heil Hitler!" rief er.

Der Hauptmann lächelte vor Freude und zwinkerte Leah zu. „Schon jetzt ordentliche Söhne Deutschlands, sehen Sie? Geben Sie gut auf Ihre Kleinen acht, ja?" Er stiefelte mit den anderen Soldaten davon, während Otto Wattenberger den Cellokasten aufhob.

„Man wird uns nicht mehr belästigen, Fräulein." Seine Stimme klang jetzt etwas freundlicher. „Geben Sie mir Bescheid, wenn Sie sich unwohl fühlen, und wir machen eine kleine Pause."

„Wenn ich erst einmal zu Hause in meinem eigenen Bett bin, wird es mir schon besser gehen." Leah nahm einen tiefen Atemzug. Sie verabscheute diesen österreichischen Verräter, in dessen Macht sie sich jetzt befand. Sie wollte keine Begleitung und schon gar nicht dieser Art.

Otto warf ihr einen Blick zu. Dann wandte er sich ab. „Eine Frau allein in einer solchen Nacht –" murmelte er.

Sie brachte ein schwaches Lächeln zustande. „Glauben Sie mir, ich kann mir schönere Orte vorstellen, an denen ich jetzt lieber wäre."

„Kein Wort mehr, oder ich garantiere Ihnen, daß Sie sich in einer Gestapo-Zelle wiederfinden." Es lag keine Drohung in seinen Worten. Er stellte lediglich eine Tatsache fest. Leah glaubte ihm. Sie kämpfte gegen ihre Wut darüber an, daß es in ihrem geliebten Wien tatsächlich so weit hatte kommen können.

13. Ein kleines Wunder

Es war acht Uhr abends, als das europäische Programm in New York aus den knackenden Lautsprechern drang.

„Die Sendung 'St. Louis Blues', die ursprünglich für diesen Zeitpunkt vorgesehen war, ist auf einen späteren Zeitpunkt verschoben worden ...“ Die Jüngeren stöhnten enttäuscht auf, während ihre Väter die Hände hoben, um für Ruhe zu sorgen. In der Stimme des Sprechers lag etwas Dringliches und Beängstigendes.

„Stattdessen überträgt Columbia jetzt eine Sondersendung. Aus London, Paris und anderen europäischen Hauptstädten, zu denen wir über Leitungen verfügen, werden sich heute nacht unsere Korrespondenten direkt melden, da die Welt erzittert, anläßlich der besorgniserregenden Ereignisse in Europa. Deutsche Truppen haben die Grenzen ...“

* * *

Historisch, so hatten sie auf beiden Seiten des Atlantiks die Sondersendung über den Anschluß genannt. Einen Moment lang herrschte magisches Schweigen, nachdem Bill Morrow die Verbindung abgebrochen hatte. Dann jubelten die Techniker und die Reporter erleichtert auf. Sie hatten es tatsächlich geschafft!

Irgendjemand schlug Murphy kräftig auf den Rücken. „Sie waren großartig. Hab's Ihnen glatt abgenommen!“

Mit einem Mal war der Machtwechsel in Österreich ein alter Hut. Der nie zuvor unternommene Versuch einer Direktschaltung lag hinter dieser überschwenglich feiernden kleinen Gruppe. Sie konnten ihr Leben wieder normal weiterführen. Phelps holte eine Flasche Gin hervor. Strickland hatte eine Flasche Glenlivet dabei. Es war lange nach Mitternacht, und die englischen Pubs hatten seit Stunden geschlossen. Aber Stricklands kleine Wohnung in Chelsea hatte immer geöffnet.

Murphy vergaß beinahe seine Erschöpfung, als seine etwas mehr als zwanzig Freunde sich in das winzige Wohnzimmer drängten und der Plattenspieler die neueste Scheibe von Benny Goodman plärrte. Von irgendwoher tauchten Frauen auf. Zuvor waren lediglich Amanda und eine Sekretärin der BBC dabeigewesen. *Die Sekretärin muß ihrer ganzen Nachbarschaft Bescheid gesagt haben*, überlegte Murphy, als ein

Schwarm Mädchen durch die Tür rauschte, fröhlich plappernd, als sei es früher Abend statt fast ein Uhr morgens.

Scat griff sich ein etwas reizloses Mädchen mit dickem Busen und fing an zu tanzen. Ihre Freundin machte sich währenddessen an Murphy heran und hängte sich bei ihm ein. Sie lächelte breit, wobei sie zuviel Zahnfleisch zeigte. Ihr Haar hatte sie zu einem Dutt hochgebunden, und ihr Hals war zu lang.

„Bist aber ein flotter Ami", sagte sie und betrachtete ihn von oben bis unten. „Was für eine Party!" Sie hatte eine hohe Stimme. Eleanor Roosevelt mit Cockney-Einschlag.

„Yeah", lachte Murphy nervös und schaute an ihr vorbei. „Wird die Nachbarn aufwecken."

„Wir *sind* die Nachbarn!" Sie zwickte ihn in die Wange und kicherte.

„Wie praktisch." Murphy erkannte Amanda, die sich mit drei Technikern aus dem Studio unterhielt. Sie hingen aufmerksam an ihren Lippen, und Murphy stellte amüsiert fest, daß sie nach einem Ausweg zu suchen schien. Da entdeckte sie Murphy. Erleichtert prostete sie ihm lächelnd zu, entschuldigte sich und bahnte sich einen Weg durch die lärmende Menge.

„Ich wohne gleich nebenan." Das Mädchen aus der Nachbarschaft klimperte vielsagend mit ihren Wimpern. „Du siehst so aus, als könntest du ein bißchen –"

„– Schlaf gebrauchen", unterbrach sie Amanda. Sie legte ihren Arm beschützend um Murphys Schultern.

„Ach, gehört der Ihnen, Teuerste?" fragte die Frau mit gespielter Unschuldsmiene.

„Ihr Angebot gilt einem verheirateten Mann." Amanda richtete ihren Blick auf die Frau. „Oder hat er das vergessen zu erwähnen?"

„Unverschämt", schnaubte die Frau und eilte davon.

Murphy lachte und gab Amanda einen Kuß. „Allerdings! Sie *sind* unverschämt! Sie hat mich gerade angesprochen. Ich hatte gar nicht die Zeit, irgendetwas zu erwähnen."

„Egal, jetzt wissen wir wenigstens, warum Strickland in Chelsea wohnt, nicht wahr?" Sie ließ ihren Blick mißbilligend durch den Raum wandern, als das hohe, schrille Gelächter einer Frau beinahe Benny Goodmans Klarinette übertönte.

„Die Truppen müssen unterhalten werden!" brüllte Strickland gegen den Lärm an. Phelps zwinkerte Amanda ausgiebig zu.

„Ich habe den Eindruck, einer aus der Truppe hat gerade einen Gefährten getötet", entgegnete Amanda trocken.

„Was für eine Art Reporter sind Sie denn, Amanda?" stichelte Phelps. „Gefällt Ihnen die kleine Presse-Party nicht?"

Amanda räusperte sich. „In der Tat. Ich denke, ich werde mir ein Taxi besorgen und morgen alles darüber in der Zeitung lesen." Sie setzte ein besonders süßes Lächeln auf.

„Was?" Strickland tat beleidigt. „Niemand des anderen Geschlechts dabei, der Sie interessiert, Amanda?" Er fuchtelte betrunken mit seiner Hand vorm Kopf herum.

Sie warf Murphy einen kurzen Blick zu. Den ganzen Abend über hatte sie ihn interessiert angesehen, und es hatte ihm gefallen. Sie strich ihm über seine Bartstoppeln. „Und Sie, Johnny? Sie sollten zurück in Ihr Hotel gehen und sich hinlegen, bevor Sie umfallen. Sie sehen ganz entsetzlich aus!"

Murphy war direkt vom Flughafen in die Redaktion gefahren. Er hatte nicht die Zeit gehabt, sich um ein Hotelzimmer zu kümmern. Das hatte er Amanda noch vor der Sendung gesagt. „Doch so schlimm, ja?" erwiderte Murphy. Amanda lehnte sich gegen seinen Arm, um ein Pärchen vorbeizulassen.

„Da sehen Sie, was Ihnen die Ehe einbringt", lachte Phelps.

„Schlimmer als die Nazis!" fügte Strickland hinzu.

„Hören Sie nicht auf sie, Johnny." Amanda rührte sich nicht vom Fleck. „Die Ehe tut Ihnen gut. Ich habe schon immer gesagt, daß Sie der einzige anständige Mensch unter all diesen Flegeln sind!"

„Das hat nicht viel zu bedeuten", lachte Murphy. Er kam sich alles andere als anständig vor. Er konnte sich nicht daran erinnern, ob ihm schon in Berlin aufgefallen war, daß Amanda mehr als nur eine Kollegin war. Heute abend war sie ein wenig betrunken, aber gerade das gefiel ihm. Sie schien weniger gräßlich, wenn sie ihren deutlichen britischen Akzent ein bißchen schleifen ließ.

Phelps warf ihm einen leicht gehässigen Blick zu. Ihm war die Art, wie Amanda sich an Murphy schmiegte, nicht entgangen. „Also, Murph, wo steckt denn Ihre kleine Frau?" Er blickte sich albern um, als erwartete er, daß Murphys Frau in den Raum treten und Amanda auf den Kopf schlagen würde.

Amanda klapperte mit ihren Wimpern in Phelps' Richtung. „Wo sind denn *all* die kleinen Frauen?" grinste sie. „Zu Hause bei den Kindern!"

„Kinder?" Strickland kam nicht mehr ganz mit. „Das geht ja schnell bei Ihnen, Murphy!"

„Keine Kinder." Murphy war entschlossen, sich nicht von dem

Geplapper beeinflussen zu lassen. Elisa war nur dem Namen nach mit ihm verheiratet. Er würde sich kein schlechtes Gewissen einreden lassen, nur weil er das angenehme Gefühl genoß, das ihm Amanda Taylor an seiner Schulter bereitete. „Keine Frau! Wir leben getrennt!“ brüllte er gegen das Gelächter hinter ihm an.

„Aber sie hat Sie doch gerade erst eingefangen!“ protestierte Strickland.

„Ihre Mutter konnte mich nicht leiden! Wir lassen uns scheiden!“

„Sie hätten eine Kollegin heiraten sollen.“ Phelps’ Blick wanderte von Amanda zu Murphy und wieder zurück. „Zum Beispiel Amanda. Hat Tinte in ihren Adern.“

„Tinte, ja –“ Sie lächelte und hängte sich bei Murphy ein. „Aber warme Tinte.“

„Tinte und Whisky.“ Phelps warf Murphy einen wissenden Blick zu.

„Wie auch immer, ich gratuliere Ihnen jedenfalls zu Ihrer ersten Heirat.“

„Und zu Ihrer Scheidung.“ Amanda sah zufrieden aus. Sie lehnte sich enger an ihn.

Phelps zog eine Augenbraue hoch. „Da haben Sie’s, Murphy“, grinste er. „Warme Tinte. Frisch und heiß aus der Presse.“ Er lachte und tuschelte Murphy ins Ohr: „Werden wir von der Angelegenheit in den Morgenzeitungen lesen können, Murphy?“

Sie hatten noch Zeit für zwei weitere Drinks, bevor das Taxi kam. Der Gin tat in dem Moment seine Wirkung, als sie die Party verließen.

„Wir gehen zu der Wohnung meines Ex-Gatten“, sagte Amanda vertraulich. „Ich habe da noch ein paar Sachen. Sie können duschen und sich einen Anzug von ihm leihen.“

„Steckt Ihr Ex-Gatte noch in ihnen?“ Murphy senkte seinen Blick zu ihren Lippen.

Ihre Mundwinkel hoben sich zu einem betrunkenen Lächeln. Sie schüttelte konspirativ den Kopf. „Er steckt irgendwo in Italien. Kauft Wein. Das ist sein Beruf. Wein.“

„Was würde er sagen, wenn er Sie in seinem Haus anträfe und mich in seinem ... Anzug?“ Murphy küßte sie, als die Scheinwerfer des Taxis um die Ecke leuchteten.

„Wir haben eine Abmachung.“ Amanda berührte sein Kinn mit ihrer Fingerspitze.

Murphy holte tief Luft. „Ich werde mir besser ein *Hotel* suchen“, sagte er ernst.

„Ich sag's dir doch." Sie zog ihn zu dem wartenden Taxi. „Er ist unterwegs und kauft Wein in Italien. In Frankreich. In Deutschland. Alles für England. Er dreht durch, wenn Krieg ausbricht." Sie schlüpfte ins Taxi und ließ Murphy gerade soviel Platz, um sich neben sie zu quetschen.

Auf der langen Fahrt zu der Wohnung hatte Murphy Zeit, um nachzudenken. Dabei dachte er nur einmal an Elisa; woraufhin er Amanda nur noch heftiger küßte. Er wünschte, Elisa könnte sie beide jetzt sehen, wünschte, daß sie seinetwegen so leiden müßte, wie er ihretwegen gelitten hatte.

Das Taxi setzte sie in einer Straße mit einer Reihe großer, imposanter Häuser in georgianischem Stil ab. Amanda bezahlte den Fahrer und zerrte Murphy die Stufen zum Haus hinauf ins Foyer. Er schwankte ein wenig und sah sich befremdet um. Amanda lachte sanft und wedelte eine Pfundnote vor seiner Nase. „Ich bin mehr wert als nur eine halbe Krone, nicht wahr, Murphy?"

Er konnte Amandas Lächeln im schwachen Licht der Straßenlaterne funkeln sehen, das durch die Fenster hereinfiel. „Eine halbe Krone?" fragte er verwirrt.

Sie lehnte ihren Kopf an seine Brust, während sie seine Krawatte lockerte. „Erinnerst du dich nicht an die Nacht in Berlin? In deinem Zimmer im Hotel Adlon? An die Rede von König Edward?" fragte sie prompt. „Als er seine Krone für die Frau, die er liebte, zurückgab?" Sie kicherte und gab ihm einen Kuß auf den Hals. „Du sagtest, du könntest die Liebe, die du brauchtest, für eine halbe Krone in den Varietés kaufen."

Ja. Er erinnerte sich. Für einen kurzen, schrecklichen Augenblick sah er sich selbst, wie er an jenem Abend gewesen war. Betrunken und zynisch hatte er Liebe mit Lust gleichgesetzt. Liebe war etwas, das er kaufen konnte, bis ... *„Elisa!"* Er sprach ihren Namen laut aus. Wie eine Bombe schlug er zwischen sie ein.

Amanda verkrampfte in seinen Armen. „Wer?" Ihre Stimme klang schroff.

Er stand schweigend da, ohne auf ihre Umarmung zu reagieren. Mit einem Mal war er nüchtern und erschöpft. Er schloß die Augen und rief sich in Erinnerung, wie er Elisa in jener Nacht das erste Mal gesehen hatte, als sie Unter den Linden in das Taxi gestiegen war. Auch damals waren ihm nur ihre Beine aufgefallen. Dann war sie in sein Leben gefegt, und er hatte *soviel mehr* gesehen! Ihre Liebe bedeutete ihm mehr als sein eigenes Leben.

„Wer ist Elisa?" fragte Amanda und versuchte, die vorherige Leidenschaft wiederzuerwecken. „Nein, ist auch egal, Johnny." Sie küßte ihn aufs Kinn.

„Amanda –" fing er an zu erklären.

„Es ist mir *egal,* wer sie ist."

„Die Frau, die ich liebe." Er nahm ihre Hände von seinen Schultern herunter.

„Eine gefährliche Sache, die Liebe." Sie preßte sich noch fester an ihn. Sie wollte nicht aufgeben. „Männer schmeißen eine Menge Dinge weg aus Liebe. Königreiche. Kronen." Sie lachte bitter. „Mich?"

Es wäre soviel leichter, mit ihrer Hilfe einfach Elisa zu vergessen. Sein ganzer Körper schrie nach Erleichterung, aber –

„Amanda." Er schob sie sanft weg.

„Küß mich, Johnny!" Jetzt bettelte sie. „Ich kann dafür sorgen, daß du sie vergißt. Du mußt nicht leiden." Sie warf ihre Arme um ihn, aber er stieß sie diesmal heftiger fort.

Er konnte ihr Parfüm riechen, den Whisky, der sich mit ihrem Atem vermischte. „Nein! Das kannst du *nicht!*" Seine Worte kamen undeutlich, aber sein Verstand war klar. „*Ich* kann es nicht!"

Schattengleich stand sie vor ihm in der dunklen Eingangshalle. Sie richtete sich auf und hob eine Hand. Einen Moment lang dachte Murphy, sie würde zuschlagen. Er nahm es ihr nicht übel.

Sie senkte ihre Faust und sagte kalt: „ Dann hast du offenbar noch nicht lange genug gelitten."

Sie hatte ihn mit ihren Worten treffen wollen. Stattdessen empfand er Mitleid für sie. „Es tut mir leid", sagte er ausdruckslos. Er wollte sie in seine Arme nehmen, um sie zu beruhigen, zu trösten, aber er wagte es nicht. „Nimm es nicht persönlich", fügte er lahm hinzu.

„Das ist Sex im seltensten Fall", fuhr sie ihn an. „Was hat das hier überhaupt mit *ihr* zu tun? Nur eine kleine Ablenkung, Johnny."

Wie konnte er es erklären? Noch vor ein paar Monaten hätte er ihr Angebot ohne weiteres akzeptiert. „Es tut mir leid." Langsam atmete er aus. „Es bedeutet mir heute mehr als das, Amanda."

„Was ist los mit dir? Früher warst du wenigstens amüsant."

„Ich ..." Er suchte nach Worten. Er war dankbar, daß sie das Licht nicht eingeschaltet hatte. Sie standen sich in der Dunkelheit des Foyers gegenüber. „Ich denke, ich habe herausgefunden, daß Liebe mehr ist als eine halbe Krone, die man irgendeiner Dame in irgendeiner Bar vor die Füße wirft, Amanda. Und ..." Er ging einen Schritt auf sie zu und hielt wieder inne. „Und ich bin mehr wert. Und, Amanda, du auch."

Sie fing leise zu weinen an und wandte sich von ihm ab. In diesem Moment wußte er, daß er sie nicht trösten konnte. Sonst würden sie trotz allem im Bett enden.

Das Licht der Straßenlaterne schimmerte durch das Glas der Eingangstür wie der Leuchtturm eines sicheren Hafens. Ohne ein weiteres Wort öffnete er die Tür und huschte hinaus in den Nebel auf Londons Straßen.

* * *

Wären nicht die beiden kleinen Jungen an ihrer Seite gewesen, hätte Leah diesen österreichischen Nazi laut verflucht, der sie jetzt durch die schmalen Gassen zu Elisas Wohnung begleitete. Sie hätte auf die Hakenkreuz-Binde gespuckt, die Otto Wattenberger so stolz an seinem Ärmel trug. Wieviel einfacher wäre es gewesen, wenn er sie gemeinsam mit Shimon und den anderen verhaftet hätte, die jetzt in der gähnenden Finsternis dieser grauenvollen Nacht verschwanden.

Erhobenen Hauptes hielt sie Karl und Ludwig fest an ihren Händen. Sie mußte die beiden beschützen. Diese eine Pflicht bewahrte Leah davor, in Selbstmitleid zu verfallen, bewahrte sie vor einem Schmerz, der so umfassend schien, daß ihr eigenes Leben ganz bedeutungslos wurde.

Sie preßte ihre Zähne zusammen. Ihr blaßes Gesicht spiegelte sich unheimlich in den Fensterscheiben der Geschäfte, an denen sie vorübergingen.

„Da vorne ist irgendwas los“, wandte sich Otto an Leah.

Vor Elisas Wohnhaus stand ein langer, schwarzer Wagen, der sehr offiziell wirkte. Im Licht, das durch die offene Haustür fiel, konnte Leah deutlich das erschreckte Gesicht des kleinen Hausmeisters erkennen, der zwischen zwei SS-Männern stand. Er war offensichtlich festgenommen worden.

„Der *Hausmeister!*“ platzte Leah heraus. „Warum?“

„Sie werden ihre Gründe haben. Daran besteht kein Zweifel.“ Otto machte keine Anstalten, weiter auf die Wohnung zuzugehen. „Seyß-Inquart ist Mitglied der Partei, wie Sie wissen. Hitler hat Schuschnigg dazu gebracht, daß er ihn zum Innenminister beruft.“ Er warf einen Blick auf den zitternden kleinen Mann, der zu dem Wagen hinausgeführt wurde. „Ein schlauer Schachzug des Führers, denke ich. Heute ist jeder, der für ein unabhängiges Österreich war, zum Verhör vorgeladen worden."

„Verhör? Der Hausmeister? Er ist harmlos."

„Er wird lediglich solange festgehalten, bis sie herausfinden, ob er tatsächlich so harmlos ist. Als der Kanzler Österreichs zurücktrat, hat Seyß-Inquart sämtliche Unterlagen der österreichischen Polizei der Gestapo übergeben, verstehen Sie? Deshalb fällt das Aufräumen so leicht. Leute wie ich, die gestern Schuschniggs Feinde waren, sind heute frei. Und die, die gegen eine Vereinigung Österreichs mit dem Reich waren, sitzen heute im Gefängnis." Er klang ganz sachlich. Schließlich warf er einen Blick auf die Jungen. „Ich nehme an, daß eine Menge loyaler Österreicher den Hitlergruß über Nacht lernen werden. Aber das wird ihnen nichts nützen. Nicht, seitdem sich die österreichischen Akten in Himmlers Händen befinden."

Leah antwortete nicht. Starr vor Schreck beobachtete sie, wie der Hausmeister auf den Rücksitz verfrachtet wurde. Wenige Augenblicke später brauste der Wagen davon. „Warum?" flüsterte sie. „*Warum?*"

Otto betrachtete sie aus dem Schatten heraus. Seine Antwort klang nicht schroff aber bestimmt. „*Warum* ist eine Frage, die wir in Deutschland nicht zu stellen wagen. Sie müssen heute nacht, *in diesem Augenblick,* dieses gefährliche Wort aus Ihrem Kopf, von Ihren Lippen für immer verbannen." Er lachte kurz und bitter auf. „Oder wenigstens bis zum Ende des Tausendjährigen Reiches. Je nachdem, was zuerst kommt, nicht wahr?"

Als der Wagen der Gestapo um die Ecke verschwand, trat Otto vom Bordstein und ging auf die noch immer offenstehende Tür des Wohnhauses zu. Am Fuß der Treppe drehte er sich um und schlug die Hakken zusammen. „Heil Hitler!" grüßte er; ohne ein weiteres Wort zu verlieren oder sich noch einmal umzudrehen, ließ er sie stehen. Ausdruckslos starrten sie ihm hinterher.

„Geht die Treppe 'rauf", wies Leah die Jungen an und wandte sich von dem seltsamen österreichischen Nazi ab, der nicht einmal darauf gewartet hatte, daß sie seinen Gruß erwiderte.

Die Tür zur Hausmeisterwohnung war verschlossen. Leah erinnerte sich daran, wie wütend Elisa gewesen war, als der Mann die österreichischen Polizeibeamten ohne ihre Erlaubnis in ihre Wohnung gelassen hatte. Aber die Österreicher waren sanft wie Nonnen, verglichen mit den Männern, denen sich Herr Haupt jetzt im Gestapo-Hauptquartier gegenübersah.

Leah packte den Griff des Cellokastens. Die Treppe schien nach hinten überzukippen, als sie zu Elisas Wohnung hinaufstarrte, wo die Jungen auf dem Absatz auf sie warteten. Sie schien nicht mehr die Kraft zu besitzen, die Stufen hinaufzuklettern. „Elisa?" rief sie schwach. Dann: „Ludwig, das ist die Tür. Klopf an. Sag' Elisa, daß Leah da ist."

Ludwig lächelte zu ihr herunter, aber er bewegte sich nicht. „Bist du unsere Tante Leah?" fragte er. „Du hast uns deinen Namen nicht gesagt."

Leah atmete laut aus. Es schien nicht mehr wichtig, was passierte. *Soll mich die Gestapo doch dafür verhaften, daß ich Tausenden von Kindern, die das Reich zu Waisen gemacht hat, ihre Tante Leah bin,* dachte sie müde.

Als sie ihren Namen genannt hatte, griff Karl in einen seiner wollenen, grauen Kniestrümpfe und zog einen dicken Briefumschlag hervor.

„Vater hat uns aufgetragen, ihn dir zu geben, Tante Leah!" rief Ludwig laut und munter.

Mit einem Mal erkannte Leah, daß es tatsächlich noch etwas ausmachte. Mit neugefundener Stärke schleppte sie das Cello die Stufen hinauf und nahm Karl den Umschlag ab. Sie legte einen Finger an ihre Lippen, um jedes weitere Wort zu unterbinden. Womöglich belauschte sie irgendjemand. Jede Bewegung konnte als verdächtig gemeldet werden. Ein Gefühl dunkler Vorahnung ergriff Leah. Sie hielt sich nicht damit auf zu klopfen, sondern fuhr mit dem Finger den abgenutzten Teppichsaum entlang, bis sie den Ersatzschlüssel fand, den Elisa dort stets für sie liegen ließ. Mit zitternden Händen öffnete sie die Tür.

Ludwig und Karl drängelten sich hinter ihr in die dunkle Wohnung. Es war kalt im Zimmer. Die Vorhänge waren zugezogen. Leah brauchte nicht nach Elisa zu rufen. Sie wußte, daß ihre Freundin nicht da war.

Die Erkenntnis traf sie mit voller Wucht: Vielleicht war Elisa ebenfalls verhaftet worden. „Jeder!" wiederholte sie mit unterdrückter Stimme.

Sie spürte ein anhaltendes Zupfen an ihrem Ärmel und blickte hinunter. Karl sah sie besorgt an. Er schüttelte ernst den Kopf, um seiner neugewonnenen Tante zu widersprechen. *Nicht jeder ist verhaftet worden,* schien er zu sagen. *Nein.* Er war noch frei. Und Ludwig. Und Leah war heute nacht frei. Da sich der schwärzeste Tag in Österreichs Geschichte zu Ende neigte, stellten sie drei wenigstens ein kleines

Wunder dar. Und gab es irgendwo einen Flecken auf der Erde, der ein Wunder nötiger brauchte als dieser Ort?

14. Ein trauriger kleiner Junge

Die Männer, die sich in Adolf Hitlers Suite im Hotel Imperial trafen, gehörten zu den wenigen Auserwählten, die den langen und entbehrungsreichen Kampf der Nazis in Österreich geführt hatten. Außerdem hatte der Führer die tschechischen Nazis zu seiner Privataudienz geladen, die noch viel zu tun hatten, bevor die Vorhersagen aus *Mein Kampf* erfüllt werden konnten.

Otto Wattenberger, obwohl er erst spät in den Kampf um Österreich eingegriffen hatte, stand nun in einer Reihe neben Sporer und einem Dutzend Männer, denen Hitler die Hand schüttelte, um ihnen seinen Dank und seine Glückwünsche auszusprechen. Sporer klopfte er zudem herzlich auf den Rücken.

„Und jetzt, Sporer, werden Sie nach Ihrer herausragenden Leistung hier in Österreich in Ihre Heimat, die Tschechoslowakei, zurückkehren, um auch dort für unsere Sache zu kämpfen!"

„Ich habe keine Heimat außer meinem Vaterland, mein Führer", protestierte Sporer. „Mein einziges Ziel ist, daß Deutschland zu einem mächtigen Reich im Herzen Europas wird." Er schlug die Hacken zusammen. „Und das ist Ihr Ziel."

Das war die erste bescheidene Äußerung, die Otto je aus Sporers Munde vernommen hatte. Tatsächlich ließ die Erscheinung Adolf Hitlers selbst die grausamsten und rücksichtslosesten Männer fast sanft erscheinen.

Sporers Worte fanden Hitlers Gefallen. Aufmerksam betrachtete er seinen loyalen Gefolgsmann. Seine Augen funkelten erregt. „In der Tat, das ist mein Ziel. Das Reich wird diejenigen nicht vergessen, die bereit sind, ihr Leben für dieses ruhmreiche Ziel einzusetzen!" Bei diesen Worten durfte Sporer auf Beförderung hoffen.

Der Führer trat auf Otto zu und schüttelte dessen Hand. „Und Sie haben in Ihrer Heimat Tirol für den Anschluß gekämpft, wie mir Sporer berichtet. Als es dort nur eine Handvoll gab, da gehörten Sie schon zu ihnen. Das Vaterland spricht Ihnen dafür seinen Dank aus." Er erwartete keine Antwort von Otto. Es war schon genug Zeit mit diesen Banalitäten vergeudet worden. Otto nickte nur; er war sprachlos, wie es vielen Menschen in Hitlers Gegenwart widerfuhr.

Der Führer klatschte laut in die Hände. „Also dann an die Arbeit!" Er wandte sich abrupt an die Anführer der sudetendeutschen Nazis. Die Partei sei in der Tschechoslowakei verboten, begann Hitler, so wie in Österreich, bis er Schuschnigg im Februar gezwungen hatte, zurückzutreten. Dasselbe würde er mit diesen slawischen Zwergen tun, die die Regierung dieser verkommenen Demokratie bildeten. Das, was er in Österreich erreicht hatte, würden sie jetzt in der Tschechoslowakei vollbringen – und dieser Prozeß würde nicht wieder Jahre benötigen, sondern weniger als einen Monat dauern , versprach er.

Niemand in dem Zimmer wagte es, die außenpolitischen Vorhaben des großen Führers infragezustellen. Ein Vertreter der Armee war nicht anwesend, der gegen dieses Versprechen hätte protestieren können.

„Von Anfang an war die NSDAP eine Partei des Volkes!" Während er sprach, nahm seine Stimme an Entschlossenheit und Lautstärke zu, bis er schließlich beinahe schrie. Vor seiner kleinen, von Ehrfurcht ergriffenen Zuhörerschaft marschierte er auf und ab. „Wir müssen den Willen der Massen wachrütteln! Bis wir ihnen sagen, was sie zu glauben haben, sind sie zu unwissend und folgsam, um es von selbst auch nur zu ahnen! Als Führer des Großdeutschen Reiches werde ich selbst ihr Wille sein!" Er hielt inne und ließ seinen Blick über jeden einzelnen der Anwesenden schweifen. „Und der Wille der Volksdeutschen ist, daß wir ein gemeinsames Deutsches Reich bilden!" Er schritt die elegante Suite der Länge nach ab bis zum Fenster, von wo aus man den Platz übersehen konnte, auf dem Tausende Österreicher ihm zugejubelt hatten. Die Erinnerung daran schien ihm zu gefallen. Mit ruhigerer Stimme setzte er seine Ausführungen fort.

„Wenn Sie ins Sudetenland zurückkehren, müssen Sie sowohl den Fuchs als auch den Löwen nachahmen können. Ein Löwe kann sich nicht gegen Fallen wehren." Er sprach, als redete er mit Kindern. „Ein Fuchs kann sich nicht gegen Wölfe zur Wehr setzen. Sie müssen wie ein Fuchs die Fallen erkennen und wie ein Löwe die Wölfe verjagen. Jene, die nur wie ein Löwe sein wollen, verstehen nicht." Er lächelte gütig, fast zärtlich, während er sprach. „Deshalb sollte ein Führer nicht an sein Wort gebunden sein, wenn die Gründe, weswegen er es gegeben hat, nicht länger existieren. Wir werden immer legitime Gründe finden, um unsere Versprechen zu brechen, wenn die Zeit gekommen ist. So wie es schon bald in den tschechischen Gebieten sein wird."

Er wandte seinen Blick auf die Wand der einen Zimmerecke, als stünden dort seine Vorhersagen in Blut geschrieben. „Um unsere Arbeit in der Tschechoslowakei fortsetzen zu können, ist es wichtig, daß wir diese Methode tarnen. Lernen Sie, sich zu verstellen und zu täuschen. Die Menschen sind so einfältig und dumm und stets darauf bedacht, Konflikten aus dem Weg zu gehen, daß derjenige, der täuscht, immer jemanden finden wird, der sich täuschen läßt."

Er machte eine lange, erwartungsvolle Pause. Schließlich räusperte sich Sporer, und der Führer wandte sich mit einem Ruck ihm zu. „Meinen Sie damit, daß wir mit den Briten und den Franzosen über die Tschechoslowakei verhandeln sollen? Oder mit Präsident Beneš persönlich in Prag?" fragte Sporer.

Die Frage erfreute den Führer. Sporer hatte sich bei ihm beliebt gemacht. „Letztendlich wird die tschechische Regierung überhaupt nichts zu sagen haben. Wir müssen Mittel und Wege finden, die die Franzosen und die Briten davon abhalten, sich unseren Zielen zu widersetzen. Der Plan ist einfach. Sie müssen Unruhen im Sudetenland anzetteln. Natürlich werden wir die Mittel bereitstellen. Und wenn Sie Aufrührer brauchen, werden wir die benötigten Leute schikken, so wie wir es hier in Österreich getan haben. Sie müssen *Forderungen* stellen!" Er schrie die Worte mit erhobener Faust. „Forderungen, die die Regierung in Prag unmöglich erfüllen kann! Immer wieder müssen Sie aberwitzige Forderungen stellen, damit die Unruhen anhalten. Einige Deutsche werden dabei den Tod finden. Das muß sein. Das wird das Feuer weiter anheizen! Wir werden es der ganzen Welt zurufen, wie die deutsche Bevölkerung von den schändlichen Tschechen unterdrückt wird! Und wenn Beneš und die Prager Regierung sich weigern, auf die Forderungen einzugehen, werden Sie vom Verhandlungstisch aufstehen, und wir werden *einmarschieren!* Ihre Weigerung wird unsere Rechtfertigung sein. Wenn ich marschiere, um meine Landsleute zu befreien, können England und Frankreich mich dann verdammen?"

Das grobe Muster war bestimmt, dachte Otto, während er dem Wortwechsel lauschte. Die Grundlage des Betrugs hatte Niccolo Machiavelli bereits 1498 verfaßt. Schon damals hatten die Menschen betrogen werden wollen, und jetzt hatte ein noch größerer Betrüger die Welt betreten. Die einfältigen Staatsmänner, die an Anstand und Ehre glaubten, würden die ersten sein, die stürzten; ihre Länder würden sich der Gewalt dieser verdrehten Logik beugen.

„Bevor wir in Österreich einmarschierten, stellten wir eine Forderung." Hitler tobte jetzt. „Als Schuschnigg darauf einging, stellten wir eine zweite und *noch* eine und *noch* eine! Sie haben sie alle erfüllt, und *trotzdem* marschierten wir ein. Und die Welt schlürfte Tee und sah dabei widerspruchslos zu!"

Plötzlich senkte sich die tobende Stimme des Führers. Er wandte sich zum Fenster und schaute auf die Straßen Wiens hinaus. „Sehen Sie, viele kleine Dinge machen diese Ernte aus. Viele einzelne Ähren ergeben die Schönheit unseres Reiches. Schon jetzt pflegt die große Hand der Vorsehung diese kleinen Dinge für uns." Mit auf dem Rükken verschränkten Armen erfreute er sich an seiner Metapher. „Hier in Österreich sind die Kriminellen, die versucht haben, unsere Pläne für eine reine arische Rasse zu unterlaufen, bereits an uns ausgeliefert worden und werden zur Rechenschaft gezogen." Er drehte sich zu der kleinen Gruppe um, die ehrfürchtig an seinen Lippen hing. „Sie werden sich noch an die ersten Tage unseres Kampfes gegen die Kirchen erinnern. Diese Männer kämpften gegen unsere Vorstellung der Rassenreinheit und wehrten sich gegen die Vernichtung der Schwachen, der Schwachsinnigen."

Otto erinnerte sich gut an den Plan der Nationalsozialisten, die Schwachen auszusondern. Damals hatte es dagegen noch Widerstand gegeben, und die Proteste der Kirchenfürsten füllten die Zeitungen. Der hitzige Streit zwischen denen, die die Schwachen eliminieren, und denen, die sie beschützen wollten, hatte schließlich mit einer Verhaftungswelle geendet. Ja, dieses Thema war in Hitlers Reich bedeutsam. Jetzt aber hatte das „Judenproblem" vorrang.

Hitlers Augen schienen zu strahlen, als er sich mit einer Neuigkeit an seine gläubigen Gefolgsleute wandte. „Ich bin erfreut, Ihnen mitteilen zu können, daß gestern, als ich auf eben diesem Balkon stand und zu den Massen sprach, die Vorsehung uns einen unserer schlimmsten Feinde in die Hände gespielt hat. Sie werden sich an den Journalisten Kronenberger aus Hamburg erinnern! Seine Frau hatte Zwillinge. Der eine Junge war gesund, der andere aber war ein Monster mit einem deformierten Gesicht! Er weigerte sich, ihn auf natürlichem Weg sterben zu lassen, trotz des Ratschlages der Arztes. Er zog damit sogar öffentlich vor Gericht. Das machte uns viel Ärger. Schließlich floh er mit dem Kind außer Landes." Hitler legte eine dramatische Pause ein. Otto konnte auf den Gesichtern der Anwesenden erkennen, daß sie sich wie er an den Fall erinnerten.

„Wo sind die Kinder von diesem Kronenberger, mein Führer?" fragte ein junger Mann.

„Unserer Einschätzung nach noch immer in Wien. Es ist nicht sonderlich wichtig. Man wird sie finden. Dieselbe Kraft, die Walter Kronenberger seinem blutigen Ende zugeführt hat, wird uns auch seine beiden Nachkommen zuführen."

Er starrte an die Zimmerdecke. „Ich will diese Geschichte nur als ein

Beispiel für die kleinen Dinge anführen, die die Vorsehung in unserem Sinne erfüllen wird. Heute müssen wir uns mit Wichtigerem beschäftigen! Diese Versprechen gebe ich Ihnen, die Sie an die wahre Sache glauben: Was wir in Österreich vollbracht haben, wird uns auch bald in der Tschechoslowakei gelingen. Ja, es ist die Bestimmung unseres deutschen Volkes, daß wir das Schwache ausmerzen zum Segen für die ganze Welt."

* * *

Leah ordnete einmal mehr den Inhalt des Briefumschlags vor sich auf dem Tisch. Zwei Paßbilder von Karl und Ludwig. Deutsche Ausweise, die abgelaufen waren. Eine kurze Mitteilung voller Hoffnung und mit Abschiedsgrüßen an seine Söhne. Die paar Schillinge, die herausgefallen waren, reichten nicht einmal, um einem der beiden einen Fahrschein nach Tirol zu kaufen. Dennoch war es alles, was sie besaßen. Leah hatte nicht einmal Kleingeld aus ihrer Wohnung sichern können.

Müde stützte sie ihren Kopf auf ihre Hände und las die Notiz, die ihr Elisa hinterlassen hatte. Die zierlichen Buchstaben schienen noch die Furcht und die Sorge widerzuspiegeln, mit der Elisa sie niedergeschrieben hatte. *Ihr Lieben, wie freue ich mich, daß ihr es bis hierher geschafft habt! Wir haben solange gewartet, wie wir nur konnten. Mein Vater kam, und wir mußten ihn nach Hause bringen. Ich laß' Euch genug Essen für eine Woche da. Bleibt, ich komme zurück. Ich bete für Euch. E.*

Wenigstens bestand etwas Hoffnung. Sie mußten eine Woche aushalten, bis Elisa zurückkam. Sie durften sich nicht auf die Straße wagen, sich überhaupt nicht sehen lassen, und sie mußten sich von der Gewalt fernhalten, die draußen tobte. Auch das würde irgendwann nachlassen, so wie sich Feuer seiner eigenen Grundlage beraubt, indem es das trockene Holz verbrennt und dann langsam verglüht!

Seufzend warf sie einen Blick auf die schlafenden Kinder. Walter Kronenbergers Söhne waren genau das Richtige, um das Inferno der Nazis anzufeuern. Sie selbst war praktisch Brennholz. Solange sie innerhalb der Grenzen des Deutschen Reiches waren, würden die Flammen sie irgendwann aufspüren. Konnte sie es wagen, auch nur eine Woche auf Elisa zu warten? Oder wäre es nicht besser, die Jungen jetzt nach Tirol zu bringen und dann solange nach Wien zurückzukehren, bis es ihr gelingen würde, genug Lösegeld aufzutreiben, um Shimon freizukaufen? Was, wenn Elisa gar nicht zurückkam?

Dreimal hatte Leah an diesem Morgen versucht, einen Kollegen aus dem Orchester anzurufen. Jedesmal wurde sie von einer sehr amtlich klingenden Stimme unterbrochen, die ihr erklärte, daß das ganze Telefonnetz neu organisiert wurde. Private Telefongespräche seien verboten! Leah war nicht nur völlig isoliert. Sie war außerdem verantwortlich für die Sicherheit der beiden kleinen Jungen.

Sie betrachtete den kleinen Karl, der tief und fest schlief. *Barmherziger Schlaf,* dachte Leah. Ihr Blick liebkoste den Jungen.

Als sie den Inhalt des Umschlags, der im Strumpf des Jungen gewesen war, das erste Mal durchsah, hatte der Name Kronenberger eine Alarmglocke in ihr zum Klingen gebracht. Wie konnte irgendjemand die quälenden Augen des Jungen auf den Zeitungsfotos vergessen? Dieses Kind, das von den Nazis als „lebensunwert" bezeichnet wurde? Sein Vater hatte einen couragierten Kampf geführt mit der Hilfe eines Priesters und seiner katholischen Gemeinde. Am Ende war der Vater verhaftet worden, erinnerte sich Leah. Auch der Pfarrer verschwand. Die Konfessionsschule der Gemeinde wurde geschlossen, nachdem moralische Vorwürfe gegen den Pfarrer und die Nonnen und jeden, der es gewagt hatte, für die Rechte dieses einen Kindes einzutreten, erhoben worden waren.

Die Mutter des Kindes, die abermals schwanger war, wurde gezwungen abzutreiben. Schließlich hatte sie schon einmal rassisch unwertes Leben zur Welt gebracht. Sie starb bei der Abtreibung. Ein Mantel des Schweigens wurde über den Fall gedeckt und langsam verschwand er aus dem öffentlichen Interesse. Solche Ereignisse waren heutzutage ganz alltäglich. Die meisten waren der Meinung, daß Walter Kronenberger selbst das Unglück heraufbeschworen hatte. Er hätte sich fügen sollen. Hatte nicht sein Widerstand letztlich das Schicksal des Pfarrers besiegelt? Der Gemeindeschule? Wieviele Leben hatte das Ganze gefordert? Und nun war „lebenswertes Leben" in ihrer Hand, eine Jüdin – ebenso „lebensunwert".

15. Pflichtbewußtsein

Vor dem neuen Hauptquartier der Nazis am Wiener Ballhausplatz standen auf beiden Seiten des Eingangs uniformierte SS-Männer Wache. Noch vor wenigen Wochen war die Hakenkreuzfahne in Österreich verboten gewesen. Jetzt war sie allgegenwärtig.

Thomas überreichte seine Papiere, die ihn als Offizier der Abwehr unter Admiral Canaris auswiesen.

„Zweite Tür rechts, bitte", sagte der Wachhabende knapp. Er hob seinen Arm und schlug die Hacken zusammen. „Heil Hitler!"

Thomas erwiderte den Gruß. Dann ging er an den Soldaten in schwarzen Hemden vorbei, die das Foyer bevölkerten. Stimmengewirr erfüllte den Raum. Unterlagen der österreichischen Regierung waren der Gestapo in die Hände gefallen. Neu berufene Verwaltungsbeamte schwärmten in ihre Büros in demselben Gebäude, in dem vier Jahre zuvor Dollfuß ermordet worden war. Damals war die Machtergreifung der Nazis gescheitert. Doch jetzt hatten dieselben Männer, die damals wegen ihrer Verwicklung in die Umsturzpläne ins Gefängnis wanderten, Österreich fest im Griff.

Thomas fragte sich, ob man ihm sein Unbehagen ansehen konnte, während er an den aufgeregten Parteimitgliedern vorbeiging.

Die Büros der österreichischen Spionageabwehr waren erheblich größer als Canaris' Büro in Berlin. Das Vorzimmer war nur spärlich geschmückt. Das Bildnis des ermordeten Kanzlers Dollfuß lehnte an der Wand, und Hitlers Bild hing an seiner Stelle.

Eine dickliche, freundlich aussehende Frau von vielleicht fünfzig Jahren war bereits eifrig damit beschäftigt, Mitteilungen für Admiral Canaris zu tippen. Es dauerte eine Minute, bis sie zu Thomas aufsah. Sie lächelte, und der Akzent, mit dem sie sprach, war eher deutsch als österreichisch. Offensichtlich hatte Canaris sie aus Berlin mitgebracht.

„Major von Kleistmann?" In korrekter militärischer Manier schlug Thomas seine Hacken zusammen.

„Er erwartet Sie bereits! Oberst Oster ist bei ihm, Major von Kleistmann."

Canaris war also nicht allein. Oberst Oster war Canaris' Stellvertreter, aber Thomas war sich über die Gesinnung des Mannes nicht sicher. Wahrscheinlich konnte er Oster trauen, aber es war ihm nicht wohl dabei. „Wird es noch länger dauern?" Thomas warf einen Blick auf seine Uhr. Er konnte es kaum abwarten, zu Elisas Wohnung zu gehen. „Ich bin sofort vom Flughafen hierhergekommen, so wie es mir befohlen wurde.“

„Soweit ich weiß, wollten beide mit Ihnen sprechen.“ Sie öffnete die Tür und verschwand im Zimmer; kurz darauf hielt sie die Tür weit auf und lächelte Thomas einladend an.

„Schließen Sie bitte die Tür hinter sich, Frau Porte“, rief ihr Canaris hinterher.

Thomas nahm vor seinen beiden Vorgesetzten Haltung an und grüßte mit dem Hitlergruß.

Oster, ein großer, schlanker Mann in etwa Canaris' Alter, lächelte kühl. Er lehnte sich vor und drückte Thomas' ausgestreckten Arm herunter. „Lassen wir das, bitte“, sagte er trocken.

Thomas sah ihn fragend an, dann wandte er sich an Canaris. „Oberst Oster ist einer von uns, Thomas“, erklärte Canaris. „Der Hitlergruß ist nicht nötig.“

Oster lachte. „Ist Ihnen noch nicht aufgefallen, daß mit einem Mal jeder Arm in Österreich mit einer Feder ausgestattet zu sein scheint? Kaum geht einer von der SS vorbei, hoch den Arm! Heil Emil!“

„Emil?“ fragte Thomas, der eine plötzliche Erleichterung verspürte.

„Emil ist der Spitzname des Obersts für Hitler“, erklärte Canaris.

„Ich bin ein Pastorenkind, verstehen Sie“, sagte Oster lächelnd und verzog sein Gesicht. „Es gibt andere Ausdrücke, mit denen man unseren charmanten Führer bedenken könnte, aber *Emil* hält mich von Profanitäten ab. Ein kleiner Trick. Hat mir mein Vater beigebracht, als ich mir mal mit dem Hammer auf den Daumen gehauen habe.“

Thomas mochte Oster. Trotzdem machte ihn dieser deutlich ausgesprochene Widerstand gegen Hitler nervös. Bislang hatte man stets andere Worte gefunden, um sein Mißfallen zu umschreiben. Sprach man über Pflichtbewußtsein, Loyalität oder Gerechtigkeit, so beinhaltete das – gerade aufgrund des Fehlens dieser Qualitäten bei Adolf Hitler – stets eine unausgesprochene Kritik seiner Politik. Noch nie hatte es irgendjemand gewagt, dieser Bestie einen Spitznamen zu geben.

„Emil.“ Thomas mußte grinsen.

„Natürlich *bedeutet* jeder der einzelnen Buchstaben etwas“, fuhr Oster gutgelaunt fort. „Aber das herauszufinden, überlasse ich Ihrer Phantasie.“

Ungeachtet der ernsten Lage überlegte Thomas tatsächlich einen Moment, wofür die Buchstaben stehen konnten. Es gab unzählige

Schimpfworte, die sich so kombinieren ließen. Offenbar traute Oster Thomas, obwohl sie sich bisher nur flüchtig kannten.

Admiral Canaris hatte Oster über die Einzelheiten von Thomas' nutzloser Reise nach Cannes zu Anthony Eden und Churchill unterrichtet. Das war der Grund, warum er nach Wien kommen sollte.

„Nehmen Sie Platz, Thomas." Canaris deutete auf einen Stuhl.

Oster hockte lässig auf der Kante von Canaris' Schreibtisch. Er sah amüsiert aus, auch wenn es nichts mehr gab, worüber man sich hätte freuen können. „Wir haben Sie nicht ohne Grund hergebeten."

„Ich kam mit dem ersten Flugzeug, wie Sie befohlen hatten", setzte Thomas an.

„Die ganze Welt ist verrückt geworden", begann Canaris und trommelte mit seinen Fingern auf seinen Schreibtisch. „Sie haben diesem Verrückten genau das gegeben, was er gewollt hat. Jeder höhere Offizier im deutschen Oberkommando hat Hitler gewarnt, daß die Armee noch nicht soweit sei. Hat ihm klarzumachen versucht, daß ein solcher Schritt Krieg bedeuten würde. Jetzt triumphiert er, brüstet sich und zeigt uns die Fäuste." Canaris hielt kurz inne, als erinnerte er sich an etwas. „Aber wir sind noch nicht am Ende, von Kleistmann."

Thomas fühlte sich hoffnungslos, während er zuhörte. „Admiral!"

„Ich spreche von der älteren Generation unter den Offizieren. Männer im Alter Ihres Vaters, wenn er noch lebte. Er war ein guter und anständiger Mann. Ein loyaler Deutscher. Genau wie Sie. Ich weiß, daß es auch andere in Ihrer Generation gibt, die so denken wie wir. Hitler hat erklärt, seine Bewegung sei eine Bewegung der Jugend. Sollten Gewalt und Gesetzlosigkeit ein Charakterzug der Jugend sein, dann hat er vielleicht recht. Aber es muß unter ihnen Menschen geben, Thomas, die sich an ihre Väter erinnern, an Gerechtigkeit und Moral."

Thomas kannte einige unter seinen engsten Freunden, die im stillen ihren Unmut über Hitler äußerten. „Ja, es gibt welche."

„Dann gibt es also Hoffnung für uns. Hoffnung für Deutschland und vielleicht für die ganze Welt. Wir haben eine Menge zu tun. Schließen Sie sich uns an, Thomas!"

Thomas wußte, daß er sich durch seine Beteiligung an dem Versuch, die Briten zu warnen, bereits in dem Netz der Verschwörung verfangen hatte. Es würde ihn sein Leben kosten, sollte Himmlers Gestapo davon Wind bekommen. „Das habe ich bereits, Admiral", erwiderte er leise. „Aber was können wir jetzt noch unternehmen? Das alles –" Er deutete hilflos durch das Fenster auf die Hakenkreuzfahnen, die überall über Wien wehten – „ist bereits vollbracht."

Canaris seufzte. Oberst Oster zupfte sich einen Fussel von der Hose. „Ein weiser Mann, unser geschätzter Führer“, fügte er mißmutig an. „Er wählt ein Wochenende, um in Österreich einzumarschieren. Die englischen Gentlemen verlassen die Stadt und fahren auf ihre Landsitze. Wenn Sie zurückdenken, von Kleistmann, dann hat der Führer seine dreistesten Entscheidungen stets an einem Wochenende ausgeführt. Dann, wenn das englische Parlament nicht tagt.“

Canaris schüttelte lächelnd den Kopf. „Der Unterschied zwischen Hitler und Chamberlain?“

„Ganz genau“, erwiderte Oster.

Thomas sah verwirrt vom einen zum anderen. Ihm entging die Pointe.

„Der Unterschied zwischen Hitler und Chamberlain ist“, erklärte Oster, „daß sich Chamberlain ein Wochenende auf dem Land gönnt, während sich Hitler ein Land pro Wochenende gönnt.“

Thomas schüttelte ungläubig den Kopf. Was hatte dieser Wehrmachtsoffizier für Nerven? Niemand, den er kannte, hätte es gewagt, so offen dem Führer den Respekt zu verweigern. Trotzdem mußte er lachen.

Der Witz war aber nicht nur komisch; er traf absolut ins Schwarze. Jede offene Vertragsverletzung hatte an einem Wochenende stattgefunden. Es steckte eine gewisse Raffinesse in Hitlers teuflischen Methoden. Es war ein Samstag, als 1936 deutsche Truppen in das entmilitarisierte Rheinland einmarschierten. Jeder war fest davon überzeugt, daß die Franzosen die Deutschen augenblicklich in die Flucht schlagen würden, vorausgesetzt, die britische Regierung zeigte ihr Einverständnis. Aber die britische Regierung hatte sich auf alle möglichen Landstriche verstreut. Als sich das Parlament schließlich am Montag wieder einfand, waren achtundvierzig Stunden seit der Vertragsverletzung vergangen. Niemand rührte mehr einen Finger. Nur die Maginot Linie trennte jetzt noch Frankreich und Deutschland. Nun wiederholten sich diese zwei Jahre später. Ja, es liegt tatsächlich eine Methode hinter Hitlers Wahnsinn. Nachdem der Pufferstaat Österreich ins Deutsche Reich eingegliedert, standen nur noch tschechische Verteidigungsanlagen im bergigen Sudetenland zwischen Hitler und der Tschechoslowakei. Es bestand für Thomas kein Zweifel an der weiteren Entwicklung. Erkannten die Briten und Franzosen nicht Hitlers nächstes Ziel? Waren sie blind? Oder waren sie im selben Maß naiv wie Hitler böse?

All das schoß Thomas in diesem Moment durch den Kopf. Er atmete tief durch. Als er aufblickte, merkte er, wie Canaris ihn durchdringend ansah. „Ihnen ist klar, was als nächstes passieren wird, nicht wahr?“ fragte Thomas.

Canaris senkte seinen Kopf. „Das Sudetenland. Letztendlich plant er, in Prag einzumarschieren.“ Er warf einen Blick auf Oster. „Hitler wird Deutschland in einen Krieg verwickeln. Und Krieg bedeutet Zerstörung. Er muß verhindert werden.“

Oster erläuterte ihnen den Plan der Nazis, wie die Übernahme des Sudetenlandes vor sich gehen sollte. „Wir haben einen Österreicher, der für uns arbeitet, hier in die Partei eingeschleust. Von ihm haben wir erfahren, daß Hitler ursprünglich geplant hatte, seinen eigenen Botschafter in Österreich zu ermorden. Sie hätten einen Juden des Mordes beschuldigt und dadurch ein Argument gehabt, in Wien einzumarschieren. Wir konnten von Papen rechtzeitig warnen, so daß dieser Plan gescheitert ist.“ Osters Humor war gänzlich verschwunden. „Wie sich herausstellte, war die Ermordung des österreichischen Botschafters gar nicht nötig. Hitler hat sein Ziel auf anderem Wege erreicht. Aber die Tschechoslowakei ist etwas anderes.“ Er zündete sich eine Zigarette an. Gedankenverloren inhalierte er den Rauch , bevor er fortfuhr. „Wir haben bereits Kontakt zu unserem Österreicher aufgenommen. Er arbeitet Seite an Seite mit den schlimmsten Nazis. Es sind bereits geheime Befehle erteilt worden, daß die ‚verborgenen Helden des Reiches', wie Hitler und Himmler diese Schlägertrupps nennen, mit ihrer Arbeit im Sudetenland beginnen sollen. Sie sollen *Zwischenfälle* initiieren –“ Oster fuhr mit der Hand durch die Luft, als wollte er damit anzeigen, daß diesen Männern alle Freiheiten gegeben waren, Unruhe im Sudetenland zu stiften. „Ich bin sicher, daß es nach vertrauten Mustern ablaufen wird. Deutsche Bürger der Tschechoslowakei werden ermordet, und den Tschechen wird man dafür die Schuld geben. Es wird zu Unruhen kommen. Hitler wird toben und mit einem Einmarsch drohen, um die *Volksdeutschen* vor diesen *Untermenschen* zu schützen.“

Hitler haßte die slawischen Völker fast ebenso wie die Juden. Dessen war sich Thomas bewußt. In seinen Tiraden bezeichnete Hitler sie als eine Zwergenrasse, denen er ihre Grenzen schon zeigen würde.

„Und was werden wir unternehmen, um das zu verhindern?“ Thomas fuhr mit seiner Hand hilflos durch die Luft.

Oster und Canaris wechselten Blicke. „Sogar mich beobachtet Himmlers Gestapo“, sagte Canaris. „Unsere Abteilungen rivalisieren miteinander, wie Sie wissen. Himmler wäre jedes Mittel recht, um mich bei Hitler zu diskreditieren –"

„Falls das passiert", unterbrach ihn Oster, „würde man zweifellos den Admiral durch ein etwas *leidenschaftlicheres* Parteimitglied ersetzen."

Statt *leidenschaftlich* hätte er auch *brutal* oder *fanatisch* sagen können. Thomas verstand dennoch die Bedeutung dessen, was gesagt wurde. Falls Himmler dahinter kam, daß sich innerhalb des Militärs Widerstand regte, durfte auf keinen Fall Canaris mit der Verschwörung in Verbindung gebracht werden.

Thomas begriff nur zu deutlich, was weder Oster noch Canaris ausgesprochen hatten. „Admiral Canaris", sagte er mit heiserer Stimme, „Sie sind nicht zu ersetzen. Falls Hitler Deutschland tatsächlich in einen Krieg führt, müssen wenigstens ein paar vernünftige Menschen übrig sein, die ihn bekämpfen können."

Thomas war sich offenbar über den Ernst der Lage im klaren. „Ich bin nur ein Major", fügte Thomas hinzu. Er fand nur schwer seine Worte. „Ich denke, es ist besser, einen Major zu verlieren als einen Admiral. Was verlangen Sie von mir, Herr Admiral?"

Canaris musterte Thomas eindringlich. „Verrat", antwortete er leise. „Daß Sie Ihren Eid auf Hitler mißachten. Damit ziehen Sie sich wahrscheinlich den ganzen Haß der Deutschen zu, die diesem Verrückten blindlings in die Hölle folgen würden. Wenn Sie auffliegen, werden Sie ohne jeden Zweifel Ihr Leben auf schreckliche Weise verlieren. Wenn Sie unsere Namen unter Folter verraten, *werden wir Sie verleugnen,* Thomas von Kleistmann! Sie werden sterben, von Ihrem Volk und Ihren Kameraden im Stich gelassen!"

Thomas wich den stählernen blauen Augen des Admirals aus. Draußen auf dem Platz flatterte die blutrote Reichsflagge im Wind. Eine entsetzliche Stille breitete sich in dem Zimmer aus. Durch die Fenster drang Straßenlärm herein. Außerhalb dieses Büros herrschte Leben. Thomas konnte einfach aufstehen, vor den durchdringenden Blicken der beiden fliehen und ein Leben wie jeder andere Wehrmachtsoffizier führen. Wenn er wollte, konnte er einfach seine Augen vor dem, was passierte, verschließen, bis ihn die Ereignisse wie jeden, der wegsah, überrollten. Soviele standen der Tyrannei hilflos gegenüber. Aber wenn er willens war, sich und seine Ehre zu vergessen, konnte er vielleicht *etwas* tun!

„Soviel also zum Pflichtbewußtsein", erwiderte er schließlich. „Und wie sieht der Verrat aus?"

Die nächste Stunde über wurde Thomas genauestens instruiert. Nichts durfte niedergeschrieben werden. Es durfte keinen Hinweis auf den Verrat gegen Hitler geben. Von diesem Augenblick an würde Thomas solange keinen Kontakt zu Canaris oder Oster haben, bis der Erfolg gesichert war. Stellte sich ein Erfolg nicht ein, sollte also die Tschechoslowakei am vorgesehenen Tag an Nazideutschland fallen, dann mußte der heutige Tag und dieses Treffen und alles, was diesen unheilvollen Tagen, die vor ihnen lagen, folgte, ausradiert werden. In diesem Fall würde Thomas selbst eliminiert werden müssen.

Thomas verließ das Büro von Admiral Canaris wie jemand, der erfahren hatte, daß er an Krebs sterben mußte. Jede Einzelheit behielt er in lebhafter Erinnerung. Ein steter Wind wehte, und das Reichsbanner zerrte am Fahnenmast. Der Himmel über ihm war klar und wolkenlos. Nur in weiter Ferne ragten ein paar Wolken über dem Horizont auf. Er atmete tief den Duft der Bäume und Blumen ein, die in den Parkanlagen der Stadt erblühten.

Ein kleiner Trost lag in der Tatsache, daß ein Scheitern seiner Bemühungen seinen Tod verlangte. Er hatte nichts zu verlieren. Diese schreckliche Tatsache bedeutete in gewisser Weise eine große Erleichterung für ihn. Ein neuer Funke Entschlossenheit war in seinem Inneren entflammt.

Die schwarzuniformierten SS—Wachen hoben ihren Arm, als er an ihnen vorüberging. Aber während er ihnen mit „Heil Hitler!“ antwortete, lächelte er innerlich und sagte sich selber: *„Emil!“*

* * *

Wie ihm Canaris und Oster aufgetragen hatten, war Thomas direkt im Anschluß an ihre Besprechung zu Fiori's gegangen, einem Buchladen in der Kärntnerstraße.

Jetzt stand er vor dem merkwürdigen kleinen Geschäft und hielt das Buch fest. Der Verkehr raste an ihm vorbei, und die dünnen Seiten des Buches flatterten im Wind.

Thomas überflog das Geschriebene, wie es jemand tut, der sich gerade ein neues Buch gekauft hatte. Er konnte die Botschaft nicht finden, die darin verborgen war. Es war ein Buch wie jedes andere. In jeder Hinsicht gewöhnlich. Er klappte es zu, wickelte es wieder in das braune Packpapier und steckte es in die Tasche seiner Uniformjacke.

Fiori's war nur ein paar Querstraßen von Elisas Wohnung entfernt. Aber er würde nicht dorthin gehen. Nicht heute. Womöglich nie wieder. Er würde dieses verzweifelte Vorhaben nicht damit beginnen, sie mit hineinzuziehen. In seiner Tasche trug er sein neues Pflichtbewußtsein: Verrat. Vielleicht sein Todesurteil. Nein, er würde Elisa nicht darin verwickeln.

Er warf einen Blick auf seine Uhr und hielt ein Taxi an. Der Alpern-Flughafen würde von Gestapo nur so wimmeln. Aber sie würden Thomas nicht kontrollieren. Für den Moment war er sicher, auch wenn er den Verrat bei sich trug. Es war noch gerade genug Zeit, um den Nachmittagsflug nach Paris zu erwischen. Gerade genug Zeit, die Information dem Buchhändler an der Seine zu übergeben – und damit würde, wenn alles gutging, Winston Churchill sie noch vor dem nächsten Morgen erhalten.

* * *

„Beeil dich, Elisa", drängelte Anna. Sie drehte sich wieder zum Kleiderschrank. Sie suchte nach etwas Passendem für ihre Tochter, was sie heute abend zum Konzert in Prags Nationaltheater tragen konnte. „Wilhelm, Dieter und ich haben die Karten schon seit zwei Monaten." Sie lächelte Elisa über ihre Schulter an und zog ein blaues seidenes Abendkleid hervor. „Beethovens Fünfte mit Georg Schleist als Dirigenten! Das ist doch mal eine nette Abwechslung, Elisa. Du kannst im Publikum sitzen und *zuhören!*"

Elisa konnte kaum genug Begeisterung aufbringen, um zu lächeln, geschweige denn für die Vorstellung, heute abend ein Konzert zu besuchen. Schleist war einmal Gastdirigent bei den Wiener Philharmonikern gewesen. Nur eine Woche später war Rudy Dorbransky ermordet worden. Bei den Proben hatte sie der Dirigent immer wieder unterbrochen. Sie mußten eine bestimmte Passage immer wieder neu spielen. Zuletzt hatte sich Rudy leicht verbeugt und erwidert, daß sie, sollte er sie noch einmal unterbrechen, die Stelle so spielen würden, wie er sie dirigiert. Die spitze Bemerkung hatte ein nur mühsam unterdrücktes Kichern der Musiker bewirkt. Während der ganzen Abendvorstellung mußte sich Elisa dazu zwingen, ernst zu bleiben. Sie vermied es, Leah einen Blick zuzuwerfen, die ständig amüsiert zu ihr herübersah. Nach der Vorstellung waren sie in Tränen ausgebrochen, als

Rudy bemerkte: „Ich habe keine Ahnung, was er dirigiert hat, aber ich glaube, wir haben Beethovens Fünfte ganz ordentlich gespielt!"

In derselben Nacht hatte Murphy im Publikum gesessen. Reihe zehn, am Mittelgang – in seinem geliehenen Smoking. Er war sich in keiner Weise bewußt, daß sie alle Gefahr liefen, jeden Augenblick in hysterisches Gelächter auszubrechen. Ja, Elisa erinnerte sich an den Blick, mit dem Murphy sie betrachtet hatte. Zweimal hatte sie aufgesehen, und er hatte sie alles andere vergessen lassen.

Jetzt schien die Erinnerung an diesen glücklichen Moment in keiner Weise passend. Rudy war tot. Leah steckte irgendwo verloren inmitten der eisernen Faust des Großdeutschen Reiches. Und Murphy war ohne ein Wort des Abschieds verschwunden.

Aber Anna hatte trotzdem schon vor Monaten die Karten besorgt, und vielleicht bedeutete das Ausgehen ja wirklich eine Abwechslung. „Ich weiß, warum du willst, daß ich gehe." Elisa berührte die blaue Seide des Kleides. „Du und Papa, ihr wollt allein sein." Sie meinte es nur halb im Spaß.

Anna senkte ihren Kopf. „Sowas ähnliches", erwiderte sie mit ungewohnter Schüchternheit.

Anna fühlte sich wieder jung. Sie schien völlig blind gegenüber der brutalen Wirklichkeit zu sein, die in Österreich herrschte. Theo war wieder zu Hause. Ihre Kinder waren in Sicherheit. Gab es Wichtigeres? Elisa spürte deutlich, daß es Anna noch immer nicht klar geworden war, daß sie schon bald nach Wien zurückkehren mußte. Sie würde sich nie damit zufrieden geben können, einfach nur in Prag ein Konzert zu besuchen. Nein. In Österreich erwartete sie eine andere Vorstellung. Dorthin würde sie zurückgehen, mit oder ohne Murphy.

Elisa hielt das Kleid hoch und betrachtete sich im Spiegel. Ihre blauen Augen funkelten eingedenk ihres Geheimnisses. „Wenn das so ist", erwiderte Elisa, „denke ich, dann sollte ich gehen ... "

16. Einsame Kämpfe

Das Konzert im Nationaltheater war in der Tat eine schmerzhafte Erfahrung für Elisa. Nicht die etwas wackelig gespielten Hörner oder die mangelnde Abstimmung bei den ersten Geigen störten sie; Grund waren die unzähligen Erinnerungen, die in ihr aufbrandeten. Auf ein Blatt Papier geschriebene Noten, die plötzlich von Holz und Saiten, Blechbläsern und Hörnern zu Leben erweckt wurden – all das war so, wie es immer gewesen war. Nur die Gesichter der Musiker waren fremd. Selbst die Instrumente überlebten den Künstler, der sie so zärtlich führte; so, wie die Guarneri Rudy überlebt hatte. Und Elisa wußte, daß die Geige auch sie überleben würde.

Als die Lichter im Zuschauersaal langsam angingen, verebbte der Applaus. Elisa bahnte sich ihren Weg durch die Menge auf der Suche nach frischer Luft. Außerdem wollte sie endlich die Erinnerungen loswerden, die so schwer auf ihr lasteten.

Wilhelm, groß und auffallend gutaussehend, nahm seine Schwester am Arm. „Würdest du gerne kurz hinter die Bühne gehen und ein paar Worte mit Schleist wechseln?" fragte er.

Elisa brachte ein mißmutiges Lächeln zustande. „Ach, war *er* auch hier heute abend?"

Wilhelm und Dieter lachten ausgiebig über diese Bemerkung. „Es heißt, daß Schleist als einziger im Reich übriggeblieben ist, um zu dirigieren", flüsterte Wilhelm leise, als sie an einer Gruppe deutschsprechender Konzertbesucher vorübergingen. „Die Musik sei so schlecht geworden, das sei der *wahre* Grund, warum soviele versuchen, wegzukommen!"

Elisa mußte lächeln und drückte seinen Arm. Wilhelm war im vergangenen Jahr Theo sehr ähnlich geworden, und er hatte auch einen rechten Charme entwickelt. Der kleine Dieter schien ruhiger und sensibler und ähnelte eher Anna. Elisa war auf beide stolz, wie sie Anna während der Ungewißheit des letzten Jahres beigestanden hatten. Es schien, als seien sie über Nacht erwachsen geworden.

„Wie wär's mit einem Kaffee?" fragte Dieter ausgelassen. Er wollte den Abend noch nicht so schnell beenden.

„Oder vielleicht etwas Stärkerem, daß uns hilft, die Musik zu vergessen!" stimmte Wilhelm zu.

„*So* erwachsen seid ihr nun auch wieder nicht", schimpfte Elisa. „Aber Kaffee? Ja, wohin wollen wir gehen?"

Sie standen auf den Stufen des Theaters, und die Menge brandete an ihnen vorbei. Von der anderen Seite des Platzes strahlten die Lichter des Café Slavia einladend herüber. Dort würden die Tschechen ihre anschließende Tasse Kaffee und ihre Drinks genießen. „Wir können ins Slavia gehen, wenn du nicht deutsch sprichst, Elisa. Sie würden uns rausschmeißen, wenn du dort deutsch sprichst. *Nur* Slawen erlaubt!“ Wilhelm hielt beschützend ihre Hand.

„Wir könnten zum Café Continental am Graben gehen“, schlug Dieter vor.

„Da darf man wiederum *nur* deutsch reden“, warnte Wilhelm. Er zog die Stirn in Falten. „Ich fürchte, ich habe keine Lust, dorthin zu gehen.“ Er ballte seine Hand zu einer Faust. „Ich brauche nur eine Bemerkung über unseren allerliebsten Führer und den friedlichen Anschluß zu hören, und ich ... “ Er fuchtelte mit seiner Faust im Spaß herum.

„Meine großen starken Brüder“, sagte Elisa. Sie drückte Wilhelms Arm herunter. „Und wo passen wir nun hin? Nicht zu den Tschechen und sicherlich nicht mehr zu den Deutschen. Vielleicht sollten wir einfach ein bißchen spazierengehen, damit uns niemand den Schädel einschlägt? Wir haben heute schon den Mord an Beethoven miterlebt, und ich glaube nicht, daß mir der Sinn nach noch mehr Gewalt steht!“

Ohne auf die zahlreichen grünen Taxen Prags zu achten, gingen die drei Arm in Arm durch die dunklen, schmalen Gassen der Altstadt. Sie sprachen nur wenig miteinander. Aber in unausgesprochenem Einverständnis bewegten sie sich auf die Karlsbrücke zu.

Sanft plätscherte die Moldau gegen die Brückenpfeiler. Tausend Votivkerzen flackerten am Fuß des heiligen Nepomuk. Elisa war mit Leah hiergewesen und dann mit Murphy. Jetzt lehnte sie zwischen ihren beiden Brüdern am Geländer und starrte auf das dunkle Wasser hinunter. Minutenlang standen sie friedlich so da, bis schließlich Wilhelm das Schweigen brach.

„Ich bin froh, daß Papa heimgekommen ist.“ Es lag mehr als nur Erleichterung in seiner Stimme; es klang wie eine *Erlösung*. „Wir sind seit mehr als einem Jahr in Prag. Ich bin jetzt achtzehn. In dem Alter hat Papa fliegen gelernt.“

Seine Worte waren wie Steine, die in einen ruhigen See geworfen wurden. Elisa warf ihm einen scharfen Blick zu. „Was sagst du da?“ fragte sie, obwohl ihr völlig klar war, was er meinte.

„Nächste Woche trete ich in die Luftwaffe ein.“

„Aber Wilhelm! Du gehst zur Schule! Was ist mit deinem Studium?“

„Gewisse Dinge scheinen mir wichtiger zu sein. Wir sind jetzt hier zu Hause, Elisa. Die Tschechen haben uns willkommen geheißen. Sie teilen nicht den Haß der Deutschen auf Juden. Und jetzt ist Österreich verloren. Unsere neue Heimat ist von drei Seiten vom Reich eingeschlossen. Und auf der vierten Seite ist Polen, dahinter *Rußland.*" Er blickte entschlossen in die Dunkelheit. Dieter starrte ihn überrascht an.

Elisa argumentierte ruhig; ihr wurde klar, daß ihre Worte ihn nicht umstimmen konnten. „Es wird keinen Krieg in der Tschechoslowakei geben, Wilhelm. Bring deine Universität zu Ende und dann –"

„Nein." Er schüttelte den Kopf. „Die Nazis auf der einen Seite, Elisa, und Rußland auf der anderen. Sag mir, bitte, wie sollen wir zwischen Hitler und Stalin überleben?" Er wandte sich ihr zu. „Ich habe gestern mit einem Russen gesprochen. Er hat gesagt, daß Stalin allein im letzten Jahr eine Million, vielleicht noch mehr, in einer grauenvollen Säuberungsaktion hat umbringen lassen. Wir sind von zwei Verrückten umgeben, Elisa. Egal, wohin wir uns wenden, wir werden keinen Frieden finden. Und Papas ganzes Wunschdenken wird daran nichts ändern."

„Aber die Luftwaffe, Wilhelm!"

„Vielleicht schaffen wir es mit Frankreichs und Englands Hilfe. Ich will das wenige, das ich habe, beisteuern." Er wandte sich ab, als könnte er in der Finsternis der Nacht seine Zukunft erkennen. „Dieses Land hat uns aufgenommen. Es ist jetzt meine Heimat. Ja, ich will Pilot werden. So wie Papa. Ich werde für meine neue Heimat fliegen. Gegen Deutschland, wenn es sein muß. Gegen die arischen Jungs, die einmal meine Freunde waren. Papa ist jetzt daheim. Mutter muß mich gehen lassen."

Elisa nahm ihn bei der Hand und zwang ihn, ihr in die Augen zu sehen. „Soweit ist es also gekommen", sagte sie traurig. Sie erzählte ihm nichts von ihrem eigenen Kampf. Sie durfte es nicht. Er würde offen kämpfen; aber sie mußte schweigen, so wie der stille steinerne St. Nepomuk, der mitleidig auf sie herabschaute.

* * *

Ohne Zweifel hatte die ganze schäbige Nachbarschaft dieses Vorortes von Paris das verbitterte Geschrei von Herschel Grünspans Onkel mitangehört. „Das Leben ist schon schwer genug, auch ohne noch einen hungrigen Magen füttern zu müssen! Natürlich habe ich gesagt, daß du kommen kannst! Was hätte ich sonst sagen sollen, wenn mir mein Bruder so einen verzweifelten Brief aus Deutschland schreibt? Ja, ich habe gesagt, daß du kommen könntest! Aber wenn du hier in Paris bleiben willst, mußt du dir Arbeit suchen!"

„Ich hatte gedacht, daß ich für dich arbeiten könnte, Onkel", sagte Herschel verletzt. Dieser wild gestikulierende Mann vor ihm besaß keinerlei Ähnlichkeit mit seinem Vater. Es war schwer vorstellbar, daß dieser kleine Tyrann mit seinem roten Gesicht überhaupt in irgendeiner Weise verwandt mit ihm war.

„Für mich arbeiten? Hah!" Es klang wie eine Beschuldigung. „Ich habe kaum genug Arbeit für mich selber. Ganz Paris ist bevölkert von Schneidern; jüdischen Schneidern, die aus Deutschland geflohen sind! Jetzt werden sie auch noch aus Österreich herkommen! Ich bekomme ja jetzt schon nichts mehr für meine Arbeit. Nichts! Und da schickt mir mein eigener Bruder genau das richtige, um mich endgültig in den Ruin zu treiben – einen Flüchtling! Du *kannst* nicht für mich arbeiten. Und wenn du vorhast, länger hier zu bleiben, mußt du eine Arbeit finden!"

Herschel nickte schuldbewußt. Er trat einen Schritt zurück, als wären die Worte seines Onkels Ohrfeigen. Der Junge war aus Deutschland geflohen und nach Paris gekommen. Er hatte geglaubt, dieselbe Güte und Gastfreundschaft, die er von seinem Vater kannte, bei dessen Bruder anzutreffen. Von Anfang an waren seine Hoffnungen zu Bruch gegangen. Mit geradezu schroffer Zurückhaltung war Herschel am Bahnhof begrüßt worden. Das erste Essen mit seiner Tante und seinem Onkel war außer ein paar allgemeiner Fragen schweigend verlaufen. Herschel hatte eine Ecke in der fensterlosen und ungeheizten Mansarde zugeteilt bekommen. Der erträumte Zufluchtshafen hatte sich als eine Hölle aus Schweigen und Widerwillen herausgestellt. Der Junge zog seinen Kopf ein und hörte dem nicht endenwollenden Gezeter zu.

„Ist dir das klar? Ich kann dich nicht durchfüttern! Der einzige Trost ist, daß du so klein bist! Du ißt nicht viel, aber immer noch mehr als genug!"

Herschel nickte. Er kämpfte gegen Tränen der Verzweiflung an und das Verlangen, seinen Vater wiederzusehen. *Kann es denn sein, daß es zwei Israel Grünspans in Paris gibt, und ich zum falschen gegangen bin?* fragte sich der Junge. „Natürlich, ja, ich werde Arbeit finden."

„Gut! Morgen wirst du also eine Arbeitserlaubnis beantragen." Israels Wangen waren noch immer tiefrot. Seine Stimme blieb schroff, egal, was Herschel sagte.

„Wo ...?"

„Hast du *Ohren?* Bei der Regierung, natürlich, du Narr! Ist es möglich, daß du der Sohn meines Bruders bist?"

Herschel beschloß, dem tobenden Mann vor sich keine weiteren Fragen zu stellen. Er schluckte. Wenn das Geschrei nicht aufhörte, mußte er sich noch übergeben. „Ja, ich werde mich gleich morgen früh darum kümmern. Du wirst sehen, ich werde die Erlaubnis bekommen."

Israel betrachtete ihn schweigend und mit Mißfallen. Er schnaubte wie ein Ochse, machte auf den Absätzen kehrt und verließ die kleine Küche, wobei er die Tür hinter sich zuschlug. Herschel zuckte zusammen. Er stand genau in der Mitte des Raumes und wußte nicht, wohin er gehen oder was er als nächstes tun sollte. Der Weg zu seiner Mansarde führte genau am Sessel seines Onkels vorbei. Herschel wollte nicht noch einen Wutausbruch riskieren.

Mit einem Mal verspürte er einen großen Durst. Aber schon ein Glas Wasser schien eine unzumutbare Belastung darzustellen. Seine Tante hatte ihn verärgert angesehen, als er um ein Glas gebeten hatte, kurz nachdem sie das Geschirr abgewaschen hatte. Langsam drehte er sich um. Er überflog den kleinen Tisch und die Anrichte der winzigen Küche. Das war nicht sein Zuhause – es gab nicht die leiseste Ähnlichkeit, weder äußerlich noch gefühlsmäßig. Kein Gedanke, sich jetzt noch an der Universität zu bewerben; nichts blieb, außer der verzweifelten Hoffnung, tatsächlich die so notwendige Arbeitserlaubnis zu erhalten und vielleicht sogar eine kleine Wohnung zu finden. „Ein Gefängnis, Papa", murmelte er. „Schlimmer hätte es auch in Berlin kaum kommen können."

Der Junge konnte sich das zwar jetzt selbst sagen, aber er konnte es nicht seinem Vater nach Hause schreiben. Die Nachrichten, die aus Paris kamen, mußten ausnahmslos positiv sein. Das hatte sich Herschel, noch bevor er die Grenze überschritten hatte, klar gemacht. Er würde seinen Eltern Sätze voller Hoffnung schicken. Er mußte ihnen über die lange schwere Zeit helfen, die sein Vater brauchte, um nach der mitternächtlichen Attacke der Nazis wieder auf die Beine zu kommen.

Vom oberen Ende der Treppe rief eine Frau herunter: „Ist er immer noch da?"

„Weiß ich nicht“, antwortete Israel. „Ich glaube, er ist durch die Küche rausgegangen.“

„Gott sei Dank! Ein bißchen Ruhe!“

Als er das hörte, stürzte Herschel durch die Hintertür hinaus. Er polterte die wacklige Holztreppe hinunter, die auf eine von Müll übersäte Gasse führte. Er rannte zwischen den hohen Wohnhäusern hindurch. Tränen schossen ihm aus den Augen. Er wollte nur noch einen freien Flecken, ein bißchen Sonne finden.

Kinder in Lumpen kreischten auf, als er an ihnen vorbeijagte. Niemand beachtete ihn weiter; in dieser Nachbarschaft war es nichts Außergewöhnliches, einen jungen Mann auf der Flucht zu sehen. Er stolperte und fiel hin. Dabei zerriß seine Hose am Knie. Aber er schien es weder zu bemerken noch sich weiter darum zu kümmern. Ein strahlend blauer Himmel war über ihm; er aber war verloren in dem dunklen, verlassenen Labyrinth der kleinen Sträßchen von Paris. Einen Augenblick blieb er heftig atmend neben einem Abfallhaufen liegen. Er blickte hinauf zu der schmalen Linie blauen Himmels und schüttelte wild seine Faust. „Gott!“ schrie er. „Warum? Warum nur? Warum, warum, warum?“

Langsam setzte er sich auf. Als er den Kratzer auf seinem Knie sah, zuckte er kurz zusammen. Er erhob sich in der schmalen Gasse; seine Arme hingen lahm an seinen Seiten hinunter. Vor sich endete der enge Gang auf einer größeren Straße. Grellfarbene Taxen schossen vorbei. Erschöpft ging Herschel darauf zu.

Während seines kurzen trostlosen Aufenthaltes in Paris hatte er noch nichts von der Stadt gesehen. Ohne lang nachzudenken, trat er auf den Bürgersteig des Boulevards hinaus und sah zum Straßenschild hinauf. *„Rue du Cherche-Midi“*, las er laut. Er probierte sein Französisch. *„Die Suche nach dem Mittag.“* Was für ein seltsamer Name für eine Straße. Noch merkwürdiger aber war das dick ummauerte Gebäude direkt auf der anderen Straßenseite. Hohe Torbögen und winzig geschnittene Fenster ließen das Haus wie ein riesiges, luftleeres Grab erscheinen. Über dem Haupteingang wurde der Straßenname wiederholt; direkt darunter war ein Schild, das das Gebäude als Gefängnis auswies.

Wie hypnotisiert von seinem Anblick trat Herschel auf die Straße und ging darauf zu. Ein Taxi wich ihm hupend aus, da er es nicht beachtet hatte. „Ich kenne diesen Ort“, murmelte Herschel. „Ja, ich kenne diesen Ort!“ Er streckte seine Hand aus und berührte das feste Gestein des Torbogens. Er faßte sich an seine Stirn und versuchte sich daran zu erinnern, wo er eine Fotografie oder etwas Ähnliches vom Militärgefängnis gesehen haben konnte.

„Die Suche nach dem Mittag." Herschel zog seine Stirn in Falten. Er trat einen Schritt zurück und betrachtete die winzigen Fenster des unheildrohenden Hauses. Er stellte sich die Gefangenen vor, wie sie womöglich an diesen schmalen Schlitzen nach Luft schnappten. Vielleicht sahen sie in diesem Augenblick zu ihm herunter und beneideten ihn um seine Freiheit. Langsam hob er seine Hand zum Gruß seiner unsichtbaren Kameraden hinter den massiven Steinmauern. Sie konnten nicht wissen, daß auch er ein Gefangener war.

* * *

Obwohl Thomas wußte, daß das Buch eine wichtige Mitteilung für die Engländer enthielt, war er nicht in der Lage, sie zu finden. Neugierig suchte er die Seiten ab, während er am Ufer der Seine saß, dort, wo die Buchhändler ihre Stände aufgebaut hatten. Die Tatsache, daß nicht einmal er die Botschaft finden konnte, registrierte er mit einer gewissen Genugtuung. Wenn der Code sogar ihm verborgen blieb, dann würde vielleicht auch die Gestapo das Geheimnis nicht lösen können.

Er atmete tief den frischen Frühlingsduft ein. Die Sonne brannte auf seinen Rücken, und Hoffnung wärmte sein Gemüt. Die Glocken der Notre-Dame schlugen zwölf Uhr. Thomas klappte das Buch zusammen und steckte es in die Tasche. Die geschäftigen Bücherstände erstreckten sich kilometerweit die Seine entlang. Wie ihm aufgetragen worden war, schlenderte er an den Ständen vorbei, wobei er hier und da stehenblieb, um ein paar Bücher näher zu betrachten. Es sollte auf keinen Fall so wirken, als sei er in Eile, während er sich allmählich auf den Stand des alten Mannes zubewegte, den sie *Le Morthomme* nannten, was soviel wie *der Tote Mann* bedeutete. Als Thomas Canaris und Oster gegenüber die Echtheit des Namens bezweifelte, hatten beide lächelnd beteuert, daß der alte Buchhändler tatsächlich so hieße. Man brauchte nur nach dem Bücherstand von Le Morthomme zu fragen, und jeder in Paris konnte einem erklären, wo er zu finden war. Der Tote *Mann* war, wie es schien, sehr lebendig und weithin bekannt für seine reichhaltige Auswahl an seltenen Büchern.

Thomas fuhr mit der Hand in seine Tasche und tastete nach dem Buch. Le Morthomme würde wissen, was damit zu tun war. Bis spätestens morgen früh würde es bei der britischen Spionageabwehr landen.

„Entschuldigen Sie, bitte", sprach Thomas einen Händler an, der eifrig damit beschäftigt war, einen Stapel alter Zeitschriften auf dem Tisch zu verteilen. „Ich bin auf der Suche nach dem Stand von Le Morthomme."

Der Händler sah nicht auf. Mit dem Daumen deutete er auf die gegenüberliegende Reihe mit Ständen. „Da geht's zu Le Mort. Der dritte Stand von hier aus. Suchen Sie deutsche Bücher? Ich habe ein paar. Schauen Sie doch erstmal hier ..."

Thomas bedankte sich und ging eilig zu dem beschriebenen Stand. Le Morthomme sah genauso aus, wie ihn Oster beschrieben hatte. Hinter schwankenden Bücherstapeln kaum zu sehen, feilschte er lebhaft mit seinen Kunden, wobei er gewöhnlich seinen gewünschten Preis auch bekam. Thomas beobachtete ihn einen Moment lang. Er war erleichtert, daß der kleine Mann haargenauso aussah, wie er es erwartet hatte. Sein Gesicht war wie aus Leder und voller runzliger Lachfalten. Eine unförmige Baskenmütze hing schief über der rechten Kopfhälfte. Er trug einen dünnen schwarzen Lederriemen um den Hals, und beim Sprechen gestikulierte er aufgeregt.

„Für diesen erbärmlichen Preis kann ich Ihnen das Buch nicht verkaufen, Monsieur! Sehen Sie nur, wie es gebunden ist! Und der Golddruck hier? Zweihundert Jahre alt, und immer noch ist das Buch hervorragend in Schuß! Für den Preis bekommen Sie nirgendwo ein Buch wiederhergestellt! Nehmen Sie doch ein schäbiges Buch und gehen Sie zu einem Buchbinder, Monsieur! Sie werden sehen! Wenn Sie es nicht für diesen Preis kaufen wollen – bitte; noch in dieser Stunde wird es ein anderer tun! Das schwöre ich Ihnen!"

Thomas atmete tief durch. Etwas nervös näherte er sich dem erfolgreichen Le Morthomme. Er hatte gewonnen. Sein Kunde zählte ihm das Geld in die Hand, während der gewitzte alte Mann ihm lächelnd versicherte, daß er eine einzigartige Gelegenheit ergriffen hatte. Vielleicht hatte er recht. Thomas war nicht in der Lage, das zu beurteilen. Er zog seine wertvolle Fracht aus seiner Tasche und näherte sich dem Toten Mann.

„Sie sind mir empfohlen worden", sagte er rasch.

Der Blick des alten Mannes ruhte auf dem Einband von Thomas' Buch. Dann sah er auf. „Früher oder später führt es jeden Büchernarr zum Stand von Le Morthomme." Er grinste, wobei Thomas bemerkte, daß die meisten seiner Vorderzähne fehlten. „Kommen Sie, um zu kaufen, oder wollen Sie etwas verkaufen?" Der *Tote Mann* kannte die Antwort schon im voraus. Das Buch, das Thomas ihm hinhielt, sprach Bände.

„Vielleicht können wir tauschen? Auf jeden Fall möchte ich Ihre Meinung hören. Es heißt, keiner könne den Wert eines Buches besser beurteilen als Sie." Jedes Wort war abgesprochen. Thomas wies sich damit aus. Doch nichts in dem Ausdruck des alten Buchhändlers verriet, daß hier irgendetwas Außergewöhnliches vor sich ging. Er streckte seine knöcherige Hand aus und nahm Thomas das Buch ab.

Er blätterte es rasch durch, wobei er besonders auf die Bindung und den Druck zu achten schien. „Natürlich. Sind Sie in Eile, Monsieur?" fragte er.

„Nein. Ein Tag, oder so ..."

„Einen Tag, gut. Für einen Franc sage ich Ihnen genau, welchen Preis Sie erwarten können, wenn Sie es mir verkaufen oder wenn ich es für Sie in Kommission nehme. Ihr Name?"

„Von Kleistmann."

„Ein Deutscher! In Paris wimmelt es von Deutschen, die auf der Suche nach guten Büchern sind! Alles, was in Deutschland verboten ist, werden Sie bei mir finden, Monsieur!"

„Vielleicht habe ich morgen etwas Zeit, mich umzusehen", erwiderte Thomas. Er warf einen Blick auf seine Uhr.

„Gut, dann kommen Sie gegen Mittag wieder." Der alte Mann kniete sich hin, wickelte das Buch in Zeitungspapier ein und schob es in eine Schachtel unter dem Tisch. „Dann werde ich Ihnen eine Antwort geben können. Vielleicht kommen wir ins Geschäft."

Mit einer Handbewegung verabschiedete sich der *Tote Mann* von Thomas; und ohne ein weiteres Wort wandte er seine Aufmerksamkeit einem Kunden zu, der eine Erstausgabe des *Grafen von Monte Christo* durchblätterte.

„Monsieur!" bellte er. „Behandeln Sie diese Kostbarkeit nicht so, als wäre es das Pariser Telefonbuch!"

Thomas unterdrückte ein Lächeln, als er die Stände verließ. Es war alles so einfach gegangen, so bemerkenswert einfach! Er hatte bei seinem Verrat nicht den kleinsten Schmerz verspürt; weder Furcht noch gar Schuld empfunden.

17. Die Vorladung

An diesem trostlosen Montagmorgen besaßen die Abgeordneten des Unterhauses wenigstens den Anstand, mit düsteren Mienen auf ihren Plätzen zu sitzen. Murphy suchte sich einen Sitz auf der Galerie, wo die Presse untergebracht war. Beinahe jede größere Zeitung in Europa und Amerika hatte einen Korrespondenten geschickt. Es schien, als wären mehr Pressevertreter anwesend, als dem Gebäude guttat. Hastig drängelten sich Murphys Kollegen an seinem Platz vorbei. Amanda Taylor war nicht darunter. *Wie kann sie sich dieses Ereignis entgehen lassen?* wunderte sich Murphy.

Niemand zweifelte daran, daß sich an diesem Morgen Winston Churchill erheben würde, um mit seinem speckigen Finger herumzufuchteln und den Abgeordneten ein wildes *Ich habe es Ihnen ja gleich gesagt!* entgegenzuschleudern. Daran würde er dann sicherlich noch ein paar warnende Worte über Hitler anschließen. Kein Zeitungsmann in London, würde diese Vorstellung versäumen. Murphy musterte die lange Reihe erwartungsvoller Journalisten. Am Ende der Reihe saß Helmut Andiker, der Korrespondent der größten Zeitung der Tschechoslowakei. Drei Reihen dahinter saß Georg Bacher, Korrespondent für Hitlers Berliner Propagandablatt. Er war der einzige, der ein schmallippiges Grinsen zur Schau trug. Die Stimmung der anderen war so finster und aufgebracht, daß sich Murphy wunderte, wie es Bacher überhaupt hatte fertigbringen können, sich hierher durchzuboxen, ohne dabei ein paar Zähne zu verlieren. Murphy suchte nach dem normalerweise fröhlichen und geselligen Isaak Flicker aus Österreich. Er war nicht da. Murphy hoffte, daß er nicht nach Wien zurückgekehrt war. Flicker war Jude, und im Moment standen für einen jüdischen Journalisten im „Großdeutschen Reich“ die Chancen zu überleben schlechter als für einen Käfer beim Überqueren des Trafalgar Squares. Sie alle hatten von Hitlers Triumphzug durch Wien gehört, von den Massen jubelnder, vielleicht auch erschreckter Zuschauer. Murphy hoffte aufrichtig, daß Isaak nicht durchgedreht war und sich entschlossen hatte, seinen letzten Artikel in Wien zu schreiben. Vielleicht hatte er sich einfach nur leise davongeschlichen, um sich irgendwo zu betrinken. Es gab nicht viel, was man sonst hätte tun können.

Murphy rutschte unbehaglich auf der harten Bank herum. Er spürte jeden Knochen im Leib. Er konnte sich kaum daran erinnern, wann er das letzte Mal eine Nacht durchgeschlafen hatte. Auch wenn es ihm einmal möglich war, sich für ein paar Stunden hinzulegen, plagten ihn seine Träume, Erinnerungen an den spanischen Bürgerkrieg, an Bomben, die die Deutschen für Franco auf Madrid abgeworfen hatten und Visionen der Apokalypse. Der Untergang Londons, ganz Europas. Und dazwischen immer wieder Elisas Gesicht, wie sie lachend ihren Kopf hob, um die winzige Figur des Todes mit dem Stundenglas in der Hand in der Turmuhr in Prags Altstadt zu betrachten. Die Zeit lief für jeden ab. Der Tag war nah, da sich der Tod nicht mehr nach Ablauf einer Stunde zurückziehen würde.

Winston Churchill war sich dessen ebenso bewußt wie jeder andere. Aber als er zu sprechen begann, war es offensichtlich, daß ihm dieses Wissen verübelt wurde.

Zu Beginn seiner Rede nickte er kurz zu Premierminister Chamberlain herüber, der unbeweglich dasaß, ohne auf die Blicke zu achten, die sich im Saal auf ihn richteten. Zunächst schien es so, als spräche Churchill einzig und allein zu Chamberlain, als wäre niemand sonst anwesend.

„Die Bedeutung der Ereignisse des zwölften März kann man nicht ernst genug bewerten." Er räusperte sich, als wollte er jedem die Gelegenheit geben, sich erst einmal darüber klarzuwerden. „Europa sieht sich einer Aggression ausgesetzt, die bis ins Letzte kalkuliert und geplant ist. Schritt für Schritt." Er warf einen Blick auf seine Notizen. Dann ließ er sie unbeachtet, als könnte man die Gefahr dieses Augenblickes gar nicht in Worte fassen. Murphy betrachtete das aschfahle Gesicht des tschechischen Reporters, während Churchill fortfuhr: „Es gibt nur einen Ausweg, nicht nur für uns, sondern auch für jedes andere Land: entweder wir ergeben uns wie Österreich oder wir ergreifen geeignete Gegenmaßnahmen, solange wir noch Zeit dafür haben, die Gefahr abzuwehren. Und wenn wir sie nicht mehr abwehren können, dann um damit fertigzuwerden!" Widerwilliges Grummeln wurde laut, während seine Rede langsam in Fahrt kam.

Murphy machte sich in seiner eigenen merkwürdigen Kurzschrift Notizen. „Wie lange wollen wir noch dasitzen und zusehen, wie einer nach dem anderen unserer möglichen Verbündeten in den Abgrund gezogen wird? Wie uns unsere Freunde entfremdet werden? Wie oft wollen wir uns noch bluffen lassen, bis hinter dem Bluff die alles verschlingenden Mächte Realität angenommen haben?"

„Hört, hört!" rief ein junger Abgeordneter begeistert. Ein paar andere trommelten zustimmend mit den Füßen.

Churchill hob seine Stimme zu einem widerhallenden Crescendo:

„Wo werden wir in zwei Jahren sein, wenn die deutsche Armee mit Sicherheit mächtiger ist als alle anderen?“

Die Frage war – ebenso wie Murphys dunkle Ahnung – eine Ankündigung des Untergangs, des Schreckens für Europa. Die Zuhörer rutschten unruhig auf ihren Sitzen herum. Unfähig, sich dieser Vorhersage zu stellen, verschlossen sie ihre Ohren. Murphy schaute ihnen dabei zu, wie sie an die Decke starrten, oder sich wie Schuljungen gegenseitig Zettel zusteckten. Churchill wurde lauter, als er versuchte, ihnen die gefährdete Sicherheit der Tschechoslowakei und ihrer mächtigen Skoda-Waffenindustrie klarzumachen. Er sprach von den reichhaltigen Ölfeldern Rumäniens, die ebenfalls Ziel von Hitlers Eroberungsfeldzug waren. Aber er hatte das Interesse seiner Zuhörer schon verloren. Sie wollten einfach weder hören noch glauben, daß mehr auf dem Spiel stand als das kleine Österreich.

„Die Tschechoslowakei ist nur ein kleiner demokratischer Staat, aber ihre Armee ist doppelt so groß wie unsere; sie haben dreimal soviel Munitionsvorräte wie Italien! Sie sind ein stolzes Volk mit dem Wunsch, in Freiheit zu leben!“

So mancher Engländer wußte nicht einmal, wie man Tschechoslowakei aussprach. Warum sollten sie sich also für ein Land interessieren, das ohne jeden Zweifel das nächste Ziel Hitlers war? Murphy wollte aufstehen und diesen Männern, die sich höflich die Hand vorhielten, wenn sie gähnten, zurufen: „Wacht auf, Ihr Narren! Hört Ihm zu und handelt, bevor es zu spät ist!“ Aber er blieb wie die anderen schweigend sitzen.

„Die Tschechoslowakei ist isoliert! Schon bald wird sie von uns abgeschnitten sein, wenn wir nicht Maßnahmen ergreifen, um die Verbindung aufrecht zu erhalten!“

Niemand hört dir zu, Winston. Murphy fühlte sich elend. *Sie wollen dich nicht hören. Für sie ist es Pfeifen im dunklen Wald...* Murphy überlegte sich, wie er vorgehen mußte, um Elisa und ihre Familie aus Prag herauszuholen. Ein Visum für die Vereinigten Staaten. Er würde ihr den Times Square zeigen. Es war nur noch eine Frage der Zeit, bis die Stunde der Nazis schlug und der Tod seine kleine Glocke läuten würde.

* * *

Churchills Argumente wurden von Premierminister heruntergespielt. So wie man Hitler verbal auf die Hand geschlagen hatte, als er im Rheinland einmarschiert war, so wurde auch jetzt die Invasion Österreichs zwar „mißbilligt“, sonstige Schritte aber nicht beschlossen.

Enttäuscht aber nicht überrascht, verließ Murphy gemeinsam mit den anderen Korrespondenten das Parlament. Im Nachhinein betrachtet hatte Amanda wohl doch nicht so viel versäumt. So mancher Pressevertreter wäre besser beraten gewesen, wenn er seinen Kater auskuriert und sich die Debatte zu Hause am Radio angehört hätte.

Strickland schien keinen Schaden von der vergangenen Nacht davongetragen zu haben. Murphy traf ihn direkt vor dem Eingang des Parlamentsgebäudes. Strickland gab ihm einen kräftigen Klaps auf den Rücken.

„Na, immer noch wie ein Penner angezogen, wie ich sehe.“ Er musterte abschätzend Murphys zerknitterten Anzug. „Ich hätte gedacht, daß Amanda Sie ein bißchen zurechtmachen würde.“

Murphy zuckte die Achseln. „Bin frech geworden. Sie hat's mir gezeigt und mir meinen Kram vor die Füße geworfen.“ Murphy hoffte, daß er wenigstens eine Spur Anstand für Amanda bewahren konnte. Ohne jeden Zweifel waren sie letzte Nacht der Mittelpunkt des Klatsches gewesen, nachdem sie die Party gemeinsam verlassen hatten.

Strickland schien nicht sonderlich überrascht. „Ja, das kann ich mir vorstellen“, sagte er. „Also, Sie haben Ihren Krempel dabei?“

Murphy lachte. „Alles, was ich habe, habe ich bei mir. Mehr ist es nicht.“

Strickland warf einen Blick auf seine Uhr. „Umso besser. Sie haben nicht mal eine Stunde, um nach Heathrow zu kommen.“

„Sie schicken mich schon wieder zurück in die Schlacht?“ Murphy war erleichtert, daß er nicht länger in England bleiben mußte. Wenn er jetzt schon nach Wien zurückkehrte, bedeutete das, daß er wenigstens eine Woche eher bei Elisa in Prag sein würde, als er erwartet hatte. Er hatte ihr eine Menge zu sagen. In der Zwischenzeit hatte sich etwas für ihn verändert. Er hatte sich verliebt. Er spürte einen frischen Wind in seinem Leben, der ihm neue Kraft schenkte. Er *mußte* ihr die Wahrheit sagen. Als er während ihrer kurzen Hochzeitszeremonie sein *Ja* gemurmelt hatte, war ihm nicht klar gewesen, daß es ihm tatsächlich ernst damit war. Vielleicht glaubte sie ihm. Wenn er nur genug Zeit hatte, ihr in die Augen zu sehen, dann –

„Eine andere Schlacht diesmal", antwortete Strickland und zog ein ordentlich zusammengefaltetes Telegramm aus seiner Tasche. „Ich habe keine Ahnung, was Sie ausgefressen haben, Murphy, aber der Chef hat heute früh ein Kabel den ganzen Weg von Kalifornien hierher geschickt."

„Der *Chef!"* entfuhr es Murphy. Einzig und allein Arthur Adam Craine wurde mit diesem Titel belegt: der unbestrittene König unter Amerikas Zeitungsverlegern. Er besaß die *Times* und den IND, und seinem Verständnis nach gehörten ihm auch seine Angestellten. Er war der Monarch. Sie waren seine loyalen Diener. Er herrschte über sein Reich von einem Schloß aus, das er in Spanien gekauft hatte. Dort hatte er es auseinandernehmen und nach Kalifornien einschiffen lassen. Von seinem Berg aus befehligte der alte Löwe seine Welt, diktierte die Linie seiner Zeitungen, beeinflußte die Politik der Regierung und schüchterte persönlich jeden ein, vom kleinsten Bürgermeister bis zum Präsidenten der Vereinigten Staaten. Ein Telegramm vom Chef bedeutete nichts Gutes. Murphy schluckte. „Ein Telegramm aus Kalifornien? Was will er?"

„Er will Sie."

„Mich?"

„Er sagt, er möchte diesen jungen Kerl namens John Murphy kennenlernen. Er hat sich die Übertragung angehört und ein paar Ihrer Artikel gelesen, nehme ich an." Strickland hielt ihm das Telegramm hin. Murphy zuckte unwillkürlich zurück.

„Aber was will er dann von mir?"

„Wenn er vorhätte, Sie rauszuschmeißen, Murphy, würde er Sie nicht persönlich zu sich zitieren. Sie waren da unten. Er will, daß Sie noch mal ein paar Tage in Wien verbringen. Eindrücke sammeln. Man bekommt nichts über die Grenze, das wissen Sie doch. Also möchte er, daß Sie die Story in Ihrem Schädel herausschmuggeln. Verstehen Sie? Wie Sie's während der Übertragung getan haben."

„Zwei Tage Wien." Murphy überlegte, wielange er brauchen würde, um Leah und Shimon Feldstein zu finden. Und falls er sie tatsächlich fand, was konnte er innerhalb von zwei Tagen für sie tun? „Und dann wohin?"

„Nun, der Chef ist in Kalifornien, und wenn er Sie persönlich sehen will, ist kaum anzunehmen, daß er sich auf den Weg hierher macht."

„Kalifornien! Aber ..." Der Gedanke an Elisa schoß ihm durch den Kopf.

„Yeah, Kalifornien. Auf seinem Schloß. Sir Lancelot wird nach

Camelot gerufen. Bedeutet wahrscheinlich eine Beförderung. Niemand wird nach San Sebastian gerufen, es sei denn, man ist ein Kinomogul, ein fantastisches Weib oder aber man wird befördert."

„Aber ich kann jetzt nicht weg aus Europa!"

„Sie können Ihre Story beim IND in Paris schreiben. Dort haben sie einen Tag Aufenthalt, bevor es nach New York weitergeht." Strickland grinste. „Sie üben besser schon mal Ihren Gruß." Er schlug die Hacken zusammen und hob seinen Arm. *„Heil Craine!"*

„Was ich in Wien zu tun habe, dauert länger als zwei Tage!" protestierte Murphy.

Strickland zuckte die Achseln. „Der Chef hat etwas ganz Besonderes mit Ihnen vor. Er sagt, er will Sie für eine richtig große Story – *die* Story über Europa, sagt er. Aber zuerst sollen Sie ein paar hohe Tiere in Kalifornien kennenlernen."

„Ich kann nicht. Nicht jetzt."

„Dann *werden* Sie gefeuert!"

„Sagen Sie ihm, Sie hätten mich nicht gefunden."

„Dann werde *ich* gefeuert."

„Kalifornien!" Murphys Herz sackte ihm in die Hose. Er hatte Elisa versprochen, zurückzukommen. Erst Wien, dann Prag. Er hatte sein Wort gegeben, daß er versuchen würde, Leah und Shimon zu finden. Wie konnte er sich da auf den weiten Weg zurück in die Staaten machen? Eine Reise nach Kalifornien würde Wochen dauern!

„Ich habe Ihnen einen Platz auf einem Zeppelin von Paris aus gebucht. Es startet in zwei Tagen. Ist auf alle Fälle schneller als mit dem Schiff, nicht wahr? Natürlich bin ich mir auch nicht sicher, ob ich Lust hätte, in so einem Ding zu fliegen. Nicht, nach dem, was mit der Hindenburg passiert ist. Ist es das, Murphy? Angst vorm Fliegen?" Strickland redete jetzt mit ihm wie mit einem Kind.

„Ich sehe einfach nicht, wie ich jetzt weg könnte. Die Story ist hier."

„Die Story ist da, wo der Chef sie haben will." Die Entscheidung war getroffen. „Also, Sie haben ein Ticket nach New York, und dann geht's mit dem Flugzeug weiter nach Kalifornien."

Murphy seufzte resigniert. Der Gedanke, zu kündigen, schoß ihm durch den Kopf. Immerhin bedeutete fliegen, daß er nur halb soviele Tage vergeudete. Wenn das Treffen mit Craine nicht allzu lange dauerte, konnte Murphy zurück sein, bevor er vermißt wurde. „Schätze, Sie haben recht", murmelte er.

Strickland betrachtete ihn mit väterlicher Sorge. „Sehen Sie, Junge, das letzte Mal, als der Chef Sie bemerkt hatte, schrie er Sie an, gefälligst

Ihr Maul zu halten und ihn mit den Nazis zu verschonen. Damals dachte ich, Sie seien erledigt. Der alte Craine empfindet eine gewisse Sympathie für Hitler, weil er denkt, die Nazis kämpfen gegen die Kommunisten. Vor dem Kommunismus hat er eine panische Angst. Kein Wunder. Niemand personifiziert den Kapitalismus so wie er. Er kam glänzend mit Hitler aus, als er ihn '34 besucht hat. Und jetzt hat ihm Charles Lindbergh den Kopf verdreht mit all den tollen Sachen, die Hitler unternimmt, um die Kommunisten zu bekämpfen." Er klopfte Murphy auf den Rücken. „Kapieren Sie denn nicht, Murphy? Der Chef hat den Anpfiff, den er Ihnen erteilt hat, völlig vergessen. Nicht genug damit, daß Sie *nicht* gefeuert werden, Sie werden auch noch befördert! Sie werden eine tolle Stelle bekommen – was immer es auch sein mag. Lächeln Sie wenigstens, okay? Kommen Sie zu sich."

„Strickland, ich will keine Beförderung. Ich will nicht, daß man mich überhaupt bemerkt." Murphy wußte, daß es sinnlos war.

„Nun, das ist genau der richtige Weg, um nicht befördert zu werden. Aber bemerken wird man Sie. Arthur Adam Craine wird sich persönlich darum kümmern, daß Sie keinen Job bekommen. Er wird sicher gehen, daß Sie nie wieder irgendwo einen Job bekommen. Kapieren Sie? Sagen Sie ja und Amen zu allem, was er sagt. Verstehen Sie? Und reden Sie nicht über Politik!" Strickland nahm Murphy am Arm und führte ihn die Stufen hinunter zu einem wartenden Taxi.

„Wie könnte ich die Politik auslassen?"

„Denken Sie daran, er will nicht, daß die USA in irgendetwas verwickelt werden. Er haßt die Franzosen. Er mag die Italiener, und er ist der Meinung, daß Hitler in manchen Punkten gar nicht so falsch liegt." Die Angelegenheit war erledigt. Murphy würde fahren. „1929 hatte er Winston Churchill bei sich auf dem Schloß zu Besuch. Wenn Sie also was sagen wollen, zitieren Sie Churchill. Craine mag Churchill."

Murphy riß sich los und sah Strickland direkt in die Augen. „Das ergibt doch keinen Sinn!" schnappte er. „Wie kann der Kerl mit Hitler einverstanden sein und gleichzeitig Churchill mögen?"

„Keine Ahnung, Murph", entgegnete Strickland. „Aber das ist auch nicht sonderlich wichtig. Der Chef muß ein ziemlich großes Schiff steuern. Also, schaukeln Sie nicht, oder Sie landen in der Suppe."

Murphy stieg ins Taxi, und Strickland ließ sich neben ihn auf den Sitz fallen. „Das ist verrückt, Strickland. Ich bin bloß ein kleiner Fisch. Warum interessiert er sich überhaupt für mich? Ich will einfach nur eine Weile in Wien bleiben." In Wirklichkeit dachte er an Elisa in Prag.

Strickland hörte nicht zu. Er rasselte eine ganze Liste von Aufträgen herunter, wobei er jeden durch einen Schlag auf Murphys Arm betonte, während sich das Taxi in den Verkehr einfädelte. „Der Chef mag Tiere. Jede Art. Mäuse, Vögel. Er hat einen Zoo beim Schloß. Antilopen, Gnus, Löwen und so Zeugs. Erzählen Sie ihm, daß Sie auch Tiere mögen. Sagen Sie, Sie seien ein Hundenarr. Er liebt Hunde." Strickland redete wie ein Maschinengewehr. Nacheinander zählte er Murphy die Themen auf, die sich für ein Gespräch eigneten, und solche, die den Zorn des Chefs erregen würden. „Er verabscheut Gewalt gegen Tiere. Erwähnen Sie um Himmels willen keine Jagd!"

Murphy sah Strickland ungläubig an. „Yeah? Er haßt es also, wenn kleine Tiere erschossen werden, hah? Wie fühlt er sich denn dabei, wenn *Menschen* erschossen werden? Österreicher? Juden und alle anderen? Kann ich darüber mit ihm reden?"

Strickland überlegte, ohne scheinbar den Sarkasmus in Murphys Tonfall zu bemerken. „Gott, ich weiß nicht, Murphy. Ich glaube nicht, daß der Chef an Menschen ähnlich interessiert ist wie an Tieren. Gehen Sie auf Nummer sicher. Lassen Sie ihn reden. Er mag es nicht, wenn man ihm widerspricht."

Strickland begleitete Murphy zu der Lufthansa-Maschine. Murphy setzte sich ans Fenster und seufzte tief, als Strickland und London unter ihm immer kleiner wurden. Es war eine Erleichterung, Stricklands Stimme nicht mehr hören zu müssen. Plötzlich fiel ihm ein, daß er keine Zeit mehr gehabt hatte, einen Artikel über Churchills aufrüttelnde Rede im Parlament zu verfassen. Während das Flugzeug Englands Küste hinter sich ließ, kam Murphy zu dem Schluß, daß das auf beiden Seiten des Atlantiks wahrscheinlich niemand sonderlich vermissen würde. A. A. Craine, der mächtigste Zeitungsboß in Amerika, war sicher interessierter daran, den Fellhandel zu-, als der Welt klarzumachen, daß Europa kurz davor war, von Männern verschlungen zu werden, die sehr viel grausamer als Tiere waren. Der Gedanke verfinsterte seine Stimmung noch mehr als die Wolken den Kanal.

18. Der Tote Mann

Seit dem Anschluß Österreichs und den Schüssen auf Kronenberger hielt sich kaum noch jemand im IND-Büro auf. Nur wenige Korrespondenten taten ihren Dienst; die Meute Reporter, die normalerweise hier herumlungerte, hatte sich einen anderen Platz gesucht. Dieser Ort war niemandem geheuer. Der Gedanke, daß inmitten dieser Wände ein Mensch just in dem Moment erschossen wurde, da ganz Österreich dem Führer zujubelte, jagte einem kalte Schauer über den Rücken.

Bill Skies' Blick wanderte über die verlassenen Schreibtische der Redaktion. Dieser Platz war so etwas wie ein Presse-Club gewesen, sogar für die nicht Festangestellten. Das übliche Kartenspiel war seit dem Anschluß nicht mehr angerührt worden. Skies vermißte die alte Bande. *Rein, raus, rein, raus. Was gibt's Neues? Nichts. Wie wär's mit einem kleinen Spielchen, oder willst du was trinken?*

Ein paar der Auslandskorrespondenten waren Juden gewesen. Die schlauen unter ihnen waren Hitler ein, zwei Schritte zuvorgekommen. Ein paar von ihnen waren jetzt in Prag, wo es auch zu brodeln anfing. Andere waren in Paris, und wieder andere, wie Murphy, waren in London, wo sie sich um Whitehall und das Parlament herumdrückten. Und dann gab es noch Johnson. Nach zwölf Stunden relativ harmloser Gestapo-Haft hatte ihn die amerikanische Botschaft endlich freibekommen. Man hatte ihn zur Grenze gebracht, wobei er die ganze Fahrt über geflucht hatte. Jetzt stand er auf der Schwarzen Liste des Herrn Doktor Joseph Goebbels, des Propagandaministers. Ihm war es untersagt, jemals wieder einen Fuß auf deutschen Boden zu setzen, sonst ... Es war eine Schande, daß sich Johnson hatte verhaften lassen, bevor der Kerl im IND-Büro von der SS niedergemäht worden war. So hätte Johnson vielleicht etwas darüber schreiben können, sobald er in Genf eingetroffen war. Bill Skies und den anderen waren jedenfalls von der Zensur die Hände gebunden.

Bill hoffte, daß die Jungs, die noch in Wien waren, vorbeischauen würden. In ein paar Tagen hatten sie vielleicht die Kugeln und das Blut, das über die Schreibtische gespritzt war, vergessen. Die Einschußlöcher waren bereits zugespachtelt worden, und frische Farbe verdeckte die Blutspritzer. Bill überlegte sich, daß er besser gleich das ganze Büro hätte streichen lassen sollen. Die frischgestrichenen Stellen an der Wand waren fast genauso auffällig wie vorher das Blut. Den schwarzweißgefliesten Boden hatten zwei Jüdinnen wischen müssen. Die SS hatte sie gleich, nachdem Kronenbergers Leiche abtransportiert worden war, von der Straße geholt. Trotzdem fiel es nicht schwer, sich die dickflüssige rote Pfütze noch unter dem Schreibtisch vorzustellen.

Jedem Journalisten in dem Büro war schlecht geworden von dem Schauspiel, dessen Zeuge er geworden war. Die SS und die Gestapo rechtfertigten natürlich lautstark ihre Tat, nachdem sie die Pistole gefunden hatten, die im Gürtel des Toten steckte. Mit der üblichen strikten Zensur stellte der Vorfall kaum eine Fußnote zu den Ereignissen der Woche dar. Walter Kronenberger, hieß es, wäre mit der Pistole herumfuchtelnd in das IND-Büro gestürmt und hätte dabei gebrüllt, daß er die Nazis töten würde. Das war eine gute Story. In Wahrheit hatte der Mann natürlich gebrüllt, daß die Nazis ihn töten würden. Was sie ja auch prompt getan hatten. Und er hatte auch nicht mit der Pistole herumgefuchtelt. Bill Skies runzelte die Stirn, als er sich die Ereignisse ins Gedächtnis zurückrief: Kronenberger, der seine Hand in einer letzten verzweifelten Bewegung hochgerissen hatte. *Was war es? Nicht die Waffe.* Die Erinnerung an die Kugeln, die in den Körper eindrangen und die Knochen zerschmetterten, löschten jeden anderen Gedanken aus.

Kronenberger schien bloß ein weiterer Niemand zu sein, der beim Anblick der deutschen Armee in Wien durchgedreht war. Eine erstaunlich banale, tragische Geschichte. Tausende wurden verhaftet und Hunderte nahmen sich das Leben. Gift. Pistolen. Gas. Ein um den Dachbalken gewickeltes Seil. Wenn die Gestapo die Tür aufbrach, um einen weiteren Staatsfeind festzunehmen, dann hatte das Opfer bereits eine schnellere Variante zu dem langsamen Tod gewählt, den die Gestapo bereithielt. *Vielleicht ist es das, was Kronenberger getan hat,* überlegte Bill Skies. *Vielleicht hatte er einfach nicht mehr leben wollen. Vielleicht hatte er einem SSler ins Gesicht gespuckt und kam hier hereingestürmt, schrie „Mörder, Mörder“, und die Gestapo gehorchte nur allzu gern.* Was auch immer es gewesen sein mochte, der arme Kerl hatte es auf alle Fälle fertiggebracht, das IND-Büro leerzufegen. Solange die frische Farbe nicht ein wenig nachdunkelte, jagte ihnen allen dieser Raum kalte Schauer über den Rücken.

Als hätte er Skies' Gedanken gelesen, murmelte Timmons: „Ich hab' noch nie den Geruch von frischer Farbe leiden können. Macht mich ganz krank.“

Bill Skies starrte auf die Wand und steckte sich einen erkalteten Zigarrenstummel in den Mund. „Yeah“, pflichtete er Timmons bei. Aber es war nicht die Farbe, die ihn krank machte.

Die Telefonleitungen des IND waren angezapft. Jedes geschriebene Wort wurde überprüft. Goebbels war extra nach Wien gekommen, um sicherzustellen, daß der Übergang von freier Presse zur Zensur einwandfrei funktionierte. Österreichische Journalisten gingen in Konzentrationslagern vor die Hunde. Ein tüchtiger Haufen, diese Nazis.

Eine alles durchdringende, düstere Stimmung hatte sich der eingeschworenen Gemeinschaft bemächtigt. Heute würde John Murphy nach Wien zurückkommen, aber es war nicht mehr dasselbe Wien, das sie alle in ihr Herz geschlossen hatten.

Skies zündete den Stummel an. Der Rauch hüllte seinen großen, eckigen Schädel in Wolken. Er stellte sich vor, daß der Rauch helfen würde, die frische Farbe der alten ein bißchen anzugleichen. Er starrte weiter die Flecken an der Wand an. Keine Veränderung. Immer noch zu hell, weißer als der Rest. Kronenberger schoß ihm abermals durch den Kopf. Wonach hatte der Mann gegriffen? Es war nicht seine Waffe gewesen. Es war etwas ...

Er ließ sich auf einen Stuhl fallen und kratzte sich den Kopf. Die Frage ließ ihn nicht los. Er war Reporter. Es wurde von ihm erwartet, daß ihm solche Dinge auffielen und daß er sich später daran erinnerte. Er fühlte sich alt.

„He, Timmons?“ fragte er leise. „Der Kerl, der erschossen wurde ...“

„Was ist mit ihm?“ Timmons' Stimme klang zurückhaltend. Er gewöhnte sich gerade erst an den Farbgeruch. Noch ein Wort darüber, was sich unter der Farbe befand, und sein Mittagessen würde wieder hochkommen.

„Kurz bevor sie ihn erwischt haben ...“ Skies redete um die Zigarre in seinem Mund herum. „Erinnern Sie sich?“

„Yeah“, sagte Timmons schwach. Aber er wollte sich nicht daran erinnern. Schließlich war er nur ein Sportreporter.

„Er hat in seine Tasche gegriffen und etwas herausgeholt ... aber was war das?“ Skies erhob sich und stellte sich dorthin, wo Kronenberger seinen letzten Atemzug getan hatte.

Timmons riß die Augen auf. Er war ganz blaß. „Schluß damit, Bill. Ich sag' doch, mir ist nicht gut.“

Es war zu spät. Skies spielte das grausame Drama nach – er hörte förmlich die Schreie des Verlorenen. „*Sagt ihnen* ...“ Er griff in seine Jackettasche und riß seine Hand dann, so wie er es bei dem tödlich Verwundeten gesehen hatte, in die Luft, und –

„Ein Briefumschlag!" Timmons sprang auf. „Sie haben ihn in dem Moment erschossen, als er ihn gerade draußen hatte. Er hat *uns* angeschrieen, nicht die SS!" Timmons lief eilig zu Skies herüber, der wie erstarrt war.

„Das ist es!" Skies bückte sich und suchte den Boden ab. „Haben sie ihn mitgenommen? Hat die Gestapo den Brief mitgenommen?" Beide rutschten jetzt auf ihren Knien über den schwarzweißen Kachelboden.

„Es war ein dicker Umschlag! Ich glaube nicht, daß diese Ratten ihn überhaupt bemerkt haben."

Skies und Timmons fuhren mit ihren Fingern unter dem nächsten Schreibtisch entlang. Der Spalt war zu schmal, als daß der Besen der Putzfrau dorthin gelangen konnte. Beide erwischten im selben Augenblick den Brief, der unbemerkt auf einer weißen Kachel liegengeblieben war. Triumphierend hielten sie ihn ins Licht.

Auf dem Umschlag stand in ordentlichen Druckbuchstaben: DAS TESTAMENT DES WALTER J. KRONENBERGER. Zwei winzige Blutflecken schienen den Punkt am Ende der Zeile zu markieren.

* * *

Churchill hatte vor dem Parlament deutlich von der geplanten Machtübernahme in der Tschechoslowakei durch die Deutschen gesprochen. In Paris lauschte Thomas an diesem Morgen zusammen mit anderen Angestellten der deutschen Botschaft seiner Rede am Radio.

Ein kurzer Blickkontakt mit Ernst vom Rath zeigte Thomas, daß Ernst dasselbe aus Churchills Worten herausgehört hatte: jemand aus dem deutschen Oberkommando hatte den Briten eine Nachricht zukommen lassen.

Ernst hatte nicht die geringste Ahnung, wer die Botschaft geschickt hatte, oder daß Thomas sie gar persönlich von Wien nach Paris gebracht hatte. Obwohl Thomas Ernst vertraute, wollte er ihn nicht mit in diese Sache verwickeln. Es gab keinen Grund, Ernst zu gefährden. Und für Thomas bedeutete es mit Sicherheit sein Todesurteil, wenn er entdeckt würde.

Andere Kuriere gingen bestimmt dasselbe Risiko ein. Aber Canaris und Oster hatten beschlossen, daß es sicherer wäre, wenn jeder so wenig wie möglich über die anderen wußte. So konnte niemand etwas verraten, wenn er gefangen genommen und von der Gestapo gefoltert wurde. Thomas war es recht; er brauchte nicht mehr zu wissen als die Adresse von Fiori's Buchladen in Wien und wie er den Bücherstand von Le Morthomme am Seine-Ufer finden konnte.

Es war fast Mittag, als Thomas den Büchermarkt erreichte. Eilig ging er zu dem Stand des merkwürdigen kleinen Buchhändlers. Der *Tote Mann* sah genauso aus wie am Tag zuvor – dieselbe formlose Baskenmütze, derselbe Lederriemen um den Hals und dasselbe abgewetzte gelbe Hemd unter seinem staubigen schwarzen Mantel. Die Stände waren heute nicht so überfüllt, und Le Morthomme blickte erwartungsvoll zu Thomas auf, als die Glocken der Notre-Dame zwölf Uhr schlugen.

Thomas war sich sicher, daß ihm niemand gefolgt war. Und in der Stille des leeren Bücherstandes untersuchte er das Buch, das der *Tote Mann* unter seinem Tisch hervorgezogen hatte. Es war nicht dasselbe Buch, das Thomas gestern vorbeigebracht hatte, aber der Deckel war erstaunlich ähnlich.

„Unser englischer Freund hat seine Arbeit gut gemacht", sagte der Tote Mann in bezug auf Churchill. „Aber keinen kümmert's."

„Wem soll ich das bringen?" fragte Thomas mit unterdrückter Stimme.

„Fiori. Er wird dafür sorgen, daß es in die richtigen Hände fällt."

„Was sagen die Briten?"

Le Morthomme öffnete das Buch auf Seite 178 und hielt es ins Licht. Feine Nadelstiche ließen am Anfang eines jeden Wortes der Mitteilung das Licht hindurch. Ohne die Lampe dahinter waren die winzigen Löcher nicht zu erkennen. *Nennen Sie den Tag der geplanten Aktion. Wir werden standhaft bleiben.*

Endlich also das Versprechen der Briten an Hitlers Gegner in der deutschen Führung. Vorgewarnt von jedem Schritt des Führers würde England keine weitere Gebietsverletzung durch Hitlers Armee hinnehmen.

Thomas klappte das Buch erleichtert zu. Es war alles so einfach. Diese ermutigenden Worte würden ohne jeden Zweifel die Entschlossenheit derjenigen im deutschen Oberkommando stärken, die sich jeder weiteren Aggression durch den Führer widersetzten! Thomas steckte das Buch in die Tasche und zahlte Le Morthomme zwei Franc. Das Buch war in der Tat sehr wertvoll! Winston Churchill hatte persönlich die Information beurteilt und die schreckliche Gefahr für die tschechische Nation geglaubt. Canaris, Oster und die anderen würden ihrerseits seinem Versprechen, standhaft zu bleiben, glauben.

Eine kurze Reise zurück zu Fiori's in Wien würde sie wissen lassen, was zu tun war. Die Engländer mußten das genaue Datum im voraus kennen! Wenn sie diese Information erst einmal in ihren Händen hielten, konnten sie sich sehr viel leichter der Bedrohung stellen.

Thomas lächelte. „Sagen Sie, wie sind Sie eigentlich zu Ihrem Namen gekommen, *Toter Mann?*" fragte er den Buchhändler.

„Ich habe immer gesagt, daß seltene alte Bücher wie die Stimmen der Toten sind, die ihre Warnungen, ihr Wissen und ihre Dummheiten allen zukünftigen Toten dieser Welt zurufen." Auf seinem zerfurchten, lederartigen Gesicht zeigte sich ein Lächeln. „Sie sind ein toter Mann, ich bin ein toter Mann. Wir haben alle dasselbe Ziel, nicht wahr, Monsieur?"

Thomas klopfte auf das Buch in seiner Tasche. „Noch nicht so bald, hoffe ich."

Das Lächeln auf dem Gesicht des Alten schwand, als er einen Mann bemerkte, der langsam vorüberschlenderte und Thomas dabei verstohlen beobachtete. Le Morthomme senkte seine Stimme. „Ich erwarte Sie Freitag Mittag", flüsterte er.

Thomas folgte seinem Blick und sah, wie der Verfolger vorbeispazierte. Freitag Mittag? Ja, das war gerade Zeit genug, um nach Wien zu kommen. Wenn bereits ein Datum für die Invasion feststand, dann mußte es dort jemand kennen.

Thomas nickte. „Schön. Ja, am Freitag dann."

* * *

Es war früh am Morgen, als Leah von Männerstimmen und einem tiefen Lachen am Fuß der Treppe geweckt wurde. Sie öffnete die Wohnungstür einen Spalt und spähte in die Halle hinunter.

Drei Männer standen im Flur beisammen. Die Tür zur Hausmeisterwohnung war offen. *Suchen sie etwas Bestimmtes?* fragte sich Leah.

„Ich gratuliere Ihnen zu Ihrer neuen Aufgabe, Herr Hugel!" Ein uniformierter SS-Mann schlug seinem Begleiter in Zivil auf den Rücken.

Der Zivilist lachte und riß seinen Kopf eifrig auf und nieder. „Der Lohn für jahrelange Treue zum Führer!" sagte er stolz, wobei er einen Blick in die Hausmeisterwohnung warf. „Es war ein mühsamer Anstieg für die Hugels in Österreich, aber heute habe ich die Spitze erklommen!"

Dieser Hugel also war der neue Hausmeister. Leah erschien er wie ein riesiger Haufen Schweinefett. Er trug Lederhosen und Wolljacke eines geborenen Österreichers. Sein enormer Bauch ragte weit über den Hosenbund heraus, und es schien, als hätte er keinen Hals. Sogar seine herabhängenden Augenlider waren zwei einzige Fettpolster, und wenn er lachte, zeigten sich kurze gelbe Zähne.

So einem fetten Kerl muß der Anstieg tatsächlich schwergefallen sein! dachte Leah. Sie fragte sich, wo er angefangen haben mochte, wenn der erreichbare „Gipfel" darin bestand, Nazi-Informant in einem Wohnhaus zu sein. Und wieviele menschliche Rücken würde er jetzt erklimmen, um seinen Vorgesetzten zu gefallen? Der Kerl brach erneut in schallendes Gelächter aus und wischte sich Freudentränen aus seinen wässrigen blauen Augen.

Das also ist ein Beispiel dafür, was wir jetzt in Wien zu erwarten haben! dachte Leah. Vorsichtig schloß sie die Tür wieder. Der Gedanke, daß ein Kerl wie Hugel im selben Haus wohnte wie sie selber, ließ sie erschaudern.

Andererseits überzeugte seine Anwesenheit sie davon, daß sie nicht länger auf Elisa warten konnte. Mittlerweile waren mehrere Tage vergangen, und ihre liebste Freundin war noch immer nicht zurückgekehrt. Die Nachrichten, auch wenn sie jetzt von den Nazis gefärbt waren, sagten, daß die Grenzen zur Tschechoslowakei geschlossen worden seien. Als Grund gaben sie Drohungen des tschechischen Militärs gegenüber dem Reich an. So lange sich daran nichts änderte, war es Elisa unmöglich, nach Österreich zurückzukehren. Sie würde nicht in der Lage sein, ihr Versprechen zu erfüllen.

Leah biß sich auf die Lippe. Verwirrt stand sie in der kleinen Küche. Vielleicht konnte sie Karl und Ludwig selber nach Tirol bringen. Aber woher sollte sie das Geld nehmen, um die Fahrkarten zu bezahlen? Allein das Problem schien unüberwindbar.

Es war immer noch reichlich zu essen in den Regalen. Was Elisa für Leah und den kräftigen Shimon gerechnet hatte, schien ewig zu reichen. Trauer und Sorge um Shimon brachte Leah um ihren Appetit, und die beiden kleinen Jungen aßen wenig. Wenn sie sich entschlossen, zu bleiben und auf Elisas Rückkehr zu hoffen, würden sie noch eine ganze Weile aushalten können. Gäbe es da unten jetzt nicht Herrn Hugel, so wäre ihr das als der sicherste Weg erschienen. Warum sich draußen irgendwelcher Gefahren aussetzen, wenn sie zunächst genug zu essen und ein sicheres Dach über dem Kopf hatten und niemand irgendwelche Fragen stellte?

Sie konnte hören, wie Hugel die Treppe heraufgestapft kam. Als seine fleischige Hand gegen die Tür klopfte, schreckte sie mit einem Ruck auf. Sie rührte sich nicht, bis das Klopfen drängender wurde. Sie zog ihren Morgenmantel eng um sich und schlich auf Zehenspitzen zur Tür.

„Wer ist da?" fragte sie mit schläfriger Stimme.

„Herr Hugel", kam die stolze Antwort.

„Wer?" Sie ließ ein wenig Ärger durchklingen. Schließlich war es noch sehr früh.

„Herr Hugel, der neue Hausmeister! Öffnen Sie die Tür, bitte!"

„Verschwinden Sie!" rief sie wütend. „Es ist mir völlig egal, wer Sie sind! Es ist sechs Uhr früh, und ich bin Musikerin. Ich arbeite bis spät und brauche meinen Schlaf!"

Einen Moment lang blieb es auf der anderen Seite der Tür still. Herr Hugel dachte nach; und das war für jemanden mit seinem Verstand eine schwierige Angelegenheit. Die Stimme, mit der er schließlich antwortete, klang weniger arrogant und beinahe entschuldigend. Leah wußte, daß sie mit diesem Hornochsen hart umgehen mußte. „Bitte", stotterte er, „ich selbst bin Frühaufsteher, und ich vergesse ..."

In einem Anfall von Tapferkeit riß sie die Tür auf und starrte ihn an. Sein Gesicht war gerötet, und er schwitzte vom Treppensteigen. Ihr wütender Gesichtsausdruck ließ ihn einen Schritt zurückweichen. „Ich habe die ganze Nacht über vor den höchsten Parteimitgliedern gespielt", log sie wütend.

Er senkte beschämt seinen Kopf. „Sie sind die erste Mieterin, zu der ich ..." Er schwitzte gewaltig. Mit der Hand wischte er sich über die Stirn. „Ich wollte mich nur den Mietern vorstellen."

„Warten Sie damit, bis die Sonne aufgegangen ist!" schnaubte sie verärgert. „Oder Ihre Mieter werfen Sie noch die Treppe herunter!" Und einer plötzlichen Eingebung folgend riß sie ihren Arm hoch und entließ ihn mit den Worten: *„Heil Hitler!"* Der Effekt war wundervoll niederschmetternd.

Kleinlaut reckte er seine Hand hoch und stammelte: „H-heil, äh, H-h-hitler."

Mit einem letzten vernichtenden Blick schlug sie die Tür vor seiner Nase zu und verschloß sie triumphierend. Dann lehnte sie sich ausgelaugt gegen den Türrahmen und rutschte langsam auf den Boden. Sie versuchte, sich zu beruhigen, während Herr Hugel auf Zehenspitzen davonschlich.

19. Stilles Testament

Während das Flugzeug über Wien seine Kreise zog, konnte Murphy deutlich die beflaggten Gebäude erkennen. Es war noch nicht lange her, da hatte er Berlin mit derselben unheimlichen Todesahnung betrachtet. Er war froh, daß Elisa in Prag geblieben war. Er tastete nach dem Brief, den sie ihm für Leah mitgegeben hatte. Unter ihm ragte der Turm des Stephansdoms wie ein erhobener Zeigefinger anklagend herauf. Er wußte, daß Shimon und Leah Feldstein sich noch immer im Schatten der Kathedrale aufhalten mußten, vorausgesetzt, sie gehörten nicht zu den Tausenden, die gleich beim ersten Streich fortgeschafft worden waren. Wenn sie noch da unten waren, würde Murphy sie finden. Er hatte es Elisa versprochen, und er würde sein Versprechen halten.

Bill Skies empfing ihn am Alpern-Flughafen. Skies sah um zehn Jahre gealtert aus, hager und ausgezehrt. „Hab' nicht geschlafen." Skies sah Murphy kaum an. Aufgescheucht suchte sein Blick das Gebäude ab, das von uniformierten Wehrmachtssoldaten nur so wimmelte.

„Selbst Gott hat sich nach dem sechsten Tag ausgeruht, Bill." Murphys Versuch, witzig zu sein, schlug fehl.

„Gott hat sich verdrückt, als Hitler nach Österreich gekommen ist." Skies war nicht nach Scherzen zumute. Er sah Murphy an und sagte gequält: „Sie werden es nicht glauben, Murph. Sie werden es nicht glauben ..."

Als sie im Hotel Sacher ankamen, war es von deutschen Offizieren und Beamten besetzt, die ins Land gebracht worden waren. Die Mühlen der neuen Verwaltung mahlten schnell, um den neuen Funktionären eine Unterkunft zu verschaffen. Juden wurden zwar im Rahmen „legaler Verfahren" aus ihren Wohnungen vertrieben. Aber auch das dauerte seine Zeit.

„Sie nehmen jedes Hotel in Beschlag", knurrte Skies, als sie zurück zum Auto gingen. „Sie können bei mir bleiben."

Murphy hatte bereits beschlossen, in Elisas Wohnung abzusteigen. Er hatte die Hoffnung nicht aufgegeben, daß sich Leah und Shimon dorthin in Sicherheit hatten bringen können und so dem sich enger ziehenden Netz der Gestapo entkommen waren. „Ist schon in Ordnung." Murphy ließ die deutschen Uniformen, die die Bürgersteige füllten, auf sich wirken. „Ich werde in der Wohnung meiner Frau bleiben."

Skies sah ihn scharf an. Er hatte vergessen, daß Murphy verheiratet war. Er antwortete nicht, bis sie auf die Hauptstraße einbogen. Sein Gesicht war angespannt, und er blickte finster drein. Immer wieder krampften sich seine Hände ums Lenkrad.

Tausend Fragen schossen Murphy durch den Kopf, aber er saß schweigend da, als wäre die Stadt ein einziger riesiger Friedhof. Skies schien nicht die Ereignisse der vergangenen Woche aufzählen zu wollen, und Murphy stellte keine Fragen.

Als sie schließlich auf die breite Ringstraße bogen, sagte Bill Skies gequält: „Es ist die Hölle hier gewesen, Murphy, einfach die Hölle."

Murphy konnte seinen Blick nicht von den Häusern wenden. Überall hingen Flaggen; Plakate mit Hitler waren allgegenwärtig – außer an den Geschäften, an die das Wort *Jude* geschmiert war.

Jetzt, da Bill seinen Mund einmal geöffnet hatte, ließ er sich nicht mehr aufhalten.

„Sogar die Botschaft hatte Schwierigkeiten, Johnson aus den Fängen der Gestapo zu befreien. Er ist jetzt in Genf. Er solle besser nicht zurückkommen, hieß es. Aber das Schlimmste ist –" Er schluckte. „Das Schlimmste war der Kerl, den sie im IND-Büro niedergeschossen haben. Es war schon schlimm genug, solange wir glaubten, er sei irgendein Verrückter gewesen, aber dann ..." Er hielt mitten im Satz inne und warf Murphy stirnrunzelnd einen Blick zu. „He, Sie haben doch über den Kirchenkampf berichtet, oder nicht?"

„Amanda Taylor und ich haben soviel gemacht, wie wir konnten." Murphy konnte die Kirchtürme sehen, die die Häuser überragten. Er fragte sich, wielange es dauern würde, bis den Kirchen hier dasselbe widerfuhr wie den Kirchen in Deutschland. „Wir hatten ein paar Kontakte unter dem Klerus. Einer traf sich immer mit mir im Tiergarten in Berlin und erzählte mir, was alles passiert war. Dann hat ihn die Gestapo umgebracht, und ich habe die ganze Sache fallengelassen." Er hatte einen trockenen Mund bei der Erinnerung daran. „Die Nazis haben so ziemlich den gesamten Widerstand in der Kirche zerschlagen. Amanda hat sich weiter damit beschäftigt."

„Läuten beim Namen Walter Kronenberger irgendwelche Glokken?"

Murphy starrte auf die Worte, die ordentlich auf den Umschlag gedruckt waren. Der Name kam ihm bekannt vor, aber er hatte soviele gehört und wieder vergessen. „War er ..." Er hielt inne und berührte den Brief. „Pfarrer? Nein, Journalist, nicht wahr?"

Skies lachte kurz und bitter auf. „Allerdings. Einer der letzten, die sich zu reden getraut haben." Er warf Murphy einen Blick zu, als sie langsam hinter einer Straßenbahn hielten. „Die ganze Story steckt da drin, Murph. Er war gerade auf dem Weg zum IND, als die Schweine ihn erwischt haben. Ihn erschossen haben. Blut und eine Leiche auf dem Boden der Redaktion." „Ist doch ein passender Tod für einen Reporter, finden Sie nicht? Er kam zu uns, um seine letzte Story loszuwerden, und sie haben ihn durchlöchert." Er stockte, und Murphy bemerkte, wie die Augen dieses hartgesottenen Zeitungsmannes feucht wurden. „Aber die Story haben sie ihm nicht mehr abnehmen können. Timmons und ich haben sie gefunden. Ein weißer Briefumschlag auf einer weißen Kachel unter der Ecke eines Schreibtischs. Lesen Sie, Murph. Mein Gott, was für eine Geschichte! Wir müssen einen Weg finden, um sie rauszuschaffen und sie draußen veröffentlichen."

Das war leichter gesagt als getan. Am Alpern-Flughafen rissen die Nazis Koffer regelrecht auseinander auf der Suche nach ausländischer Währung oder Schriftstücken, die dem Bild des Reiches Schaden zufügten. Reporter würden sie besonders gründlich kontrollieren. Papiere waren fast schwer außer Landes zu schmuggeln wie Menschen. Was auf Deutschland zutraf, stimmte zweifellos auch für Österreich.

Murphy steckte den Brief ein, als Skies vor dem IND-Büro hielt. Zwei große Kerle standen neben dem Eingang.

„Gestapo", flüsterte er und wurde bleich. Als Kopf des Wiener IND-Büros war Skies der Anblick der Gestapo seit Jahren erspart geblieben – bis zu dieser Woche. Der Mord an Kronenberger war eine grausame Einführung gewesen. Und in den letzten Tagen war ein Alptraum dem anderen gefolgt, aber über keinen konnte man berichten.

Murphy dagegen war, seit der Schrecken begonnen hatte, in Berlin gewesen. Er hatte gelernt, mit Himmlers Schergen umzugehen und sich dabei eine gewisse Dreistigkeit zugelegt. „Lassen Sie mich reden", sagte er mit unterdrückter Stimme.

Die beiden Gestapo-Beamten verstellten ihnen den Weg, als Murphy und Skies zum Eingang gehen wollten. „Folgen Sie uns, bitte", forderten sie die beiden auf. „Das Büro ist vorübergehend geschlossen."

„Reine Routine", erklärte der deutsche Beamte, als Skies protestierte. „Sie werden dort drüben hingebracht." Er deutete mit dem Daumen auf den Palast der Rothschilds. „Zusammen mit den anderen Auslandskorrespondenten, die Zeuge des Todes des Kriminellen Kronenberger waren."

Murphy hob seine Arme und tat, als ergäbe er sich. „Na, wenn Sie an Zeugen interessiert sind, mein Freund, können Sie mich ruhig ziehen lassen. Ich bin gerade erst aus London eingeflogen." Der weiße Briefumschlag mit Kronenbergers Testament schien ein Loch in Murphys Jacket zu brennen.

„Das ist wahr", stimmte Skies sofort zu. „Mr. Murphy ist amerikanischer Journalist. Frisch aus London eingetroffen. Er hat nichts damit zu tun." Skies stieß Murphy in die Seite. „Zeigen Sie den beiden Ihr Ticket, Murphy."

Es war klar, daß auch Skies sofort an Kronenbergers Dokument gedacht hatte. Wenn die Geschichte tatsächlich so heiß war, wie Skies glaubte, dann mußte die Gestapo und das Propaganda-Ministerium darum bemüht sein, eine Veröffentlichung zu verhindern.

Murphy holte sein Ticket hervor. Mit gespielter Zuversicht sah er den beiden Beamten dabei zu, wie sie es untersuchten. „Sie sind gerade in Alpern eingetroffen." Der kleinere der beiden Kerle fragte, was er mit Murphy tun sollte. Dann schlug er kurz seine Hacken zusammen und gab Murphy seine Flugticket zurück. „Sie können gehen, Herr Murphy. Es handelt sich nur um eine routinemäßige Untersuchung."

Skies zog seinen Auto- und seinen Wohnungsschlüssel aus der Tasche. „Ich rufe Sie an, sobald wir fertig sind. Sie holen mich dann ab, okay?"

Murphy warf ihm einen kurzen Blick zu. Kronenbergers Brief würde sicher verwahrt sein.

Hakenkreuzfahnen hingen von den Türmen des Stephansdoms, was wie eine endgültige Blasphemie wirkte. Die Schatten der Türme fielen auf die Dächer der angrenzenden Häuser und zeigten direkt auf den Judenplatz, wo die verbliebenen Juden Wiens auf den nächsten Gewaltausbruch warteten.

Mit dem Brief in der Tasche wagte es Murphy nicht, an der Zufahrt zum Judenplatz zu halten, um nach den Feldsteins zu fragen. Leah und Shimon konnten diese Gewaltakte kaum unversehrt überstanden haben. Das kleine Haus, in dem sie wohnten, stand genau im Mittelpunkt, so wie sie im Mittelpunkt der zionistischen Bewegung Wiens gestanden hatten. Wenn sie noch am Leben waren, mußten sie es bereuen, nicht rechtzeitig nach Palästina ausgewandert zu sein.

Jetzt war es für viele Juden in Österreich zu spät. Die meisten hatten nie ernsthaft ein Auswandern in das wüste und wilde Land erwogen. In einer Nacht aber hatte sich alles grundlegend geändert. *Wie sehr werden sie sich jetzt nach der relativen Sicherheit dieses Landes sehnen!* dachte Murphy.

Elisas Wohnung lag nur fünf Minuten entfernt. Vielleicht konnte er irgendein Zeichen von Leben hinter den Vorhängen erkennen. Was er sah, ließ seine Hoffnung allerdings auf den Nullpunkt sinken.

Vor jedem Hauseingang stand ein SS-Posten Wache. Mit aufgestecktem Bajonett und blankgeputzten Stiefeln, den Helm korrekt aufgesetzt. Bei ihrem Anblick stieg kalte Wut in Murphy auf. Er parkte den Wagen, und ohne einen weiteren Gedanken an Kronenbergers Brief stieg er aus und ging zielstrebig auf die Haustür zu.

Stiefel knallten, und ein Gewehr versperrte ihm den Weg. „Halt!" rief ein junger Soldat mit steinernem Gesicht.

„Ich wohne hier", sagte Murphy herausfordernd. Der junge Wachposten nahm ein Klemmbrett, das auf der Steinmauer der Treppe gelegen hatte.

„Wie heißen Sie, bitte?" Er überflog die Liste.

„Verzeihung", entschuldigte sich Murphy. „Mein Deutsch ist nicht so gut. Ich meinte, daß ein Freund von mir hier wohnt."

„Und wie heißt Ihr Freund?"

Jetzt hatte Murphy genau das getan, was er vermeiden wollte. Erwähnte er Elisas Namen, würde die Wohnung Aufmerksamkeit erwecken. Murphy tat, als hätte er die Frage nicht richtig verstanden.

Der Wachposten wiederholte ungeduldig seine Frage: „Wie lautet der Name Ihres Freundes, und in welcher Wohnung wohnt er?"

„Der Name meines Freundes?"

„Ja, ja, *ja!*"

„Bill Timmons", erwiderte Murphy, „ein amerikanischer Journalist wie ich."

Mit verkniffenem Blick sah der junge Soldat die Liste durch. „Es gibt hier keinen Mieter, der so heißt."

Murphy tat verwirrt. „Das verstehe ich nicht. Er sagte, er wohne Nummer 541 –"

„Das hier ist 145!"

Murphy lächelte. „Ach, so ist das." Er tippte sich an den Hut und bedankte sich.

Wütend über sich selbst stieg Murphy wieder in den Wagen. Er würde nicht noch einmal den Versuch unternehmen, in die Wohnung zu gelangen – jedenfalls nicht, solange Wachtposten davor standen. Wenn jede Wohnung in Wien kontrolliert wurde, und in diesem Haus war das zweifellos der Fall, so konnten sich Leah und Shimon unmöglich in Elisas Wohnung aufhalten. Der Haß der Nazis schwappte immer noch wie Flutwellen über die Stadt. Murphy blieb nichts übrig, als abzuwarten und den Schlamm zu durchwühlen, sobald die Fluten verebbt waren.

Er fuhr auf direktem Wege zu Bill Skies' Wohnung, die sich zwei Querstraßen von der Staatsoper entfernt in einem eleganten Viertel befand. Beethoven hatte hier gelebt. Kleine Messingtafeln wiesen in der Nachbarschaft auf die ehrwürdige Vergangenheit hin; an etwa einem dutzend Häuser aber prangte das Wort *Jude!* An jedem Haus wehte eine Hakenkreuzfahne, außer an denen ein Davidsstern geschmiert worden war.

Keine Ecke von Wien war verschont geblieben, so schien es Murphy. Es gab nur noch zwei Zeichen in dieser unglücklichen Stadt: das gebrochene Kreuz und der sechszackige Stern, der das verlorene Volk eines untergegangenen Königreichs brandmarkte.

20. Kronenbergers Vermächtnis

Durch einen Spalt im Vorhang hatte Leah die Unterhaltung zwischen John Murphy und dem SS-Posten beobachtet. Eine Mischung aus Hoffnung und Furcht hatte sie erfüllt. Sie sehnte sich nach seiner trostspendenden Gegenwart; aber wenn er die Stufen zum Eingang heraufgekommen wäre, wenn er sich mit dem Posten gestritten oder den widerlichen Hauswart, der auf den Namen Hugel hörte, beiseitegestoßen hätte, wären sie ihm die Treppe herauf und in die Wohnung gefolgt.

Tränen der Enttäuschung füllten ihre Augen, als der schlaksige Amerikaner bemerkte, daß er sich offenbar in der Adresse geirrt hätte! *Nein!* wollte sie rufen. *Wir sind hier! Ich habe Elisas Nachricht gelesen! Bitte, Murphy! Hilf mir! Hilf uns!*

Stattdessen biß sich Leah auf ihre Lippen und beobachtete schweigend, wie er davonfuhr. Er hatte das einzig Mögliche getan. Und Leah blieb in der Falle zurück – als Gefangene von Herrn Hugel und den SS-Posten, die Tag und Nacht vor dem Eingang Wache standen. Wie lange würde diese Maßnahme noch andauern? Nach wem suchten sie? Sie hatte den fetten Nazi-Hausmeister mit einem puren Bluff davongejagt. Würde sie in der Lage sein, das zu wiederholen?

Als der Wagen um die Ecke verschwand, trat Leah zurück und drehte sich um. Die Jungen starrten sie wortlos und mit nachdenklichen Gesichtern an. Sie waren noch Kinder, aber in ihrem kurzen Leben hatten sie schon mehr durchgemacht als Leah selber. Was hatten sie getan, als sie Gefangene in ihrem eigenen Heim in Deutschland gewesen waren?

Der kleine Karl runzelte die Stirn und faltete seine Hände wie zum Gebet. Ludwig sprach für ihn: „Mama hat immer gesagt, daß wir beten sollen, wenn wir uns fürchten, Tante Leah."

Was haben euch eure Gebete geholfen? dachte Leah bitter. Sie schaute in die traurigen Augen der Kinder, die nie ein normales, glückliches Leben hatten führen können. Das Flehen zu Gott hatte Karl nicht seinen Wolfsrachen genommen. Es hatte Walter nicht vor dem Gefängnis bewahrt und seine Frau nicht vor der Abtreibung und dem Tod unter den Händen der Nazi-Ärzte. Welchen Nutzen hatten all die Gebete in den letzten bitteren Jahren in Deutschland gehabt? Die Herzen vieler Kirchenführer hatten sich von den Unschuldigen abgewandt. Im Namen der Christenheit wurden Juden zu Tode gehetzt, und die

Schwachen in der Herde wurden aussortiert und zum Schlachthof getrieben. Das war der leere Krug, der aus dem Brunnen ihrer Gebete hochgezogen wurde!

Leah antwortete nicht. Der Schmerz in Karls Augen wurde noch stärker, als er ihre eigene innere Leere erkannte. *Nein!* wollte sie rufen. *Ich glaube nicht an Wunder!*

Karl senkte seine gefalteten Hände und schüttelte den Kopf, als wollte er ihr sagen, daß es nicht richtig sei, nicht zu glauben. Auf seine wortlose Anklage entgegnete sie: „Wenn es dir hilft und du dadurch keine Angst hast, dann solltest du es sicher tun."

Ludwig warf einen Blick auf Karl und sagte: „Aber was ist mit dir, Tante Leah?"

„Werdet ihr für mich mitbeten, Kinder? Betet, daß ich erkenne, was ich zu tun habe. Und wenn ihr mögt, dann betet auch, daß ich keine Angst habe."

Diese Antwort schien sie zu befriedigen. Karl nickte ernst und Ludwig versprach, daß sie für ihre Tante Leah beten wollten, die es nicht für sich selbst tun konnte.

* * *

Zwei Dutzend deutschstämmige Tschechen saßen zusammen mit Albert Sporer, Karl Heinland, Hans Frank und Otto Wattenberger in dem stickigen Raum. Hier, in der Stadt Eger im Sudetenland, überlegten sie sich den Schlachtplan.

„Spätestens nächste Woche müssen die Unruhen losgehen", wies Frank seine Leute an. „Die Deutschen in der Tschechoslowakei müssen sich mit der Forderung nach einer Vereinigung mit dem Reich erheben. Wie Österreich werden wir ein Teil des Großdeutschen Reiches." Er hielt inne und sah sich beifallheischend im Raum um. „Was wird das kosten? Vielleicht müssen wir dafür mit unserem Leben bezahlen. Aber dann sind wir für ein vereintes Vaterland gestorben!"

Die Männer antworteten nicht. Sie hatten ihre Anweisungen erhalten.

Als erstes würden sie eine tschechische Polizeistation angreifen. Damit würde der Aufstand losbrechen. Diejenigen unter ihnen, die dabei ihr Leben ließen, würden zu Märtyrern des Vaterlandes erklärt! Die nationalsozialistischen Redner würden ihre Namen von Podesten und Kanzeln rufen! Für die Sudetendeutschen galt einzig und allein: Tod oder Befreiung von der tschechischen Regierung in Prag!

Eiserner Wille stand in ihren Gesichtern, während die Pläne weiter ausgeführt wurden. Die Schichtwechsel der Polizeistation waren notiert. Sie würden um drei Uhr morgens angreifen, wenn die Beamten der Frühschicht gerade auf ihren Fahrrädern ankamen. Konnte es einfacher sein? Sie würden angreifen und fliehen. Die tschechische Regierung würde zurückschlagen, und der Führer hatte seine Propaganda.

Das Plan war nach genau demselben Muster gestrickt, dessen Zeuge Otto in den Monaten vor dem Anschluß in Wien geworden war. Er hatte den Mord an der Deutschen Irmgard Schüler und ihrem jüdischen Geliebten Rudolf Dorbransky mitangesehen. Mit dieser kleinen Flamme hatte man Aufstände entzündet. Hunderte solcher Zwischenfälle hatten im Verlauf von Monaten zum Untergang Österreichs geführt, dem Untergang vieler Dinge.

Begeistert nahmen die Männer Waffen und Munition, die aus Deutschland herbeigeschafft worden waren, in Empfang. Otto blieb, als die Aufrührer einer nach dem anderen das Hotel verließen.

„Du siehst unschlüssig aus, Otto", sagte Sporer leise zu ihm.

„Ich bin nicht aus dem Sudetenland. Ich bin Österreicher." Otto zuckte die Schultern. „Es wird zu Mord und Totschlag kommen. Mit Sicherheit wird es Tote geben. Du weißt, daß ich davor keine Angst habe, Albert, aber –"

„Aber was?"

„Was hilft ein toter Österreicher dabei?"

„Hast du vor zu sterben?" Sporer gab ein kurzes Lachen von sich und schlug Otto auf den Rücken.

„Eure Anführer müssen aus dem Sudetenland sein; sonst werden die Tschechen sagen, ihr hättet Aufwiegler aus Österreich hergeholt."

„Dasselbe haben sie über mich gesagt, als ich in Wien verhaftet wurde", rechtfertigte Sporer die Entscheidung. Ihm gefiel es nicht, daß sich Otto Wattenberger anscheinend vor der bevorstehenden Schlacht drücken wollte.

„Ja, das sagten sie über dich. Und es hat der Sache geschadet. Wenn die Tschechoslowakei zusammenbricht, dann muß es klar sein, daß deutsche Patrioten, die hier leben, dies vollbracht haben." Er runzelte die Stirn. „Es gibt in Österreich genug für mich zu tun."

Sporer musterte ihn abschätzig. „Österreich ist verglichen mit der Tschechoslowakei ohne Bedeutung. Du hast die Worte des Führers mit deinen eigenen Ohren gehört. Die Tschechoslowakei ist der Flugzeugträger der Westmächte. Wenn der Führer Frankreich und England angreift, wäre das Reich immer im Rücken bedroht, es sei denn, die Tschechoslowakei wird dem Reich einverleibt! Die zweieinhalb Millionen Deutsche in der Tschechoslowakei sind dem Führer ziemlich egal. Ihm geht es um militärische Sicherheit. Österreich war nur das Sprungbrett ..." Lebhaft wiederholte Sporer die Dinge, die Otto bereits wußte. Er hatte es von Anfang gewußt. Er wußte genug; jetzt wollte er einfach nur nach Wien zurück.

Otto nickte. „All das wird auch dann passieren, wenn ich nicht an der Schlacht teilnehme. Du kannst mit Sicherheit eine andere Verwendung für mich finden. Ich habe kein Interesse daran, den Führer oder das Reich in Verlegenheit zu bringen. Es werden hier keine ausländischen Agitatoren wie in Österreich benötigt."

„Ende Mai wird das Sudetenland von der Wehrmacht besetzt. Und dann werden wir nach Prag marschieren, Otto! *Kamerad!*" Sporer klopfte ihm abermals auf den Rücken. „Du wirst doch nicht deinen Platz in diesem glorreichen Moment aufgeben wollen!"

Otto zog seine Augenbrauen vor Müdigkeit hoch. „Wenn du nicht einsehen willst, daß meine Bitte vernünftig ist, Albert ..." Otto setzte sich seufzend auf einen Stuhl. „Wir haben immer und überall zusammengehalten."

„Genau das ist doch der Punkt, oder nicht? Seit den Anfängen in Stuttgart sind wir Kameraden gewesen. Schulter an Schulter für den Führer und das Vaterland."

„Und daran hat sich auch nichts geändert. Aber mein Herz schlägt nun mal zuerst für Österreich. Nur diese kleine Bitte, daß ich in Österreich dienen kann."

Albert Sporer war sichtlich enttäuscht. Er zuckte die Schultern und ließ sich neben Otto auf einen Stuhl fallen. Sie hatten so viel gemeinsam durchgemacht, und jetzt ließ ihn Otto hier allein. Waren sie nicht die engsten Kameraden gewesen? Hatten sie nicht ihren Haß auf die Juden geteilt und auf jeden, der sich gegen Führer und Vaterland stellte? Sporer hatte immer diesen Nazi bewundert, der eigentlich hatte Priester werden wollen. Er hatte respektiert, daß Otto Wattenberger Gewalt verabscheute und seine Pflicht gegenüber seinem Vaterland über alles andere gestellt hatte. Otto Wattenberger hatte eine andere Qualität in die Bewegung gebracht, außer der bloßen Lust an Krawall. Er hatte der Sache eine gewisse Reinheit verliehen – und auch ihm, Sporer.

„Also dann“, sagte Sporer schließlich. „Du denkst immer noch wie ein Pfarrer, was?“ Er seufzte. „Dir hat der Anblick von Blut nie gefallen. Sogar jüdischen Blutes. Ich habe es immer gewußt.“ Sporer wischte sich den Schweiß von der Stirn. „Ich dagegen bin dafür geboren.“ Otto erwiderte nichts, als Sporer sich zu einer Entscheidung durchrang. „Wenn du also gehen mußt, während wir noch mittendrin stecken, dann werde ich dafür sorgen, daß du weiterhin dabeibleibst, mein Freund. Dein Verstand, deine Vernunft gibt uns allen einen Hauch von Anstand. Himmler selbst hat das über dich gesagt. Wie kommst du darauf, daß ich hier so einfach auf deine Hilfe verzichten könnte?“

Otto sah ihn scharf an. „Weil du sehr gut ohne mich zurecht kommen wirst. Ich bin Deutsch-Österreicher und von mehr Nutzen in Wien.“

Sporer lachte. „Da! Siehst du? Ein Vernunftmensch bis zuletzt!“ Er streckte seine Hand aus, und Otto wußte, daß er gewonnen hatte. „Wann wirst du aufbrechen?“

„Heute abend. Jetzt.“

„Dann Heil Hitler!“ Sporer salutierte.

„Heil Hitler!“ entgegnete Otto ernst.

Mit seinem Gepäck unter dem Arm verließ Otto Wattenberger das Hotel und bestieg den Zug nach Wien, lange bevor die ersten Schüsse den Aufstand im Sudetenland einleiteten.

* * *

Bevor Murphy Kronenbergers Brief aus seiner Tasche nahm, verriegelte er die Tür von Skies' Wohnung und zog die Vorhänge vor. Irgendwie schien aber auch das nicht genug. Also ging er ins Badezimmer, hockte sich auf den Rand der riesigen Badewanne und zog die Blätter aus dem Umschlag. Dann las er.

Der Brief war in Sütterlin verfaßt und die Handschrift so vollendet, daß es Murphy vorkam, als läse er ein historisches Dokument aus dem Mittelalter. Das Gefühl verflüchtigte sich, sobald er den ersten Abschnitt überflogen hatte.

Unter der Überschrift, die jedem anderen Testament ähnelte, begann die Geschichte:

Ich, Walter Kronenberger, der ich an diesem 13. März 1938 bei vollem Verstand und Gesundheit bin, hinterlasse dem Leser dieses Dokumentes alles, was ich besitze.

Und was ist es, das ich in diesen letzten Augenblicken meines Lebens geben könnte? Ich besitze keinerlei materielle Güter mehr. Die habe ich schon vor langer Zeit eingebüßt. Ich gehe davon aus, daß am Ende dieses Tages sogar meine Kleidung blutgetränkt und von Nazi-Kugeln durchsiebt sein wird. Aber was ich besitze, Freund, das werde ich Dir geben. Ich biete Dir meine Geschichte an in der Hoffnung auf Gott, den Allmächtigen, daß sie nicht eines Tages auch Deine sein wird! Ich biete eine Warnung, nicht die eines toten Mannes, sondern die eines Ehemannes und Vaters, eines Menschen, der nicht mehr vom Leben erhoffte, als in Freiheit mit seinen Lieben leben zu können! Wie Du wünschte ich mir nichts, außer, meine Familie zu lieben, Gott und meinem Heimatland zu dienen, so wie es mein Herz mir vorschrieb. Für mich ist es jetzt zu spät. Vielleicht ist es aber für Dich noch nicht zu spät …

Murphy verlagerte auf dem Badewannenrand sein Gewicht. Er sah von dem Brief mit dem plötzlichen Gefühl auf, daß Walter direkt ihn ansprach. Seine Stimme war fast hörbar, wie ein Echo in dem winzigen blaugefliesten Raum.

„Okay, Freund“, sagte er leise. „Ich höre dir zu.“ Er blickte wieder auf das Blatt, und die Stimme wurde mit jedem sorgfältig ausgesuchten Wort lauter und drängender:

An diesem Morgen, da ich dies schreibe, erzittert der Tisch unter meinem Füller von dem Lärm und der Vibration der unter dem Fenster vorbeirollenden deutschen Panzer. Spitze Deine Ohren. Du wirst ihre Gegenwart in dem Raum spüren, in dem Du sitzt. Schließe Deine Augen und verharre hier bei mir. Teile diesen Augenblick mit mir. Es ist alles, was ich Dir geben kann.

Betrachte mit mir die Wasserflecken an der Decke dieses schäbigen Hotelzimmers. Meine beiden Söhne schlafen zusammen im Bett, das in der Ecke steht. Zerzauste blonde

Haarsträhnen schauen unter der Bettdecke hervor. Sie haben sich wie kleine Igel zusammengerollt. Karl und Ludwig. Siehst Du sie, Freund? Sie teilen dasselbe Kissen, so wie sie den warmen Schoß ihrer sie liebenden Mutter geteilt haben. Ludwig kam gesund und makellos auf die Welt. Aber die Oberlippe und der Gaumen des kleinen Karl sind nicht so perfekt ausgebildet. Und doch, das Herz dieses Kindes ist so rein.

Wie kann ich Dir das, was ich empfinde, mitteilen? Für diesen Moment bitte ich Dich, an das zu denken, was Du am meisten auf der Welt liebst. Stelle es Dir vor oder betrachte es zärtlich mit Deinen Augen, dann wirst Du verstehen, was ich in diesem Augenblick fühle. Und doch muß ich einen Weg finden, ihnen Lebewohl zu sagen. Ich betrachte sie ein letztes Mal. Sie sind erst fünf Jahre alt. Werden sie sich an diesen Morgen, an dem wir uns endgültig voneinander verabschieden müssen, erinnern können? Werden sie verstehen, daß in diesem Moment das Herz ihres Vaters brach?

Ich spüre, daß meine Worte einen Weg zu Dir finden werden. Ich reiche Dir meine Hand über den tiefen Abgrund der Zeit. Höre also unsere Geschichte. Bleibe standhaft, denn das, was Du weißt, ist wahr und Gott heilig. Gebe nicht nach, wenn die Stürme des Bösen drohen, Dich fortzureißen! Wanke nicht so wie andere, oder aber eines Tages wird dieser grausame Abschied auch für Dich Wirklichkeit ...

Murphy sah von dem Briefbogen auf. Fast war er überrascht darüber, daß Walter Kronenberger nicht hier bei ihm im Zimmer war. So deutlich konnte er das Leben dieses Mannes nachvollziehen! Es traf Murphy wie ein Hieb in den Magen. Walter Kronenberger hatte sein Ende kommen sehen, und jetzt schrie er seine Warnung all denen entgegen, die zuhörten! *Es kann Dir passieren! Kämpfe gegen das Böse, bevor es Dich am Ende überwältigt! Bleib standhaft, bevor es zu spät ist!*

Murphy senkte seinen Kopf und schloß die Augen. Er hatte das Gefühl, beinahe etwas Heiliges in den Händen zu halten. Kronenberger hatte sogar seinen eigenen Tod vorhergesehen. *Von Kugeln durchsiebt. Nazi-Kugeln. Blut auf dem Boden der IND-Redaktion.* Und Murphy vernahm die Warnung nur zu deutlich: „Dir kann es ebenso wie mir passieren!"

Mit einem ernüchterten Seufzer las Murphy die grauenvolle Geschichte dieser durchschnittlichen Familie weiter, die von dem Wirbelsturm des Bösen erfaßt worden war, der über Deutschland fegte.

Der Brief beschrieb, wie das Böse allmählich die Überhand gewann, zunächst auf ganz „legalem" Wege. Während Kirchenführer, die sich wehrten, in Lager gesteckt wurden, ließen es die meisten Christen geschehen, in der Hoffnung, sich nicht entscheiden zu müssen. Parteimitglieder verhöhnten die Christen. Jedem war klar, daß man nicht der Nächstenliebe verpflichtet und gleichzeitig Mitglied einer Partei sein konnte, die Haß predigte.

Die Kirchen versuchten, ihre Schulen zu retten. Nonnen wurden ohne Abfindung entlassen. Kloster wurden gewaltsam geschlossen. Manche Pfarrer rebellierten gegen die Befehle der Partei, verdammten in ihren Predigten die Politik der Nazis, sprachen sich gegen die Zwangssterilisation von sogenanntem „unwerten" Leben aus, prangerten Abtreibungen als Mord an und demonstrierten gegen staatliche Einrichtungen, die Abtreibungen durchführten. Wer protestierte, wurde verhaftet. Der Staat übernahm die volle Kontrolle über die Erziehung. Die Zwangssterilisation wurde weiterhin durchgeführt.

An diesem Punkt zog sich die Schlinge Walter und seiner Familie um den Hals. Als die Aufforderung erging, Karl als rassisch unerwünscht zu sterilisieren, protestierten Walter und seine Frau. Er wurde augenblicklich verhaftet. Seine Frau, die mit ihrem dritten Kind schwanger ging, wurde zu einer Abtreibung gezwungen. Sie starb an einer auftretenden Entzündung, während Walter im Gefängnis saß. Er wurde ebenfalls sterilisiert. Als gebrochener Mann kehrte er nach Hause zurück. Seine Frau war tot, und auch Karl war einer Sterilisation unterworfen worden.

Hitler gewann unter der Jugend rasch an Einfluß. Immer mehr Priester verschwanden. Rassenreinheit, der Haß auf Juden und die Eliminierung der Schwachen wurde gepredigt und praktiziert. Hitlers Wille wurde Gesetz. Man ehrte ihn mit Fackelzügen.

Murphy las weiter:

> Es war bereits zu spät, als wir miterlebten, wie der jüdische Krämer verprügelt wurde, wir ihm aber nicht zu Hilfe kamen. Es war zu spät, als unser Nachbar zur Sterilisation ins Krankenhaus geschafft wurde. Es war zu spät, als Bischöfe sich

dem Willen der Partei beugten, es unterließen, weiter gegen Abtreibung und Rassentrennung zu kämpfen. Als wir es versäumten, die Schilder, auf denen *Juden verboten!* stand, herunterzureißen.

Jetzt ist auch Österreich verloren, vernichtet in nur einer Nacht. Höre mir zu, ich bitte Dich! Wo immer Du bist. Sieh Dir Deine eigene Welt an und bedenke, daß dies auch bald schon Dir widerfahren kann!

Ich bete darum, daß meine Warnung Dein Herz erreichen und Deinen Kampfgeist wecken wird, um für Deine Rechte einzutreten. Wenn nicht, dann höre die Panzer, die unter Deinem Fenster vorbeirollen. Deine Kinder werden am Steuer dieser Panzer sitzen. Sie werden zum Werkzeug des Bösen werden. Die Schwachen werden geopfert, und die Starken werden die zerschmettern, die zu spät erwachen. Für mich ist es zu spät. Ich bete, daß es nicht auch für Dich zu spät ist.

Murphy schwitzte, als er den Brief zu Ende gelesen hatte. Skies hatte recht; dieses Zeug war Dynamit! Genau das Richtige, um jeden aus seiner Apathie zu reißen. Kronenberger hatte es aufgeschrieben, aber zuvor hatte er es vorgelebt und war dafür gestorben. Es gab kein Ausweichen mehr. Man mußte sich entscheiden, auf welcher Seite man stehen wollte!

Sein Kopf dröhnte, als er die Blätter zusammenfaltete und sie zurück in den Umschlag steckte. Dieser Sprengstoff konnte ihn zerreißen, wenn er damit erwischt wurde. Ja, der Brief mußte veröffentlicht werden. Aber wie würde er ihn außer Landes schaffen können?

21. Musikuntermalung

Wie albern seine Hoffnung war, erkannte Murphy, als er an der Seite der Bühne des Musikvereins stand. Leah und Shimon Feldstein saßen natürlich nicht auf ihren Plätzen, so wie er es sich flehentlich gewünscht hatte. Ein älterer Herr mit hängenden Schultern und grauen Haaren stand an der Kesselpauke. Leahs Platz nahm ein junger Mann mit Brille ein, der vorher in der zweiten Cello-Reihe gesessen hatte. Während Murphy leise den Proben folgte, bemerkte er nach und nach, daß auch andere Gesichter fehlten. Etwa ein Viertel der ersten Geigensektion war mit Musikern besetzt, die ihm unbekannt waren. Auf Elisas Platz saß eine ältere Dame, die ängstlich von ihren Noten zum Dirigenten aufsah und dann wieder auf die Noten.

Murphy kannte die Stücke nicht, die sie einstudierten. Er mußte daran denken, daß Elisa sofort Stück und Komponist erkannt und Zeit und Anlaß seiner Entstehung gewußt hätte. Der Gedanke machte ihn abermals wütend darüber, daß sie und die anderen nicht da waren, nicht da sein *konnten!* Die meisten der Musiker, die jetzt im Orchester fehlten, waren enge Freunde von Elisa und Leah gewesen. Der Grund für ihre Abwesenheit war nur zu deutlich. Die deutschen Gesetze über die Nichtzulassung jüdischer Musiker waren nun auch in Österreich in Kraft.

Der Dirigent wirkte an diesem Morgen besonders fahrig und gequält. Aus seiner ausgestreckten Hand schien förmlich die Enttäuschung zu quellen, während er versuchte, die Neulinge in sein Orchester einzufügen.

Er senkte seinen Kopf und starrte die Frau, die Elisas Platz eingenommen hatte, unwirsch an. Kontrolliert, aber durchaus verärgert, sagte er: „Denken Sie daran, meine Damen und Herren, daß *Haydn* – der Komponist dieses Stückes, für diejenigen unter Ihnen, die auf der Musikakademie nicht weit genug gekommen sind, um das zu wissen – ..." Unruhe regte sich unter den Neuen, als er diese Demütigung aussprach. „*Haydn* dachte dabei an die Parodie eines Militärmarsches!" Er hob seine Stimme, und sein Gesicht färbte sich rot, als er weitersprach: „Wir haben den zweiten Satz jetzt wiederholt gespielt und –"

Elisas Ersatz meldete sich mit erhobenem Bogen zu Wort. „In Berlin haben wir es nicht auf diese Art gespielt, sondern kraftvoller."

Der Dirigent beugte sich mit einem finsteren Blick vor. „Dies,

Frau ..." Er fuchtelte mit seinen Armen, als ob er sich dadurch leichter an ihren Namen erinnern könnte.

„Frau Schönheim", half sie ihm weiter.

„Ah, ja, *Schön*heim, so wie *schön?*" Er sprach in herablassendem Ton, und es war klar, daß er den Namen als absolut unpassend für diese Person empfand. Sein Zorn hob seine Stimme ins Fortissimo. *„Dies ist nicht Berliiiin! Dies ist Wiiiien!* Haydns Büste steht hier im Haus in einer Glasvitrine! Das letzte Mal, als ich ihn sah, lächelte er! Aber ich bin ziemlich sicher, daß ihm das Lächeln *jetzt* vergangen ist, wegen der grauenhaften, *widerwärtigen* Gesetze, die uns dazu gezwungen haben, die besten Musiker der Welt durch Importe aus Berlin zu ersetzen."

„Sein Glück!" murmelte Murphy, als sich die matronenhafte Geigerin mit empört zurückgeworfenem Kopf erhob und von der Bühne ging. Kurz darauf folgte ihr die ganze Meute neuer Gesichter.

Der Dirigent sah ihnen wütend hinterher, und nachdem der letzte Eindringling verschwunden war, hob er seinen Taktstock. „Also dann, Kinder", sagte er liebevoll zu den übriggebliebenen Mitgliedern des Orchesters, „denkt daran, daß Haydn, als er dies schrieb, an Zinnsoldaten gedacht hat. Genau das Richtige für unsere enteilenden Freunde, denke ich. Die *Parodie* eines Militärmarsches! Licht!"

Murphy mußte lachen, als die Musik einsetzte. Es war tatsächlich eine Parodie auf die Nazis, die durch die königliche Stadt stapften. Der alte Mann an der Kesselpauke war nicht mit den anderen gegangen. Murphy erinnerte sich daran, daß er schon früher einmal für Shimon eingesprungen war. Auch er trug ein breites Grinsen zur Schau. Selbst für Murphys untrainiertes Ohr war die Einheit des Orchesters trotz der leeren Stühle leicht zu erkennen.

„Gut! *Gut!* Ja! Könnt ihr die Kraft *spüren!*" rief der Dirigent aufmunternd. Dann hielt er inne und legte den Taktstock vor sich auf das Pult. Seine Musiker lächelten ihn noch immer an. Dann fingen sie plötzlich an, mit ihren Füßen zustimmend auf den Bühnenboden zu trommeln. Auch Murphy applaudierte, obwohl er sich fragte, was wohl mit dem tapferen Dirigenten geschehen würde, weil er die Nazi-Vertreter aus seinem Orchester vertrieben hatte. Schließlich verstummte das Trommeln. Der Dirigent verbeugte sich leicht und meinte: „Jetzt lächelt Haydn bestimmt wieder!"

* * *

In dem kleinen, unaufgeräumten Büro des Dirigenten betrachtete sich Murphy schweigend Fotos, die den Dirigenten zusammen mit Männern wie dem verhafteten Kanzler Schuschnigg, Churchill, König Georg und einigen anderen Würdenträgern zeigten, die zweifellos nicht auf Hitlers Gästeliste standen. Der freundliche Dirigent las dabei Elisas Brief aus Prag.

„Gottseidank!" seufzte er und faltete die Mitteilung sorgfältig zusammen. „Ich hatte schon Angst, daß ich meine beste Geigerin verloren hätte! Dachte, daß sie womöglich zusammen mit den anderen fortgeschafft worden sei." Die letzten Tage waren nicht spurlos an ihm vorübergegangen.

„Wenn Sie sagen: die *anderen* –" Noch bevor Murphy Leahs Namen ausgesprochen hatte, spürte er schon die Sorge, die sich der Dirigent um sie machte.

„Leah Feldstein und Elisa waren unzertrennlich; das wissen Sie sicherlich."

„Ich habe versucht, Leah zu finden."

„Sie und ihr Ehemann seien verhaftet worden, wurde mir gesagt." Er schüttelte traurig seinen Kopf. „*Warum* ist zweifellos die am häufigsten gestellte Frage in Wien in diesen Tagen. Ich hatte befürchtet, daß Elisa durch ihre enge Freundschaft womöglich dasselbe schreckliche Schicksal widerfahren ist."

Murphy lehnte sich in seinem Stuhl vor. „Sind Sie sicher, Maestro?" Er konnte kaum sprechen.

Der zerzauste Kopf nickte, als der Dirigent ein Gruppenfoto des Orchesters betrachtete. „Es gibt keine andere Erklärung. Shimon wurde gesehen, wie er geschlagen und auf einen der Gefangenentransporter geschafft wurde. Leah verließ den Judenplatz mit ihrem Cello, kam aber nie hier an. Die Nazis haben Juden von der Straße weg verschleppt – Männer und Frauen. Es wurden keine Unterschiede gemacht. Sie ist wahrscheinlich keine zwei Straßen weit gekommen, bis man sie aufgelesen hat. Ich habe Angst, Herr Murphy ..."

Murphy sah auf und bemerkte die Tränen in den Augen des alten Herrn. „Elisa wird solange in Prag bleiben müssen, bis die Gewalt erst einmal abgeflaut ist."

„Natürlich. Obwohl sie die perfekte Verkörperung ihres arischen Ideals darstellt", schnaubte der Maestro wütend, „könnte ihre Freundschaft mit den Feldsteins ihr gefährlich werden."

Murphy fiel der Rauswurf der Musiker am Morgen ein. „Und was ist mit Ihnen? Machen Sie sich keine Sorgen nach heute morgen?"

Der Maestro verwarf den Gedanken an seine eigene Sicherheit mit einer Handbewegung. „Sollen Sie meinen Stammbaum durchforsten. Da werden Sie nichts finden. Ein Dirigent hat das Recht, unfähige Menschen, die sich als Musiker bezeichnen, rauszuwerfen. Ich bezweifle, daß die Deutschen viel dazu sagen werden. Schließlich kann auch das Reich seine Musik nicht verhunzen lassen, nicht wahr?"

Murphy grinste ihn bewundernd an. „Läßt sich irgendetwas tun, um Leah, Shimon und den anderen zu helfen?"

„Ich habe bereits den neuen Zuständigen meinen ausdrücklichen Protest überreicht und auch darauf hingewiesen, welche Auswirkungen diese Verhaftungen auf die Qualität der Musik im Deutschen Reich haben wird. Das Problem dabei ist, daß die Feldsteins ohnehin das Land verlassen wollten. Die Gestapo hat angedeutet, daß man ihre Visa für Palästina einbehalten würde. Ich weiß nicht, was ich noch für sie tun könnte. Sie hatten ja schon einen festen Termin für die Ausreise. Die Deutschen besitzen jetzt sämtliche Informationen darüber." Er biß sich auf die Lippe und ließ seinen Blick nicht von dem Foto. „Ich bin mir nicht sicher, wie weit mein Einfluß reicht. Oder ob ich überhaupt noch welchen habe."

Er sah zu Murphy herüber. „Wenn Sie meine kleine Elisa sehen, sagen Sie ihr bitte, daß ich tue, was in meiner Macht steht. Sagen Sie ihr, sie möge zurückkommen, sobald sie der Meinung ist, daß es günstig sei. Solange ich der Maestro der Wiener Philharmoniker bin, wird sie stets ihren Platz unter meinen Kindern haben."

Sorgfältig faltete er den Brief zusammen und öffnete eine Schublade, wo er ihn zwischen Notenblättern und seine Korrespondenz schob. „So! Falls die Deutschen sich nach ihrem Verbleib erkundigen – und das werden sie tun – werde ich ihnen einfach den Brief aus Prag zeigen und ihnen mitteilen, daß sie aus wichtigen familiären Gründen hatte dorthin reisen müssen."

„Vielen Dank. Sie sagte mir, sie würden hilfsbereit –"

„Aber natürlich. Eine Geigerin wie Elisa Linder trifft ein Dirigent nur einmal im Leben." Er lächelte verschmitzt. „Das wissen Sie ja selbst am besten, nicht wahr, Herr Murphy?" Er kniff seine Augen zusammen und blinzelte zur Decke hinauf. „Ah ja! Sie heißt ja gar nicht mehr Linder! Ich werde mich darum kümmern, daß ihr Name im Programm geändert wird. *Murphy.* Murphy ..." Er widerholte den Namen mehrere Male. „Ein absolut scheußlicher Klang. *Murphy.* Das klingt so ..."

Murphy erhob sich lachend und wandte sich zum Gehen. „*Amerikanisch?*" fragte er.

„Das ist es! Es klingt absolut amerikanisch. Aber was gäben wir heute nicht alle für einen amerikanisch klingenden Namen."

Der Dirigent machte einen Scherz, aber der Gedanke, daß Elisa ihn wegen eines amerikanischen Passes geheiratet hatte, traf Murphy erneut bis ins Mark. „Ja", stammelte er. Mit einem Mal fühlte er sich unbehaglich. „Ich werde ihr sagen ... sagen, daß Sie ihren Namen im Programm ändern werden. Danke", sagte er noch einmal. Er schüttelte die Hand des Dirigenten und ging an der dunklen Bühne vorbei hinaus. Er mußte plötzlich an Elisas Lachen denken und daran, wie Rudy herumgealbert und Leah dazu gebracht hatte, Murphys Einladung zum Abendessen anzunehmen. Wie traurig die Bühne ohne sie alle wirkte! So schrecklich dunkel und leer!

* * *

Thomas von Kleistmann verließ den Buchladen in Wien mit einem dünnen, in Papier eingewickelten Band in der Hand. Darin befanden sich die Antworten der deutschen Abwehr auf gewisse Fragen der Briten.

Obwohl im Moment alles friedlich wirkte, würde die Erde wegen des Sudetenlandes schon bald erschüttert werden. Deutsche Agenten hatten bereits ihr Treiben innerhalb der Grenzen der Tschechoslowakei begonnen. Bald würden die Unruhen losgehen. Mitte Mai hoffte der Führer, das Sudetenland annektieren zu können – mit Gewalt, durch pure Einschüchterung! Noch war die Wehrmacht nicht voll kampffähig. Ein Zeichen der Stärke auf Seiten der Franzosen und der Engländer würde deshalb die Deutschen im Zaum halten.

Bleibt standhaft! Das war die Botschaft von Canaris und der anderen Gegner Hitlers. *Glaubt nicht der vermeintlichen Stärke, die der Verrückte der Welt weiszumachen versucht!*

Thomas hatte das Gefühl, die Hoffnung der ganzen Welt in seiner Tasche zu transportieren, als er eilig von Fiori's Buchladen fortging. Und gemeinsam mit der Hoffnung trug er die Last der Angst mit sich.

Wieder bog er um die Ecke von Elisas Straße. Sein Blick streifte die Vorhänge aus weißer Spitze, die hinter den Fenstern ihrer Wohnung hingen. *Ob sie wohl da ist?* fragte er sich. Für einen Moment verlangsamte er seinen Schritt, als hielte ihn eine unsichtbare Hand zurück. Er stellte sich vor, wie er die Stufen hinaufstieg, wie er an die Tür zu ihrer Wohnung klopfte. Er konnte beinahe die Überraschung in ihren Augen sehen, wenn sie die Tür öffnete und ihn zu sich hereinzog, in die Wärme ihrer Wohnung, die so sehr zu ihr gehörte.

Er wandte seinen Blick von dem Haus ab, als ein deutscher Bomber donnernd die Stadt überflog. Der Schatten des Flugzeuges streifte ihn, und in diesem Augenblick erinnerte er sich an das Gesicht von Le Morthomme. „Wir sind alle Tote", flüsterte Thomas, während er die Hakenkreuze auf den Flügeln des Flugzeuges anstarrte.

22. Ein unnützes Risiko

Das Foto, das Hitler mit ausgestreckten Armen vor den Menschenmassen auf dem Heldenplatz zeigte, nahm beinahe die ganze erste Seite der Parteizeitung der Nazis ein. Die Überschrift jubelte: *Triumphaler Empfang in Wien!*

Sie und der *Stürmer* waren schlimme Machwerke, aus Deutschland eingeflogen.

Einige davon lagen ausgebreitet auf dem Fußboden von Bill Skies' Wohnung. Murphy starrte auf die Fotos, auf denen der Führer die jubelnden Massen grüßte.

„Er sieht aus wie der Papst oder sowas", sagte Murphy.

„Haben Sie's noch nicht gemerkt", knurrte Timmons. „Er glaubt, er *ist* der Papst."

Skies schnaubte sich nachdenklich die Nase. Dann sah er auf die identischen Aufmacher der herumliegenden Zeitungen. „Alles dasselbe", bemerkte er. „Murphy hat recht. Es ist perfekt! *Perfekt!* Es gibt nicht einen unter diesen Idioten, die das Gepäck am Alpern-Flughafen auseinanderreißen, der es wagen würde, einen Finger auf das kostbare Bild des siegreichen Führers zu legen!"

Murphy grinste. „Sie können darauf wetten, daß jeder, der so ein Foto zerreißt, auf der Stelle erschossen würde."

„Ja, da können Sie sicher sein, Murphy", sagte Timmons bedächtig. „Haben Sie gesehen, wie die Gestapo dort den Kram durchsucht? Ich sag' Ihnen, Freund, die werden Ihre Unterhosen auf der Suche nach so was durchwühlen!" Er zeigte auf Kronenbergers Brief. „Und wenn sie Sie damit erwischen, dann wird eine Menge mehr nötig sein, als die Hilfe der amerikanischen Botschaft oder ein spezieller Erlaß des Papstes, um Sie aus dem Gestapo-Kerker wieder herauszubekommen! Vergessen Sie das nicht! Walter Kronenberger betrachtet aus diesem Grund die Gänseblümchen von unten, Murph!"

Murphy nickte. Das alles hatte er berücksichtigt. Aber der Kronenberger-Brief verdiente die Aufmerksamkeit der freien Presse – genau die Art von Story, die dafür sorgen konnte, daß die freie Presse noch eine Weile länger frei blieb. „Wenn sie mich kriegen, versprechen Sie, mich zu besuchen?" Es war ein Scherz, aber weder Timmons noch Skies lachten.

Skies kaute nervös auf seinen Lippen. „Vielleicht warten wir besser damit, bis sich die Dinge ein bißchen beruhigt haben."

Murphy schüttelte den Kopf. „Sie und ich, wir beide wissen, daß sich die Dinge nicht beruhigen werden. Sie werden sich verschlimmern, wie es in Deutschland geschehen ist. Genau so, wie es Kronenberger beschrieben hat." Er klatschte sich in die Hände. Für ihn war die Diskussion beendet. „Okay, Timmons. Sie haben für Ihre College-Zeitung die Fotomontagen besorgt. Also machen Sie sich an die Arbeit."

Wohlüberlegt, so schien es Murphy, hatte Walter Kronenberger sein Testament mit seiner winzigen Druckschrift auf dünnes Luftpostpapier geschrieben und dabei Vorder- und Rückseite genutzt.

Timmons breitete die Zeitung mit Hitlers Foto nach unten liegend auf dem Boden aus. Mit einem sorgenvollen Blick zu Murphy tropfte er Kleber auf die Ecken von Kronenbergers Dokument und klebte die einzelnen Blätter sorgfältig auf die Rückseite der Zeitung. Es war Platz genug für sechs Briefbögen. Als er fertig war, breitete er eine zweite identische Zeitungsseite darüber. „Das Ganze wird ziemlich dick", sagte er.

„Machen Sie weiter", versicherte ihn Murphy. „Das Risiko gehe ich ein."

Mit einem Schulterzucken klebte Timmons vorsichtig die zweite Seite auf die erste, wodurch das Luftpostpapier des Briefes verdeckt wurde. Skies und Murphy untersuchten die Seite aufmerksam nach irgendwelchen verräterischen Klebstoffresten. Abgesehen vom Gewicht ließ sich kein Unterschied zu den übrigen Seiten feststellen.

„Was für ein Sandwich", sagte Murphy. Er war mit dem Ergebnis zufrieden.

Noch zweimal wiederholte Timmons die Prozedur. Jedesmal verwendete er dabei die erste Seite der Zeitung mit Hitlers Foto. Sie hofften, daß die Fotos die Gestapo davon abhalten würde, zu genau auf die Dicke der Zeitung zu achten, in der sich wie in einem Umschlag das kostbare Dokument befand.

Murphy sammelte die Seiten wieder ein und legte sie auf den Tisch. Bei einer Tasse Kaffee kontrollierten sie noch einmal das Ergebnis. Sie kamen alle zum selben Schluß.

„Ich habe einige Preise für meine Fotomontagen bekommen", sagte Timmons stolz.

„Zurecht", pflichtete ihm Skies bei. „Wirkt auf mich wie jeder andere Propagandadreck von Goebbels."

Timmons runzelte die Stirn und warf einen Blick auf Murphy. „Hoffen wir, daß die SS am Flughafen das genauso sieht."

* * *

Auf Murphys Bitte hin fuhr Bill Skies langsam an Elisas Wohnung vorbei. Er wollte noch einmal einen letzten Blick riskieren. Ein SS-Posten unterhielt sich im Hausflur mit einem fetten Kerl.

„An den Knaben kommt man ohne einen Haufen Fragen nicht vorbei", bemerkte Timmons traurig vom Rücksitz aus.

Murphy sah zum Fenster von Elisas Wohnung hinauf. Kein Licht fiel durch die Vorhänge. Wie die Bühne des Musikvereins schien der Ort dunkel und verlassen. „Einerlei", murmelte Murphy. Er bedauerte es, daß er nichts für Leah und Shimon hatte tun können. „Ist sowieso keiner da."

„Die Deutschen werden dort jedenfalls nicht lange auf sich warten lassen", sagte Skies mit Bestimmtheit. „Sie haben überall Leute aufgestellt. Vergessen Sie's, Murphy." Er versuchte vergeblich, seinen Freund zu trösten. „Es gibt nicht einen unter uns, der keine Freunde verloren hat, seitdem diese Typen einmarschiert sind. Was können wir schon dagegen tun?"

Murphys einziger Trost war, daß der Maestro wenigstens seinen Protest bei den zuständigen Stellen eingereicht hatte. Soviel konnte er Elisa immerhin sagen, wenn er sie traf. Aber die schlichte Wahrheit war, daß Murphy sein Scheitern, Leah und Shimon zu finden, in gewisser Weise als Bruch des Versprechens empfand, das er Elisa gegeben hatte.

„Sie können nicht erwarten, daß es Ihnen gelingt, alles wieder in Ordnung zu bringen, Murphy", fügte Timmons hinzu. „Das beste, was Sie tun können, ist, dieses Kronenberger-Teil in die Zeitungen zu bekommen."

Skies räusperte sich. „Genau, und lassen Sie sich dabei nicht selber verhaften, okay?"

Die Zeitung, in der sich das Kronenberger-Dokument befand, lag zwischen ihnen auf dem Sitz. Murphy warf einen Blick auf sein „Souvenir des Anschlusses". Leise flüsterte er ein Gebet, als sie sich in die Reihe der deutschen Fahrzeuge und der Taxen eingliederten, die auf dem Weg zum Flughafen waren.

Soldaten der Wehrmacht dirigierten den Privatverkehr nach links und die Nazi-Karossen nach rechts zu den dem Flughafengebäude am nächsten gelegenen Parkplätzen. Flugzeuge dröhnten über sie hinweg, ein pausenloses Starten und Landen von Militärmaschinen. Der friedliche Flughafen schien mit einem Mal der Mittelpunkt der Nazi-Aktivitäten in Wien zu sein.

Es liefen mehr Soldaten und Offiziere als Zivilisten herum. Die Soldaten traten sehr selbstbewußt auf. Auf den Gesichtern der Zivilisten, von denen die meisten kleine Taschen bei sich hatten, zeigten sich besorgte und gehetzte Züge. In Reihen standen sie vor dem Gebäude, wo ihre Koffer zur Kontrolle geöffnet und durchwühlt wurden. Der Verkehr kam nur mühsam voran. Murphy umklammerte nervös den Griff seines kleinen Handkoffers und klemmte sich die Zeitung unter seinen Arm. „Lassen Sie mich hier raus", bat er. „Wenn sie mich kriegen, nutzt es nichts, wenn ihr zwei auch noch darin verwickelt werdet."

Skies nickte und fuhr rechts ran. „Viel Glück, Murphy." Er fuhr sich mit der Zunge über die Lippen, und Murphy spürte Skies' Besorgnis, als sie sich ein letztes Mal die Hand gaben.

„Servus", verabschiedete sich Timmons, ganz Österreicher, und streckte ihm seine Hand entgegen.

Murphy stieg aus, ohne sich noch einmal umzusehen. Er war zuversichtlich, daß sein amerikanischer Paß und sein Presseausweis ihn vor der Peinlichkeit bewahren würden, sich zur Überprüfung ausziehen zu müssen.

Am Kopf der Reihe protestierte eine kleine mütterlich wirkende Dame, als sie zu den Frauen geschickt wurde. „Das werde ich nicht zulassen!" rief sie auf französisch.

„Dann werden Sie auch nicht das Reich verlassen, Madame", erwiderte die deutsche Beamtin schroff.

Tränen schossen der Französin in die Augen, als sie sich von der großen, breitschultrigen Frau in Uniform losriß. „Wonach suchen sie denn?" rief sie den anderen Passagieren zu, die ihre Blicke abwandten und sich im stillen schworen, die Prozedur über sich ergehen zu lassen und sich dann einen Platz im Flugzeug zu sichern. Sie wollten hier nur noch wegkommen.

Die Juden auf dem Flugplatz hatten alle ausländische Pässe. Sie wurden besonders hart drangenommen. Murphy ballte wütend seine Hände zu Fäusten, als die Posten eine Frau bedrängten. Sie hatte erklärt, daß sie amerikanische Staatsbürgerin sei, und sich geweigert, sich durchsuchen zu lassen.

„Sie sind Jüdin! Glauben Sie, es spielt eine Rolle, welcher Stempel in Ihrem Paß ist? Wir riechen den Gestank von Juden!" Tränen der Wut und Empörung schossen der Amerikanerin in die Augen. Sie warf der

Zollbeamtin Kraftausdrücke auf englisch an den Kopf, während sie zur Untersuchung abgeführt wurde.

In diesem Augenblick trat ein energisch aussehender Offizier aus dem Büro. Eine Narbe verlief quer über seine Wange. Er verschränkte die Arme und funkelte die verängstigten und empörten Männer und Frauen in der Schlange an.

„Sehen Sie, diese lächerlichen Proteste machen das Ganze nur noch schlimmer! Wir suchen nach Schmuggelware – ausländische Währung, Schmuck und dergleichen. So mancher Narr glaubt, sie an uns vorbei außer Landes schleusen zu können. Solche Gedanken sind nicht nur töricht, sie sind auch *gefährlich!* Haben Sie etwas bei sich, daß nicht ausgeführt werden darf, dann melden Sie es jetzt. Wir werden Ihren Schmuck finden ...“ Er hielt lächelnd inne. „Ganz gleich, wo Sie ihn versteckt haben! Ich versichere Ihnen, meine Damen und Herren, niemandem bleibt die Untersuchung erspart. Finden wir von Ihnen versteckte Schmuggelware, so werden Sie verhaftet und strafrechtlich verfolgt.“

Wie ein Schullehrer klatschte er in die Hände. „Deshalb bitte ich Sie eindringlich, wenn Sie etwas zu verzollen haben, dann sollten Sie sich jetzt entschuldigen und zu den Toiletten begeben. Dort können Sie Ihre versteckten Wertsachen hervorholen. Sie erhalten dafür eine Quittung und bekommen eine Entschädigung in Reichsmark ausbezahlt.“

Der Mann, der vor Murphy stand, murmelte: „In Reichsmark? Wozu soll denn das gut sein? Kein anderes Land auf der Welt tauscht Reichsmark.“

Der Mann vor ihm drehte sich um und bemerkte trocken: „Schade, daß man die Scheine nicht kriegt, *bevor* man zur Toilette geht; dann wären sie wenigstens zu *etwas* gut.“

Einige in der Schlange lachten verbittert über diese Bemerkung. Nachdem sich der Offizier in sein Büro zurückgezogen hatte, begaben sie sich nacheinander zu den Toiletten. Niemand bezweifelte die Drohung des Offiziers.

Murphy schwitzte, als er vor den breiten Tisch trat, auf dem das Gepäck gefilzt wurde. Er beschloß, einfach die Augen zu schließen und diesen unwürdigen Moment zu ertragen, so wie er es zu Hause bei der Tauglichkeitsprüfung getan hatte. Seine einzige Sorge war die Zeitung mit den Dokumenten, die ihn einige Jahre in einer Gestapo-Zelle kosten konnten – oder Schlimmeres.

„Der Nächste!“ rief ein etwas verschroben wirkender kleiner Beamter hinter dem Tisch.

Murphy wuchtete seinen Koffer auf den Tisch. Die Zeitung noch immer unter den Arm geklemmt, holte er seine Papiere hervor. „Amerikaner", sagte er.

„Journalist", schnaubte der Beamte. „Und was werden Sie darüber schreiben, wie wir unsere abreisenden Gäste kontrollieren?" Er hatte bereits damit begonnen, Murphys Gepäck zu durchstöbern.

„Daß Sie sehr gründlich sind", erwiderte Murphy. Ein Kribbeln jagte ihm über den Rücken.

„Genau!" Der Beamte schüttete den gesamten Inhalt des Koffers auf den Tisch. Mit einer scharfen Rasierklinge schlitzte er die Nähte auf. „Ein ehrlicher amerikanischer Staatsbürger", verkündete er, als er mit seiner gründlichen Untersuchung fertig war. Seine kleinen Augen ließen nicht von der zusammengefalteten Zeitung unter Murphys Arm. „Was ist das?" fragte er und streckte seine Hand aus.

„Ein Souvenir vom Anschluß." Folgsam reichte Murphy ihm die Zeitung.

„Ja, immer wieder verstecken ein paar Dumme ihr Geld in so einem Souvenir!" Er lächelte und fing an, jede Seite einzeln umzublättern.

„Ein ziemlich gutes Foto vom Führer, finde ich", hörte Murphy seine eigene Stimme wie von weit her sagen. „Und sehen Sie nur, die Menschenmassen, die ihm auf dem Heldenplatz zujubeln. Ich bezweifle, daß irgendjemand im Ausland so ein Foto gesehen hat. Womöglich glauben sie den triumphalen Empfang erst, wenn sie es kennen."

Der kleine Mann überflog die Seiten, wobei er hin und wieder über ein bestimmtes Foto lächelte. Die doppelten Seiten schienen Murphy ins Gesicht zu springen. *Wie hatten wir annehmen können, daß er es nicht bemerken würde?*

„Ja, eine sehr gute Ausgabe. Ich habe selber auch eine als Erinnerungsstück aufgehoben", sagte der Beamte triumphierend.

„Darf ich meine Sachen wieder einpacken?" fragte Murphy höflich.

„Ja, ja." Der Beamte faltete die Zeitung zusammen, während er weiter auf die Titelseite starrte, als Murphy seine Sachen zurück in den Koffer stopfte.

„Haben Sie etwas dagegen, wenn ich die Zeitung mit in den Koffer packe. Ich möchte sie nicht auf der Reise verlieren."

Der Mann runzelte die Stirn und musterte Murphy eindringlich. Er nahm die Zeitung auf und schlug sie leicht gegen seine Hand. Nachdenklich legte er sie schließlich auf die zerwühlten Kleidungsstücke in den Koffer. „Ja", sagte er. „An einen solchen Tag sollte man sich stets erinnern, denke ich." Er hob seinen Arm. „Heil Hitler!" Mit derselben Hand deutete er auf die Herrentoilette. „Gehen Sie dort hinein und ziehen Sie sich aus. Der Doktor wird sie kurz untersuchen." Damit schloß er den Koffer und versiegelte ihn mit dem Gestapo-Siegel.

Unter diesem Siegel und unter Hitlers Lächeln würden der Kronenberger-Brief fürs erste sicher sein. Mit diesem Gedanken im Kopf spürte Murphy kaum die groben Hände des Arztes. Als er für sauber befunden und ihm gestattet wurde, in das Flugzeug nach Paris einzusteigen, brachte er sogar ein *Dankeschön* zustande.

* * *

Unter dem Flugzeug funkelten die Lichter von Paris wie Diamanten auf dem schwarzen Samt einer Vitrine von Cartier. Blinkende Lichter auf der Spitze des Eiffelturmes warnten den Luftverkehr, während Flutlichter den Arc de Triomphe hell erleuchteten.

Merkwürdig, Murphy hatte Seufzer der Erleichterung seiner Mitreisenden erwartet, als das Flugzeug zur Landung ansetzte. Stattdessen blieb es völlig ruhig. Die Juden unter ihnen, die sich den Weg freigekauft hatten, schienen nicht eher daran glauben zu wollen, in Sicherheit zu sein, bevor nicht die Räder der Lufthansa-Maschine auf der Landebahn aufsetzten. Murphy verstand ihre Sorge. Mit dem Kronenberger Dokument im Koffer würde er selber nicht eher zur Ruhe kommen, bis er es auf dem Schreibtisch des Pariser Direktors des IND-Büros ausbreiten konnte. Bis dahin wurde er das Gefühl nicht los, der Pilot könnte seine Meinung über eine Landung auf französischem Boden ändern und nach Deutschland zurückkehren.

Erst als die Treppe an den Ausstieg herangefahren war und die bemitleidenswerte Mischung aus Flüchtlingen und Ausländern den süßen Duft von Paris einatmeten, konnten Frauen und Männer ihre Tränen nicht länger zurückhalten. Sie waren in Frankreich, in Freiheit, meistens, weil sie im Besitz von Passen fremder Länder waren. Aber was würde mit denen geschehen, die sie hatten zurücklassen müssen?

Murphy holte tief Luft und wich einem halben Dutzend Menschen aus, die sich umarmten und stockend *„Vive la France! Vive la Liberté!"* ausriefen. Wenn sie vorher die Bedeutung dieser Worte nicht verstanden hatten, so klammerten sie sich jetzt an ihre Freiheit wie Ertrinkende, die aus dem Wasser gefischt wurden.

Walter Kronenberger war dieses Glück nicht vergönnt gewesen. Seine Söhne, wo immer sie sich jetzt aufhalten mochten, waren wahrscheinlich in großer Gefahr. Die Freudentränen seiner Mitreisenden verfolgten Murphy bis ins Flughafengebäude. Er konnte ihre Erleichterung, aber nicht ihre Freude teilen. Auch er hatte andere zurücklassen müssen. Er hatte Elisa gegenüber versagt. Und er war bei der Suche nach Leah und Shimon Feldstein kein Stück weiter gekommen.

Unfähig zu lächeln, hielt Murphy ein Taxi an. Der Nachrichtenchef würde um diese Uhrzeit nicht mehr in seinem Büro sein, aber das, was Murphy bei sich hatte, war es wert, ihn aus dem Bett zu klingeln.

„Rue Balny d'Avricourt, Nummer 2", trug Murphy dem Taxi-Fahrer auf. Selbst das Nennen der Adresse fiel Murphy schwer. Plötzlich wurde ihm bewußt, daß er seit Stunden mit niemandem ein Wort gewechselt hatte. Der Gedanke an das, was er gesehen hatte, und das, was er bei sich trug, hatte ihm die Sprache verschlagen.

* * *

Murphy weckte Leonard Duprey, den Chef des Pariser IND-Büros, aus tiefem Schlaf. Die Begrüßung fiel alles andere als herzlich aus. Dennoch hoffte Murphy, daß Duprey etwas auftauen würde, sobald er Kronenbergers Brief gelesen hätte. Sie hatten behutsam die Zeitungsseiten, die Kronenbergers Brief verbargen, mit Dupreys eigener Rasierklinge gelöst. Jetzt saß der verstimmte Chefredakteur in seinem gestreiften Morgenmantel hinter seinem Schreibtisch, auf dem ein völliges Durcheinander herrschte. Er überflog das Material, ohne die Begeisterung zu zeigen, auf die Murphy, Skies und Timmons gehofft hatten.

Als er den letzten dramatischen Absatz gelesen hatte, zuckten die heruntergezogenen Mundwinkel Dupreys ein wenig. Sonst gab er kein Zeichen von sich, daß er die Story für wert befand, um seinen Schlaf gebracht zu werden. Wortlos ließ er die letzte Seite auf den Schreibtisch fallen, lehnte sich zurück und warf Murphy einen finsteren Blick zu.

„Und das hätte nicht bis zum Morgen warten können?" knurrte er.

„Ich fliege um sechs Uhr in die Staaten", erklärte Murphy zum zweiten Mal.

Duprey pochte ungeduldig mit einem Finger auf Kronenbergers Geschichte. „Nun, ich sage es Ihnen gleich, daß Sie Ihre Zeit und meinen Schlaf umsonst vergeudet haben."

Ungläubig lehnte sich Murphy in seinem Stuhl vor. „*Vergeudet?*" Nach dem, was sie auf sich genommen hatten, um das Schriftstück außer Landes zu schmuggeln – ganz zu schweigen davon, daß Kronenberger sein Leben dafür gelassen hatte, um die Alliierten zu erreichen – schien es unmöglich, daß Duprey derart uninteressiert war!

„Vergeudet!" schnappte Duprey.

„Mr. Craine hat persönlich ein Telegramm geschickt, daß er eine gute Geschichte aus Wien haben wolle. Hier ist sie!"

„Nichts Neues, Mr. Murphy. Wir haben über den Kirchenkampf letztes Jahr und das Jahr davor berichtet. Was hat das mit dem Anschluß zu tun? Das ist alter Kram. Kronenberger war schon tot, lange bevor er beim IND in Wien niedergeschossen wurde. Die Leute interessieren sich nicht mehr für dieses Zeug!" Er fuhr sich mit dem Zeigefinger über die Kehle. „Den Lesern steht diese Art Verfolgungsgeschichte bis hierher, und das wissen Sie. Craine würde einen Tobsuchtsanfall bekommen, wenn ich ihm das hier schickte, den wir bis hierher hören könnten."

Murphy war wie vor den Kopf geschlagen. Er war wütend. Das war es nicht, was er erwartet hatte; andererseits hatte Duprey nicht die überpinselten Stellen an der Wand im Büro, nicht die Löcher der Kugeln gesehen, die zuvor einen Menschen durchschlagen hatten. Skies und Timmons und alle anderen waren nicht in der Lage gewesen, das Gefühl zu beschreiben, das man hat, wenn man mit eigenen Augen einen Menschen von Kugeln durchsiebt zu Boden gehen sieht. „Das ist genau das, worum es bei dem Anschluß geht, und das wissen Sie!"

„Erzählen Sie das Craine!" sagte Duprey mit einer abwehrenden Handbewegung.

„Dasselbe, was in Deutschland geschehen ist, geschieht jetzt in Österreich! Es widerfährt Menschen wie Kronenberger, die einfach nur ihre Kinder in Sicherheit wissen wollen."

Duprey lächelte schmallippig. „Wenn ich hier in Paris raus auf die Straße gehe, kann ich Ihnen tausend solcher Geschichten sammeln! Die ganze Stadt ist voller Flüchtlinge, und jeder einzelne von ihnen hat eine traurige Geschichte zu erzählen! Sind Sie kürzlich durch die Straßencafés von Paris gekommen, Mr. Murphy? Glauben Sie tatsächlich, das seien Neuigkeiten? Die zweithäufigste Sprache in Frankreich ist

Deutsch, gesprochen von deutschen Juden und solchen, die sich nicht einfügen wollen."

„Nicht einfügen?"

„Ja, nicht einfügen wollen! Wie Ihr Herr Kronenberger und seine Brut! Was geht es Sie an, wenn die Deutschen die aussortieren, die nicht gesund sind? Uns allen würde es wahrscheinlich nichts schaden, einmal darüber nachzudenken! Hitler wollte diese Leute ja nicht *ermorden*, nicht wahr? Lediglich deren Fortpflanzung unterbinden." Duprey lehnte sich soweit in seinem tiefen Ledersessel zurück, daß Murphy dachte, er würde umkippen. Sein Tonfall war herablassend; sein Gesicht spiegelte seine billigen Argumente wider. „So wie man die Kleinen aus einem Wurf Welpen aussortiert, wenn Sie so wollen."

Murphy stand auf und packte wutentbrannt seine kostbaren Schriftstücke zusammen. „Zwei Kinder sind keine Welpen. Sie sind *Kinder!*"

„Wir haben darüber berichtet, als es in Deutschland passiert ist." Duprey ging in die Defensive. „Das Thema ist gestorben."

„Das Thema ist *ermordet!* Hingerichtet! Oder in Dachau, zusammen mit jedem Gemeindepfarrer, der sich eingesetzt hat!"

„Nichts Neues!" wiederholte Duprey. „Und Mr. Craine ist der erste, der das bestätigte. Wenn das die Story ist, die Sie für ihn dabeihaben, wird der Chef nicht sehr angetan sein. Das kann ich Ihnen sagen! Das werden Sie nie in einer Zeitung von Craine unterbringen können. Damit kommen Sie ein paar Jahre zu spät."

Murphy erwiderte nichts. Blindlings stürzte er zur Tür. Ein derartiges Desinteresse hatte er von Duprey nicht erwartet. Ohne Hitlers Fotos auf dem Boden auszuweichen, entfloh er der Gleichgültigkeit eines der einflußreichsten Chefredakteure Europas.

Erst als er draußen auf der ruhigen Straße stand, fielen ihm tausend einsichtige Erwiderungen ein. *Wenn wir über Hitlers Kampf gegen die Kirchen und Familien wie der von Kronenberger mit etwas mehr Einsatz berichtet hätten, wäre Paris heute nicht so voller Flüchtlinge und Wien nicht voller Wehrmachtssoldaten!*

Aber es fiel ihm zu spät ein. Er starrte zu dem Fenster von Dupreys Arbeitszimmer hinauf, als dort das Licht ausging. Der Chefredakteur war zweifellos wieder zu Bett gegangen und schlief einen friedlichen Schlaf.

23. Allein auf Reisen

Seit John Murphy aus Prag fort war, hatte Elisa nichts von ihm gehört. Die ganze Zeit über hatte sie kaum von ihm gesprochen. Sie wich den mitfühlenden Blicken ihrer Mutter aus und fand jeden Tag neue Ausreden, um allein zu sein.

Schreckliche Ahnungen von Wien und was ihren Freunden, die sie hatte zurücklassen müssen, zugestoßen sein mochte, erfüllten ihre Gedanken. Jeden Abend, wenn die neuesten Nachrichten des „Großdeutschen Reiches" aus dem Radio tönten, rebellierte ihr Magen. Das alles ähnelte so sehr dem, was in Berlin geschehen war – mit dem einzigen Unterschied, daß es sich soviel plötzlicher vollzog. Wie am Tag des Jüngsten Gerichts brach die Zerstörung über sie herein, bevor sie überhaupt wußten, wie ihnen geschah. Und jetzt zitterte sie bei dem bloßem Gedanken, wie es wohl Leah ergangen war. Shimon. Und all den anderen aus dem Orchester, die ihr in den letzten Jahren zu einer Familie geworden waren – und darin vermischt die sie langsam verzehrende Sehnsucht nach Murphy. Warum hatte er ihr keine Nachricht zukommen lassen? Warum war er ohne einen Abschiedsgruß fortgegangen? Ob er mittlerweile wieder in Wien war?

Elisa wußte nur zu genau, daß ihre Ungeduld schon bald einer wütenden Entschlossenheit weichen würde, etwas zu unternehmen, *irgendetwas*, sollte sie nicht bald etwas von ihm hören. Die Nachrichten im Radio waren beängstigend genug. Gerüchte auf dem Prager Marktplatz wußten von langen Schlangen hoffnungsvoller Flüchtlinge zu berichten, die versuchten, die tschechische Grenze zu überqueren. Die, denen es gelang, aus Österreich fortzukommen, erzählten Grauenhaftes von Tausenden, die die Gestapo jeden Tag verhaftete. Waren Shimon und Leah darunter?

Selbst in ihren Träumen plagten sie Ängste. Jeden Abend, wenn sie allein zu Bett ging, wünschte sie sich, daß Murphy bei ihr wäre. *Saubere Laken, zurückgeworfene Decken* ... Sie sehnte sich nach starken Armen, die sie hielten, und nach zärtlichen Händen, die über ihr Haar streichelten, und nach jemanden, der ihr sagte, daß das alles nur ein böser Traum wäre. Und wenn sie schließlich in einen unruhigen Schlaf fiel, holte sie in ihren Träumen die brutale Wirklichkeit wieder ein.

Murphy saß wieder in Reihe zehn, am Mittelgang. Er betrachtete sie dabei, wie sie die goldene Geige spielte, die einst Rudy Dorbransky gehört hatte. Leah saß so weit weg auf der anderen Seite der Bühne, daß sie wahrscheinlich kaum ihr Spiel hören konnte. Und dann betraten die Männer in Schwarz den Saal, und ein Kugelhagel ging auf der Bühne nieder! Rudy brach plötzlich blutend neben ihr zusammen. Er streckte seine Hand nach der Geige aus, und plötzlich verschlangen Feuer und Rauch seine wundervollen Hände. Und die Flammen griffen auf den Saum von Elisas Kleid über. Es wiederholte sich immer dasselbe! Sie schrie nach Murphy, aber sein Sitz war jetzt leer, und als die Flammen aus Rudys Körper höherschlugen, schleppten die Männer in Schwarz Leah fort.

Elisa erwachte mit einem lautlosen Schrei auf den Lippen und lag noch stundenlang in ihrem schweißgetränkten Bett, bis der Morgen sie wieder in die Nähe eines normalen Lebens zurückbrachte. Benommen ging sie zum Markt oder zum Bäcker. Sie half beim Abwasch oder las Theo leise etwas vor. Aber wenn Anna im Radio ein Konzert einstellte, verließ sie das Zimmer und verließ sie das Haus. Konnte es denn eine Musik geben, die sie in diesen Tagen nicht an ihre Freundin erinnerte? Sie hatten während der Proben zusammen gelacht und bei Tassen starken Kaffees bis tief in die Nacht über *Musik* diskutiert. Nein, sie ertrug keine Musik, jetzt nicht. Jeder Ton erinnerte sie an die Proben; sie konnte keinen Ton mehr hören. Was ihr blieb, waren Erinnerungen an Leah und ihr geliebtes Wien.

Irgendwo in Prag gab es Menschen, die, wie Elisa, in der Organisation mitgearbeitet hatten, die Pässe für Flüchtlingskinder aus Deutschland besorgt hatte. Aber wo waren sie? Die letzten Wochen einsamer Sorge hatten Elisa davon überzeugt, daß die im Untergrund arbeitende Gruppe ihre Spuren sorgfältig verwischt hatte. Die Male zuvor hatte sie stets von Leah gesagt bekommen, wohin sie gehen und was sie sagen mußte, um sich als Kurier zu erkennen zu geben. Jedesmal hatten sich Ort und Zeitpunkt geändert. Elisa war sich niemals sicher, was sie überhaupt in ihrem Geigenkasten über die Grenze nach Deutschland schmuggelte. Ohne Leahs Instruktionen war Elisa jetzt völlig abgeschnitten. Seit sechs Tagen war sie die einzelnen Treffpunkte in der Stadt abgegangen. Die Karlsbrücke, die Astronomische Uhr am Altstädter Rathaus, ein bestimmter Turm an der Universität. Dreimal war sie zu dem riesigen Prager Bahnhof gegangen, hatte die überfüllte Eingangshalle durchquert und war die endlosen Bahnsteige entlangspaziert, wo ein halbes Dutzend Züge schnauften und stampften, während sie Passagiere in die Freiheit der Tschechoslowakei entließen.

Wurde irgendeins der Kinder von einem anderen Erwachsenen in

Empfang genommen? Falls ja, so bekam es Elisa nicht mit. War gar die ganze Organisation mit dem Fall Österreichs zusammengebrochen?

Während über die Lautsprecher die Zielbahnhöfe und Abfahrtszeiten durchgegeben wurden, hockte sich Elisa entmutigt auf eine Bank und suchte in der Menge nach einem bekannten Gesicht wie ein kleiner Hund auf der Suche nach seinem Herrchen.

„Bratislava! Budapest! Belgrad!"

Elisa wußte, daß der Zug durch Wien fuhr. Dann folgte er der Donau nach Süden. Aber sogar nach einer Woche konnten noch keine Züge aus der Tschechoslowakei nach Österreich einreisen. Der Gedanke an das, was sich auf der anderen Seite der geschlossenen Grenze abspielen mußte, ließ sie erschaudern. Sie hatte nicht ein einziges Wort von Murphy gehört, seit er nach London aufgebrochen war. Er hatte versprochen, daß er nach Wien zurückkehren würde, um Leah und Shimon zu suchen. Mittlerweile fragte sich Elisa, ob es ihm überhaupt möglich sein würde, wieder in das Land einzureisen.

Ein Mann in einem marineblauen Nadelstreifenanzug starrte Elisa unverhohlen an. Er saß auf einer Bank direkt gegenüber von ihr. Über den Rand seiner Zeitung hinweg lächelte er sie an. Zögernd erwiderte sie sein Lächeln; sie suchte in seinem Gesicht nach etwas, das sie wiedererkannte. Sie war sich sicher, daß sie ihn nie zuvor gesehen hatte. Er war mittleren Alters, mit dicken Brillengläsern und grauem Haar, das unter einem Filzhut hervorguckte. Die meisten ihrer Kontaktpersonen waren jung gewesen, und –

„Entschuldigen Sie?" sprach er sie an, wobei er die Zeitung senkte. „Kennen wir uns nicht?"

Elisa sah an ihm vorbei. Mit einem Mal stieg Sorge in ihr auf. Ihr gefiel die Art nicht, mit der er sie betrachtete. „Nein, ich denke nicht", sagte sie.

„Warten Sie auf jemanden?" Er neigte seinen Kopf. „Sie sitzen hier schon seit langer Zeit. Das weiß ich, da ich selber hier schon seit geraumer Zeit sitze."

Elisa nickte. Allerdings wartete sie auf jemanden. Nur, daß sie nicht wußte, auf wen. Sie drehte Murphys Ehering an ihrem Finger. „Auf meinen Mann."

„Ah." Der Mann schien enttäuscht. „Ich verstehe." Er warf einen Blick auf den Ring. „Mit welchem Zug kommt er denn?" Er lächelte abermals, und seine Goldzähne blitzten.

„Ich bin nicht sicher." Elisa antwortete in einem Tonfall, der klarstellte, daß ihn das nicht das Geringste zu interessieren hatte.

Er zuckte die Schultern. Er hatte verstanden. „Wenn Sie so lange warten müssen, sollten Sie sich wenigstens ein gutes Buch zum Lesen mitbringen." Er hob die Zeitung und verbarg sein Gesicht wieder dahinter.

Elisa seufzte. Sie sah den Passagieren zu, die in den Zug einstiegen. Er würde so dicht an Wien vorbeikommen und es doch nicht wagen, die Grenze zu überqueren. Für viele der Reisenden bedeutete der schmale Grenzstreifen zwischen den beiden Ländern auch das Ende ihrer Sicherheit. Mit nur einem Schritt verließ man die Gültigkeit der Menschenrechte und erreichte menschliches Leid. Sie hatte die leuchtendweißen Grenzgebäude auf der österreichischen Seite gesehen. Sie hatten so friedlich gewirkt, als hätte sich nichts verändert. Aber heute wußte Elisa, daß sie nie mehr zu dem zurückgehen konnte, was einmal gewesen war. Die Grenze zwischen Himmel und Hölle war aufgebrochen, und die Hölle kochte über.

Als der Zug langsam davonruckelte, erhob sich Elisa und ließ ihren Blick ein letztes Mal über die Bahnsteige wandern. Gab es denn niemanden hier, der sie als Kurier wiedererkannte? War sie als einzige dieser enormen unsichtbaren Kette übrig, von der sie geglaubt hatte, ein Glied zu sein?

Enttäuscht und jeder Hoffnung beraubt kehrte sie zu dem kleinen Haus in der Nähe des Mala-Strana-Platzes zurück.

* * *

Tief unter der Fahrgastgondel des gigantischen Luftschiffes wirkten die Frachter und Passagierschiffe auf dem Wasser wie winziges Spielzeug.

Schweigend stand Murphy am Fenster seiner Kabine. Der Platz war viel kleiner als das Abteil eines Zuges und nicht annähernd so komfortabel wie die Suite eines Ozeanriesen. Aber das alles war Murphy völlig gleichgültig. Der zigarrenförmige Schatten des Zeppelins jagte doppelt so schnell über die Wellen des Atlantiks wie das schnellste Schiff. Geschwindigkeit war das einzige, worauf es Murphy im Moment ankam. In die Staaten fliegen, erledigen, was er zu erledigen hatte – und wieder umkehren. Zurück nach Europa. Zurück zu Elisa.

Seit das Luftschiff am Tag zuvor in Paris gestartet war, hatte Murphy kaum einen der Mitreisenden gegrüßt. Beim Abendessen hatte ein

Streicherquartett das Stück gespielt, von dem Elisa ihm erzählt hatte, daß Dvorak es in Amerika geschrieben hatte. Trotz des monotonen Triebwerkgeräuschs im Hintergrund hatte Murphy sie beinahe sehen können, wie sie in jener Nacht im Hotel Sacher ihm gegenüber gesessen hatte. Er schloß die Augen und versuchte, den Lärm der Motoren zu vergessen. Versuchte, nicht auf das sanfte Rütteln des Luftschiffes zu achten. Wie sehnte er sich danach, diesen Moment in Wien noch einmal durchleben zu können, als sie das erste Mal über eine Reise nach Amerika gesprochen hatten! Ihre Haut war sanft und weich gewesen, und ihre blauen Augen hatten mit ihm gemeinsam von diesem fernen Ort geträumt, an dem Dvorak das Lied über Amerika geschrieben hatte. Iowa. Ja, Murphy erinnerte sich an den kindlichen Ausdruck auf ihrem Gesicht und die lustige Art, wie sie „Iowa" ausgesprochen hatte.

Seine eigene Überraschung, als er ihr den Heiratsantrag gemacht hatte, ließ ihn den Moment wieder durchleben. „Heiraten Sie mich", sagte er laut zu dem leeren Platz gegenüber von seinem Tisch. Er schreckte auf, als er den Kellner bemerkte, der mit gezücktem Stift neben ihm stand. Murphy war froh, daß nur der Kellner gehört hatte, wie er seinen albernen Antrag wiederholt hatte.

Der Kellner verbeugte sich mit einem leichten Lächeln. „Allein auf Reisen, Sir?" Er sah zu dem leeren Platz hinüber, wo eben noch in Murphys Augen Elisa gesessen hatte. „Oder erwarten Sie noch jemanden?"

Murphy schüttelte den Kopf und studierte die Speisekarte. „Allein", sagte er barsch. Aber kaum, daß er das sagte, überkam ihn erneut die Sehnsucht! Wie sehr wünschte er sich, daß sie jetzt bei ihm wäre! Wie dumm von ihm, sie schon wieder sitzenzulassen! Sollte er ihr jemals wieder an einem Tisch irgendwo gegenüber sitzen, so würde er sich nicht noch einmal mit einem *Nein*, einem *Vielleicht* oder einem *Auf Wiedersehen* zufriedengeben!

„Sie wünschen, Sir?" fragte der Kellner höflich. Er tat, als wäre ihm Murphys Konversation mit dem Imaginären entgangen.

Murphy tat jetzt ebenfalls, als wäre nichts gewesen. Er tat, als wäre alles in Ordnung. Er tat, als dächte er an nichts anderes als seinen Magen. „Den Kalbsbraten."

Der Küchenchef erschien hinter dem Kellner. Er beugte sich tief über das weiße Tischtuch mit dem funkelnden Silber. Er flüsterte Murphy etwas ins Ohr und deutete zur Tür des Speisesaals. Eine schlanke Brünette, deren wohlgeformte Figur sich in einem grünen

Abendkleid abzeichnete, lächelte ihm schüchtern zu. Ihre grünen Augen funkelten, und in ihrem Blick lag der Anflug eines Versprechens. Eine nette Unterhaltung für den Abend. Ein wenig Wein und Amüsement. Das Licht, das auf ihr Kleid fiel, betonte ihre Kurven. Vielleicht war da auch mehr als nur der Anflug eines Versprechens.

„Mr. Murphy", sagte der Küchenchef, „die junge Dame reist ebenfalls allein. Sie würde sich gerne zum Abendessen zu Ihnen gesellen?" Es war keine richtige Frage. Nur ein Verrückter würde eine solche Bitte ausschlagen.

Murphy räusperte sich. „Nein", sagte er leise. „Trotzdem vielen Dank. Sagen Sie ihr ... Danke ... trotzdem. Aber ich bin geschäftlich unterwegs ... äh ... nein, danke."

Die Brünette hob etwas indigniert ihren Kopf. Anscheinend konnte sie von den Lippen lesen. Zweifellos hatte sie den einsamen Gesichtsausdruck des nettaussehenden jungen Journalisten mißverstanden. Murphy brauchte im Moment nicht einfach nur weibliche Gesellschaft. Er brauchte Elisa.

„Entschuldigen Sie vielmals", sagte der Küchenchef.

„Das macht ja nichts", erwiderte Murphy munter. „Ich nehme den Kalbsbraten."

Die restliche Zeit des Transatlantikflugs verwendete Murphy tatsächlich zum Arbeiten. Zurückgezogen in seinem Abteil, brütete er über Kronenbergers tragischem Testament. *Duprey hatte in einem Punkt recht. Craines Blätter würden die Geschichte niemals drucken. Craine hatte Murphy schon einmal klargemacht, daß er genug von dieser Art Untergangsstimmung in Europa hatte. Dieses Thema war – auch für Craine selber – gestorben. Aber noch gab Murphy nicht klein bei. Wenn nicht Craine, irgendjemand in den USA würde Kronenbergers Geschichte drucken. Dafür würde er sorgen.*

Als das Luftschiff schließlich die Freiheitsstatue umrundete, war Kronenbergers Brief ins Englische übersetzt. Dazu hatte Murphy seine eigenen Eindrücke der Ereignisse in Österreich aufgeschrieben. Jetzt mußte er nur noch einen Herausgeber finden, bevor Craines Flugzeug mit Murphy zur Westküste startete.

Die Freiheitsstatue schien Murphy die Antwort entgegenzubrüllen: *„Das Liberty-Magazin, du Dummkopf! Auf solche Sachen warten die doch nur!"*

24. Auf der Suche nach dem Mittag

Auch nach Tagen bangen Wartens hatte Herschel noch immer nicht die dringend benötigte Arbeitserlaubnis erhalten. Um sieben Uhr morgens reichte die Schlange mit verzweifelten Flüchtlingen von den Toren des Ministeriums bis zu Mme. Duponts kleinem Laden mit exklusiver Mode, das sich eine Querstraße davon entfernt befand. Dort hörte sie auf. Sich dahinter anzustellen hatte keinen Sinn. Die Erfahrung hatte sie gelehrt, daß es einen ganzen Tag dauerte, um von dieser Stelle bis zu den Schreibtischen der Ministeriumsangestellten vorzudringen, die die vielen Anträge zu bearbeiten hatten.

Zuletzt waren die meisten abgelehnt worden.

Von dieser Tatsache und den Flüchen seines Onkels angetrieben, war Herschel Grünspan jeden Morgen noch vor Tagesanbruch aufgestanden, um sich rechtzeitig auf den Weg zu machen. Er hoffte, daß seine Hartnäckigkeit vielleicht das Herz eines der französischen Beamten erweichen könnte. Er besaß ja nicht das Geld, um die, die über seine Zukunft zu befinden hatten, zu bestechen.

Vom ersten Tag an, an dem er sein Gesuch eingereicht hatte, war sich Herschel über eine bittere Tatsache bewußt: sollte ihm die Arbeitserlaubnis verweigert werden, so konnte er nicht länger in Frankreich bleiben. Er war sich sicher, daß sein Onkel diese Regel kannte, als er darauf bestanden hatte, daß Herschel den Antrag stellte. Er mußte auch gewußt haben, daß es für einen Siebzehnjährigen ohne richtige Ausbildung sehr schwierig sein würde, eine Arbeitserlaubnis zu erhalten. Ein Scheitern würde seinem Onkel die Entschuldigung bieten, die er brauchte, um ihn nach Berlin zurückschicken zu können, ohne sich schuldig fühlen zu müssen. All das spornte Herschels Ehrgeiz zusätzlich an, seinem Onkel zu beweisen, daß er sich irrte.

Es war fast vier Uhr, als Herschel schließlich vor dem Schreibtisch stand. Jeder vor ihm hatte enttäuscht umkehren müssen. Links und rechts von sich hörte er, wie Anträge abgelehnt wurden.

„Sie müssen sich gedulden", drängte einer der Angestellten einen grüblerischen Mann mit dunklen Haaren, der den ganzen Tag über vor Herschel gestanden hatte. „Sie haben den Antrag erst letzte Woche gestellt. Solche Dinge nehmen viel Zeit in Anspruch."

„Wieviel Zeit?" fragte der Mann mit tiefer Stimme. „Wieviel Geld?" flüsterte er.

Herschel spitzte seine Ohren, um die Antwort nicht zu verpassen. „Ein paar wohlplazierte Francs, vielleicht ... keine Garantie ..."

„Wenn ich Geld dafür hätte, glauben Sie, ich würde hier um eine Arbeitserlaubnis anstehen?" Der Mann funkelte den Beamten zornig an. Der zuckte nur die Schultern.

„Jeder braucht eine Erlaubnis. Das schreibt das Gesetz vor." Für ihn war damit das Gespräch beendet, und er blickte über die Schulter des Mannes zu Herschel. „Der nächste?" Als er Herschel sah, kratzte er sich verwundert den Kopf. „*Sie* schon wieder?" Er lächelte. „Nach Ihnen könnte ich ja beinahe meine Uhr stellen! Haben Sie nichts Besseres zu tun, als hier herumzustehen?"

Herschel trat vor und lehnte sich über den Schalter. Er sah aus wie ein kleiner bettelnder Schuljunge. „Bitte, wieviel? Wieviel kostet eine Erlaubnis? Ich habe zwar jetzt nichts, das ist wohl wahr; aber wenn Sie mir eine Erlaubnis ausstellen, teile ich mein Gehalt mit Ihnen."

Der Vorschlag schien den Beamten zu entrüsten. Er trat einen Schritt zurück. Herschel hatte zu laut gesprochen, und in diesem Moment ging gerade der Abteilungsleiter langsam vorbei. „Wie bitte? Was haben Sie gesagt? Was hat er da gesagt, André?"

„Ehrlich", erwiderte der Beamte, den die Frage seines Vorgesetzten zu irritieren schien. „Ich habe keine Ahnung, wovon dieser Junge spricht!"

Der Abteilungsleiter richtete seinen Blick auf Herschel, der noch kleiner wirkte. „Wie alt sind Sie, Junge?" wollte er wissen.

„Siebzehn."

„Name?"

„Herschel Grünspan."

„Sie sind nicht verheiratet, nehme ich an."

Herschel blickte verwirrt. „Nein. Nicht verheiratet."

„Deutscher, nicht wahr?"

Der Beamte mischte sich ein. „Es sind alles Deutsche. Ein paar Polen. Fast alles Juden, bis auf die Politischen."

Der Abteilungsleiter fuhr ungeduldig mit seiner Hand durch die Luft. „Ja, natürlich. Das weiß ich." Er wandte seine Aufmerksamkeit wieder Herschel zu. „Sehen Sie, junger Mann." Er schob seine Brille zurecht. „Hier gibt es einige, die eine Arbeitserlaubnis sehr viel dringender benötigen als Sie. Männer mit Familie. Frauen und Kinder, die etwas zu essen brauchen, verstehen Sie? Und wir sind gezwungen, sogar denen die Erlaubnis zu verweigern."

„Aber ich war Schneider. In Berlin. Im Kaufhaus von Theo Lindheim. Sie haben doch von Lindheim gehört?“

„Nein, das habe ich nicht“, sagte der Abteilungsleiter ungerührt. „Berlin interessiert mich nicht. Sehen Sie, Berlin hat mein Leben und meine Arbeit nur kompliziert.“ Er deutete mit der Hand großspurig auf die Warteschlange, die sich noch immer durch das marmorne Foyer bis hinaus auf die Straße erstreckte. „Aber es bleibt die Tatsache, daß Sie erst siebzehn sind. Andere benötigen die Erlaubnis sehr viel dringender als Sie ...“

Herschels Hoffnungen zerbrachen unter der Logik dieses hochgewachsenen strengen Mannes vor ihm. „Aber ich kann zahlen ... sobald ich Arbeit gefunden habe ...“

Der Beamte warf ihm einen verlegenen Blick zu und legte kurz seinen Finger auf die Lippen. Der Abteilungsleiter schnaubte verärgert; dann drehte er sich zu dem betroffen dreinschauenden Beamten um. „Gesuch abgelehnt, André. Machen Sie einen Stempel in seine Unterlagen. *Abgelehnt.*“ Ohne Herschel anzusehen, fügte er hinzu: „Er hat eine Woche, um Frankreich zu verlassen. Vermerken Sie das.“ Er machte auf seinen Absätzen kehrt und stolzierte zu seinem Büro, dessen Tür er geräuschvoll ins Schloß fallen ließ.

„Bitte!“ Herschel kämpfte gegen seine Tränen an, als der Beamte seinen Antrag aus der Akte zog.

„Ruhig!“ zischte der Beamte. Die Endgültigkeit der Entscheidung schien auch ihn zu bekümmern. „Seien Sie endlich still!“

„Aber wenn ich doch nur –“

„Es gibt kein *wenn*“, flüsterte der Beamte. Mit einem Kopfschütteln drückte er den Stempel auf das Stempelkissen und donnerte ihn auf Herschels Unterlagen. Er kritzelte das Datum dazu, bis wann Herschel das Land verlassen mußte, und schob dem Jungen sein Gesuch über den Tisch. „Abgelehnt.“

„Bitte ...“

Der Beamte war fertig mit ihm. Er sah über Herschels Schulter zu den Wartenden. „Der nächste, bitte.“

* * *

Herschel stopfte die Unterlagen tief in die Tasche seines zerschlissenen Mantels. Es war ein heiterer, warmer Tag, als er an den Bücherständen am Seineufer entlangging, doch ihm war kalt – er fror in der pechschwarzen Finsternis seiner eigenen Gedanken.

Männer und Frauen schmökerten in den Büchern, verhandelten um zerlesene Raritäten, die in langen Reihen auf den Tischen gestapelt waren. Herschel ging an ihnen vorbei, ohne ihre Gespräche zu hören oder auch nur zu bemerken, wohin ihn sein Weg führte. Seine Hand, die noch immer das Dokument umklammerte, war schweißnaß und verschmierte zweifellos die Tinte und die Unterschrift. *„Abgelehnt!“* Dieses Wort verfolgte ihn. Es schrie den Passanten förmlich seine aussichtslose Lage entgegen. *„Verlassen Sie Frankreich innerhalb einer Woche ... zurück nach Berlin!“*

Er verharrte an einem der Stände und starrte auf einen Stapel alter Broschüren, ohne etwas wahrzunehmen. *Abgelehnt!* Der Antrag verbrannte seine Finger und löschte die Gegenwart für ihn aus. Einmal mehr hörte er das unterdrückte Stöhnen seines Vaters, das Flehen um Gnade seiner Mutter, während die Gestapo-Häscher ihre Anschuldigungen brüllten.

„Er ist Jude! Du kannst nicht erwarten, daß er Lindheim verrät!“

„Wieviel hat dir Lindheim gezahlt? Wieviel!“

Die Bücherstände warfen die Frage wie ein Echo zurück: *„Wieviel? Wieviel?“*

Herschel fuhr sich mit der Hand durch sein dichtes schwarzes Haar. Eine Stimme riß ihn aus seinen Gedanken: „Sie wollen wissen, wie teuer das ist, Junge?“

Herschel sah auf. Vor ihm stand ein alter Buchhändler mit ledernem Gesicht und einer formlosen Baskenmütze auf dem Kopf. Ein dünnes Lederband hing um den abgewetzten Kragen seines gelblichen Hemdes. „Ich ...“ Herschel verzog sein Gesicht.

„Sie sprechen kein Französisch?“ fragte der Alte freundlich.

„Oh doch, ich spreche Französisch.“ Herschels Akzent verriet seine Berliner Herkunft.

„Gut! Gut! Dann lesen Sie auch Französisch. Wir haben auch deutsche Bücher hier.“ Er deutete auf einen anderen Tisch, auf dem sich noch mehr Bücher stapelten.

Herschel blieb wie angewurzelt stehen. Er wußte nicht, was er sagen sollte. „Ja“, sagte er verstockt.

„Herr Hitler hat, wie es scheint, die schönsten Worte, die je in deutscher Sprache geschrieben wurden, verbrannt“, sagte der alte Buchhändler mit einem Achselzucken. „So kommen die Deutschen hierher, um das zu kaufen, was bei ihnen nicht länger zu bekommen ist.

Ich habe den Eindruck, daß sich die besten deutschen Bücher *und* ihre Autoren jetzt in Frankreich aufhalten. Genauso wie diejenigen, die *Mein Kampf* langweilig und albern finden." Er sprach laut und deutlich zu dem Jungen. Zweifellos wollte er auch die Aufmerksamkeit der übrigen Passanten erregen. „Nun, womit kann ich Ihnen dienen?"

Herschel sah wieder hinunter auf den Tisch. Er war dem alten Mann für seine Worte dankbar. In gewisser Weise hatten sie ihn wieder in die Gegenwart zurückgeholt. Schweigend betrachtete er die Broschüren. Schließlich fiel sein Blick auf ein vergilbtes Heftchen mit einem Foto des Militärgefängnisses von Cherche-Midi auf dem Deckel. Jenem Gefängnis also, daß ihn zwei Wochen zuvor so fasziniert hatte, als er zufällig daran vorbeigekommen war. Er nahm das Heft auf und musterte die Abbildung. Uniformierte führten einen Mann durch den Torbogen des Gefängnisses. „Das ist Dreyfus!" sagte Herschel. Mit einem Mal erkannte er, was auf dem Foto vor sich ging. „Ich habe gewußt, daß ich es zuvor schon mal gesehen habe!"

„Sie interessieren sich also für den berühmten Dreyfus?" rief der Buchhändler triumphierend. „Ja, und dies ist eines der Original-Ausgaben. Da sehen Sie das Datum: 1894. Ja, eine Menge Leute interessieren sich für diese Geschichte. Sicher. Da halten Sie ein seltenes Exemplar in Ihren Händen!" Noch ein paar Passanten blieben an seinem Stand stehen.

„Ja." Fast vergaß Herschel sein eigenes Elend, als er das unglückliche Gesicht des Gefangenen betrachtete. „Ich habe das Gefängnis gesehen. Ich habe gesehen, wohin sie Hauptmann Dreyfus gebracht haben! Es hat einen seltsamen Namen: Die Suche nach dem Mittag. Ein sehr seltsamer Name, finden Sie nicht?"

„Gar nicht so seltsam." Der Buchhändler war stolz auf sein Wissen und stellte es bereitwillig unter Beweis. Ein Pärchen blieb stehen, um zuzuhören. „Es war ein Kloster. Sehen Sie, Ludwig XIV., der Sonnenkönig, hat es erbauen lassen. Die Nonnen versorgten jeden Mittag die Armen mit Essen. Früh am Morgen schon kamen die Bettler und warteten auf die Suppentöpfe. Und so bekamen die Straße und das Gebäude ihren Namen – *Die Suche nach dem Mittag*."

„Aber jetzt ist es ein Gefängnis." Herschel konnte seinen Blick nicht von dem traurigen Gesicht auf dem Foto abwenden.

„Umgewandelt, könnte man sagen. Während der Französischen Revolution, als die Gefängnisse überfüllt waren."

Passanten überhäuften den Buchhändler mit ihren Fragen nach Preisen. Der alte Mann ließ Herschel stehen, um Wechselgeld herauszugeben und Bücher mit einem festen Faden einzuwickeln.

Herschel blieb vor dem Tisch stehen und überflog die Einzelheiten der Dreyfus-Affäre. Der französische Hauptmann, ein Jude, war beschuldigt worden, militärische Geheimnisse an die Deutschen verraten zu haben. Herschel kam sich dumm vor, daß er das Gefängnis nicht gleich erkannt hatte. Er kannte die Umstände der Affäre recht gut. Das Foto hatte er in seinen Geschichtsbüchern wahrscheinlich dutzende Male gesehen. Dreyfus wurde degradiert, verurteilt und ins Gefängnis geworfen. Der ganze Fall war inszeniert worden, um antisemitische Stimmungen in der französischen Bevölkerung anzustacheln. Zwölf Jahre nach seiner Verurteilung war Dreyfus' Unschuld erwiesen und er wurde freigelassen. Aber sein Fall hatte die Nation in zwei Lager gespalten, die sich erbittert bekämpften. Herschel konnte seinen Blick nicht von der Broschüre abwenden. Zu dem Zeitpunkt, als sie gedruckt wurde, stand die Entscheidung in der Angelegenheit noch Jahre aus.

Schließlich wandte der Buchhändler seine Aufmerksamkeit wieder Herschel zu. „Die Dreyfus-Affäre interessiert Sie, ja?" Er schien mit dem Geschäft recht zufrieden, das ihm ihre Unterhaltung eingebracht hatte. „Und trotzdem höre ich Sie nicht nach dem Preis fragen."

Herschel legte das Buch an seinen Platz zurück. „Ich habe keinen einzigen Franc, Monsieur", entschuldigte er sich.

Der Buchhändler betrachtete ihn nachdenklich. Er kratzte sich seine grauen Haare unter seiner Baskenmütze. „Dann sollte ich es Ihnen leihen", erwiderte er zuletzt.

„Ich muß Frankreich schon bald verlassen."

„Ja? Amerika? Palästina? Haben Sie ein Visum?"

„Nein." Herschel verzog sein Gesicht. „Ich habe keine Arbeitserlaubnis erhalten. Sie sagen, daß ich nach Deutschland zurück muß."

Der Buchhändler fuhr erstaunt zurück. „*Was?* Dahin zurück? Wo sie Bücher verbrennen und immer noch glauben, daß der arme Hauptmann Dreyfus schuldig ist und gehängt werden müsse? Und das nur, weil er Jude war!" Der Buchhändler war empört. „Wer sagt, daß Sie in so ein Land zurück müssen?"

„Das Ministerium für –"

„Beamte!" Er spuckte aus. „Wie sollten die mitbekommen, ob Sie hierbleiben oder gehen?"

„Ich brauche eine Arbeitserlaubnis –"

„Wer sagt das?"

„Jeder!“

„Nicht jeder, denke ich.“ Er warf einen Blick auf eine Frau, die sich mit einem besonders hohen Stapel Bücher abplagte. Mit überschäumender Freundlichkeit fragte er: „Madame! Wie weit müssen Sie denn die Bücher tragen?“

„In die Rue Royale.“ Der Gedanke schien sie nicht besonders zu erfreuen.

„Aber nein, Madame!“ protestierte der Alte. „Wenn Sie hier kaufen, bieten wir Ihnen einen besonderen Service an. Für ein paar Francs mehr wird mein Junge hier Ihnen die Päckchen dorthin bringen!“

Sie schien erleichtert. „Wieviel?“ fragte sie, als Herschel ihr das schwere Bündel abnahm.

25. Unschuldige Opfer

Felder mit leuchtendem Mohn erstreckten sich von der Küste bis zu den Bergen der kalifornischen Coast Range. Murphy war noch nie in Kalifornien gewesen. Jetzt, da er das Land in seiner ganzen Frühlingspracht aus der Höhe von Craines Flugzeug aus sah, war er wie berauscht. Zum ersten Mal, seitdem er Elisa in Prag zurückgelassen hatte, erfüllte ihn der Gedanke, daß er sie eines Tages mit hierher bringen würde.

Er lehnte sich zum Fenster des Cockpits vor, als der Pilot das Flugzeug ein wenig in Kurvenlage brachte, um über einen von blauen Lupinen übersäten Berg zu gleiten. Erde und Himmel und der sprudelnde Pazifik vermischten sich zu tausenderlei verschiedenen Blautönen. Die weiße Linie der Schaumkronen auf den Wellen waren die einzige Bewegung, die dort unten wahrzunehmen war. Alles andere in diesem Bild schien sich im Sonnenlicht zu aalen. Und Murphy war damit zufrieden, sich das Ganze einfach nur schweigend und staunend zu betrachten. Er vergaß beinahe den Piloten, bis dieser sich über den Motorenlärm hinweg an ihn wandte.

„Wunderschön, nicht wahr?“ sagte er. Murphy nickte. „Allerdings kommen Sie ja gerade aus den Alpen“, fuhr der Pilot fort. „Schätze, das ist noch schöner.“

Murphy schüttelte den Kopf, ohne auch nur für einen Moment seinen Blick von der felsigen Küstenlinie abzuwenden. „Es ist anders. Auch schön – “ Er fuhr mit der Hand durch die Luft, als könnte er es dadurch beschreiben. „Aber anders. Die Berge sind nicht so sanft wie hier, und es gibt natürlich auch keinen Ozean. Viele steile Berghänge. Wie die Rocky Mountains.“ Die Fensterscheibe beschlug von seinem Atem. „Meine Frau stammt von dort, ich meine, aus der Nähe der Alpen. Aber ich wette, das hier würde ihr auch gefallen. Ich wette, sie würde das hier gerne einmal sehen.“ Murphy sprach die Worte leise, und doch überraschten sie ihn. Abgesehen von seinem Gespräch mit dem Dirigenten im Musikverein hatte er seit Stricklands Party in London mit niemandem über Elisa gesprochen. Und da hatte er auch nur erwähnt, daß er sich scheiden lassen wollte. Jetzt aber, angesichts dieser Schönheit, dachte er nur daran, wie gerne er diesen Anblick mit ihr teilen würde.

„Sie sind verheiratet?“ Der Pilot war überrascht. Wenn man miteinander in einem kleinen Flugzeug unterwegs war, wußte man normalerweise schon nach ein paar Stunden alles über den Kerl, was es zu wissen gab. „So habe ich Sie gar nicht eingeschätzt."

„Ich auch nicht", murmelte Murphy. „Ich stecke einfach voller Überraschungen, denke ich." Er wollte nicht länger darüber sprechen. Der Gedanke an Elisa versetzte ihm plötzlich einen Stich. Wer sagte denn, daß er überhaupt jemals wieder etwas mit ihr teilen würde? Sie hatte mit ihm ihre Musik geteilt, und jetzt wollte er ihr die Welt zeigen. Eine schöne Welt, ohne Hakenkreuze und prahlerische Nazis.

Kaum jemand in den Staaten machte sich groß Gedanken über Hitler und die Nazis. Der alte Craine schrieb seine eigenen Kommentare, daß es keinen Krieg geben würde. Die Führer Europas wären zu schlau, um einen Krieg anzufangen; und überhaupt, auf keinen Fall würden die USA darin verwickelt werden, was immer auch geschehen mochte. Beim Blick auf Craines Anwesen fiel es leicht zu verstehen, wie er all das glauben konnten. Von hier aus betrachtet erging es Murphy kaum anders. Hätte er es nicht erlebt, würden die Ereignisse in Österreich jetzt in der Tat fern und unbedeutend wirken.

Der Pilot zupfte am Ärmel des Overalls, den sich Murphy für den Flug geliehen hatte. „Machen Sie sich keine Sorgen wegen der Kleidung", wechselte er das Thema. „Der Chef weiß, daß Sie in furchtbarer Eile aufgebrochen sind. Strickland hat ihm von London aus ein Telegramm geschickt, daß Sie rein gar nichts bei sich haben. Dem Chef gefiel das. Ihm gefiel, daß Sie nicht einmal mehr gepackt haben. Egal, machen Sie sich jedenfalls darum keine Sorgen, Murphy. Der Keller auf San Sebastian ist so groß wie's Kaufhaus Macy's. Eine Kleiderstange hangt neben der anderen. Sie suchen sich aus, was Sie brauchen, und es gibt einen Schneider, der es für Sie gegebenenfalls abändert. Und den Kram können Sie auch noch mit nach Hause nehmen." Seine genaue Kenntnis vom Schloß dieses mächtigen Mannes schien ihn mit Stolz zu erfüllen. Er beugte sich etwas näher. „Ich fliege hier ständig diese Filmstars her", vertraute er Murphy an. „Clark Gable und Cary Grant kommen immer mit leeren Koffern." Er lachte über Murphys erstaunten Gesichtsausdruck und brachte das Flugzeug in einer weiten Kurve übers Meer zurück in Richtung Berge.

„Wie weit ist es noch?" brüllte Murphy, um den Motorenlärm zu übertönen.

Mit einem breiten Grinsen machte der Pilot eine Kopfbewegung zum Bug des Flugzeuges. „Sehen Sie selbst", lachte er und tippte sich dabei an die Mütze.

Direkt vor ihnen erhob sich auf einer Bergspitze, von wo aus man den Ozean überblicken konnte, ein gewaltiges Schloß. Zwei Türme rahmten ein spitzes Dach ein. Kleinere Gebäude, die um das Schloß verteilt waren, wirkten im Vergleich winzig, aber Murphy konnte sich gut vorstellen, daß auch sie gewaltig waren. Römische Statuen säumten die sprudelnden Springbrunnen eines gigantischen Swimming-Pools. Ein Wasserfall stürzte in eines der Becken und ergoß sich dann in einen Brunnen vor dem Eingangsportal des Schlosses. Ein Stück weiter die Straße hinunter befand sich ein Zoo. Murphy konnte deutlich Löwen und verschiedene andere Dschungelkatzen erkennen, die auf Felsen in der Sonne dösten. Eine kleine Herde Antilopen galoppierte vom Lärm des Flugzeugs aufgeschreckt über einen flachen Hügel tiefer unten. Rinder und Büffel grasten Seite an Seite, und eine Giraffe nagte an den Blättern eines Baumes am Fuß des Hügels direkt neben der Landebahn.

Dieser Ort war wie das Schangri-La. Wie Camelot. Ein mystisches Königreich, das nicht in Wirklichkeit existieren konnte. Murphy hatte all die Geschichten über den Chef und seinen exzentrischen Lebenswandel gehört. Er hatte von seiner Ergebenheit gegenüber seiner Mätresse gehört und von der Elite Hollywoods, die scharenweise um die Gunst einer der geschätzten Einladungen an diesen Ort wetteiferte. Murphy wußte, daß Winston Churchill einmal hiergewesen war. Aber das war vor zehn Jahren, als Churchill der Meinung gewesen war, alle Länder dieser Erde müßten des Friedens zuliebe abrüsten. Vor zehn Jahren, bevor Hitler mit der gewaltigen Wiederbewaffnung Deutschlands begann. Murphy bezweifelte, daß Churchill heute noch einmal nach San Sebastian eingeladen würde. Obwohl Craine behauptete, ihn zu mögen, wie ein Löwe den anderen, betrachteten sie die wichtigen Themen dieser Tage nicht mehr aus demselben Blickwinkel. Die Themen der wirklichen Welt. San Sebastian war nicht die wirkliche Welt.

Also warum, fragte sich Murphy erneut, als das Flugzeug aufsetzte, war er an Arthur Adam Craines Hof zitiert worden? John Murphy war nur wenig mehr als ein winziges Rädchen in Craines gigantischer Maschinerie. Seine eigene Meinung über die Zukunft Europas unterschied sich gewaltig von der des Chefs. Er hatte seine eigene Einschätzung zumeist für sich behalten, seit er die scharfe Rüge aus New York erhalten hatte. Aber trotzdem mußte seine Wut über die Vergewaltigung Österreichs während der Übertragung deutlich zu spüren gewesen sein. Murphy konnte die Nazis nicht ausstehen; das mußte der alte Herr doch wissen. Er schien alles über beinahe jeden zu wissen. Genau auf diese Weise bekam er meistens, was er wollte, hieß es.

Warum ich? fragte sich Murphy abermals, als er die Hand des Piloten schüttelte und in die schnittige schwarze Limousine stieg, die ihn hinauf zum Schloß von San Sebastian bringen würde. Schilder neben der Straße verkündeten: *Vorsicht vor den Tieren!* Murphy erinnerte sich nur zu gut an Stricklands Ratschlag. *Der Chef mag Tiere. Reden Sie mit ihm über Tiere. Meiden Sie die Politik!* Aber A. A. Craine hätte bestimmt nicht einen unbedeutenden Korrespondenten um die halbe Erde kutschiert, nur um mit ihm über seinen kleinen Privatzoo zu schwatzen, überlegte sich Murphy. Sie würden ganz ohne Zweifel über Politik reden. Der Trick bestand darin, daß Murphy zustimmend nickte, auch wenn er weder jetzt noch in Zukunft akzeptieren konnte oder wollte, daß man Europa stückchenweise den Nazis überließ.

* * *

Der deutsche Soldat verließ seinen Posten in der Halle, aber John Murphy kehrte nicht zu Elisas Wohnung zurück. Tagtäglich spähte Leah in der Hoffnung durch den Spalt im Vorhang, einen Blick auf den großen unbekümmerten Amerikaner zu erhaschen. Dutzend Male sah sie die schwergewichtige Gestalt Herrn Hugels, wenn er den Abfall hinausschleppte oder wie er sich vor der Tür mit jedem unterhielt, der das Pech hatte, sich in ein Gespräch verwickeln zu lassen. Sein gurgelndes Lachen unterstrich seine Rede und drang durch die Scheibe des Fensters, hinter dem Leah stand und hinaussah.

Überall in Wien geht es bestimmt genauso zu, dachte Leah erschöpft, während Herr Hugel den Hausmeister des Nachbargebäudes lautstark begrüßte.

Nachdem sie Murphy dieses eine Mal gesehen hatte, erschien Leah ihre Isolierung noch trostloser. Das Telefon war bereits nach wenigen Stunden gesperrt worden. Aber sie war sich ohnehin nicht sicher, wenn sie hätte anrufen sollen. Ob der Maestro vom Musikverein überhaupt ihre Abwesenheit bemerkt hatte? Ob er sich überhaupt die Mühe gemacht hatte, sich nach ihrem und Shimons Verbleib zu erkundigen?

Niemand war hergekommen, um nach ihr zu suchen – niemand, bis auf den so vorsichtigen John Murphy. *Warum hatte er es nicht noch einmal probiert?*

Die Nachrichten des Propagandaministeriums plärrten Tag und

Nacht aus dem Radio. Immer wieder wurde die Musik von Sondermeldungen unterbrochen.

Hin und wieder drehte Leah nachts am Radioknopf, und es gelang ihr, einen Schweizer Sender einzustellen. Ein anderes Mal lauschte sie einer Übertragung aus Prag und stellte sich vor, daß Elisa dieselbe Sendung hörte. Aber das verdeutlichte ihr nur noch mehr ihre eigene Einsamkeit.

Die Qual, nicht zu wissen, was mit Shimon geschehen war, war beinahe unerträglich. Hätte es nicht die stillen Aufmerksamkeiten des kleinen Karl gegeben, so hätte sie einfach aufgegeben und wäre auf die Straße gelaufen, um wie Shimon verhaftet zu werden. Was für einen Sinn hatte es noch, weiterzuleben? Wäre ihr nicht unverhofft die Verantwortung für die Kinder aufgedrückt worden, sie hätte dem Ganzen ein Ende gesetzt!

Aber es gab Hoffnung. Karl schleppte den Cellokasten zu ihr herüber und legte ihn vor ihre Füße. Er konnte nicht reden, aber seine Augen baten sie zu spielen, baten sie, auch ihm beizubringen, das glänzende Holz Vitorios zum Erklingen zu bringen.

Jeden Tag verbrachte Leah Stunden damit, dem Kind beizubringen, wie man Violoncello spielte. Ludwig hockte auf dem Boden und legte Dominosteine, während Karl mit einer Begeisterung bei der Sache war, die selbst Leah überraschte. *Laß mich mit dieser Stimme aus Holz und Saiten sprechen und singen! Bring es mir bei, Tante Leah, daß ich diese wunderbare Stimme zu meiner eigenen machen kann!*

Karls Verlangen, das Instrument zu erlernen, ließ sie beide das Verlangen und die Ängste ihrer Mitmenschen vergessen. Vielleicht würde Elisa kommen und ihnen helfen. In der Zwischenzeit sorgte Leah dafür, daß Karl Noten von Bachs Musikstücken lernte.

* * *

In den Büros des Propagandaministeriums wurde jede ausländische Zeitung sorgfältig nach Artikeln, die das Reich und den Führer betrafen, untersucht. Die Berichte, die man als wichtig einstufte, wurden übersetzt und Propagandaminister Goebbels vorgelegt. Der kleine hinkende Mann analysierte die Artikel gründlich und entschied, wie man den ausländischen Angriffen am besten begegnete.

An diesem Morgen hoben die Sekretärinnen ihre Köpfe, als ein mächtiges Gebrüll aus Goebbels' Büro drang. Das Gebrüll hatten sie erwartet; die junge Frau, die den Bericht über Walter Kronenberger und sein mißgestaltetes Kind übersetzt hatte, hatte sie schon vorgewarnt. In diesem Fall war das *Liberty-Magazin* der Schuldige. Dieses Magazin druckte besonders häufig Artikel, die sich gegen die Nazis richteten, und setzte sie der amerikanischen Öffentlichkeit vor.

„Schicken Sie ein Telegramm!" brüllte Goebbels. „Schicken Sie Craine ein Telegramm! Der Autor ist John Murphy, und der arbeitet für den IND!"

„Aber, Herr Doktor, das *Liberty-Magazin* gehört nicht zu Herrn Craines Imperium!"

„Nein, aber John Murphy arbeitet für ihn!"

„Jawohl, Herr Doktor, was soll in dem Telegramm stehen?"

„Teilen Sie ihm mit, daß, falls er seine Mitarbeiter nicht besser unter Kontrolle hat und verhindert, daß sie diesen Unsinn über Unterdrükkung von Abtrünnigen und Schwachsinnigen schreiben, wir die IND-Büros schließen werden. Sagen Sie ihm, daß dieser Murphy entweder seinen Ton ändert oder entlassen werden muß! Wir möchten *Positives* aus der amerikanischen Presse erfahren ..."

Nachdem das Telegramm an Craine abgeschickt worden war, wurde auch dem Gestapo-Hauptquartier in Wien ein Telegramm übersandt:

> *Angesichts des fortgesetzten und widerwärtigen Aufsehens, das die Kronenberger-Affäre erregt, ist es vordringlich, daß die Kinder aufgespürt werden, bevor es ihnen gelingt, das Land zu verlassen und als Propaganda gegen uns verwendet werden können. Eine solch monströse Mißgestaltung sollte leicht zu erkennen sein, und der Führer läßt fragen, warum es der Gestapo bislang nicht gelungen ist, diese Menschen zu eliminieren. Teilen sie augenblicklich mit, welche Maßnahmen in diesem unerfreulichen Fall ergriffen wurden. Heil Hitler! Propagandaministerium Goebbels.*

* * *

Der wütende Befehl aus Himmlers Hauptquartier erreichte selbst den kleinsten Nazi-Diener Wiens. Frühe Aufnahmen des „Monsters" Karl

Kronenberger wurden aus den Akten gefischt und verteilt. Falls das schwachsinnige Kind mit dem abscheulichen Gesicht gesehen wurde, sollte sofort das Hauptquartier benachrichtigt werden. Die Angelegenheit würde sodann in aller Stille und ohne Aufmerksamkeit zu erregen in Ordnung gebracht werden. Es mußte nicht extra darauf hingewiesen werden, daß jeder, der diesen Kindern Zuflucht bot, ebenfalls beseitigt würde. Eine Belohnung von fünfhundert Reichsmark wurde für die Ergreifung der Volksfeinde ausgesetzt.

* * *

Der Zivilist, der vor Otto Wattenbergers Schreibtisch stand, klopfte nervös seinen Hut gegen sein Bein, während er sich den Vorfall in Erinnerung rief.

„Ja. Es waren zwei, mein Herr. Fast gleich groß. Sie fielen in der Menge hin, und beinahe wären sie zerquetscht worden. Wenn ich gewußt hätte, daß diese *Untermenschen* ..."

Otto hob seine Hand, um ihn zu unterbrechen. „Und woher wollen Sie wissen, daß es genau diese beiden waren?"

„Na, wer denn sonst? Der eine Junge hatte seinen Schal vors Gesicht gewickelt. So etwa." Er deutete an, wie der Schal gewickelt war.

Ohne ihn aus den Augen zu lassen, stellte Otto ihn auf die Probe. „Es war kalt an dem Tag."

„Ja ... aber ... also gut, dann haben sie mich gebeten, sie zu ihrer Tante zu bringen. Zum Musikverein. Sie waren beide blond. Wirkten recht arisch von den Augen aufwärts. Ich habe gedacht, an so einem Tag sollte ich eine gute Tat vollbringen – "

„Und jetzt wollen Sie sie ungeschehen machen."

Der Mann wand sich bei dem Vorwurf unwirsch. „Im Gegenteil. Ich bringe meine Missetat in Ordnung."

„Schon gut, kommen Sie zur Sache."

Der Mann räusperte sich und erzählte weiter: „Also, ich brachte sie dorthin. Um ihre Tante zu treffen ... wie sie sagten. Wie hieß sie doch gleich?" Er verzog sein Gesicht und starrte an die Decke. „Lena, glaube ich. Jedenfalls war sie nicht da. Es war überhaupt nur eine einzige Person da. Eine Musikerin, allein auf der Bühne."

„Woher wissen Sie, daß sie Musikerin war."

„Sie trug einen Cellokasten bei sich. So einen großen Koffer ... Ich

weiß, wie ein Cellokasten aussieht, das kann ich Ihnen versichern."
„Und?"
„Mehr gab es für mich nicht zu tun. Diese Frau war zwar nicht ihre Tante Lena, aber ich ließ die Kinder trotzdem da." Er sah auf den Fußboden und dann wieder zu Otto. „Wenn Sie diese Person finden, finden Sie sicher auch die Kinder. Diese Lena werden Sie jedenfalls finden. Einfach genug. Sie arbeitet beim Musikverein. Wieviele Lenas werden da schon arbeiten?"

Otto fuhr sich erschöpft mit der Hand durchs Haar. Ein Dutzend solcher Geschichten hatte er sich anhören müssen, seit der Befehl von oben erteilt worden war. „Sie haben gut daran getan, uns darüber zu informieren", gratulierte Otto dem Mann.

„Und die Belohnung – krieg ich die?"

„Wenn sie gefaßt werden und sich Ihre Geschichte bestätigt." Otto hob warnend seinen Zeigefinger. „Jedenfalls würde ich an Ihrer Stelle die Einzelheiten niemandem weitererzählen. Sonst folgt noch jemand anderes den Hinweisen. Dann bekommen Sie überhaupt nichts."

Bei diesen Worten wurde das Gesicht des Mannes aschfahl. Ohne Zweifel hatte er mit der Geschichte schon in dutzenden von Bierhallen geprahlt. Das stand förmlich in seinem Gesicht geschrieben. „Aber, aber ... ich bin als erster damit hergekommen."

Otto lächelte herablassend. „Natürlich sind Sie das. Das habe ich auch alles in den Akten notiert. Ich teile Ihnen lediglich mit, daß von diesem Augenblick an absolutes Stillschweigen in dieser Angelegenheit bewahrt werden muß. Die Staatspolizei wird sich darum kümmern. Man wird Sie benachrichtigen."

„Kein Wort kommt mehr über meine Lippen." Er hob seinen Arm zum Gruß.

„Sehr vernünftig. Ich habe keinerlei Zweifel, daß Sie für Ihre Mühen in diesem Fall belohnt werden. Jetzt überlassen Sie aber bitte den Rest uns."

Der Mann nickte beeindruckt und verließ rückwärts das Büro. Otto überdachte die Geschichte noch einmal. Er blätterte den dünnen Ordner durch und betrachtete die unscharfen Fotos der beiden kleinen Jungen. Das Gesicht des einen war vollkommen, und er lächelte strahlend, während sein mißgebildeter Bruder ihn umarmte. Die Existenz der beiden war ein letztes Zeugnis des Rassenkampfes zwischen der Kirche und dem Nazireich, der nach der Machtergreifung stattgefunden hatte.

Otto verzog sein Gesicht, als sein Blick auf die sanften Augen des

Kindes fiel, dessen Züge so verunstaltet waren. Leise zitierte er die Worte des Geistes aus Goethes Faust: „Den unschuldig Entgegnenden zu zerschmettern, das ist so Tyrannenart, sich in Verlegenheiten Luft zu machen."

Otto lächelte bitter. Die Worte des Dämonen trafen zu. In diesem Fall waren sie so richtig wie himmlische Worte. Die bloße Existenz der Kinder beschämte das Reich. Es gab keine andere Wahl, als sie zu vernichten.

26. Einzelhaft

Die rote in Leder gebundene Faust-Ausgabe lag neben der Bibel auf Theos Nachttisch. Theo war gerade erst ein paar Stunden in Prag gewesen, da hatte er schon danach gefragt. Elisa konnte sich noch gut an die Nacht in Berlin erinnern, als Theo den Band aus seinem Bücherregal genommen hatte. Sie hatte ihn nie danach gefragt, warum er gerade dieses Exemplar aus seinen unschätzbaren Erstausgaben, die er besaß, ausgewählt hatte.

Als der mondgesichtige tschechische Arzt seine Untersuchung beendete, hob er mit einem neugierigen Lächeln das Buch hoch. „Sie sind ein Bewunderer von Goethes *Faust*, Herr Linder?“ fragte er, wobei er gedankenverloren die Seiten umblätterte. Die Ausgabe schien ihn zu faszinieren. Erst letzte Nacht hatte er sie eifrig studiert, als Theo geschlafen hatte. Jetzt stand Elisa in der Tür, als ihr Vater antwortete.

„Mehr noch eigentlich von Marlowes“, sagte Theo und hob seinen Blick von dem Buch zum Doktor.

Der Arzt seufzte und klappte den Deckel zu. „Marlowe. Der englische Autor. Sehr gut, aber ich befürchte, ich kenne seine Version nicht.“

„Lesen Sie sie einmal.“ Theo nahm ihm das Buch ab und blätterte es nun seinerseits durch. „Meine Tochter Elisa ist mit einem Amerikaner verheiratet. Vielleicht kann sie Ihnen ein Exemplar besorgen. Ein kleiner Dank für die Mühe, die Sie sich gemacht haben.“ Theo sah zu Elisa hinüber. Der Arzt hatte nicht bemerkt, daß sie hinter ihm stand. Nun folgte er Theos Blick. Eine Weile saß er schweigend da und betrachtete sie nachdenklich.

Elisa wurde unruhig, als er nicht antwortete, sondern sie weiterhin erwartungsvoll anstarrte. „Natürlich“, platzte sie schließlich heraus. „Mein Mann ist gerade in London.“

„Es besteht die Möglichkeit, daß sie ihn bald in Wien trifft“, fügte Theo grimmig hinzu.

„Wien?“ Der Arzt runzelte die Stirn und rieb sich versonnen das Kinn. „Ein gefährlicher Ort in diesen Tagen. Es sei leichter hinein- als wieder herauszukommen, heißt es. Aber wenn Sie mit einem Amerikaner verheiratet sind ...“ Seine Stimme verlor sich, als er wieder die *Faust*-Ausgabe in Theos Händen betrachtete. Er erhob sich abrupt und wechselte das Thema, indem er auf Theos Gesundheitszustand zu sprechen kam. „Sie verfügen über eine ausgezeichnete Konstitution“, sagte er fröhlich. „Und Ihre Frau ist in Ihrem Fall eine bessere Ärztin als ich. Schon bald werden Sie wieder über die Karlsbrücke spazieren und einen Bummel durch die Altstadt machen können.“ Überschwenglich schüttelte er Theos Hand; dann wandte er sich mit einer leichten Verbeugung an Elisa. „Und Sie, Elisa – “ Seine Wangen erröteten. „Werden Sie noch da sein, wenn ich in drei Tagen wieder nach Ihrem Vater schaue?“

„Ich hoffe, dann bereits mit meinem Mann zusammen zu sein“, erwiderte Elisa, wobei sie hoffte, daß ihre Ungeduld, nach Wien zu kommen, sich nicht zu deutlich zeigte.

„Nun gut“, sagte der Arzt mit gespielter Enttäuschung. „Die ganze Zeit komme ich nur her, um die köstlichen Kuchen und den Tee Ihrer Mutter zu genießen und dabei einen Blick auf ihre liebliche Tochter zu erhaschen.“ Er lachte. „Es geht ihm eigentlich schon wieder bestens, wissen Sie, und jetzt werde ich noch weniger Grund haben, nach ihm zu sehen.“

Elisa hörte mit Erleichterung, daß es ihrem Vater wieder besser ging, selbst wenn es halb im Scherz gesagt war. Die ganze Woche über hatte er in einem dringlichen Flüsterton gesprochen, wenn er Theo untersuchte. Seine Stimme und seine Art hatte Elisa Angst gemacht. Heute vertrieb seine Unbeschwertheit ihre letzten Zweifel an Theos Genesung. „Mama wird Ihnen sicherlich trotzdem weiterhin Kuchen und Tee anbieten.“ Sie lächelte, als der Doktor seine schwarze Tasche schloß.

„Vielleicht sehen wir uns ja dann noch, bevor Sie aufbrechen“, sagte er beschwingt und klopfte sich seinen rundlichen Bauch. Er schlug seine Hacken zusammen und verabschiedete sich.

Elisa begleitete ihn zur Tür und sah ihm durchs Fenster nach, wie er munter auf den Platz zuging. Kaum, daß er an der Ecke angekommen war, gesellte sich ein Mann zu ihm. Er war groß und schlank und trug einen groben Wollmantel. Der Arzt sagte ein paar Worte, und beide sahen sich nach dem Haus um. Ihre Gesichter waren alles andere als fröhlich. Elisa lief es kalt den Rücken herunter, während sie sie durch den Spalt im Vorhang beobachtete. Sie wechselten noch ein paar Worte, dann nahm der Arzt den jungen Mann am Arm, und langsam verschwanden sie aus Elisas Blickfeld.

* * *

Leah nahm die letzte Scheibe des trockenen Brotes. Vorsichtig schnitt sie die harte Kruste ab. Sie war nicht ein einziges Mal vor die Tür gegangen, seitdem sie die Wohnung das erste Mal betreten hatten. Sie wagte es nicht, Karl und Ludwig allein zu lassen. Und der Gedanke, sie mitzunehmen, jagte ihr schreckliche Furcht ein.

Ihre Gesichter schienen mit jedem Tag blasser zu werden; immer wieder tauchte der Bauernhof in Tirol vor Leah auf, wohin Elisa die anderen Kinder gebracht hatte.

Ludwig stocherte teilnahmslos in seinem Essen herum. Keine Eier. Milch hatte es nie gegeben. Und jetzt gab es auch keine Butter mehr, wodurch sie das steinharte Brot ein wenig erträglicher hätten machen können.

„Iß was, Ludwig", sagte Leah gereizt. Sie sah aus dem Fenster hinaus über die Dächer in die Richtung, wo der Judenplatz lag. *Wem kann ich noch trauen, wer ist noch übrig?* fragte sie sich. *Und was ist um Gottes willen mit Shimon geschehen?*

„Werden wir bald mal was einkaufen gehen?" fragte Ludwig. Er betrachtete unglücklich seine Scheibe Brot. Karl starrte hungrig auf sein eigenes Brot. Er stippte eine Ecke davon in seinen Tee und knabberte zaghaft daran.

„Jetzt können wir noch nirgendwo hingehen", sagte Leah, wobei sie versuchte, etwas freundlicher zu klingen. Sie durfte den Jungen ihre eigene panische Angst nicht zeigen.

„Warum denn nicht?" Ludwig fing an zu jammern. „Du hast doch gesagt, wir könnten den Kuchen aus deinem Schrank holen, Tante Leah, aber dann hast du's vergessen."

Leah stellte sich die Schachtel mit den Kuchenstückchen von Demels vor, die in ihrem Spind im Musikverein lag. Mittlerweile waren die Teilchen höchstwahrscheinlich von einem schimmelig grünen Flaum überzogen. Sie fragte sich, ob das Türschloß schon ausgewechselt worden war – ob ein blonder arischer Musiker den Spind und ihren Platz im Orchester bereits übernommen hatte. Mit einem Mal stieg wieder kalte Wut in ihr auf. Kümmerte sich irgendjemand im Orchester darum, was mit ihren jüdischen Kollegen passierte? Hatte sich irgendjemand darum bemüht, herauszufinden, was aus Leah und Shimon geworden war? War sich die Leitung darüber im klaren, daß Shimon verhaftet und ihre Visa für Palästina eingezogen worden waren? „Und warum kommt Elisa nicht zurück?" murmelte sie. Wie ihre Kuchenstückchen in ihrem Spind wurden auch sie hier langsam verschimmeln. Herr Hugel schlich unten im Erdgeschoß herum, ohne es zu wagen, Leah noch einmal zu belästigen. Aber wie sollte sie und die beiden Jungen an ihm vorbeibekommen, selbst wenn es einen Ort gegeben hätte, zu dem sie hätten gehen können?

„Du könntest ohne uns einkaufen gehen", schlug Ludwig voller Hoffnung vor, nachdem ihn Karl dazu gedrängt hatte. „Vater hat uns oft alleingelassen, als wir noch in Deutschland gewohnt haben."

Leah erwiderte noch immer nichts und wandte sich auch nicht vom Fenster ab. Wie ein Gefangener, der durch Gitterstäbe ins Freie schaute, sehnte sie sich danach, sich die Beine zu vertreten und mit einem Korb zum Wochenmarkt zu gehen. *Milch. Eier. Frisches Brot. Käse und haufenweise Kohlköpfe.* Und doch würde es bedeuten, wenn sie jetzt ihre letzten kostbaren Schillinge für Essen ausgab, sie noch weniger in der Lage wären, die Fahrkarten für den Zug nach Tirol zu kaufen. Es wäre noch aussichtsloser, jemals zu dem Bauernhof zu gelangen, wo all diese Dinge einem wie durch Zauber vorgesetzt wurden. *Elisa, hast du uns vergessen?*

Ein leichtes Zupfen an ihrem Arm brachte Leah schließlich wieder zurück an den Küchentisch in Elisas Wohnung. Karl schaute ernst zu ihr herauf. Sorge und Trauer sprachen aus seinen Augen. Er hatte andere Erwachsene gesehen, die aus dem Fenster gestarrt hatten. Seine Mutter. Sein Vater. Und jetzt tat Leah dasselbe. Mit einem Mal schämte sie sich. Von ihr wurde erwartet, daß sie zuversichtlich war und sich unter Kontrolle hielt. Es schien ihr schrecklich unfair, die Tränen, die sie des Nachts heimsuchten, noch am nächsten Morgen zu zeigen. Sie nahm sein trauriges, mißgestaltetes Gesicht in ihre Hände. „Was ist, Karl?" fragte sie sanft.

Er nahm ihre Hand, und sie folgte ihm, als sei er ein Erwachsener, der sie dorthin führte, wo sie eine Antwort finden würde. Mit eiligen Schritten gingen sie in die kleine Eingangsdiele, wo der Cellokasten wie ein schweigender Wächter in einer Ecke lehnte. Er berührte den zerkratzten Kasten und legte ihre Hand daruf. Dann öffnete er seinen Mund und versuchte, Noten von Bach zu summen. *Du mußt nachdenken,* schien er zu sagen, *und hier kannst du am besten überlegen, was zu tun ist!*

Leah gehorchte demütig, wie sie es als Kind getan hatte, wenn ihr Vater sie aufgefordert hatte, daß sie üben *müsse.* Warum hätten sie sonst ein Vermögen für den Unterricht und das Instrument ausgeben sollen? *Du bist nicht wie andere Kinder, Leah! Laß sie spielen; was wird es ihnen nützen? Sollen sie toben und herumhüpfen, aber sie bleiben trotzdem mit den Füßen auf dem Erdboden, nicht wahr? Du mußt dein Cello spielen; dann wirst du mit Hilfe deiner Musik über den Dächern schweben!*

An diesem Morgen hockte Karl neben ihr auf dem Sofa, während sie spielte. Mit seinen Blicken verfolgte er jede Bewegung ihrer Finger und dem Streichen des Bogens über die Saiten des Cellos.

* * *

Das Gästehaus auf San Sebastian, in dem Murphy untergebracht war, erstrahlte in dunklem mittelalterlichen Glanz. Mächtige, vom spanischen König erworbene Gobelins hingen an den Wänden. Unbezahlbare Orientteppiche bedeckten die Böden. Das Bett, in dem Murphy schlief, hatte einst Kardinal Richelieu gehört, der Ludwig XIV. gedient hatte. Der riesige Wandschrank, in dem jetzt Murphys neue Kleider hingen, hatte ursprünglich dem Sonnenkönig persönlich gehört. Gleich bei seiner Ankunft hatte der Butler Murphy erklärt, daß der Bungalow Casa del Sol, *Haus der Sonne,* hieße. Die Fenster öffneten sich zum Meer, und man konnte wunderbare Sonnenuntergänge über dem Pazifik beobachten. Am ersten Abend hatte Murphy das Schauspiel noch ehrfürchtig betrachtet. Doch dem ersten Tag folgte ein zweiter, und noch immer war Murphy nicht seinem Gastgeber vorgestellt worden.

Das Alleinsein am ersten Tag war eine Wohltat gewesen; Murphy war so erschöpft gewesen, daß er sich auf Richelieus Bett hatte fallen lassen und die nächsten achtzehn Stunden nichts mehr mitbekommen hatte. Als er am Nachmittag des zweiten Tages aufwachte, hieß es: „Mr. Craine hat sich noch um andere Gäste zu kümmern." Murphy wurde mit neuer Garderobe, mit Anzügen und Hüten, ausgestattet. Wie ihm gesagt wurde, konnte er unmöglich eher vor den Chef treten, als bis er über eine „angemessene Kleidung" verfügte. Schließlich konnte man sich schlecht mit Amerikas Zeitungskönig unterhalten, während man in einem Overall steckte!

Während sich die Sonne im Ozean abkühlte, schritt Murphy die ganze Länge des Orientteppichs auf und ab. Er war wütend. Aus einer Laune des Chefs heraus war er in aller Eile den weiten Weg von Europa herübergehetzt worden, um in diesem herausgeputzten Gefängnis zu vergammeln, während Arthur Adam Craine „seine Gäste bewirtete".

Das schrille Gelächter einer Frau drang vom Swimming-Pool herüber; Murphy erschien es allerdings, als kratzte jemand mit seinen Fingernägeln über eine Tafel. Während Craine mit seinen Hollywood-Berühmtheiten an Champagner nippte, waren Murphy und die Ereignisse in Österreich weggeschlossen worden: aus den Augen aus dem Sinn. *Diesen privilegierten Herrschaften soll schließlich nichts Unerfreuliches den Spaß verderben*, dachte Murphy voller Sarkasmus. *Die wirkliche Welt hat auf San Sebastian nichts zu suchen.* Kein Gedanke an Hitler sollte einem die Unterhaltung verleiden, oder die Aufmerksamkeit von der europäischen Kunst ablenken, deren Anschaffung Mr. Craine Abermillionen Dollar wert gewesen war.

Murphy sank mißmutig in seinen Sessel zurück, der einmal irgendeinem König gehört hatte. Er hatte schon wieder vergessen, wem. Es war ihm egal. Die Tatsache, daß sich Murphy inmitten einer der großartigsten Kunstsammlung der Welt befand, konnte ihn auch nicht aufheitern. Während Craine hier mit seinen Kunstschätzen herumprotzte, raubten Leute wie Hitler und Göring die nationalen Kunstsammlungen Österreichs aus. *Dinge* besaßen plötzlich größte Wichtigkeit, Menschenleben hatten dagegen jede Bedeutung verloren, es sei denn, sie dienten dem Reich.

Jetzt, da Murphy die unbezahlbaren Objekte in seiner Umgebung verloren betrachtete, erkannte er hier im Palast des selbsternannten Königs von Amerika dieselbe perverse Umkehrung der Wertmaßstäbe. Craine allein bestimmte, was in seinem Reich wichtig war. Eine angemessene Garderobe. Eine angemessene Unterhaltung. Keine unerfreulichen Themen beim Abendessen, schönen Dank. Und auf gar keinen Fall durfte man erwähnen, daß Europa sich auf den Abgrund eines Krieges zubewegte. Nein, dafür waren Führer wie Hitler und Mussolini ja viel zu schlau! Achten Sie mal drauf! Und überhaupt: solange Craine noch europäische Kunst erwerben konnte, war Amerika in Sicherheit!

Murphy wußte genau, daß ihn diese bitteren Gedanken seinen Job kosten würden, sollte er sie irgendwann einmal aussprechen. Craine sah es nicht gerne, wenn seine Angestellten eigene Vorstellungen entwickelten. Strickland hatte ihn gewarnt.

Ein Flugzeug überflog donnernd den Bungalow, und Murphy dachte mit geschlossenen Augen an andere Flugzeuge: die über Deutschland geflogen waren, über Spanien und jetzt über Österreich. Mit einem Mal gab es nur noch ein Tier, über das Murphy mit Craine sprechen wollte – das mit schwarzen Hemden im Gänsemarsch einhermarschierte; die stolzierende *Heil-Hitlernde* Tierart!

Ein leises Klopfen kündigte den Butler an, der die Gäste der Casa del Sol bediente. Er verbeugte sich leicht und sagte beflissen: „Sie werden heute abend Ihre Abendgarderobe brauchen, Mr. Murphy. Ihren Smoking. Mr. Craine erwartet Sie und ein paar Gäste um acht Uhr im Refektorium."

Also dann zu guter Letzt! Die Einladung zur Audienz. Abendessen um acht. Aber natürlich. Murphy lächelte und nickte dem Butler zu, der seinen eleganten Smoking ausbreitete und Badewasser einließ. Die Einzelhaft würde ein Ende haben.

27. Der Tauschhandel

Karl hatte mit seiner Annahme richtig gelegen, was Leah brauchte, um ihre Gedanken zu ordnen. Obwohl sie aufgehört hatte zu spielen, war der Raum noch immer von Musik erfüllt, die sie in die Freiheit jenseits der Dächer und Türme Wiens davonschweben ließ.

Karl berührte das edel glänzende Holz des kostbaren Instruments; dann musterte er Leah aufmerksam. Der innere Frieden und die Zuversicht waren in ihren Ausdruck zurückgekehrt.

„Ja, Karl." Sie sprach zum ersten Mal an diesem Morgen. „Es ist ein Fliegender Teppich, nicht wahr?"

Er nickte. Seine Augen lächelten erleichtert. Tante Leah war wiedergenesen.

„Das ist, was mein Vater sagte, als er mir Vitorio gekauft hat. Er sagte: *‚Andere Kinder stehen mit den Beinen auf dem Boden. Aber du, kleine Leah, wirst mit der Hilfe Vitorios wie ein Vogel fliegen! Hoch über dem Grunewald! Laß dich über die Donau treiben und weiter und immer weiter, bis du zwischen den höchsten Gipfeln der Alpen schwebst!'"* Sie lachte fröhlich, als Karl mit seinen Armen flatterte, sich von seinen Knien erhob und mit Ludwig im Schlepptau durch den Raum segelte.

„Was? Was wirst du tun, Tante Leah?" fragte Ludwig atemlos, als sie schließlich vor dem Cello landeten.

„Mein Vater muß ein Prophet gewesen sein." Leah betrachtete das edle Instrument und streichelte es zärtlich, als wäre es ein heißgeliebtes Familienmitglied. „Wißt ihr, was ein Prophet ist?"

Die beiden schüttelten gleichzeitig ihren Kopf. Dieses Wort hatten sie noch nie gehört.

„Nun", sagte Leah und legte ihre Hand sachte auf das weiche Holz Vitorios. „Das ist jemand, der in die Zukunft sehen kann."

Die Jungen wechselten erstaunte Blicke. „Konnte er uns hier und jetzt sehen?" fragte Ludwig.

Leah dachte über die Frage einen Augenblick lang nach. Nein, es gab in ganz Europa keinen jüdischen Vater, der diese schreckliche Finsternis für seine Kinder hätte vorhersehen können. „Das glaube ich nicht", antwortete Leah vorsichtig. „Aber wenn er in der Lage gewesen wäre, diese Umstände vorherzusagen, so wüßte ich, was er von mir erwartet hätte." Jetzt sprach sie zu sich selbst und nicht zu den Kleinen, die versuchten, ihren Worten zu folgen. Sie sah vom Cello auf in die Gesichter der Kinder, die sie so nötig brauchten. „Vitorio wird uns tatsächlich weit weg von hier bringen, so wie mein Vater es vorhergesehen hat", sagte sie lächelnd. „Vitorio wird unser Fliegender Teppich sein, Karl und Ludwig!"

Diese Bemerkung rief wilde Phantasien in ihnen wach. Würden sie auf dem Cello wie ein mächtiger Adler durch die Lüfte gleiten? „Dabei müssen wir uns aber vor deutschen Bombern ordentlich in acht nehmen!" Ludwig kicherte, als das Dröhnen der deutschen Flugzeuge die Wohnung erschütterte. Der Lärm hatte seit dem Einmarsch nicht mehr aufgehört.

„Nein", sagte Leah. Ihr Blick fixierte das wackelnde Licht, das von der Decke baumelte. „Wir werden auf eine andere Weise davonfliegen. Und wir werden auch Vitorio zurücklassen müssen, befürchte ich." Die Jungen protestierten beide lautstark. „Er wird nichts dagegen haben." Leah legte das Instrument zurück in den Kasten. Bevor sie den Deckel schloß, besah sie noch einmal mit liebevollen Augen, was ihr wertvollster Besitz gewesen war. „Es macht nichts." Sie sprach zu den Saiten, dem Holz und dem glänzend roten Lack, der ihre Seele seit frühester Kindheit reflektiert hatte. „Ich werde die Musik mit mir nehmen." Die Saiten gaben leise Töne von sich, als sie mit ihren Fingern über sie strich. Mit einer letzten, endgültigen Entscheidung klappte sie den Deckel zu.

* * *

Leah wußte nicht, was sie Ludwig und Karl für Anweisungen geben sollte, als sie sich fertigmachte, um die Wohnung zu verlassen. Falls sie nicht zurückkam, wäre das Schicksal der beiden zweifellos mit ihrem eigenen verknüpft. Aber an *diesen* Fall wollte sie gar nicht denken. Sie *mußte* zurückkommen!

„Ihr müßt jetzt ganz leise sein, wie kleine Mäuse." Sie legte einen Finger an ihre Lippen. „Denkt daran, daß der große, fette Kater Herr Hugel dort unten herumschleicht!"

„Karl ist immer leise", erinnerte sie Ludwig. „Ich werde auch leise sein", versprach er. Mit weit aufgerissenen Augen dachte er an Herrn Hugel, dessen Gelächter häufig heraufdrang.

„Nicht einfach nur leise", warnte sie Leah, „auch ganz ruhig. Wenn ihr herumlaufen müßt, dann geht auf Zehenspitzen! Er wird an der Tür lauschen, sobald ich fort bin!"

Sie verstanden die Gefahr sehr gut, die von diesem Kerl ausging. Leah hatte sie oft vor der Macht gewarnt, die so unbedeutende und böse Menschen mittlerweile besaßen. Er gehörte zu der Sorte, die bei dem Versuch, sich besser zu stellen, über Leichen ging. Er hatte für sein winziges Königreich seine Seele verkauft. Wenn er noch über ein Bewußtsein verfügte, so ließ er es sich von der Anerkennung seiner Vorgesetzten streicheln. Anerkennung gewann er durch kleine Hinweise, oder aber, und das war noch ruhmreicher, durch die Entdekkung irgendeines Geheimnisses innerhalb der Mauern seines Wohnhauses. Ludwig und Karl waren Leahs Geheimnis.

Sie umarmte sie und gab beiden einen Kuß auf die Wange. Dann hievte sie tapfer das Cello hoch und verließ die Wohnung, wobei sie die Tür sorgfältig hinter sich verriegelte. Zweimal hatte Leah Hugel verdächtigt, im Hausflur herumzuschnüffeln. Sie hatte ihn an seinem ersten Morgen ordentlich eingeschüchtert. Er war ein Kriecher, ohne jeden Mut. Das wußte Leah. Oder zumindest hoffte sie, daß das der Fall war.

Am oberen Treppenabsatz verharrte sie, um ihren Mut zu sammeln. Die Welt außerhalb der Mauern des Hauses jagte ihr mit einem Mal Schrecken ein. Die Vorstellung, sich inmitten des Feindes zu bewegen, als wäre sie eine von ihnen, erforderte eine Tapferkeit, der sie sich nicht sicher war. Leise summte sie ein paar Takte Bach. Sie würde ihre Musik als Stärkung benutzen. Heute mußte die Musik sie tragen!

Vorsichtig stieg sie die Stufen hinunter. Das Cello fühlte sich merkwürdig und schwer an. Es schien eine Ewigkeit her zu sein, seitdem sie sich außerhalb der Wohnung aufgehalten hatte. Kaum, daß sie die Halle erreicht hatte, öffnete Herr Hugel seine Wohnungstür. Er begrüßte sie respektvoll, wobei er sich die Hände rieb.

Er sah auf das Cello und zog seine Augenbrauen hoch. „Ah ja, die Musikerin aus 2-B!“

„Heil Hitler!“ antwortete Leah knapp, ohne ihren Schritt zu verlangsamen.

„Heil Hitler!“ Er trat einen Schritt vor. Mit einem schiefen Grinsen, versperrte er ihr den Weg. Er überragte sie. Leah hatte nicht bemerkt, daß er nicht nur massig, sondern auch groß war. Er mußte wenigstens drei Zentner wiegen, vermutete sie. Es war kein Platz für sie, um an ihm vorbeizukommen.

„Herr Hugel, ich muß zu einer Probe. Ich habe keine Zeit, mich mit Ihnen zu unterhalten.“ Sie trat in der Hoffnung beiseite, daß ihre barsche Art ihn dazu bringen würde, sie durchzulassen.

„Ahhhh! Ja! Manchmal kann ich leise Musik aus Ihrer Wohnung hören. Manchmal Stimmen." Feingefühl gehörte nicht zu Herrn Hugels Eigenschaften.

„Zweifellos mein Radio." Im stillen beschloß Leah, daß sie, solange sie sich noch in der Wohnung aufhalten mußten, nur noch flüstern würden. Vor lauter Ungeduld hätte sie beinahe mit dem Fuß aufgestampft. „Wenn Sie nichts dagegen haben ..."

Er blinzelte sie an, als ob er überlegen müßte, wogegen er nichts haben könnte. „Das Radio? Aber nein! Dagegen habe ich überhaupt nichts! Gute, kraftvolle deutsche Musik! Wagner, nicht wahr?" Er versuchte, gebildet zu wirken. „Nicht dieses jüdische Zeug."

„Genau. Also ..." Leah beachtete seine Bemerkung nicht weiter. „Ich muß jetzt gute, kraftvolle deutsche Musik proben, Herr Hugel!" Sie lächelte. Die Wiederholung seiner Worte schmeichelte ihm. Er lachte abermals. Er wollte sich noch etwas länger mit ihr unterhalten, als ob durch die Tatsache, mit einer Musikerin gesehen zu werden, etwas Bildung, Ruhm oder Talent auf ihn abstrahlte.

„Wir müssen uns mal wieder unterhalten!" Er stieß ein widerliches Lachen aus, das Lachen eines Menschen, der nur seine eigenen Verhältnisse sieht und nicht die Qual der um ihn herum zusammenbrechenden Welt.

Leah fegte an ihm vorbei. „Ja, das müssen wir!" sagte sie.

* * *

Durch einen Spalt im Vorhang beobachtete Karl, wie Leah sich mit ihrem Cello durch die Fußgängermassen auf dem Bürgersteig quälte, bis sie um eine Ecke herum verschwand. Wie oft hatte er seinem Vater nachgeschaut? Und jedesmal hatte er sich gefragt, ob sein Vater wohl zurückkäme. Das letzte Mal war er nicht zurückgekommen. Vielleicht kam diese freundliche, liebevolle Frau auch nicht mehr zu ihnen zurück.

Der Gedanke hatte ihn gerade erst durchzuckt, da hörte er Herrn Hugels schweren Schritt auf der Treppe. Der pfeifende Atem dieses Kerls schien wie eine asthmatische Warnung anzukündigen, daß er kam, um den Schutz ihrer Wohnung zu verletzen.

Ludwig, der am Tisch schweigend das Alphabet zu schreiben übte, erstarrte für einen Moment. Sein Gesicht war angstverzerrt. Er riß die Augen weit auf, und ihre Blicke trafen sich.

„Karl?“ flüsterte er. Sein Stift schwebte unbeweglich über dem Papier.

Karl starrte zur Tür, als aus Herrn Hugels Pfeifen ein heftiges und ärgerliches Husten wurde. Über das Geländer gebeugt räusperte er sich und spuckte hinunter.

„Er kommt hierher!“ Ludwig bewegte nur seine Lippen, als das Klappern eines Schlüsselbundes deutlich zu hören war.

Sie durften keine Sekunde länger zögern. Karl rannte zu seinem verängstigten Bruder und zerrte ihn eilig ins Schlafzimmer. Wo konnten sie sich verstecken? Leah hatte ihnen nicht gesagt, was sie in so einer Situation tun sollten. Sie hatten nicht geahnt, daß Herr Hugel einen Schlüssel besaß. Wer konnte vorhersehen, daß der fette Kerl nur darauf wartete, daß Leah einmal das Haus verließ?

„In den Schrank?“ Ludwig machte eine Bewegung auf die Tür zu. Karl zog ihn zurück. Herr Hugel würde zweifellos den Schrank durchsuchen. Und wenn er sie dort fand, würde er die Gestapo rufen!

Ein Schlüssel wurde ins Schloß gesteckt. Herr Hugel rüttelte an der Klinke und fluchte leise. Er zog den Schlüssel wieder heraus und probierte einen anderen.

Die Gardinen hingen bis zum Boden. Würde der fette Mann auch dahinter nachsehen? Oder hinter einem Sessel?

Es war nur ein winziger Spalt unterm Bett, aber genug Platz für Karl und Ludwig, ihre schmächtigen Körper darunter zu quetschen.

Abermals hallte das Rütteln an der Klinke durch die Wohnung. Karl schloß seine Augen. Er spürte, wie sein Herz heftig gegen den Fußboden pochte, als das Schloß aufsprang und die Tür aufgestoßen wurde. Der mühsame Atem des Hausmeisters drang in die Räume. Die Dielen ächzten unter seinem Gewicht, als er näherkam.

Karl hielt Ludwigs Hand fest umklammert. Er wandte seinen Kopf, um nach seinem Bruder zu sehen. Tränen standen in seinen Augen. *Es ist ein Spiel.* Karl wollte Ludwig beruhigen. *Stell dir vor, daß wir Verstecken spielen,* dachte er. Langsam hob Karl seinen Finger an seinen klaffenden Mund. Ein Zeichen, still zu sein. Ludwig starrte ihn an, als Herrn Hugels Schritte sich der Küche näherten. Die Jungen konnten das Geschirr in der Spüle klappern hören; wie die Türen der Wandschränke geöffnet und wieder geschlossen wurden. Herr Hugel durchsuchte jeden Zentimeter der Wohnung. Wozu? Für sie?

* * *

Leah wagte es nicht, das Cello zu einem ordentlichen Instrumentenladen zu bringen, aus Angst, erkannt zu werden. Diese düstere kleine Pfandleihe schien die logische Alternative zu sein. Im Schaufenster lagen eine Reihe Instrumente, und der kleine Ladenbesitzer schien ebenso verstaubt wie die überbordenden Regale in seinem Geschäft.

Jetzt, da die wunderschöne alte Pedronelli vor ihm auf dem Ladentisch lag, bereute sie es, überhaupt gekommen zu sein.

„Es ist sehr alt", erklärte sie, „und sehr wertvoll."

„Das sagen sie alle, Madame", sagte er lächelnd und strich sich unschlüssig über seine Glatze. „Ich habe ein Dutzend davon in meiner Kammer. Alle in einem besseren Zustand als dieses hier. Da können Sie sicher sein, Madame."

„Aber dieses Violoncello ist absolut unvergleichlich. Es – "

„Jeder Musiker, der versucht, aus Wien fortzukommen, sagt dasselbe. Der Markt ist übersättigt von diesen Dingen. Niemand wird es für den Preis, den Sie verlangen, kaufen, Madame! Damit kann ich keinen Gewinn machen! Ich verkaufe an Studenten, arme Studenten, die es sich nicht leisten können, die Schwelle eines ordentlichen Instrumentengeschäfts zu überqueren. Also kommen sie hierher. Versuchen sie es woanders, aber da werden Sie auch keinen besseren Preis bekommen, als den, den ich Ihnen anbiete. Ich sag's Ihnen, für mich ist das nicht mehr als ein bißchen Holz mit ein paar Saiten drauf, und so'n Holz wird heutzutage überall in Wien abgeladen."

„Aber was Sie mir anbieten, ist nicht mal ein Bruchteil dessen, was es wert ist!" protestierte Leah. Sie überlegte, ob sie das Cello wieder mitnehmen und einen anderen Laden aufsuchen sollte. Aber zweifellos hatte dieser kleine Kerl hier recht. Ein Instrument war in Wien praktisch wertlos.

„Falls Sie anständige, solide Reichsmark wollen, Madame, biete ich Ihnen soviel, wie ich kann. Sie behaupten, daß Sie es für einen Freund verkaufen. Sie können nicht selbst darauf spielen. Woher soll ich also wissen, daß es nicht wie eine Katze, die ihren Schwanz eingeklemmt hat, quietscht und kratzt, wenn darauf gespielt wird?" Mit aufgerissenen Augen zupfte er an einer Saite. „Holz und ein paar Saiten. Ich zahl' Ihnen genau den Betrag, den ich vielleicht bekomme, wenn ein armer Student hier hereinplatzt, der meint, es kaufen zu müssen. Nehmen Sie's, oder lassen Sie's sein."

Das Instrument war Leah ein teurer alter Freund. Es jetzt zu verkaufen, schien ihr wie ein Verrat. Es hatte Tausenden von Konzertbesuchern in Wien Freude geschenkt, und nun sollte es in einem düsteren kleinen Laden Staub ansammeln, bis ein Student, der keinen Groschen besaß, darüber stolperte. „Es ist ein Schatz“, verteidigte sie sich hoffnungslos.

Der Pfandleiher zupfte an einer anderen Saite. „Und wer kann das beweisen? Ohne Zweifel ist der Freund, für den Sie es verkaufen, Jude, nicht wahr, Madame?“ Er neigte seinen Kopf und kniff seine Augen mißtrauisch zusammen. „Wenn es also von so unvergleichlicher Qualität ist, sagen Sie Ihrem Freund, er soll herkommen und mir selbst darauf vorspielen.“

Leahs Mund fühlte sich mit einem Mal völlig trocken an. Einen Moment lang stellte sie sich vor, wie hinter dem verblichenen grünen Samtvorhang, der in die Kammer führte, Gestapo lauerte. Wußte der kleine Mann ungeachtet ihrer Lüge, wer sie war? Spielte er irgendein Spiel mit ihr? Wollte er sie herausfordern, es selbst zu probieren? Wollte er sie in Versuchung führen, ihre eigenen Fähigkeiten zu beweisen und sie dadurch als Lügnerin entlarven?

„Ich ... ich ... sagte es doch“, stammelte sie. „Mein Freund ist kein Jude. Er ist krank. Sehr krank und er braucht einen Arzt. Ein Krankenhaus. Medizin ...“ Selbst für ihre Ohren klang diese Lüge nicht sonderlich überzeugend.

Der Pfandleiher versuchte gar nicht, so zu tun, als glaubte er ihr. „Sagen Sie Ihrem ... *Freund,* wer immer das sein mag ..., wie schlecht es ihm auch gehen mag, daß er in jedem Laden in Wien dasselbe zu hören bekommt. Das ist nichts als Holz und ein paar Saiten. Es ist für mich von keinem Wert, solange ich es nicht mit etwas Profit weiterverkaufen kann. Was ich bezweifle. Und für Ihren Freund ist es auch von keinerlei Wert, solange er sich nicht dafür ein Boot kaufen und auf der Donau davonrudern kann. Vielleicht kann er ja ‚Auf der schönen blauen Donau’ spielen, während er paddelt? Oder vielleicht sollte Ihr kranker jüdischer Freund auf das Geld verzichten und das Cello behalten ...“ Er grinste böse. „Als Sarg.“

Leah spürte, wie sie vor Wut und Demütigung errötete. Sie schlug den Deckel des Kastens zu und mühte sich mit dem Schloß ab. „Ich werde es woanders versuchen!“

Der Pfandleiher grinste zuversichtlich. „Dann sollte ich vielleicht der Gestapo erzählen, daß eine Frau herumläuft, die versucht, ein sehr wertvolles Cello im Auftrag eines sich versteckt haltenden Juden zu verkaufen?“ „Sie kommen keine hundert Meter weit, bevor Sie verhaftet werden, Madame.“

Leah starrte das Cello an. Was hatte sie getan? Wie hatte sie so dumm sein können zu glauben, daß es ihr gelingen würde, einen angemessenen Preis für ein unbezahlbares Instrument zu bekommen! Jetzt zahlte ihr der Pfandleiher einen lächerlichen Bruchteil dessen, was es wert war. Der Bogen allein war mehr wert als das, was er ihr zahlen würde. Er schob den kärglichen Stapel Scheine über den Ladentisch. Das Cello war ihr Freund gewesen. Ihre Existenz. Aber jetzt gab es für sie hier kein Leben mehr, und das Leben anderer war in Gefahr. *Das Cello ist bloß ein Gegenstand*, sagte sie sich selbst, während sie nicht aufhörte, den Kasten anzustarren. Hier vor ihr lag genug Bargeld für zwei Bahnkarten nach Tirol und ihre eigene Fahrkarte nach Kitzbühel und zurück nach Wien. Das Cello im Tausch für die Zugfahrt, für die Sicherheit der Kinder von Walter Kronenberger. Ihr blieb keine Wahl. Er wußte es, und so nahm sie das Geld. Sie haßte ihn dafür, daß er wußte, wie verletzlich sie war. Sie haßte ihn für die Macht, die er über sie besaß.

„Sie sind ein Dieb“, sagte sie ruhig und steckte das Geld ein.

Er lachte fröhlich über seinen Erfolg. Ja, er war ein Dieb, aber ein erfolgreicher, schien das Lachen zu bedeuten. Und er würde ein sehr wohlhabender Dieb sein, noch bevor das alles zu Ende ging. „Ein Geschäftsmann, Madame“, sagte er vergnügt. Er zog das Cello vom Tisch und außer Reichweite von Leah.

Sie drehte sich hastig um, damit er nicht ihre Tränen sah. Sein Gelächter folgte ihr aus dem verstaubten kleinen Laden hinaus auf die Straße und hallte noch gräßlich in ihrem Kopf wider, während sie eilig zur Bahnstation lief.

28. Der Gefangenschaft entronnen

Der eigentliche Ballsaal von Craines Schloß war so groß, daß die Casa del Sol mit Leichtigkeit hineingepaßt hätte. Die zwei Dutzend Gäste schienen verschwindend klein in dem fast dreihundert Quadratmeter großen Raum. Sie alle hätten allein schon in dem riesigen Kamin Platz gefunden. Enorme Gobelins hingen von der Decke über Chorstühlen aus dunklem Eichenholz, die aus einem Kloster des sechzehnten Jahrhunderts stammten. An jedem Ende des Saales saßen antike römische Statuen auf mit Blattgold verzierten Sockeln, die mindestens sieben Meter hoch waren. Eine Venus aus Marmor sah schüchtern auf die Gäste herunter.

In seinem gestärkten weißen Hemd und dem schwarzen Smoking kam sich Murphy wie einer der Diener vor. Er hielt sich abseits der anderen, von denen er die meisten aus dem Kino kannte. Sie alle spielten Karten, nippten an Champagner und plauderten angeregt miteinander, während sie auf ihren Gastgeber warteten. Clark Gable und Carole Lombard saßen beisammen auf einem langen mit roten und grauen Blumen gemusterten Sofa an einem Ende des Saales. Die Venusstatue schien sie besonders zu beäugen, dachte Murphy amüsiert. Er fragte sich, ob Clark Gable auch Carole Lombard geraten hatte, mit leeren Koffern nach San Sebastian zu kommen.

Myrna Loy schwatzte mit Western-Star Joel McCrea, während sie mit einem Paar, das Murphy nicht kannte, Bridge spielten.

Die ganze Zeit über stand Murphy bei dem mächtigen Konzertflügel herum und unterhielt sich mit dem Pianisten. Niemand schien sie beide wahrzunehmen. Murphy war erleichtert, daß er sich nahtlos in seine Umgebung einzufügen schien. Die hier versammelten „Schönen und Reichen" waren die anderen Gäste, die Craine die ganze Woche über bewirtet hatte. Murphy erkannte das Lachen einer schlanken blonden Frau wieder, die ein blaues Seidenkleid anhatte, aber er wußte nicht, wer sie war. Während er, gegen den Flügel gelehnt, die anderen Gäste beobachtete, gewann er den Eindruck, daß auch sie bloßes Zierat für das herrschaftliche Schloß Craines darstellten.

Der Pianist beendete Chopins *Nocturnes,* aber niemand sah auch nur auf oder applaudierte.

„Haben Sie was für Jazz übrig?" fragte Murphy grinsend. „Scatman Caruthers?"

Der Pianist, ein junger Mann von vielleicht fünfundzwanzig Jahren, nickte. „Nicht hier, mein Freund", sagte er, wobei er fast geräuschlos seine Noten durchblätterte. „Der Chef erlaubt es nicht." Er wählte ein weiteres Stück von Chopin aus. „Es gibt ein paar Kneipen in Frisco, wo ich die heißen Sachen spiele. Aber nicht hier. Der Chef meint, es würde sich nicht mit dem Dekor vertragen."

Selbst der Pianist war ein Teil des Gesamtbildes. Wie aber, fragte sich Murphy, fügte er selbst sich ein? Und warum war er aus seiner Zelle geholt worden, um mit dem Chef und seinen eleganten Gästen zu dinieren?

Seltsamerweise beantwortete der Musiker seine unausgesprochenen Fragen. „Sie sind also Journalist, he? Der aus Europa?"

Murphy beäugte ihn neugierig. „Ich war eine Weile in Europa, aber hier bin ich schon zu lange."

„Wie ich höre, fliegen sie mit Lindy zurück?"

Murphy kniff die Augen zusammen. Er versuchte, mit den Gedankengängen des Pianisten mitzuhalten. „Lindy?"

„Yeah. Lucky Lindy. Charles Lindbergh." Murphys verdutzter Blick schien den Pianisten zu amüsieren.

„Das ist mir neu."

Der Pianist hielt die Bemerkung für einen Scherz und lachte. „Der ist gut! Ist Ihnen neu! Haben Sie nicht das Flugzeug heute nachmittag gehört?"

„Das Flugzeug?" Ja, Murphy hatte ein Flugzeug gehört. Aber er hatte es nicht mit Lindbergh in Verbindung gebracht.

„*Sein* Flugzeug. Er ist ganz niedrig übers Schloß geflogen. Junge, Sie verstehen es wirklich, den Dummen zu spielen. Jeder weiß doch Bescheid. Sie müssen sich nicht verstellen. Alle wissen, warum Sie hier sind. Sie schreiben über Lindberghs Trip nach Deutschland. Stimmt's? Sie begleiten Lucky Lindy, wenn er von Hitler seinen Orden bekommt."

Das also war die „heiße Story", über die Murphy berichten sollte! Er hatte gar nicht mitbekommen, daß dieser amerikanische Held vom Führer ausgezeichnet werden sollte. Er konnte auch nicht begreifen, warum ausgerechnet er über diese völlig unangebrachte Wallfahrt, deren Zeitpunkt noch dazu absolut unpassend gewählt war, berichten sollte. „Woher wissen Sie das?"

Der junge Mann nickte in Richtung der anderen Gäste. „Sie haben die ganze Woche über nichts anderes gesprochen. Sie können keine Geheimnisse vor einem Pianisten bewahren. Glauben wahrscheinlich, Diener und Musiker sind alle taub. Sie denken, wir hätten keine

Ohren." Er lachte. „Stehen um den Flügel herum und tratschen. Sie würden mir nicht glauben, was ich alles weiß!"

„Etwa, ob Lindbergh auch zum Essen erscheint?" testete ihn Murphy aus.

„Aber sicher! Er ist oben mit dem Chef in seinem gotischen Arbeitszimmer und bespricht mit ihm die Einzelheiten. Craine hat einen Exklusiv-Vertrag für die ganze Sache. Und Sie sind der Auserwählte, der mitfliegen darf. Jeder weiß es, vom Koch über den Friseur bis zum Schneider. Ich war unten in der Änderungsabteilung und hab' mit dem Schneider gequatscht, während er Ihre Anzüge fertiggemacht hat. Schicke Sachen! Alles, was ich hier jemals abgekriegt habe, ist hin und wieder mal ein neuer Smoking. Mir gefallen Ihre Anzüge. Den braunen Zweireiher finde ich am besten. Und die braunen Schuhe." Er grinste von einem Ohr zum anderen, als er Murphys überraschtes Gesicht sah.

„Nun, wenn Sie soviel wissen, dann sagen Sie mir doch, warum mich Mr. Craine noch kein einziges Mal zu sich gerufen hat, seit ich hier bin."

Der Pianist schaute verdutzt. „Keine Ahnung. Warum?"

Murphy richtete sich auf und zupfte an seiner Fliege. „Meine Anzüge waren noch nicht fertig. Man kann dem Chef nicht in Overalls gegenübertreten."

Der Pianist zuckte die Schultern und warf einen Blick auf die Uhr. „Noch drei Minuten", sagte er geheimnisvoll.

Die Gäste verstummten und sahen zu der hohen getäfelten Tür neben dem großen Steinkamin. Die Uhr rückte auf acht. Die Diener verharrten in korrekter Haltung, während die Sekunden vergingen. Als der Minutenzeiger endlich die zwölf erreichte und die Glocken in den Türmen zu läuten begannen, öffnete sich die Tür und die hochgewachsene, strenge Gestalt des Arthur Adam Craine erschien, gefolgt von Charles Lindbergh, der sehr jung und bubenhaft wirkte. Zehn Jahre waren seit Lindys Flug über den Atlantik nach Paris vergangen. Murphy war damals noch in die High School gegangen. Seitdem hatte er Lindbergh des öfteren in Europa erlebt, aber jedesmal war er von anderen Reportern umringt gewesen. Bis Lindbergh nach Deutschland reiste und die Unfehlbarkeit von Hitlers Luftwaffe verkündete, hatte Murphy stets einen Helden in ihm gesehen. An diesem Abend aber gewann Murphy den Eindruck, daß Lindberghs Erscheinung sichtlich an Glanz eingebüßt hatte.

„Guten Abend, meine Damen und Herren." Craine breitete seine dicken Arme weit aus. „Sie kennen alle Colonel Lindbergh, nehme ich an?“ Dann richtete er seinen Blick direkt auf Murphy. „Und schon bald werden Sie ihn noch besser kennenlernen. Der Craine-Verlag hat gerade den Zuschlag für die bevorstehende Reise des Colonels nach Europa erhalten.“ Er lächelte flüchtig in die Richtung, in der Murphy stand. „Die mit dem heutigen Abendessen beginnen wird, wenn Sie nichts dagegen haben, Mr. Murphy ...“

* * *

Die roten Hakenkreuzfahnen hingen überall. Leah senkte ihren Blick und zog ihren Schal über den Kopf. Die Drohungen des Pfandleihers verfolgten sie hartnäckig. Der Kerl war nichts anderes als ein Dieb; jetzt, da er Leahs Herzblut gestohlen hatte, würde er trotzdem noch die Gestapo rufen? Folgte man ihr womöglich schon in diesem Moment?

Sie eilte zum Bahnhof. Ihre Beine schienen sie die Treppe hinaufzutragen. Unter den vertrauten Bögen des Gebäudes sah sie schließlich auf. Auch hier, wo ihr geliebtes Orchester hunderte Male angekommen und abgefahren war, hingen die furchterregenden Hakenkreuze überall in der riesigen Halle.

Tausende drängelten sich in dem Wartebereich; das Gepäck stapelte sich auf den Bahnsteigen. Gestapo-Beamte standen an jedem Ein- und jedem Ausgang. Die Gesichter der Passagiere waren von Furcht und Erschöpfung gezeichnet. Gab es schrecklichere Augenblicke als die, in Reichweite von Nazi-Autoritäten zu sein? Für Leah bestand kein Zweifel: Die dort in den langen Reihen nach Fahrscheinen anstanden, waren genauso verängstigt wie sie.

„Reisedokumente!“ bellte ein Beamter mit kantigen Kiefern, der an der einen Warteschlange hinunter- und an einer anderen wieder hinaufging. „Was? Sie haben keine Papiere? Wollen sich rausschleichen?“ brüllte er eine aschfarbene Frau an. „Sie wissen, daß es dafür keine Entschuldigung gibt! Ohne die erforderlichen Papiere zu reisen, heißt, nach Mauthausen zu reisen!“

„Aber das habe ich doch nicht gewußt!“ beteuerte sie und packte seinen Arm. „Bitte!“

Er machte sich wieder frei. Auf sein Fingerschnippen hin tauchten zwei Männer wie böse Gespenster auf und zerrten die laut weinende Frau fort.

Reisedokumente! Leah besaß keine. Sie würde auch keine erhalten. Das hatte sie nicht gewußt! *Woher* hätte sie es auch wissen sollen! Ohne die Dokumente konnte sie aber die Fahrkarten nicht kaufen!

Ihr wurde schwindlig. Sie lehnte sich gegen die steinerne Fassade des Bahnhofes. Sie hatte ihr Cello für nichts und wieder nichts eingebüßt. Es war hoffnungslos. Weder konnte sie sich von ihrem magischen Cello durch die Lüfte davontragen lassen noch konnte sie wenigstens mit dem Zug fortfahren!

Als sich alle Blicke auf die unglückselige Frau richteten, die versucht hatte, ohne Erlaubnis Fahrkarten zu kaufen, holte Leah tief Luft, richtete sich auf und schlüpfte aus der lärmenden Halle hinaus ins Freie.

Lauf! rief es in ihr. Aber stattdessen stolperte sie auf zittrigen Beinen vorwärts. *Zurück in die Wohnung. Zurück in die Zelle.* Und jetzt würde ihnen nicht einmal mehr die Musik Trost spenden können, während sie warteten. Leah wußte nicht einmal mehr, worauf sie überhaupt warteten.

* * *

Karl konnte das Rascheln von Papier im Nebenraum hören. Sie hatten das Blatt offen liegen lassen, auf dem Ludwig das Alphabet geübt hatte. Der fette Hausmeister lachte erfreut, die kindliche Schrift auf dem Tisch vor sich entdeckt zu haben. Ludwig drückte Karls Hand noch fester.

Wo hatte Leah ihre Papiere hingetan? Karl schluckte, als er sich daran erinnerte, daß ihre deutschen Ausweise und der Brief ihres Vaters in der Nachttischschublade lagen. Ja, auch dort würde Herr Hugel nachsehen.

Schwere Schritte gingen zum Badezimmer. Herr Hugel gab sich nicht damit ab, die Tür hinter sich zu schließen. Dies war der einzige Augenblick, in dem Karl handeln konnte. Während Hugel damit beschäftigt war, seine Notdurft zu verrichten, riß er seine Hand los und kroch unter dem Bett hervor. Er robbte über den Boden zum Nachttisch.

Die Toilettenspülung rauschte, als Karl die Schublade geräuschlos öffnete und die belastenden Unterlagen hervorzog. Schritte näherten sich dem Schlafzimmer. Karl schloß die Schublade leise, als sich die Türklinke bewegte. Das Kind stürzte zum Bett und krabbelte gerade rechtzeitig darunter und außer Sicht, als die Tür aufflog und die abgetretenen Schuhe Herrn Hugels über die Schwelle traten. Einen Moment verharrten sie. Sein mühselig gehender Atem roch nach abgestandenem Bier und Würstchen, und er stank nach Schweiß: Die Jungen hielten die Luft an, als die Lederschuhe aufs Bett zukamen und wieder innehielten. Nach einem Moment bewegten sie sich auf die Kommode zu. Schubladen wurden geöffnet und wieder geschlossen. Herr Hugel kicherte wieder und verharrte dann erneut; ein paar Spitzenhöschen fielen zu Boden. Schnaubend vor Anstrengung bückte er sich, um sie wieder aufzuheben. Die Schublade wurde zugestoßen.

Mit nach außen zeigenden Füßen, schließlich mußten sie ja sein Gewicht tragen, ging er auf den Kleiderschrank zu. Er riß ihn auf und schlug die Kleider auseinander auf der Suche nach ... ja, wonach? Nach wem?

Der Hausmeister schniefte laut vor Enttäuschung. Niemand versteckte sich im Kleiderschrank. Er drehte sich um. Karl sah, daß seine Fußspitzen wieder zum Bett zeigten. Der fette Hausmeister dachte nach; er schnüffelte in dem Raum nach einem Hinweis wie eine Katze, die eine Maus witterte. Er ging die zwei Schritte zum Bett. Die Spitzen der abgetretenen Schuhe stachen unter den Spalt. Er wippte auf den Zehen, um die Höhe zwischen Bett und Boden abzumessen. Karl konnte ihn förmlich denken hören: *Platz genug für eine Maus. Aber nicht für einen Menschen.*

Ludwig kniff seine Augen zusammen und preßte die Zähne fest aufeinander, als Herr Hugel um das Bett herumging auf die Seite des Bettes, die ein wenig mehr Platz zwischen Bett und Boden bot. Der Hausmeister bückte sich, aber die Anstrengung erwies sich als zuviel. Er wischte Staub unter dem Bett hervor und stieß seinen Fuß dagegen. Der Staub schien ihn zu befriedigen. Dann ließ er sich schwerfällig auf dem Bett nieder.

Die Federn über den Jungen ächzten, gaben nach und nagelten sie am Boden fest. Ludwig verzog gequält sein Gesicht, als das Gewicht auf seinen Kopf und seine Schultern drückte. Karl schrie beinahe vor Schmerzen auf, als sein zartes Gesicht gegen den unnachgiebigen Boden gedrückt wurde und er kaum noch Luft bekam.

Ganze zwei Minuten waren die Jungen von dem schweren Körper des Hausmeisters eingequetscht. Dann, gerade als der Schmerz unerträglich wurde, erhob sich Herr Hugel mühselig. Er verweilte noch einen Moment im Zimmer, bevor er fluchend hinaus schlurfte. Er schloß die Tür hinter sich, um die Wohnung so zu hinterlassen, wie er sie vorgefunden hatte.

Was hatte er gefunden? Nichts. Nichts, außer das kindliche Gekrakel auf einem Blatt Papier. Aber er war noch nicht fertig. Sein jetziger Abgang bedeutete keine Niederlage. Da war etwas, *irgendetwas*, das er übersehen hatte. Er würde warten und Ausschau halten, bis er es fand.

29. Meuterei

In dem Raum, den Craine das Refektorium nannte, saß Murphy an dem langen Eßtisch zu Lindberghs Linken. Der Tisch war wenigstens acht Meter lang. Auch er war eine der unschätzbaren Antiquitäten, die Craine in dem zugrundegehenden Europa erworben hatte. Vor vierhundert Jahren hatte er noch Nonnen in einem Kloster in Italien als Eßtisch gedient. Murphy mußte daran denken, ob die frommen Damen wohl jetzt vom Himmel herabblickten und erschauderten.

Sechs silberne Kerzenleuchter, ein jeder etwa einen Meter hoch, bildeten die einzige Lichtquelle in dem Raum. Das schwache Licht verlor sich über ihnen unter den hohen Decken. Hinter Craine hing ein alter französischer Wandteppich, auf dem Ausschnitte aus dem Leben Daniels abgebildet waren. Dutzende Kirchen und Klöster liehen jetzt ihren Glanz diesem Schloß, das zum Ruhme Craines erbaut worden war. Zunächst von den Behörden an Zwischenhändler veräußert, hatten Craines Agenten die Kunstwerke mit Begeisterung erworben. Abgesehen von den Dingen, die hier zu sehen waren, hortete Craine seinen Besitz noch in zwei Lagerhallen. Das Wissen darum rief in Murphy die unangenehme Erinnerung wach, daß auch Hitler und Göring Unmengen an Werten zusammengerafft hatten, die aus den Sammlungen vom Reich verdammter „nutzloser Juden" stammten. Murphy hatte die Rembrandts und da Vincis gesehen, die in Görings Anwesen in Karinhall hingen. Er hatte nicht gewagt, danach zu fragen, woher sie stammten. Er kannte die erschreckende Antwort schon im voraus.

„Europa ist überfüllt mit Kunstschätzen", sagte Craine. „Diese Leuchter haben mich praktisch nichts gekostet. Sie stammen aus einer Synagoge in München. Recht hübsch. Ich hielt es für angemessen, den Raum durch sie zu erleuchten. Leuchter aus einer jüdischen Synagoge und ein Tisch aus einem Nonnenstift. Sie sehen, zumindest in meinem Speisesaal finden zwei feindliche Religionen zueinander!"

Ein höfliches Lachen antwortete ihm. *Höflich aber zurückhaltend,* dachte Murphy. Vielleicht war Murphy nicht der einzige, dem das Ganze Unbehagen bereitete. Charles Lindbergh allerdings grinste beifällig. Er war überzeugt, daß Hitler große Dinge in Deutschland vollbracht hatte. Er schien nicht zu bemerken, daß Oppositionelle in Deutschland schlicht vom Erdboden verschwanden und ihr Besitz in den Häusern irgendwelcher Parteifunktionäre auftauchte. Lindbergh hatte kein Geheimnis aus seiner Bewunderung für die deutsche Sache gemacht. Und nun würde sich Adolf Hitler revanchieren, indem er ihm die höchste Auszeichnung verlieh, die das Reich für Ausländer bereithielt.

Bei dem Gedanken blieb Murphy das Essen im Hals stecken. Hier zu sitzen und beim Licht aus einer Synagoge konfiszierter Kerzenleuchter zu speisen, gab ihm das Gefühl, ein Verräter zu sein. Bei dem Gedanken, mit Lindbergh zum Führer zu reisen, wurde ihm übel, ganz zu schweigen von der Wut, die in ihm hochkochte. Der Rat, nicht über Politik zu sprechen, verblaßte mit jedem Satz.

„Winston Churchill ist der Meinung, daß Hitler ein Auge auf Prag geworfen hat", platzte er heraus. „Dabei sollten reichlich Kunstwerke abfallen."

Die Unterhaltung verstummte. Craine funkelte Murphy an. „Und was wäre dabei, wenn die Deutschen das Sudetenland annektierten? Jeder dort spricht deutsch."

„Abgesehen von denen, die tschechisch sprechen", gab Murphy zurück. Sogar im schwachen Licht der Kerzen konnte er sehen, wie das schroffe Gesicht seines Gastgebers errötete.

„Und inwieweit betrifft das uns in Amerika?" Das Tabu war zerschlagen. *Politik,* das am meisten gefürchtete Vergehen, erschien wie ein grauenhafter Geist im Saal.

„Die Kunstpreise könnten fallen", erwiderte Murphy. „Der Markt ist sowieso schon gesättigt. Andererseits bin ich überzeugt, daß es hier eine Menge Leute gibt, die einfach nur kaufen, kaufen, kaufen. Mir gefallen die Statuen auf der Karlsbrücke. Kennen Sie die Statuen auf der Karlsbrücke, Mr. Craine?"

Craine lächelte jetzt. Seine Augen waren zusammengekniffen wie die einer Katze, die ein Mauseloch beobachtete. „In der Tat, junger Mann, bin ich häufig über die Karlsbrücke gegangen. Dort steht eine Statue des heiligen Nepomuk. Sein Motto lautet: *Tacui,* Schweigen." Die Botschaft war deutlich genug, aber Murphy war schon zu weit gegangen, als daß er jetzt hätte aufhören können.

„Ja, er starb, weil er geschwiegen hat. Um einen anderen zu schützen. Ihnen gefällt diese Statue, Mr. Craine? Ich bevorzuge Statuen von Heiligen, die sterben mußten, weil sie ihre Stimme erhoben."

Craine legte seinen Kopf zurück. „Und das Motto für diese törichten Menschen würde dann *mortui non mordent* lauten." Er zog seine buschigen Augenbrauen hoch. „Tote haben nichts zu erzählen."

Einige Gäste lachten nervös bei der Bemerkung ihres Gastgebers.

Nicht schlecht, gar nicht schlecht, dachte Murphy. „Das ist das, was die Piraten in der *Schatzinsel* sagen, nicht wahr? Tötet eure Opfer. Stehlt ihr Gold. Laßt keinen Zeugen übrig, der darüber berichten könnte." Murphy sah zu den silbernen Leuchtern herüber. „Und die Piraten machen sich mit ihrer Beute davon." Niemand lachte. Deutlich war das Kratzen einer Gabel auf einem Teller zu hören.

„Dann sollten Sie sich vielleicht auch ein Motto geben: *Cave quid dicis?* Gib acht, was du wann zu wem sagst ..."

„Das ist ziemlich viel verlangt von einem Journalisten, der seinen Beruf ernst nimmt, Mr. Craine."

Diese letzte Beleidigung war zuviel für die Selbstbeherrschung des alten Herrn. Sein rotes Gesicht errötete noch tiefer, und seine Augen blitzten vor Zorn. „Sie nehmen sich zuviel Freiheiten heraus! Ja, das ist es, zuviel *Freiheit!* Sie! Sie! ..." stotterte er und schleuderte seine Serviette auf den Tisch.

Murphy erhob sich von der Tafel. „Freiheit", überlegte er laut. „Ja, das ist es doch, worum sich alles dreht, oder nicht?" Er verließ den Raum, wobei er sich so gut wie schon lange nicht mehr fühlte.

* * *

Niemand hegte noch den geringsten Zweifel, daß John Murphy sich gerade in hohem Bogen selbst auf die Straße gesetzt hatte.

„Hier entlang, Mr. Murphy." Der Butler schien amüsiert, als er Murphy hinaus zu der wartenden Limousine hinausführte. Murphy trug noch immer seinen Smoking. In aller Eile, und ohne einen einzigen seiner Anzüge aus dem Schrank, mußte er im Dunklen San Sebastian verlassen.

Vor dem Eingangsportal holte ihn ein gutgelaunter, leicht beschwipster Clark Gable ein. Er ergriff Murphys Arm. „Wohin geht's denn jetzt, Junge?" fragte er.

Carole Lombard kam herausgestürmt und gesellte sich zu ihnen. Sie war vor Lachen ganz außer Atem. „Was für eine *Nacht!*" rief sie. „Das war großartig! Das gehört in ein Drehbuch! Nachdem Sie raus waren, ist Clark aufgestanden und hat gemeint, daß das, was Sie gesagt haben, auch für ihn gilt, und abgesehen davon ..." Sie brach in ein erneutes Kichern aus und umarmte Murphy. „Er hat Craine gesagt, wie gerne er auf die *Jagd* geht! Stellen Sie sich vor! Er hat Craine gefragt, ob er nicht heute abend ein paar seiner Giraffen erlegen könne!" Sie konnte sich kaum noch halten vor Lachen. Noch ein Tabu war verletzt worden. Auch Gable und Lombard waren zweifellos das letzte Mal nach San Sebastian eingeladen worden.

Gable schrieb eifrig etwas auf die Innenseite eines Streichholzheftchens. „Hier." Er drückte es Murphy in die Hand. „Sie fahren doch nach Frisco? Schauen Sie dort vorbei, und sagen Sie, daß Clark Sie schickt, Junge. Erzählen Sie, was Sie gesagt haben. Es geschah in einer Nacht, was?" Auch Gable lachte jetzt, als Murphy fassungslos neben der offenen Tür der Limousine stand. Sie hatten ihn zuvor überhaupt nicht bemerkt.

„Danke, Mr. Gable." Die beiden schüttelten sich herzlich die Hände.

„Ich habe was übrig für Kerle, die Mut haben", erwiderte Gable. Dann wandte er sich an seine hübsche Begleiterin. „Komm, Carole, laß uns hier abhauen. Ich habe gehört, daß man drüben in Bakersfield *sehr gut Enten jagen kann!*" Die letzten Worte schrie er in der Hoffnung, daß Craine zuhörte.

Murphy steckte das Streichholzheftchen in seine Tasche, während sich die Limousine langsam zur Küstenstraße hinunterwand. Zwanzig Minuten später öffnete sich das Tor des Craineschen Anwesens, und Murphy fragte den Fahrer: „Wohin bringen Sie mich überhaupt?"

Mit einem Achselzucken hielt der Fahrer direkt hinter dem Tor an. Finster und verlassen lag die Straße vor ihnen, die sich entlang der kalifornischen Küste erstreckte. „Bis hierher. Befehl von Mr. Craine: ‚Bringen Sie ihn zur Straße und geben Sie ihm einen Tritt in den Hintern', sagte er. Tut mir leid. Ende der Reise."

Und so fand sich John Murphy gegen zwanzig nach zwölf vor den Toren des Craineschen Anwesens und lockerte seine Fliege. Auf jeden Fall hatte er sich gegenüber seiner Ankunft verbessert. Immerhin trug er jetzt einen Smoking anstelle eines Overalls. Es war ein langer Weg bis Frisco und weit und breit kein Verkehr, aber Murphy war wieder ein freier Mensch.

* * *

Leah war schon beinahe zurück in der Wohnung, als sich die Vorstellung von leeren Regalen und hungrigen Kindern in ihr festsetzte.

Wenn sie schon gezwungen waren, sich weiterhin zu verstecken, dann mußte sie genug Lebensmittel einkaufen, damit sie es noch eine Weile länger aushielten.

Sie überschlug ihre finanziellen Mittel. Das Geld, womit sie eigentlich die Fahrkarten hatte kaufen wollen, mußte für eine erschreckend ungewisse Zeitspanne reichen. Sie tastete nach den Scheinen und den wenigen Münzen in ihrer Tasche. Sie hielt vor einer Bäckerei und erhaschte ihr eigenes Spiegelbild, als sich Uniformierte an ihr vorbei in den Laden drängelten.

Sie wandte sich ab und ging entschlossenen Schrittes die drei Kilometer zum Wochenmarkt. Dort verkauften österreichische Bauern haufenweise frisches Gemüse an Hausfrauen und Händler aus der Stadt. Lebensmittel kosteten hier weniger, auch wenn es mühsamer war. Leah und Shimon hatten hier oft eingekauft, alles von frischen Forellen bis Kohl. Jedesmal war das Einkaufen ein sorgloses Unterfangen gewesen, und sie hatten das Feilschen genossen. Aber das war vorbei.

An diesem Nachmittag stellte der Gang zum Markt eine furchterregende Angelegenheit dar. Fast jede Straße war zu einer Einbahnstraße umgewandelt. Auf diese Weise fiel es SS und Gestapo leichter, an Straßensperren Fahrzeuge, Fußgänger und Ausweise zu kontrollieren.

Noch immer wurden Menschen, deren Papiere nicht in Ordnung waren, auf der Stelle festgenommen. Hinter den Straßensperren, die zum Marktplatz führten, verhandelten Deutsche mit österreichischen Bauern über die Preise. Stapelweise wurden Lebensmittel in die großen Städte Deutschlands abtransportiert. Mit kaum verhülltem Groll beobachteten Wiener Bürger, wie die Lastwagen, die zuvor Soldaten in die Stadt gebracht hatten, diese nun wieder mit Kisten voller Nahrungsmittel verließen.

Leah blieb vor einem Schuhgeschäft stehen. Während sie die Auslage anstarrte, versuchte sie, ihre Gedanken zu ordnen. Zehn Meter entfernt endete die Schlange der Passanten, die an der Straßensperre vorbei auf den Markt gelangen wollten. Wie konnte sie die Barrikade passieren, ohne festgehalten zu werden? Und wenn sie festgehalten wurde, wie konnte sie verhindern, verhaftet zu werden? *Wie gerissen diese Kerle sind,* dachte sie. *Sie machen es einem unmöglich, ohne den richtigen Stempel im Ausweis auch nur Essen einzukaufen.* Mit erschreckender Deutlichkeit wurde sie sich ihrer mißlichen Lage bewußt. Sie konnte sich unmöglich in die Schlange einreihen. Aber wie konnte sie zurück in die Wohnung gehen, ohne etwas zu essen besorgt zu haben?

Sie schloß ihre Augen, als könnte sie dadurch für einen Moment den Alptraum aussperren, der über Wien hereingebrochen war. Was konnte sie bloß tun?

Jemand tippte ihr leicht auf die Schulter und riß sie so aus ihren Gedanken. „Frau Feldstein?" flüsterte eine Männerstimme.

Abrupt öffnete Leah ihre Augen und holte tief Luft. Vor ihr stand ein kleiner Mann in einer grünen Jägerjacke. Er war bestimmt über siebzig, vermutete Leah. Er sah sie freundlich an, aber sein Blick huschte ängstlich zwischen ihr und der Straßensperre hin und her. Sie antwortete nicht, sondern starrte ihn einfach nur an. Ihre Furcht hatte sich bewahrheitet. Sie war erkannt worden.

Der kleine Mann zog sie an ihrem Ärmel. „Kommen Sie herein, schnell", flüsterte er. Sie bemerkte, daß er unter seiner Jacke die Lederschürze eines Schusters trug.

Verblüfft folgte Leah ihm durch die Glastür in seinen winzigen Laden. Der Geruch von Leder fuhr ihr in die Nase. Eine Glocke bimmelte über der Tür, als er sie schloß und den Straßenlärm aussperrte.

Leah stand wie angewurzelt in der Mitte des Ladens. Der kleine Schuhmacher betrachtete sie mit unverhohlenem Mitleid. „Leah Feldstein. Ich habe Sie oft spielen gehört, die Sonntagsmatinées ..."

„Ich ... ich ... ich ... bin nicht ..." Sie versuchte, ihre Identität zu verheimlichen. Es war töricht und sinnlos. Der kleine Mann lächelte sie freundlich an. Er zog die Rolläden herunter und hing das *Geschlossen*-Schild in die Tür.

„Wir hatten befürchtet, daß Sie verhaftet worden sind. Wie wir hörten, wurde Ihr Mann gleich am ersten Tag festgenommen."

Statt zu antworten, starrte Leah ihn wortlos an. Was konnte sie sagen? Wie der Pfandleiher, der ihr Cello mit seiner Drohung geraubt hatte, so konnte auch dieser Mann die Behörden benachrichtigen.

„Sie sind zum Wochenmarkt gekommen", fuhr er fort. „Kein besonders sicherer Ort. Sie werden Sie hier festnehmen."

„Was wollen Sie?" fragte Leah heiser. Sie wunderte sich, warum sie nicht in dem Moment davongelaufen war, als er sie auf der Straße angesprochen hatte. Jetzt war sie in der Falle. Die Ladentür war verschlossen. Die Gestapo und die Polizei nur eine Querstraße entfernt.

„Sie sind hier nicht sicher." Der Schuhmacher schlurfte an ihr vorbei. „Sie. Eine so wunderbare Cellistin. Man wird Sie mit Sicherheit erkennen. Man wird Sie verhaften und ins Gefängnis sperren, so wie sie es mit jedem anderen herausragenden und talentierten Juden in der

Stadt getan haben." Er verzog zornig sein Gesicht. „Es sind alles Diebe, alle."

„Werden Sie die Gestapo verständigen?" Leah sah das Gesicht des Pfandleihers vor sich. In ihrer Erinnerung spürte sie erneut den Schmerz, als das Cello in die Hände des miesen Kerls übergegangen war. „Was wollen Sie? Ich kann Ihnen nichts zahlen. Ich habe nicht genug, um ..."

Der Schuhmacher schüttelte heftig seinen Kopf. „Frau Feldstein! Es ist mir eine Ehre, eine solche Künstlerin in meinem Laden zu haben!" rief er aus. „Wie könnte ich von *Ihnen* etwas verlangen? Im Gegenteil muß ich Sie fragen, welch große Not Sie dazu gebracht hat, sich in solche Gefahr zu begeben! Ich besuche die Konzerte, und Sie sind nicht da. An Ihrer Stelle sitzt ein Cellist, der nicht *forte* von *piano* unterscheiden kann, und meine Frau und ich machen uns Sorgen um die kleine Cellistin Leah Feldstein, die wahrscheinlich in irgendeinem Kerker sitzt ..."

Leah starrte ihn ungläubig an. Endlich traf sie in dieser riesigen Stadt einen Menschen, der sich betroffen fühlte! Sein Mitgefühl ließ ihre Fassade zerbrechen. Sie verbarg ihr Gesicht in den Händen und fing zu weinen an. „Ich kam nur heraus, um ... Essen zu kaufen", sagte sie mit tränenerstickter Stimme. „Ich habe nicht gesehen ... ich habe keine Ahnung, was sie getan haben ..."

„Ruhig, ruhig, Frau Feldstein!" Der Schuhmacher schnalzte mit der Zunge. „Natürlich brauchen Sie zu essen. Sie haben halb Wien mit der Schönheit Ihres Spiels bezaubert! Warten Sie hier! Warten Sie! Ich bin nur ein alter Mann, der niemandem etwas nützt. Ein Schuhmacher ohne eine Begabung, um die mich die Nazis womöglich beneiden! Warten Sie hier, Frau Feldstein. Ich werde Ihnen Lebensmittel kaufen. Und es wird mir eine Ehre sein!"

Hastig schob er ihr einen Stuhl zu, auf den sie sich setzen konnte. Dann klopfte er ihr schüchtern auf den Rücken, um sie zu beruhigen, huschte zur Tür hinaus und stellte sich an der Schlange an, die zum Markt führte.

* * *

Es dämmerte, als Leah in die Eingangshalle des Wohnhauses trat. Sie hatte die Arme voller Lebensmittel. Herr Hugel beobachtete sie durch die halbgeöffnete Tür seiner Wohnung mit kaltem Hohn.

Noch bevor sie die Wohnung betrat, wußte Leah, daß etwas nicht in Ordnung war. Sie stellte die Taschen neben der Tür ab und trat vorsichtig in die grauenvolle Stille des dunklen Zimmers. Nach einem Moment gewöhnten sich ihre Augen an die Dunkelheit. Sie konnte den Stift und das Papier auf dem Tisch liegen sehen, so wie es dort gelegen hatte, als sie die Jungen Stunden zuvor alleingelassen hatte.

Furcht schnürte ihr die Kehle zu. Eilig brachte sie die Tüte mit den Lebensmitteln herein und verschloß die Tür. Dann schaltete sie das Licht ein. Wo waren die Jungen?

„Ludwig?" flüsterte sie. „Karl?"

Keine Antwort. Die Badezimmertür stand offen, der Toilettensitz hochgestellt. Es roch unangenehm, säuerlich und abstoßend.

„Ludwig?" rief sie erneut und öffnete die Schlafzimmertür. Die Vorhänge waren nicht zugezogen. Die Schubladen der Kommode standen ein wenig offen.

Was hatte der seltsam triumphierende Blick des Hausmeisters zu bedeuten gehabt? „Karl?" rief sie stockend.

Eine unterdrückte, schläfrige Antwort ertönte unter dem Bett: „Tante Leah?" Zwei blonde Köpfe staken unter der Matratze hervor. Die Jungen krochen aus der Lücke hervor, die so schmal war, daß Leah sie nie dort vermutet hätte!

„Oh!" rief sie. Plötzlich hatte sie keinen Zweifel mehr, daß Herr Hugel tatsächlich in der Wohnung gewesen war. „Es ist alles gut!" Sie kniete sich nieder, und die Jungen kamen auf sie zugelaufen. Sie vergruben ihr Gesicht in ihrer Schulter und weinten leise, erleichtert darüber, daß sie endlich nach Hause gekommen war.

„Er war hier drin", sagte Ludwig leise durch seine Tränen. „Er war ... er hat nach uns gesucht, Tante Leah."

„Aber er hat euch nicht gefunden!" Sie strich den beiden über die Haare und wischte ihnen die Tränen ab.

„Geh nicht wieder fort!" weinte Ludwig. Karl lehnte seinen Kopf an ihre Schulter und streichelte ihren Rücken.

30. Die Entführung

„Das war gerade Wilhelm am Telefon“, rief Anna Elisa von der Küche aus zu. „Er ist heute zum ersten Mal allein geflogen, und er kommt heute abend zum Essen nach Hause!“

Anna hatte Wilhelms Beitritt zum Kadettenkorps der Luftwaffe mit stoischer Ruhe hingenommen, dachte Elisa, vielleicht sogar mit einem bißchen Stolz. Die Wochen über hatte sie sich selten erkennbar gesorgt. Und wenn, hatte Theo sie freundlich getadelt: „Du hast selbst einen Piloten geheiratet, erinnerst du dich!“ pflegte er zu sagen. „Kannst du da erwarten, daß deine Söhne auf dem Boden bleiben?“

Der Gedanke daran beruhigte sie immer wieder. Überhaupt schien durch Theos bloße Anwesenheit die ganze Welt weniger furchteinflößend. Wie Theo glaubte auch Anna an die Verträge, die die Tschechoslowakei mit Frankreich und England geschlossen hatte. Selbst als die Aufstände im Sudetenland immer gewalttätiger wurden, klammerte sich Anna an die Überzeugung, daß das eine reine Verwaltungsangelegenheit sei, in die aber niemals die Luftwaffe verwickelt werden konnte. Und außerdem war Prag weit entfernt von diesen Ereignissen. Sie machte sich eigentlich mehr Sorgen um die wackligen Flugzeuge, die Wilhelm flog, als um die Bedrohung der Nazis im tschechischen Sudetenland, oder gar die Möglichkeit, die deutsche Wehrmacht könnte das ganze Territorium besetzen.

In den Blicken ihres Vaters erkannte Elisa, daß er sich jedenfalls nicht denselben Illusionen hingab wie Anna. Wenn Hilters Stimme aus dem Radio ihr Gift verspritzte, verlangte Theo sofort, daß es abgeschaltet wurde. Aber sie beide wußten, nur weil sie sich weigerten, an die Gefahr zu glauben, daß die Wirklichkeit nicht weniger bedrohlich war.

Das Abendessen in ihrem kleinen Prager Haus war diesmal eine besondere Angelegenheit. Zum ersten Mal wollte Theo bei seiner Familie im Eßzimmer essen. Und der liebe Wilhelm würde voller Stolz in seiner Pilotenuniform neben ihm sitzen.

Elisa breitete das Tischtuch aus, während ihre Mutter noch in der Küche beschäftigt war. Das ganze Haus duftete nach Hühnchen, die in einer Orangen-Preiselbeeren-Sauce schmorten. Es war schon immer ein Lieblingsgericht von Theo gewesen, und Anna hatte es extra für ihn heute abend zubereitet. Zum ersten Mal seit mehr als einem Jahr würde Theo wieder am Kopf der Tafel Platz nehmen. *Es stimmt schon,* dachte Elisa, *es ist nicht der große Eßtisch, den wir in Berlin gehabt haben, aber das macht nichts. Es sind die Gesichter, die darum versammelt sind, die zählen. Nichts sonst.* Elisa nahm sich vor, dieses Ereignis nicht dadurch zu ruinieren, daß sie auch nur einen Moment lang ihre Fassung verlor. Ihrer Mutter und ihrem Vater zuliebe würde sie heute abend lächeln und lachen, als gäbe es die Alpträume nicht, die sie heimsuchten, und die grauenerregende Wirklichkeit um sie herum.

„Elisa!“ rief Anna von der Küche herüber. „Wie habe ich das nur vergessen können!“ Elisa legte den letzten Löffel auf den schimmernden Tisch. Es lag eine gewisse Genugtuung in der Tatsache, daß das Silber dasselbe war, das sie in Berlin benutzt hatten. Irgendwie hatten sie es herausschaffen können, und der Gedanke gefiel Elisa. Sie mußte sich heute abend an kleinen Dingen erfreuen. Oder aber sie würde nicht in der Lage sein, ihr Täuschungsmanöver durchzustehen.

„Was denn, Mama?“ rief sie, wobei sie ihren Kopf in die Küche steckte.

„Butter!“ Anna trug ein wunderschönes cremefarbenes Seidenkleid. Ein Schürze schützte es, während sie mit dem Essen hantierte. „Ich habe die letzte verbraucht, und du weißt, wie gerne dein Vater seine Kolatschen mit frischer Butter ißt! Wenn du dich beeilst, schaffst du es vielleicht noch rechtzeitig zum Markt, bevor er schließt!“ Sie schien jetzt so jung und frisch wie im Jahr zuvor in Kitzbühel. Die Sorgen der vergangenen Jahre schienen mit jeder Stunde, die Theo länger zuhause war, dahinzuschmelzen. „Würdest du so gut sein, Liebes?“ fragte sie.

„Wo ist Dieter?“ fragte Elisa. Sie hatte keine Lust, den halben Kilometer im Laufschritt zurücklegen zu müssen.

„Er wird rechtzeitig zum Essen zuhause sein. Er ist bei dem jungen Marcus Jeleni. Irgendeine Art Treffen. Es gibt dort kein Telefon.“ Sie öffnete den Ofen und goß etwas Fett über die goldene Haut der Hühnchen.

Elisa warf einen Blick auf ihre Uhr. Es war gerade noch genug Zeit, wenn sie sich beeilte; und es stimmte, Theo liebte tatsächlich viel Butter auf seinen Hefekuchen. Heute abend mußte alles perfekt sein.

Es war kühl in der Abendluft, und der Duft des Frühlings verschmolz mit den unterschiedlichsten Gerüchen aus tausenden Prager Küchen. Aus Schornsteinen emporsteigender Rauch verlor sich im tiefen Purpur des Himmels. Elisa nahm einen tiefen Atemzug und hastete die schmale Gasse entlang, die zum Mala-Strana-Platz führte. Es war beinahe Abendessenszeit, und bis auf ein paar gehetzte Fußgänger war der Platz menschenleer. Überall waren die Rolläden vor den Schaufenstern heruntergelassen. Niemand schien auf die anderen zu achten, als jeder eilig seines Weges ging.

Es war diese Atmosphäre der Unaufmerksamkeit, die Elisas Blick zu dem jungen Mann zog, der bei der Turmuhr auf dem Platz wartete. Als die Uhr sechs schlug und Christus und die Apostel herauskamen, sah der junge Mann nicht zu ihnen nach oben. Sein Blick war starr auf Elisa gerichtet und folgte ihr, als sie auf die Arkaden der Markthalle zuging.

Sie sah hinauf zu den tanzenden Figuren der Uhr und dann wieder zu ihm. Sie hoffte, daß sein unverhohlener Blick nichts anderes war als der eines jungen Mannes, der eine junge Frau bemerkte. Aber so war es nicht. Das Licht spiegelte sich in den Gläsern seiner Brille. Sie konnte seine Augen nicht erkennen, aber sie spürte seinen Blick, als sie ihren Schritt beschleunigte. Ein kalter Schauer jagte ihr über den Rükken, als sie sich über die Schulter umblickte und sah, wie er sich ihr näherte. Seine langen Beine schienen die Entfernung zwischen ihnen förmlich zu verschlingen. Als er bis auf etwa zehn Meter herangekommen war, verlangsamte er seinen Schritt und schlenderte einfach hinter ihr her. Die Figur des Todes trat aus dem Türchen der Uhr, drehte das Stundenglas, und die Glocken läuteten die volle Stunde.

Elisa drehte sich nicht noch einmal nach ihm um. Sie konnte seinen schweren Stiefel auf dem Kopfsteinpflaster des Platzes direkt hinter sich hören. Ihr Atem ging in kurzen, heftigen Stößen, und in diesem Moment vergaß sie, warum sie überhaupt das Haus verlassen hatte. Vor ihr rollten die Jalousien der Markthalle herunter, und es fiel ihr wieder ein. *Butter, Hefekuchen, Hühnchen zum Abendessen.* Sie blieb stehen. Ihr Verfolger verharrte direkt unter den Torbögen der Arkaden. Die hereinbrechende Dunkelheit legte ihre Schatten über den Platz. Kein Licht lud sie in die Läden ein. Sie sah zu den verschlossenen Eingängen der riesigen Markthalle. Wie auf der Bühne in ihren Träumen war kein Mensch zu sehen. Sie widersetzte sich dem Drang, laut loszuschreien. Schließlich drehte sie sich um und starrte die Silhouette ihres Verfolgers unverwandt an.

„Ich wollte etwas Butter kaufen", sagte sie mit heiserer Stimme. „Aber die Läden sind geschlossen."

Der gesichtslose Schatten antwortete nicht. Mit den Händen in den Taschen stand er einfach nur schweigend und unheimlich da und versperrte ihr den Rückweg zum Platz. Sie sah an ihm vorbei in der Hoffnung, ein Fußgänger könnte vorbeigehen. Aber es war niemand zu sehen.

Sie trat einen Schritt vor. Vielleicht konnte sie ihm ja ausweichen. Aber er stellte sich ihr erneut in den Weg. Er nahm seine Hände aus den Taschen und verschränkte sie vor der Brust. Die Geste sprach Bände. Er unternahm gar nicht den Versuch, seine Absicht zu verbergen. Sie waren allein. Sie würde nicht an ihm vorbeikommen.

„Warum verfolgen Sie mich?" stieß sie hervor. „Was wollen Sie von mir?"

Der Mann neigte bei ihren Worten den Kopf ein wenig zur Seite. „Ich denke, das wissen Sie, Elisa", sagte er mit tiefer Stimme. Er sprach mit einem deutlichen polnischen Akzent.

Er kannte ihren Namen. Das war nicht nur eine zufällige Begegnung. Wie lange hatte er sie schon beobachtet? Wie lange hatte er das kleine Haus am Platz beobachtet? Wie oft hatte sie die schützenden Wände des Hauses verlassen, um allein zu sein, nur um, ohne es zu wissen, von dieser unheimlichen Erscheinung verfolgt zu werden?

„Was haben Sie vor?" Sie konnte kaum sprechen. Sie sah wieder an ihm vorbei. Vielleicht konnte sie um ihn herumlaufen und davonrennen. Hinter ihr erschien die gebogene Decke der Arkaden wie eine Höhle, die sie zu verschlingen drohte. „Ich muß nach Hause." Ihre Stimme zitterte.

Der Mann kam einen Schritt näher. „Ja, nach Hause. Natürlich. Nach Hause zu Ihrer Mutter, Ihren Brüdern ..." Er hielt inne, als wollte er zunächst die Wirkung seiner Worte abwarten. „Und zu Ihrem Vater? Das ist Theo Lindheim, nicht wahr, Elisa?"

„Wer sind Sie?" rief sie. Irgendwo in der aufwallenden Angst, die sie zu überkommen drohte, fand sie ihre Stimme wieder.

„Reicht es nicht, daß ich Sie kenne?" Dieses Spiel bereitete ihm große Freude.

„Was wollen Sie? Geld? Lassen Sie mich gehen und wir geben Ihnen Geld."

Während sie ihn verzweifelt anflehte, öffnete er seine Arme und kam lachend auf sie zu. „Elisa. Geld? Nein, meine Liebe. Geld ist es nicht, was wir brauchen."

Sie trat zurück, und die Schatten der Arkaden schienen sie zu verschlucken. „Lassen Sie mich gehen."

„Sobald es an der Zeit ist."

„Ich muß nach Hause."

„Noch nicht." Er kam bis auf etwa vier Meter an sie heran, aber noch immer konnte sie sein Gesicht nicht erkennen.

„Bitte. Lassen Sie mich gehen, und ..." Sie machte einen Satz um ihn herum und lief zum Platz, ins letzte verbliebene Abendlicht. Mit seinen langen Armen griff er nach ihr, packte sie und riß sie herum.

Dabei legte er ihr seine Hand auf den Mund und erstickte den Schrei, der zu spät kam. Sie verdrehte ängstlich ihre Augen und bemühte sich, nicht in Ohnmacht zu fallen.

„Nein, nein, nein, meine Liebe. Sie dürfen nicht davonrennen. Das können Sie nicht, verstehen Sie? Seit Tagen beobachte ich Sie. Sie haben mich geschickt, damit ich Sie hole, verstehen Sie?"

Ihr Atem ging mühsam durch seine Finger. Sie kämpfte gegen ihn an, aber er hielt sie nur umso fester. Die rauhe Wolle seines Jacketts zerkratzte ihre Haut.

„Bleiben Sie ruhig", sagte er betont wohlwollend. Wie ein Arzt, der einem Kind eine Spritze geben mußte. „Kommen Sie jetzt, ganz ruhig. Vielleicht kommen Sie ja nach Hause ..."

Elisa spürte den kalten Stahl einer Pistole in seinem Gürtel. Sie zwang sich, sich zu entspannen. Als es ihr gelang, lockerte er ein wenig seine Hand auf ihrem Mund. „Bitte ..." flüsterte sie.

„Sie werden nicht schreien, wenn ich loslasse?"

„Nein."

Er nahm seine Hand von ihrem Gesicht, aber hielt sie weiterhin fest am Arm. „Folgen Sie mir." Er schob sie sanft von dem offenen Platz weg in Richtung auf die Bögen der menschenleeren Arkaden zu. Ihre Schritte hallten in dem Gewölbe wider. Hinter jedem Ladenfenster erwartete Elisa die Fratze des Todes, der seinen Schädel hin und her warf.

* * *

An Le Morthommes Bücherstand drängelten sich an diesem Wochenende die Kunden. Herschel half einigen gerade mit den Broschüren, als der alte Buchhändler plötzlich den Deutschen von Kleistmann entdeckte. Herschel sah unglücklich zu den beiden hinüber, die über irgendetwas lachten. Wie sehr haßte er doch diesen arroganten Deutschen! Wie sehr haßte er die Tatsache, daß es einem Nazi möglich war, unbehelligt durch die Straßen zu gehen und sich amüsiert mit Le Morthomme zu unterhalten! Hätte Thomas von Kleistmann aufgeblickt, er hätte den Haß in Herschels Augen erkennen können. Aber dieser hochmütige Deutsche ließ sich nie dazu herab, den kleinen Juden zu beachten.

Herschel verspürte einen heftigen Stoß in die Rippen, und eine

Stimme mit deutschem Akzent sagte leise zu ihm: „Der Mann, der sich mit deinem Boß unterhält, ist der Chef der Abwehr an der deutschen Botschaft.“

Herschel drehte sich um. Neben ihm stand ein dunkelhaariger Junge, der nicht viel älter als er zu sein schien. Seine Kleidung war genauso zerschlissen. Auch er war ohne Zweifel ein Flüchtling. „Na und?“

Der junge Mann zuckte die Schultern, als Herschel ihn so schroff abwies. „Na und? Du bist Jude, oder nicht? So wie ich?“

Herschel warf ihm einen zweiten Blick zu. „Was hat das damit zu tun ... ?“

Der Junge lächelte. „Ich habe mich nur gerade gefragt, ob du sie ebensosehr haßt wie ich. Ich arbeite im Café Eiffel. Wasche dort das Geschirr ab. Wenn ich die Essensreste von den Tellern spüle, stelle ich mir vor, ich würde es ihnen in ihre arischen Gesichter schleudern! Oder ihre arischen Hosen damit vollsauen! Dann würden sie nicht mehr so stolz herumstolzieren, oder nicht?“ Herschel mußte laut lachen bei der Vorstellung, Thomas von Kleistmann würde es so ergehen. Er betrachtete den zerlumpten jungen Mann mit anderen Augen.

„Ja, ich hasse sie genauso. Besonders den da.“ Herschel grinste. „Er kommt ständig hierher.“

„Ich weiß. Wir beobachten ihn.“

„Wir?“

„Ein paar von uns. Zionisten.“

„Warum beobachtet ihr ihn?“

„Wir folgen ihm auf Schritt und Tritt. Ein widerlicher Kerl. Haßt die Juden. Er würde uns alle in Viehtransportern zurück nach Deutschland schaffen, wenn es nach ihm ginge.“ Er beantwortete Herschels Frage nicht. „Wir haben unsere Gründe, ihn nicht aus den Augen zu lassen.“

Herschel biß sich auf die Lippen. Er hatte sich nicht die Zeit genommen, nach anderen zu suchen, denen es genauso erging wie ihm. Ein Gefühl der Einsamkeit versetzte ihm einen Stich, und er verzog sein Gesicht. „Seid ihr viele? Ich kann den Deutschen übernehmen, wenn er hier ist. Trefft ihr euch irgendwo?“

Der Junge nickte. „Wir sind zu dritt. Alles Deutsche. Und wir müssen alle gegen unseren Willen hier sein. Meine Familie ist noch in Hamburg. Was ist mit deiner?“

„In Berlin. Außer meinem Onkel, bei dem ich wohne“, fügte er lahm hinzu. „Wo trefft ihr euch?“

„Das ist ein Geheimnis", flüsterte der Junge. „Aber wenn du mitmachen willst ..."

Herschel steckte die Adresse des Treffpunktes in seine Tasche. Sein neuer Gefährte verschwand hastig zwischen den Bücherständen. Er hatte nichts gekauft, und Herschel fragte sich, warum er hier überhaupt stehengeblieben war. Wahrscheinlich, um den deutschen Offizier zu beobachten, überlegte er. Jetzt würde Herschel ihm folgen und über seine Aktivitäten berichten.

Als er von Kleistmann unbemerkt beobachtete, stieg sein Haß so massiv in ihm hoch, daß er schon Angst bekam, er könnte krank sein. Er war froh, daß ihn der junge Mann angesprochen hatte. Froh darüber, daß auch andere die deutschen Peiniger haßten. Er freute sich darauf, seinen Haß mit den anderen zu teilen, die er bald kennenlernen würde.

31. Laß seine Hand nicht los

Die Treppe, die in den Keller führte, war tief und unbeleuchtet. Elisas Kidnapper hielt sie fest am Arm, als er dreimal gegen die grüne Tür am Fuß der Treppe klopfte. Ein Lichtstrahl fiel durch das kleine Guckloch, das sich öffnete. Dann wurde die Tür gerade so weit aufgemacht, um sie hereinzulassen.

Sobald sich die Tür hinter ihnen wieder geschlossen hatte, ließ er sie los. Der Raum war nur etwa sechs Quadratmeter groß. Die Wände waren feucht und schimmelig. Rostige Rohre verliefen kreuz und quer an der Decke entlang. Das einzige Licht verbreitete eine karge Birne, die an einem Kabel herabhing. Eine ältliche Frau hatte ihnen die Tür geöffnet. Lächelnd betrachtete sie Elisa. Sie hatte keine Zähne. Die grauen Haare hingen wirr in ihr faltiges Gesicht. Ihre Augen strahlten, obwohl ein Film sie so bedeckte, daß man kaum die Farbe ihrer Pupillen erkennen konnte.

„Elisa Lindheim?“ Sie kicherte.

Bei der Erwähnung ihres jüdischen Nachnamens zuckte Elisa erschreckt zusammen. Sie machte einen Schritt zurück zur Tür, als sich die Frau näherte. Mit knochigen Fingern tätschelte sie Elisas Wange. „Sie ist hier!“ rief die alte Frau, und eine Tür, genauso pilzüberwuchert, öffnete sich. Dahinter war ein größerer, hellerer Raum. „Nur zu!“ krächzte die alte Frau und gab Elisa einen kleinen Schubs.

Der junge Mann grinste sie mit vor der Brust verschränkten Armen an. Elisa funkelte zurück, aber sein Grinsen wurde nur noch breiter, als er den Ärger in ihrem Gesicht sah.

„Gehen Sie, Elisa“, sagte die alte Frau noch einmal. „Sie warten – warten auf Sie.“

In dem hinteren Raum bewegte sich etwas. Elisa blieb wie angewurzelt stehen. Ein Mann erschien im Türrahmen. Elisa stockte der Atem, als sie ihn erkannte. Seine Goldzähne blitzten, als er lächelte. Ein Kranz grauer Haare rahmte seine Glatze ein. Der Anzug, den er trug, war derselbe, den er am Bahnhof getragen hatte. Seine Augenbrauen hoben sich in freundlicher Ungeduld. „Kommen Sie schon, Elisa, Liebste“, sagte er mit besänftigender Stimme. „So, wie Sie sich bemüht haben, uns zu finden, sollte man nicht glauben, daß Sie sich so anstellen würden, hereinzukommen.“

Uns zu finden? Seine Worte drangen durch den Nebel ihrer Angst, an der sie fast erstickte. Sie sah zu der alten Frau, die zuerst wie das perfekte Abbild einer Hexe aus Grimms Märchen ausgesehen hatte.

„Gewartet! Gewartet! Gewartet!" wiederholte die alte Frau fröhlich.

Elisa errötete verlegen. Die alte Frau war einfach nur eine alte Frau. Aber der finstere junge Mann, der sie die Kellertreppe heruntergestoßen hatte, verdiente jedenfalls ihren Zorn. Sie funkelte ihn an, aber er erwiderte ihren bösen Blick mit schallendem Gelächter.

„Sie?" fragte Elisa, als sie in den Raum trat, der als Büro zu dienen schien. Aktenschränke standen darin, ein Schreibtisch, sogar mit Telefon, und eine dunkelhaarige Sekretärin tippte eifrig auf einer Schreibmaschine. Die Sekretärin blickte kaum auf, als der glatzköpfige Mann Elisa durch den Raum hindurch in ein zweites Büro führte. Drei Stühle standen vor einem immens großen Nußbaum-Schreibtisch, auf dem sich Akten und Ordner stapelten. Alle waren mit dem Logo einer *Prager Handelsgesellschaft Import-Export* bedruckt.

Das Telefon in dem vorderen Büro klingelte, als der Mann mit der Glatze die Tür hinter sich schloß. „Nehmen Sie doch bitte Platz." Er deutete mit der Hand auf die Lederstühle und setzte sich selber auf den Stuhl hinter dem Schreibtisch. „Ich muß mich für Avriel entschuldigen." Er zuckte die Schultern und pochte mit einem Stift auf die Schreibunterlage. „Er hat einen gewissen Sinn fürs Dramatische und Finstere, fürchte ich."

Elisa hob ein wenig ungehalten ihren Kopf. „Im Gegensatz zu Ihnen?" fragte sie, als sie sich an ihre erste Begegnung am Bahnhof erinnerte.

Er lachte über ihren offensichtlichen Ärger. „Nun, Sie sind jedenfalls da, wo Sie hinwollten, oder nicht? Sie sollten uns unsere Methoden nicht allzu sehr vorwerfen. Wir haben unsere Gründe. Genauso, wie Sie nach uns gesucht haben, gibt es noch andere, die nur zu gerne etwas über unsere Identität und unseren Aufenthaltsort herausfinden würden. Wir hätten uns eher mit Ihnen in Verbindung setzen können, aber wir waren uns nicht sicher, wer Sie sind."

„Sie haben mich mit meinem Namen angeredet!" sagte Elisa. „Was hat sich seit gestern verändert?"

„Wir mußten sicher gehen. Ein Mitglied unserer Organisation hat uns von dem außerordentlichen Interesse Ihres Vaters für *Faust* berichtet."

„Goethes *Faust?*" entfuhr es Elisa ungläubig. Plötzlich wurde ihr bewußt, daß, obwohl der Mann ihren Namen wußte, sie noch immer nicht seinen kannte.

„Ein gutes Buch.“ Der Mann mit der Glatze nickte. „Sagte ich nicht etwas Ähnliches am Bahnhof?“

Elisa blinzelte ihn erstaunt an. Irgendwie schien die Organisation Goethes *Faust* als Erkennungszeichen zu benutzen. Plötzlich verstand sie, warum ihr Vater gerade dieses Buch aus dem Regal genommen hatte! Der einzige Fremde, der mit Theo über sein Interesse an diesem Werk gesprochen hatte, war der Arzt gewesen. „Die ganze Zeit ...“ Ihre Stimme verlor sich. Sie lehnte sich vor und legte ihre Hände auf die Tischplatte. „Ich will zurück!“ Ihre Stimme war mit einem Male voller Verzweiflung. „Zurück nach Wien! Ich habe Freunde dort, die mich dringend brauchen!“

„Den meisten unserer Freunde dort können wir nicht mehr helfen“, antwortete er kühl. „Es steht mehr auf dem Spiel als der eine oder eine andere.“

Ihr Verstand raste. „Shimon und Leah – “

Er unterbrach sie mit einer Handbewegung. „Shimon Feldstein wurde von der Gestapo verhaftet. Er hält ganz gut durch, wie uns unsere Kontaktperson wissen läßt.“ Er machte eine Pause. „Was Leah angeht, sind wir uns nicht sicher ...“

Elisa schloß die Augen und senkte ihren Kopf, als sie sich diese schreckliche Neuigkeit klarmachte. Alles, was sie seit den ersten Stunden des Anschlusses befürchtet hatte, war eingetreten. „Was bleibt mir dann noch zu tun? Wie kann ich ihnen helfen?“

„Wir haben uns nicht wegen der beiden mit Ihnen in Verbindung gesetzt.“ Er nahm seine Brille ab und putzte sie sorgfältig. „Wie ich gesagt habe: ein Leben oder auch zwei spielen keine Rolle mehr.“

„Keine Rolle!“ protestierte sie. Sie dachte daran, wie Shimon und Leah ihr Leben für andere aufs Spiel gesetzt hatten.

„Wir sprechen hier von Millionen, Elisa.“ Er schien durch sie hindurchzusehen. „Sie dürfen jetzt nicht an Ihre Freunde denken. Sie müssen sogar Ihr eigenes Leben vergessen.“

„Das einzige, woran ich in diesen letzten Tagen gedacht habe, waren Shimon und Leah Feldstein! Glauben Sie, ich hätte noch andere Gründe, warum ich nach Ihnen gesucht habe?“ Sie war den Tränen nahe. „Ich zahle jeden Preis, um sie dort herauszubekommen! Wie können Sie sie dort verrotten lassen, so wie andere meinen Vater ...“

Er lehnte sich zurück und betrachtete sie ungerührt. „Sie eignen sich hervorragend für unsere Zwecke. Mit einem Amerikaner verheiratet. Ein anerkanntes Mitglied der Wiener Philharmoniker. Äußerlich entsprechen Sie dem Nazi-Ideal einer perfekten Arierin. Aber wenn Sie nicht in der Lage sind, Ihre Gefühle angesichts der alltäglichen Brutalität, von der Wien heute heimgesucht wird, zu kontrollieren, dann sollten Sie Ihr eigenes Leben retten und niemals wieder die Grenze nach Österreich überqueren." Seine Worte waren eine einzige Warnung. „Wenn Sie von irgendeinem Nutzen für uns sein wollen, müssen Sie es fertigbringen, Ihren Arm zum Gruß zu heben und über ihre Scherze zu lächeln, selbst wenn Ihr Innerstes gegen das, was sie sind und was sie verkörpern, rebelliert!" Er beugte sich zu ihr vor. „Nach außen müssen Sie so tun, als seien Sie genau das, was Sie am meisten hassen!"

Elisa wich seinem durchdringenden Blick aus. „Was wollen Sie von mir?" fragte sie unglücklich.

Er atmete langsam aus und lehnte sich in seinem Stuhl zurück. „Gehen Sie zurück nach Wien. Gehen Sie zurück zum Orchester. Heute um Mitternacht wird die Grenze zwischen Österreich und der Tschechoslowakei wieder geöffnet. Vorher werden Sie ein Telegramm Ihres Gatten erhalten, in dem er Sie bittet, ihn in Wien zu treffen."

„Murphy?" fragte sie. War er auch irgendwie darin verwickelt?

„So wird es aussehen. Der gute Doktor ist der Meinung, daß Ihre Mutter nichts von Ihren früheren Aktivitäten weiß. Oder denen Ihres Vaters. Am besten bleibt es dabei."

Sie hatten an alles gedacht, sogar an eine Methode, sie von zuhause fortzubekommen, ohne daß sie irgendetwas zu erklären hatte. „Ja, vielen Dank."

„Sobald Sie in Wien sind, gehen sie zu einem Buchhändler: Fiori. Er handelt mit seltenen Büchern."

„An der Karntner Straße", sagte Elisa ein wenig aufgeregt. „Ich kenne den Laden gut."

Er lächelte. Seine Goldzähne blitzten kurz auf. „Bringen Sie ihm die *Faust*-Ausgabe Ihres Vaters. Sagen Sie ihm, Sie hätten gerne gewußt, was sie wert ist. Und – "

Elisa richtete sich auf. „Aber ... wie soll ich sie mitnehmen, ohne daß mein Vater etwas – ", protestierte sie.

„Er wird keine Fragen stellen." In seinen Augen lag ein Wissen, das sie endgültig überzeugte. War auch Theo in diesen Plan verwickelt? Sie fragte nicht nach. Sie fragte nicht, worüber sich ihr Vater und der Arzt unterhalten hatten, wenn sie leise miteinander gesprochen hatten. Theo hatte ihre hilflose Verzweiflung mitangesehen und tatsächlich verstanden, warum sie zurück mußte. „Dann ist es also an der Zeit", murmelte sie.

Er fuhr mit seinen Anweisungen fort. „Sagen Sie ihm, Sie hätten diese außergewöhnliche Ausgabe und wollten ihren Wert wissen. Er wird fragen, ob es Goethe oder Marlowe ist. Natürlich antworten Sie, daß es Goethe ist. Daraufhin wird er Ihnen sagen, was Sie zu tun haben."

„Und wenn man mir folgt? Oder die Gestapo – "

Er hob seine Hand, um sie zu unterbrechen. „Mein liebes Mädchen – " seine Stimme klang herablassend – „Sie haben nichts Verbotenes getan. Sie sind eine geschätzte Musikerin, Arierin. Streiten Sie alles ab. Was gewesen ist, oder was Sie gerade tun, und was belastend sein könnte. Zeigen Sie ihnen Ihren Paß. Rufen Sie die amerikanische Botschaft an." Er lächelte. „Rufen Sie Ihren Maestro an, und er wird sich ans Propagandaministerium wenden. Was kann es Ihnen schaden, wenn Sie die *Faust*-Ausgabe Ihres Vaters schätzen lassen?"

„Und dann? Werde ich helfen – ?"

„Leah Feldstein können Sie nicht helfen. Es ist nicht Ihre Aufgabe, ein paar Juden herauszuhelfen."

Elisa verzog ihr Gesicht. „Ein paar Juden?"

„Es steht jetzt mehr auf dem Spiel, Elisa. Ganz Europa, zum Beispiel." Er klang amüsiert. „Wir sind hier nicht mit der Rettung von ein paar Flüchtlingen beschäftigt."

„Warum bin ich dann hier?"

„Sie haben sich auf der Amateur-Ebene unserer Operation bewiesen. Ihr Name wurde uns genannt, als jemanden, der einen idealen Kurier abgäbe."

Elisa hockte schweigend da. Sie fragte sich, wer ihren Namen genannt haben mochte, als handelte es sich um eine Empfehlung für eine Stellenausschreibung. Sie fragte nicht. Er hätte es ihr sowieso nicht gesagt. „Und was habe ich zu tun?"

„Bringen Sie einfach das Buch über die Grenze. Dort wird man Ihnen andere Aufträge erteilen. Sie werden Sachen weiter nach Paris schaffen. Dort gibt es einen alten Buchhändler. Man nennt ihn den *Toten Mann.*"

„Ein seltsamer Name."

„Er ist ein seltsamer Mensch. Aber trotzdem sehr hilfreich." Er zuckte die Achseln, und Elisa dachte, daß der Tote Mann auch nicht seltsamer sein konnte als der, der ihr jetzt gegenübersaß.

„Aber die Kinder. Leah ..." Sie konnte den Gedanken an sie nicht verdrängen.

Er beugte sich ungeduldig vor. „Vergessen Sie sie. Verglichen mit dieser Aufgabe sind sie völlig unbedeutend. Wir können die Operation nicht wegen irgendwelcher Einzelschicksale gefährden. Wenn Sie sie nicht vergessen können, dann können wir hier sofort aufhören."

Elisa senkte ihren Blick. Das war nicht das, was sie erhofft hatte. Dieser Mann hatte nichts mit dem jüdischen Untergrund zu tun, oder damit, Kindern über die Grenze zu helfen. Er schien keinen Gedanken an diejenigen zu verschwenden, die, gefangen von der eisernen Faust der Nazis, zurückbleiben mußten. Und doch war es ziemlich offensichtlich, daß er für dasselbe Ziel arbeitete, für das auch ihr Vater gearbeitet hatte. „Also gut", erklärte sie sich widerwillig bereit. Sie wollte nicht diesen dürftigen Kontakt zu jemandem abbrechen, der Hitler und die Nazis bekämpfte. „Was ist, wenn ich Leah finde?"

„Suchen Sie gar nicht erst. Wenn Sie mit uns zusammenarbeiten, sind Sie in etwas verwickelt, das zu wichtig ist für private Gefälligkeiten. Sie müssen mir in diesem Punkt vertrauen. Wir können nicht das kleinste Risiko einer einzigen Frau zuliebe eingehen. Selbst Ihr eigenes Leben ist ersetzbar. Sie haben die Wahl."

„Welche Wahl habe ich denn? Ich kann nicht hierbleiben und nichts tun."

„Sie haben nach uns gesucht, lange bevor wir von Ihnen gehört haben. Vergessen Sie das nicht. Sie haben sich schon vor langer Zeit entschieden, auf welcher Seite Sie stehen." Er lächelte sie wohlwollend an. „Ja, ich denke, es ist gut, daß Sie sich uns anschließen."

* * *

Das Telegramm, das Elisa zugeschickt bekam, wirkte tatsächlich sehr echt. Als Elisa neben ihrem Vater am Eßtisch saß, fragte sie sich, ob er wohl Bescheid wußte. Ahnte er, daß die Bitte, nach Wien zu kommen, gar nicht von Murphy stammte? Sie wagte es nicht, ihn anzusehen.

Anna sah unglücklich aus, als Theo ihr den Korb mit den Hefekuchen reichte. Elisa hatte keine Butter mitgebracht, aber das bekümmerte Anna jetzt nicht mehr. „Wie kann er dich bitten, an diesen schrecklichen Ort zurückzukehren?" fragte sie Elisa. „Theo, du mußt ihr verbieten, fortzugehen. Sie kann im Moment nicht nach Wien. Sag es ihr, Theo."

Er antwortete nicht sofort; stattdessen sah er Anna ruhig in die Augen. „Ich bin nur ihr Vater, Liebste, nicht ihr Ehemann." Er lächelte. „Und wenn wir damals, als wir jung waren, vor derselben

Frage gestanden hätten, Anna, hättest du dir von deinem Vater vorschreiben lassen, was du zu tun oder zu lassen hast?"

Die Antwort war gut gewählt. Theo und Anna hatten gegen den Willen ihres Vaters geheiratet. Anna schüttelte ernst den Kopf. „Und jetzt wird mich also meine eigene Jugend verfolgen?"

Theo lachte seine Frau an. „Bereust du es?"

„Du hättest nicht von mir verlangt, dich in der Hölle zu treffen!" fauchte sie.

Elisa hatte schweigend ihrem Gespräch zugehört. Sie war froh, daß Anna nicht den wirklichen Grund ahnte. Ihre Ehe mit Murphy diente einmal mehr dem Zweck, sie sogar gegen das Mißfallen ihrer Mutter zu schützen. Elisa spielte ihr Theater weiter. „Murphy würde mich nicht bitten, zu ihm zu kommen, wenn es so gefährlich wäre, Mutter", sagte sie leise. „Wir werden auch nicht lange in Wien bleiben."

„Eine Minute in Reichweite dieser Widerlinge ist zu lange." Anna war eher besorgt als verärgert. „Erst Deutschland, dann Österreich. Und jetzt die Unruhen im Sudetenland! Hast du die Übertragung gehört? Hast du Hitler gehört? Sie würden sich die ganze Tschechoslowakei einverleiben, wenn es nach ihm ginge ..."

Elisa brachte ein Lächeln zuwege. „Dann kannst du mich ja getrost nach Wien gehen lassen, wenn sie sowieso hierherkommen." Es war bloß ein Scherz, aber ein eisiges Schweigen antwortete ihr.

Mit einem Räuspern tupfte sich Theo seine Lippen mit der Serviette ab. Er war der einzige, dem das Essen schmeckte. „Anna", sagte er tröstend, „heute nacht wird die Grenze wieder geöffnet. Die Situation hat sich also offenbar soweit beruhigt. Elisa hat Dinge in Österreich, die sie herausholen muß." Er warf seiner Tochter einen wissenden Blick zu. Ja, er wußte Bescheid. Es waren nicht *Dinge,* deretwegen Elisa zurückmußte. Es waren geliebte Freunde, die sie hatte zurücklassen müssen.

„Dinge!" Anna fand kaum Worte. „Gibt es irgend etwas, das es wert ist, dorthin zurückzugehen? Du kannst ihr alles kaufen, was sie will. Ihr amerikanischer Mann kann sie in Paris treffen, und – " Tränen schossen ihr in die Augen. Ihr Widerstand war zwecklos.

Elisa fragte sich, wie ihre Mutter wohl reagiert hätte, wenn nicht das falsche Telegramm geschickt worden wäre. „Mutter, ich habe einen amerikanischen Paß", erinnerte sie Anna. „Mein Mann ist Journalist. Die Nazis werden es nicht wagen, mir ein Haar zu krümmen. Sie versuchen immer noch, die amerikanische Presse auf ihre Seite zu bekommen. Es wird alles *gut* gehen!"

Anna biß sich auf die Lippe und sah auf ihren Teller. Das köstliche

Abendessen war kalt. Ruiniert. Elisa würde fortgehen, und es gab keine Möglichkeit, sie aufzuhalten. „Schick uns ein Telegramm, sobald du da bist", sagte sie schwach. „Oder ich werde nicht schlafen können. Oder essen."

Eine trübe und traurige Stunde später lehnte Theo in der Tür zu Elisas Schlafzimmer, während sie packte. Sie waren einen Moment allein, und er reichte ihr die in Leder gebundene Ausgabe des *Faust.*

„Willst du das mitnehmen?" Es war tatsächlich eine Frage. Ihre Blicke trafen sich, und sie verstanden einander. Elisa kehrte zurück, und Theo mußte sie ziehen lassen, obwohl er allein die Gefahr kannte, die sie erwartete.

Elisa nickte und nahm ihm das Buch ab; Theo zog sie zu sich heran und umarmte sie ein letztes Mal. „Ich danke dir, Papa", flüsterte sie dankbar, daß er den Abschied nicht schwerer machte, als er ohnehin schon war. „Mach dir keine Sorgen, Papa."

Er antwortete ihr eine Weile nicht, sondern strich ihr nur übers Haar. „Es steht soviel auf dem Spiel", sagte er schließlich. In seiner Stimme schwang die Sehnsucht mit, sein eigenes Kind in Sicherheit zu wissen. „Ich bete für dich." Er ließ sie los, und sie stand vor ihm mit dem Blick auf das Buch geheftet.

Es gab tausend Dinge, die sie ihm hätte sagen wollen, aber dafür war keine Zeit mehr. Vielleicht würde dafür nie genug Zeit sein. Was sie sich hätten sagen wollen, mußten ihre Herzen wortlos verstehen. Sie war so jung und unschuldig gewesen in jener Nacht, da Theo das Buch aus dem Regal in seiner Berliner Bibliothek genommen hatte. Jetzt überreichte er es ihr.

Er sprach sehr leise. „In Dachau habe ich vor den anderen Gefangenen und vor Gott ein Versprechen abgegeben. Ich versprach, daß ich nicht vergessen würde . . . daß ich nicht tatenlos zusehen würde, wenn andere zugrunde gehen. Du bist mein eigen Fleisch und Blut, Elisa. Wenn du dasselbe Versprechen gegeben hast, habe ich kein Recht zu versuchen, dich aufzuhalten. Ich werde dir nicht im Wege stehen. Sei dir bewußt, daß ich mit meiner ganzen Kraft für dich beten werde, solange, bis ich mich dir wieder im Kampf anschließen kann." Er legte seine Hand unter ihr Kinn und hob es ein wenig an. „Ich bin stolz auf dich, weil du meine Tochter bist. Und aus demselben Grund habe ich Angst. Sei vorsichtig, Elisa. Traue niemandem, bis du absolut untrügliche Beweise dafür hast, auf welcher Seite sie stehen. Du mußt jetzt so tun, als wärst du jemand, der du nicht bist. Aber vergiß niemals, wer und was du wirklich bist. Die Welt, so scheint es, hat ihre Seele verkauft. Bleibe standhaft in deinem Glauben an Gott, Elisa. Laß seine Hand nicht los.“

32. Ein Lied im Dunklen

Die Waffe lag neben der flackernden Kerze auf der Holzkiste. Die Blicke seiner Kameraden waren auf Herschel gerichtet. Er sah erst den Revolver und dann jeden der jungen Männer dieser winzigen zionistischen Zelle an.

„Nach dem, was den Juden im Reich angetan wird, müssen wir ein Zeichen setzen, Herschel", sagte Hans. Er schob den Revolver dichter zu Herschel herüber. „Dein Name wurde gelost, um die Tat auszuführen. Bist du Manns genug für Israel? Bereit, deine Glaubensgenossen zu rächen?"

Die Frage nagte an Herschels schwindendem Mut. Er traf sich hier in diesem schäbigen Raum mit drei anderen, die sich als Zionisten bezeichneten. Sie sprachen miteinander und erregten sich über die Aktionen der Nazis in Deutschland, in Österreich und jetzt auch in einzelnen Provinzen der Tschechoslowakei. Konnten sie ein deutlicheres Zeichen setzen als mit dieser Tat?

Herschel atmete tief durch. Das Licht tanzte auf den Gesichtern der Jungen um ihn herum. Über ihre Gesichter huschte ein anerkennendes Lächeln, als er nach der Waffe griff.

„Für Zion ergreif' ich diese Waffe", flüsterte er heiser. Zustimmendes Nicken bei den anderen. „Es wird nicht schwer sein, ihn zu töten." Hans schien erleichtert. Hatte er das schon seit dem ersten Tag geplant, seitdem sie sich bei Le Morthomme kennengelernt hatten?

„Ich hasse ihn." Herschel starrte auf die Waffe. Er umklammerte den Griff so fest, daß seine Fingerknöchel weiß wurden. „Ich habe ihn schon in Berlin gehaßt", stieß Herschel bei dem Gedanken an Thomas von Kleistmann zwischen seinen zusammengepreßten Zähnen hervor.

„Dein Boß wird einen guten Kunden verlieren", lachte Johann und zündete sich eine Zigarette an der Kerze an.

„Da, wo Thomas von Kleistmann herkommt, gibt es eine Menge Nazis", sagte Herschel. Mit jeder Minute wuchs sein Selbstvertrauen. „Und ich würde sie alle töten, wenn ich die Gelegenheit hätte."

Ein Anflug von Unsicherheit huschte über Hans' Gesicht. „Aber schon ein einziger toter Nazi in der Pariser Botschaft wird die Welt aufrütteln." In seiner Stimme schwang eine Warnung mit. „Der Zeitpunkt muß perfekt gewählt werden, Genosse Herschel." Er dachte eine Weile nach. „Welcher Tag würde wohl den stärksten Eindruck auf die Faschisten in Deutschland hinterlassen? Ja!“ Er schnipste mit den Fingern. Herschel sah ihn erwartungsvoll an. „Der 1. Mai!“

Johann und Raphael nickten zustimmend. „Ja! An diesem Tag feiern die Nazis ihre Wehrmacht. Erinnerst du dich an die Paraden, Herschel? Die Fackelzüge in Berlin? Diese markigen Reden von Hitler? Von Himmler? Von Göring? Erinnerst du dich, wie sie singend losmarschiert sind und die Juden beschimpft haben?“

Natürlich hatte Herschel das nicht vergessen. Bei dem Gedanken daran zitterte er vor Wut. Er hatte die Reden am Radio mitverfolgt. Er hatte es nicht gewagt, die Wohnung zu verlassen, aus Angst vor den Braunhemden der SA. Die Ausschreitungen der Nazis machten diesen Tag für die Juden zu einem der schlimmsten des ganzen Jahres.

Hans sah Herschel scharf an. Er bemerkte die weit aufgerissenen Augen und die Schweißperlen auf der Stirn des hübschen Jungen. „Das kapierst du doch, oder, Herschel? Der Tag der Maikundgebungen ist der beste Zeitpunkt, um Thomas von Kleistmann zu töten; um in die deutsche Botschaft zu gehen; um nach ihm zu fragen und dieses stinkende Nazi-Schwein dort zu erschießen! Wenn sie den Juden das antun können, dann werden wir es ihnen zeigen!“ Hans’ Tonfall wurde immer lauter. Er legte seine Hand auf Herschels Arm. „Wir werden es ihnen zeigen, nicht wahr, Herschel? Wir werden diesen judenfressenden Schweinen etwas geben, worauf sie auf ihren großdeutschen Versammlungen herumkauen können!“

„Ich könnte sie alle umbringen – und dann in Frieden sterben“, murmelte er. „Ich werde ihnen eine Ahnung von der Rache Gottes vermitteln!“

* * *

Während der langen Fahrt zur österreichischen Grenze gab es so manchen Moment, in dem sich Elisa wünschte, sie hätte mit der Fahrt nach Wien bis Tagesanbruch warten können. In Prag, was auf slawisch soviel wie *Schwelle* bedeutete, hatte sie sich sicher gefühlt, fernab der Unruhen und Aufstände, die die äußeren Provinzen erschütterten. In dieser Nacht überschritt sie die Schwelle zum verhängnisvollen Sudetenland, wo die Unruhen der vergangenen Woche sowohl Tschechen als auch Deutschen das Leben gekostet hatten.

Die Dunkelheit der bergigen Landschaft wurde für einen vom Vollmond erleuchtet, der sein böses Gesicht durch die Wolken schob. Die Baumwipfel schwankten leicht im Frühlingswind. Sie schienen sich den hohen Fachwerkhäusern des kleinen deutschen Dorfes entgegenzulehnen, das in der Ferne auf einem Hügel lag. In dieser Gegend wurde ausschließlich deutsch gesprochen. Drei Kilometer weiter im Osten verstand man nur slawisch. In dieser Nacht wurde sowohl in den slawischen als auch in den deutschen Dörfern entlang der tschechischen Grenze von Haß und Gewalt gegen die Nachbarn gesprochen. Die Menschen hier zitterten aus Angst vor der Zukunft, so wie die Bäume im Wind.

Überall war es ruhig. Es war ein Waffenstillstand vereinbart worden. Die Nazis hatten sich zurückgezogen, um ihre Wunden zu lecken, und die Tschechen taten dasselbe. Elisa war sich im klaren, daß schon morgen die Kämpfe von neuem losgehen konnten. Dies war womöglich ihre einzige Gelegenheit, die Grenze zu passieren.

Es war weit nach Mitternacht, aber sie war noch nicht müde. Die Stille, bedrohlich und unheimlich, schien von Geistern bevölkert. Geistern des Vergangenen und Geistern des Zukünftigen. In jedem Dorf, durch das sie fuhr, war Elisa auf Zeugnisse der Auseinandersetzungen gestoßen. Zerbrochene Fensterscheiben, beschmierte Wände und die Trümmer ausgebrannter Autos waren in den malerischen, pittoresken Dörfern allgegenwärtig. Prag war von den Gewalttätigkeiten verschont geblieben, und Elisa erschauderte, als ihr die Intensität des Konflikts mit einem Mal so deutlich vor Augen geführt wurde. Die Schreckensmeldungen aus Wien hatten sie dermaßen beschäftigt, daß, die Unruhen in den tschechischen Provinzen unbedeutend schienen. Die Prager Zeitungen hatten den Konflikt heruntergespielt, selbst dann noch, als Hitler anfing, gegen die *Untermenschen* zu wüten, die die deutsche Bevölkerung des Sudetenlandes „unterdrückten". Erst jetzt, als die Scheinwerfer die farblosen Trümmer beleuchteten, realisierte Elisa, daß das Grauen auch hierhergekommen war.

Der Sage nach hauste *Rübezahl* in diesen Hügeln. Mit wallendem Bart und zerzaustem Haar schwang er seinen Holzscheit, heulte mit dem Wind und verschreckte einsame Reisende mit seiner furchterregenden Stimme. Elisa hatte immer geglaubt, daß dieser sagenhafte Riese die Erfindung lokaler Geschichtenerzähler war. Aber in dieser Nacht spürte sie die Nähe des Bösen, spürte sie die undurchdringliche Finsternis, die sich über das ganze Land gelegt hatte. Eine Kraft, noch stärker als Rübezahl, fegte über das Land. Noch schrecklichere Stimmen verlangten schreiend nach Blut. Im Licht des brennenden Holzscheits flammte das Hakenkreuz auf. Frieden war nur eine momentane Illusion. Wie der leuchtende Mond würde er wieder hinter den Wolken eines nahenden Sturms verschwinden.

Jenseits des Berges erkannte Elisa die winzigen Lichter eines österreichischen Dorfes im Tal. Von hier aus wirkte die Welt so friedlich und unverändert, aber Elisa wußte es besser. Mit einem Seufzer der Erschöpfung nahm sie den Fuß vom Gas und verlangsamte das Tempo. Sie floh vor dem Bösen direkt in die Höhle des Löwen!

„Oh Gott!“ weinte sie. „Du mußt mir beistehen, Gott“, betete sie. „Ich habe Angst. Solche Angst ...“

Keine tröstende Hand streckte sich ihr entgegen, aber Elisa besann sich auf die Melodie und den Text Bachs. Leise fing sie, während sie sich den Straßensperren der Grenze näherte, zu singen an:

Jesus bleibet meine Freude,
meines Herzens Trost und Saft.
Jesus wehret allem Leide;
er ist meines Lebens Kraft.

Der Gesang vertrieb ihre Furcht. Elisa wußte, daß diese Freude ihr den Weg weisen mußte; dieses Wissen mußte ihre Schritte lenken. Mit einem Mal fürchtete sie sich nicht länger vor der Dunkelheit.

* * *

Die ganze Nacht hindurch jammerte der kleine Karl, während Leah ihn sanft schaukelte.

„Es sind seine Ohren“, erklärte Ludwig. „Das passiert oft. Mama hat immer gesagt, es würde daher kommen.“ Ludwig deutete auf seinen Mund, um zu zeigen, daß der Wolfsrachen an den qualvollen Schmerzen Schuld war.

Leah legte ihre Hand auf die Wange des kleinen Jungen. Er glühte vor Fieber. Sein Blick war teilnahmslos auf die Lampe gerichtet. Zweimal hob er seinen Arm, als spielte er Cello.

„Er möchte, daß du ihm etwas auf Vitorio vorspielst“, sagte Ludwig. Er hockte sich aufs Sofa und legte sich eine Decke um die Schultern.

Leah strich Karls verschwitztes Haar zurück und gab ihm einen flüchtigen Kuß auf die Stirn. „Ich hab's dir doch gesagt, Liebling; Vitorio ist davongeflogen, weit weg, noch weiter als die Bäume des Wienerwalds."

Karl stöhnte leise. Er vermißte die Musik. Er vermißte sie fast so sehr wie Leah.

„Mama hat uns immer Gutenachtlieder gesungen", schlug Ludwig schläfrig vor. „Auch wenn Karl nicht krank war, hat sie uns vorgesungen."

Es schien seltsam, aber Leah konnte sich an kein einziges Kinderlied erinnern. Ihr eigenes Leben drehte sich seit so langer Zeit um die großartigsten Symphonien, daß sie so einfache Dinge wie ein Wiegenlied nicht behalten hatte. „Bring mir eins bei", bat sie Ludwig.

Es war Karl, der zu singen versuchte. Er krächzte ein paar verunglückte Töne und fing sofort heftig zu husten an.

Leah stellte sich vor, wie sich Herr Hugel im Hausflur versteckte und lauschte. Sie legte ihre Wange an Karls Kopf und versuchte, ihn zu trösten. „Schhhh. Ganz ruhig, Karl. Versuch's gar nicht erst."

Ludwig fing leise in seinem zarten Sopran zu singen an: *„Ich bin klein, mein Herz ist rein, soll niemand drin wohnen, als Jesus allein ...“*

Leah summte mit, als er das Lied immer wieder wiederholte. War das alles? Oder konnte er sich nur nicht mehr an den übrigen Text erinnern? Leah lächelte, als Ludwig allmählich einschlief, und Karls mühseliges Atmen langsam immer gleichmäßiger wurde, bis auch er mit seinem Kopf an ihrer Brust eingeschlafen war.

Daraufhin sang Leah weiter, als wäre das Lied eine Art Schutzwall für die Kinder ... ihre Kinder. Und in ihrer Einsamkeit und Sorge glaubte sie beinahe die Frau zu kennen, die, wie sie, viele Stunden allein mit ihren Söhnen auf ihren Mann gewartet hatte, während dieser in einem Nazi-Gefängnis schmachtete. Einen Augenblick lang, nur für einen winzigen Moment, schloß Leah ihre Augen. *„Ich bin klein, mein Herz ist rein, ...“* Sie spürte noch jemanden in dem kleinen Zimmer. *„Soll niemand drin wohnen, als Jesus allein ...“*

33. Wunder

Die Sonne war noch nicht aufgegangen, als Leah Schritte auf der knarrenden Treppe vernahm. Mit aufgerissenen Augen lag sie in der Dunkelheit und hielt die Luft an. Hoffentlich gingen die leisen Schritte an ihrer Tür vorbei! Sie taten es nicht.

Karl und Ludwig schliefen auf dem Sofa. In höchster Eile sprang sie leise vom Bett auf und schüttelte die schlaftrunkenen Kinder wach.

„Schnell!" flüsterte sie. „Herr Hugel!"

So verschlafen sie auch waren, brauchten die Jungen keine weiteren Erklärungen. Sie stolperten ins Schlafzimmer und tauchten unters Bett. Mit einem Kerzenleuchter in der Hand trat Leah hinter die Schlafzimmertür.

In diesem Augenblick hörten sie deutlich, wie ein Schlüssel ins Schloß gesteckt wurde. Ein kurzes Klacken, als der Schlüssel sich drehte und der Riegel aufsprang, dann schwang die Wohnungstür knarrend auf. Kein Laut war mehr zu hören. Leah hörte nur ihr eigenes Herz schlagen, sonst nichts. Ihr Mund war vor Angst ausgetrocknet. Mit feuchten Fingern umklammerte sie das Messing des Leuchters.

Die Schritte traten in das vordere Zimmer ein. Es gab einen leichten Rumps, als etwas Schweres abgestellt wurde. Leah konnte gerade die Seite des Bettes sehen, unter dem sich die Jungen versteckten. Unter den Decken und dem Laken war ein winziger Fuß deutlich zu sehen. Der Anblick drehte ihr den Magen um. Herr Hugel würde das Kind in demselben Moment sehen, da er ins Zimmer trat!

Leise wurde die Wohnungstür wieder geschlossen. Leah hörte, wie sie verriegelt wurde. Der Eindringling schien sich eine Ewigkeit nicht zu rühren. Dann bewegten sich leise Schritte zum Lichtschalter. *Klick!* Das Zimmer erstrahlte in hellem Licht. Sie hörte, wie jemand tief durchatmete. Eine Frauenstimme rief leise: „Wer ist da?" Es war Elisa!

„Leah? Shimon?"

Mit einem Freudeschrei stürzte Leah aus ihrem Versteck. Der Leuchter fiel krachend zu Boden, als sie ins Licht stürmte.

„Elisa!" Sie versuchte gar nicht, ihre Tränen zu verbergen, als sie Elisa in die Arme fiel.

* * *

Die ganzen langen, dunklen Stunden des frühen Morgens hielt Elisa Leahs Hände und lauschte, während ihre Freundin von ihren Torturen berichtete.

„Nachdem ich gesehen hatte, daß sie Shimon mitgenommen haben, wollte ich nur noch sterben. Wenn die Jungen nicht dagewesen wären, hätte ich es vielleicht auch getan.“ Sie weinte leise, während sie weitersprach. „Jeder Moment war ein einziger Alptraum, Elisa. Herr Hugel ...“ Sie schüttelte bei dem Gedanken an ihn den Kopf. „Du kannst ihn schon riechen, bevor du ihn hörst. Er keucht die Stufen hoch. Er kam hier herein und hat ... nach irgend etwas gesucht. Nach den Jungen. Der kleine Karl ist so aufgeweckt, Elisa! Er hat die Unterlagen versteckt ... alles unters Bett.

Während sie der Erzählung lauschte, wuchs in Elisa die Überzeugung, daß sie keine Zeit zu verlieren hatten. Sie mußte Leah und den Kindern irgendwie helfen, aus Wien herauszukommen. Natürlich würde die Gestapo alles unternehmen, um die Kinder zu fassen, die in Deutschland für so ein Aufsehen gesorgt hatten. Vielleicht gelang es ihnen, die Kinder nach Tirol zu bringen. Dort könnten die Wattenbergers sie solange verstecken, bis sie eine Möglichkeit fanden, sie über die Grenze zu schaffen. Aber wie bekamen sie beide an diesem Hugel vorbei?

„Jetzt bin ich ja da, Leah.“ Elisa versuchte, zuversichtlich zu klingen. Obwohl sie es nicht war.

„Gott sei Dank!“ sagte Leah. Sie weinte erleichtert und umarmte Elisa erneut. „Oh, Elisa! Gott sei Dank, daß du da bist!“

Elisa spürte, wie Leahs Tränen ihre Bluse benetzten. „Wir müssen uns einen Plan überlegen! Irgend etwas. Und wir müssen sehr vorsichtig sein.“ Stirnrunzelnd betrachtete sie den Geigenkasten, den sie mitgebracht hatte. Wie oft hatte sie in dem Kasten falsche Papiere nach Deutschland geschmuggelt? Sie konnte es doch wieder tun! Sie würde die Fotos der Jungen mit nach Paris nehmen, wenn sie sich dort mit dem Buchhändler traf! „Ich muß schon bald nach Paris – “

„Du gehst fort?“ Leah versuchte nicht, ihre Angst und Enttäuschung zu verbergen. „Mußt du?“

„Ja.“ Elisa hatte die deutliche Warnung der Leute in Prag nicht vergessen. Sie dürfe sich nicht ablenken lassen, hatte es geheißen. Was sie in dem Buch bei sich trug, war wichtiger als sogar das Leben eines Kindes. Das war es, was sie ihr gesagt hatten. Aber jetzt ging es um zwei Kinder und um Leah! Wie konnte sie sie ignorieren als sei nichts geschehen?

„Wann kommst du wieder?“ fragte Leah flehend.

„Ich fahre nach Paris und komme dann gleich wieder zurück. Aber vielleicht könnte ich die Paßfotos mitnehmen. Um neue Ausweise machen zu lassen. In Paris muß es doch jetzt einen florierenden Schwarzmarkt für falsche Papiere geben.“

Leah lehnte sich zurück. Der Gedanke, bald fortzukommen, versetzte sie in helle Aufregung. Sie mußte an Karl und seine schreckliche Mißgestaltung denken. Wenn die Gestapo nach ihm suchte, würde sie doch keinen Ausweis mit seinem Foto und einem falschen Namen abnehmen. „Aber der arme Karl . . . was können wir tun? Sein Gesicht ist . . .“ Sie senkte ihre Stimme und sah verstohlen zum Schlafzimmer. Es war zu spät. Karl stand in der Tür. Traurig starrte er die beiden Frauen an. Sein Gesicht war vom Fieber gerötet. Er faßte mit einer Hand an seinen Mund und schüttelte entschuldigend seinen Kopf. Er war der Grund dafür, daß sie sich in Gefahr befanden! Er wußte es. Er hatte es immer gewußt.

Leah stöhnte, als sie erkannte, was ihre Gedankenlosigkeit dem Kind angetan hatte. „Oh, Karl!“ Mit einem Mal vergaß sie ihren eigenen Schmerz.

Er senkte den Kopf und ging zurück ins Schlafzimmer.

Elisa mußte bei seinem Anblick schwer schlucken. Er war so klein, um eine solche Last zu tragen. Sie ergriff Leahs Hand. „Wir werden einen Weg finden“, versprach sie sanft. „Es muß einen Weg geben. Ich werde versuchen, in Paris die nötigen Dokumente aufzutreiben.“

„Paris“, sagte Leah abwesend. „Ja.“ Sie sah erneut zu dem dunklen Schlafzimmer hinüber.

Leah fing wieder zu weinen an. Sie hatte alles verloren – Shimon, das Cello, ihre Papiere und sämtliches Geld, das ihr hätte nutzen können. „Gott sei Dank, daß du da bist, Elisa“, murmelte sie leise. Ihre Tränen tropften auf Elisas Hand. „Komm dieses Mal zurück! Ich flehe dich an!“

Endlich schien die Sonne durch die Fenster herein. Zwei hungrige Jungen torkelten in die Küche und starrten Elisa an.

„Es gibt nichts mehr zu essen“, sagte Leah mit tränenerstickter Stimme. „Überhaupt nichts mehr. Es ist ein Wunder, daß du gerade jetzt gekommen bist.“

Elisa war erschöpft, aber sie warf einen Blick auf die Uhr und erhob sich. Der Markt hatte schon seit Stunden auf. Sie konnte die Dinge kaufen, die sie brauchten, und würde es immer noch rechtzeitig zu Fiori’s schaffen.

Karl hustete wie verrückt. Er schien ernstlich krank zu sein. „Ich werde jetzt gehen. Ich kaufe auf dem Markt ein und schaue noch bei einer Apotheke vorbei. Er braucht etwas, damit er – “

Leah zog sie zurück. „Nein!“ rief sie verängstigt. „Oh nein, Elisa! Du kannst jetzt nicht gehen! Nicht, solange Herr Hugel da ist! Er paßt pausenlos auf. Es ist ein Wunder, daß er dich nicht gesehen hat, als du heute morgen angekommen bist.“

„Noch ein Wunder“, bemerkte Elisa und sah zur Tür, „werden wir brauchen, um hier herauszukommen, wenn er tatsächlich so wachsam ist.“

„Er hat schon drei Mieter verhaften lassen. Alles Juden.“

„Außer Herrn Haupt?“

Leah nickte. „Jedesmal, wenn er jemanden verrät, bekommt er eine Belohnung.“

„Also, wie komm ich dann heraus?“ fragte Elisa, wobei sie die Tür anstarrte.

„Er wird bald verschwinden.“ Leah senkte ihre Stimme zu einem konspirativen Flüstern. „Jeden Mittwoch morgen um acht geht er in die Kirche.“

„Er geht in die Kirche?“ Elisa war von dieser unerwarteten Wendung überrascht.

„Er bedankt sich für die Belohnung.“ Leah war wieder genauso wütend wie zuvor.

Elisa lächelte verstört. Sie stand auf, um heimlich aus dem Fenster zu sehen, als der Wagen der Mullabfuhr vor dem Haus hielt. Herr Hugel kam mit einer Abfalltonne heraus. Er trug schmutzige Lederhosen und ein vergilbtes Hemd. Sein Bauch drohte die Knöpfe des Hemdes zu sprengen und seine Augen traten vor lauter Anstrengung aus ihren Höhlen. Elisa mußte bei seinem Anblick lachen, obwohl der von sich selbst so überzeugte Hausmeister tatsächlich eine ernste Gefahr für sie darstellte. „Hugel zieht also Gott mit in seinen Unsinn hinein?“ Sie warf den anderen einen Blick über ihre Schulter zu. „Ich bin sicher, daß der Allmächtige noch gar keine Ahnung von seinem neuen Partner Hugel hat, Leah!“

Leah konnte über Elisas Sarkasmus nicht lachen. Schließlich war sie seit Wochen gezwungen, unter der Bedrohung dieses Tyrannen zu leben. „Warum *tut* dann der Allmächtige nicht mal etwas, wenn er doch *so* allmächtig ist?“

Elisa legte ihren Arm um Leahs Schulter. „Gott *hat* etwas wegen der

Hugels auf der Welt unternommen, Leah! Er hat Menschen wie dich hierhergeführt, damit sie kleine Jungen beschützen, oder nicht?"

Leah fing wieder zu weinen an, als sie sich ihrer Ohnmacht bewußt wurde. „Aber ich habe doch nichts getan! Und ich *kann* auch nichts tun!"

„Was sagst du da, Leah?" Elisa packte sie fest bei den Schultern. „Glaubst du, daß es Zufall war, daß du beim Musikverein warst, als die Kinder kamen? Glaubst du, daß du sie zufällig hierhergebracht hast und dich zwischen sie und ... all dem hier gestellt hast?"

Leah wußte keine Antwort darauf. Sie lehnte ihren Kopf an Elisas Schulter und ließ ihren Tränen freien Lauf. Vielleicht hatte sie ja *recht ... vielleicht!* „Aber warum müssen soviele dafür zahlen? *Shimon* – "

„Weil es in dieser Welt nicht genug Menschen gibt, die bereit sind, sich von Gott führen zu lassen. Mach' nicht Gott für die Niedertracht der Menschen verantwortlich, Leah. Tu einfach das, wovon du weißt, daß es wahrhaftig gut ist. Und du weißt, daß die Liebe das einzig wahre Ebenbild Christi ist, den du fürchtest. Es gibt zuviele Hugels in den Kirchen und zuwenige, die willens sind, der Wahrheit zu dienen und sie zu *leben!*"

* * *

Herausgeputzt für die Morgenandacht trat Herr Hugel aus dem Haus.

Elisa hatte sich bereits ihr hübschestes blaues Kleid angezogen. Es würde ihr helfen, wenn sie attraktiv aussah, dachte sie, falls sie mit Nazi-Soldaten reden mußte. Eine hübsche Frau würden sie nicht so schroff behandeln. Soviel hatte sie in Berlin gelernt.

Sie wartete, bis Hugel um die Ecke verschwunden war; dann eilte sie zur Tür. „In einer Stunde bin ich mit Frühstück zurück und genug Lebensmitteln für die Zeit, die ich in Paris sein werde. Vergeßt nicht, die Paßfotos im Geigenkasten zu verstecken, damit ich sie mitnehmen kann."

„Eine Stunde, denk daran", warnte Leah sie. „Du mußt zurück und wieder fort sein, bevor Hugel zurückkommt."

Elisa lächelte ermutigend und huschte durch die Tür.

* * *

Das blaue Kleid erfüllte tatsächlich seinen Zweck. Während sie die Soldaten schüchtern anlächelte, die an den Straßensperren die Ausweise kontrollierten, schienen diese kaum auf ihre Papiere zu achten.

Vor den Durchgängen hatten sich lange Schlangen gebildet, aber sie wurde von einem kleinen, untersetzten Hauptmann aus Frankfurt zum Markt geschleust. Der Hauptmann beteuerte, sie schon bemerkt zu haben, als sie noch eine Querstraße entfernt gewesen war. Elisa beachtete die erbosten Blicke der Frauen nicht, die in der Schlange warteten. Sie hatte nicht einmal eine Stunde Zeit, um ihre Einkaufstasche so voll zu stopfen, wie sie sie nur tragen konnte. Weniger als eine Stunde, bis sie zurück in der Wohnung sein mußte, um ihren *Faust* abzuholen. Weniger als eine Stunde, bis Herr Hugel zurückkam, um seinen Posten als Wachhund der Nazis wieder einzunehmen!

* * *

Mit schmerzenden Armen stieg Elisa die steilen Stufen zu ihrer Wohnung hinauf. Obenauf balancierte sie eine Kuchenschachtel von Demel's. Leah hatte sie die Straße entlangkommen sehen und öffnete die Tür, bevor sie noch klopfen konnte.

Sie hatte nur noch vier Minuten, bis Hugel zurück sein würde. Elisa griff die *Faust*-Ausgabe, reichte Karl den Kuchen und eine Flasche Hustensaft und umarmte Leah zum Abschied.

„Nachmittags bin ich zurück", versicherte sie den anderen. „Und wenn ich nach Paris muß, verspreche ich euch, daß ich die notwendigen Papiere besorgen werde. Mach dir keine Sorgen, Leah! Versprich mir, daß du dir keine Sorgen machst." Sie berührte die Wange ihrer Freundin. „Es wird alles gut werden."

34. Verrat

Herr Fiori blätterte im Licht seiner Schreibtischlampe die wertvolle *Faust*-Edition Seite für Seite durch. Fast eine Stunde lang suchte er das Gedruckte nach einem winzigen Lichtstrahl ab, nach irgendeiner Botschaft, die die Frau, die den *Faust* gebracht hatte, identifiziert hätte.

Zweimal linste er durch das Guckloch seiner Bürotür. Die Botin war blond und hübsch, die Sorte Frau, nach der man sich zweimal umsah. Es wäre eine Schande, wenn dieser reizende Mensch der Gestapo in die Hände fallen sollte. Da sie warten mußte, stöberte sie interessiert in den Bücherregalen, so wie es jeder andere normale Kunde auch getan hätte. Aber sie war kein normaler Kunde. Das wußte Fiori. Die *Faust*-Ausgabe bewies es. Aber was sollte er mit ihr anstellen?

Fiori nippte an seinem kalten Kaffee, während er jede Seite unter dem Licht untersuchte. Zeile für Zeile, Buchstabe für Buchstabe, aber er fand nichts, bis er schließlich zu dem Abschnitt mit dem Titel *Trüber Tag* kam.

Stirnrunzelnd bemerkte Fiori die klitzekleinen Lichtstrahlen, die durch den jeweils ersten Buchstaben der Worte fielen, die ein verzweifelter Faust Mephistopheles entgegenschleuderte: *„Im Elend! Verzweifelnd! Erbärmlich auf der Erde lange verirrt und nun gefangen!“* Mit sinkendem Mut las er die Mitteilung, wobei er den hübschen neuen Kurier aus Prag nicht aus den Augen ließ. *„Als Missetäterin im Kerker zu entsetzlichen Qualen eingesperrt, das holde unselige Geschöpf! Bis dahin! dahin!“*

Der Gedanke an das, was dieser „holden“ jungen Frau bevorstand, machte Fiori krank. Und doch: hier stand es. *Der Auftrag!* Um alles in der Welt mußte Fiori gehorchen.

Er zögerte und blätterte eine weitere Seite um, bis er schließlich weitere kleine Nadelstiche im Licht erkannte, die das Schicksal der Elisa Linder Murphy besiegelten. *„Bis dahin“*, murmelte Fiori zuletzt. „Es hatte soweit kommen müssen.“

Es durchzuckte ihn, als er schließlich zum Telefon griff und die Nummer des Gestapo-Hauptquartiers wählte. Am anderen Ende meldete sich jemand kurzangebunden mit einem deutlichen deutschen Akzent: „Staatspolizei.“

„Herrn Wattenberger, bitte“, sagte Fiori kühl.

Nach einem Moment meldete sich Otto Wattenberger am anderen Ende der Leitung. Fiori vergeudete keine Zeit mit langen Erklärungen.

Er tat schlicht das, wovon er wußte, daß er es im Sinne aller Beteiligten tun mußte. „Hier ist jemand, mit dem Sie sich vielleicht unterhalten wollen."

Otto erkannte Fiori. Sie hatten schon vorher miteinander gesprochen. „Fünfzehn Minuten?" Beide waren sich im klaren, daß womöglich andere mithörten.

„Ich kann sie solange aufhalten." Es gab nichts mehr zu sagen oder zu tun. Fiori legte den Hörer auf. Er vertraute darauf, daß Otto vor der Tür auf Elisa warten würde, wenn sie mit dem *Faust* unterm Arm herauskam.

Fiori verließ sein Hinterzimmer und stellte sich mit einem Räuspern hinter Elisa, die in einem Buch schmökerte. Er hatte die *Faust*-Ausgabe bei sich und hob sie leicht hoch; dann nickte er mit dem Kopf in Richtung Kasse.

Ist es also soweit, dachte Elisa aufgeregt und legte die Haydn-Biographie zurück an ihren Platz. Ohne Zweifel hatte Fiori irgendeine Nachricht aus Prag erhalten oder eine ins Buch hineingetan. Jetzt würde Elisa die angekündigten Anweisungen erhalten, wo sie den sogenannten Toten Mann finden konnte und wann sie nach Paris aufbrechen mußte. Wie die Botschaft aussah, die sie zu überbringen hatte, interessierte sie nicht. Sie brauchte nicht mehr zu wissen als kleines Rädchen im Getriebe dieser mächtigen Widerstandsgruppe. Das Bewußtsein darüber reichte aus, um ihren Magen erwartungsvoll rumoren zu lassen.

„Ein sehr hübsches Buch, Frau Murphy", sagte Fiori. „Ja, ein sehr schön erhaltenes Exemplar, in der Tat."

Sie wartete auf irgendeinen Hinweis, einen Zeitpunkt, eine Adresse. „Ja." Sie versuchte, irgendetwas Intelligentes von sich zu geben. „Eins der besten, die mein Vater besitzt."

„Jedenfalls tut es mir leid, daß ich Ihnen heute damit noch nicht helfen kann", fuhr Fiori fort, wobei er abwesend mit den Fingern auf den Einband pochte.

Wie bitte? Was hatte das zu bedeuten? „Ich verstehe nicht", antwortete sie leise.

„Der Wert ist schwer zu bestimmen. Vielleicht gestatten Sie mir ein paar Tage für die Untersuchung. Sie sagten, daß Sie nach Paris wollen? Vielleicht können Sie, bevor Sie aufbrechen, noch einmal hereinschauen? So habe ich etwas mehr Zeit, mich damit zu beschäftigen."

Was das alles zu bedeuten hatte, konnte sie nicht erraten, und sie wagte es nicht zu fragen. „Wann soll ich wiederkommen, Herr Fiori?"

„In drei Tagen? Das würde mir genug Zeit für einige Nachforschungen geben. Solange kann auch die Bezahlung warten."

Elisa wußte nicht, ob sie das Buch jetzt dalassen oder mitnehmen sollte. Es war alles so anders, als sie erwartet hatte. Sie konnte noch mehrere Tage in Wien bleiben. Das gab ihr genug Zeit, um zu entscheiden, wie sie Leah helfen konnte. Es erschien ihr, als wären ihre Gebete erhört worden.

„Soll ich das Buch mitnehmen, oder wollen Sie – "

„Ich habe meine Notizen, Frau Murphy. Nehmen Sie es ruhig mit."

Sie nickte und versuchte, seinen rätselhaften Blick zu ergründen. Er ließ sich nichts anmerken. Er war schlicht ein Buchhändler, der mit einer Kundin sprach. Hatte denn keine Nachricht in dem Buch gesteckt? Gab es noch keine Nachricht, die nach Paris gesandt werden mußte? *Drei Tage?* Weshalb die Verzögerung?

Ein stämmiger Wehrmachtssoldat betrat den Laden. Fiori drehte sich um und begrüßte ihn mit einem Lächeln. Ihr Gespräch war beendet. Elisa nahm ihr kostbares Buch und rauschte an dem Uniformierten vorbei zur Tür hinaus.

Fiori beobachtete durch das Schaufenster, wie Elisa eilig zu ihrem Wagen ging. Schon bald würde sie, wie Faust es ankündigte, in einem Kerker entsetzliche Qualen erleiden. *Gefangen! Im unwiederbringlichen Elend! Bösen Geistern übergeben und der richtenden gefühllosen Menschheit!*

Ihr blondes Haar schimmerte im Licht der Sonne, und das Blau ihres Kleides schien so frisch und strahlend wie die Frühlingsblumen im Garten von Schloß Schönbrunn. Fiori fragte sich, wie sie sich wohl in einer Gestapo-Zelle hielte. Würde diese schöne Frau mit der weichen Haut, die aus Porzellan zu sein schien, unter dem Druck der Angst zerbrechen?

Während er noch darüber nachsann, traten Otto Wattenberger und ein anderer größerer Mann mit trüben, schwarzen haifischartigen Augen aus einer Seitengasse hervor und gingen auf sie zu. Als sie Otto erkannte, blieb Elisa stehen; nach kurzem Zögern wandte sie sich um und überquerte die Straße. Er folgte ihr, wobei er ihren Namen rief. Fiori hatte nicht gewußt, daß Otto sie kannte. Das machte alles in gewisser Weise leichter.

Sie blieb nicht stehen, als er sie anrief, sondern legte im Gegenteil noch einen Schritt zu. Sie entfernte sich von ihrem Wagen und von Fiori's Buchladen, bog um eine Ecke und war aus Fioris Blickfeld verschwunden. Otto folgte ihr und verschwand ebenso, aber Fiori wußte, wie es ausgehen würde. Er hatte den Gestank der Gestapo-Zellen gerochen. Diese hübsche junge Frau würde sicher nicht lange an einem solchen Ort durchhalten.

* * *

„Heil Hitler, Elisa?" Es war eine Frage, kein Gruß. Otto Wattenberger überholte Elisa und versperrte ihr den Weg.

Ihre blauen Augen funkelten wütend, als sie sein gemeines Grinsen sah. Sie erwiderte nichts; stattdessen versuchte sie einfach, ihm auszuweichen. Er trat ihr abermals in den Weg und verschränkte seine Arme vor der Brust.

„Was wollen Sie, Otto?" fragte sie gereizt.

„Ich sagte: *Heil Hitler!*"

„Und ich fragte, was Sie wollen."

„Waren Sie so lange in Prag, daß Sie noch nichts davon gehört haben? Der vorgeschriebene Gruß lautet *‚Heil Hitler'.*"

„Ich denke, ich war tatsächlich zu lange fort." Sie wandte sich zum Gehen, aber er packte ihren Arm mit eisernem Griff.

„Ihnen gefallen die neuen Gesetze der Ostmark nicht, Elisa?" fragte er mit stählernem Blick.

„*Sie* gefallen mir nicht, Otto. Und mir gefällt Ihr Umgang nicht."

„Sie bevorzugen Juden?"

„*Ihnen* ziehe ich jeden vor. Aber ich fange an zu glauben, daß die einzigen anständigen Menschen, die es noch in Österreich gibt, abgesehen von Ihren Eltern ..." Sie bemerkte, wie er leicht zusammenzuckte. „ ... in der Tat Juden sind."

„Sie weigern sich also", rief Otto wutentbrannt.

Sie lächelte trotzig. „Ich bevorzuge, Leute wie Sie überhaupt nicht zu grüßen."

Ottos Augen verengten sich. Ohne seinen Griff zu lockern, schnipste er mit den Fingern. Sein stämmiger Begleiter trat aus dem Schatten hervor. Elisa schluckte überrascht und versuchte, sich zu befreien.

„Sie sind der erbärmlichste Schuft, den es gibt!" zischte sie. Die beiden Männer packten sie unsanft und zerrten sie zu einem wartenden Wagen.

„Nicht halb so erbärmlich, wie Sie demnächst sein werden", erwiderte Otto, als sie sie auf den Rücksitz quetschten.

35. Die Trumpfkarte

Zwei Tage dauerte es, bis Murphy vor der *San Francisco Union Post* von der Lagefläche eines mit Gemüse beladenen Lastwagens sprang. Unrasiert und zerzaust dankte er seinem mexikanischen Gastgeber in tadellosem Spanisch. Er hatte die Sprache während seiner Zeit als Korrespondent in Spanien gelernt. Der Fahrer faßte sich respektvoll an seinen Strohhut. Dieser Amerikaner sprach besser spanisch als die meisten an der Westküste, unabhängig von ihrer Nationalität.

„*Bob Trump*", las Murphy den Namen von dem Streichholzheftchen laut ab. Er musterte die reich verzierte Fassade des hohen Gebäudes in der Market Street. Ungeheuer und Löwen mit Flügeln stützten den Vorbau, auf dem das Motto und das Logo der ehrwürdigen Zeitung stand: *Veritas simplex oratio est.* „Die Sprache der Wahrheit ist schlicht." Murphy las die Inschrift in der Hoffnung, daß die Herausgeber die Bedeutung der lateinischen Worte in der Zwischenzeit nicht vergessen hatten. Das Datum darunter besagte *1876.* Eine Menge schlichter Wahrheiten war seitdem reichlich durcheinander geraten.

Murphy strich sein Jackett glatt und versuchte, seinen Kragen zu richten. Er hatte so manchen Journalisten kennengelernt, der unordentlich gekleidet in die Redaktion gekommen war. Aber nur wenige hatten in der Aufmachung eines Penners einen Job bekommen.

Er hatte sich bereits vorgenommen, keine unnötige Zeit in San Francisco zu vergeuden. Er hatte noch genug Geld, um auf eigene Faust nach Europa zu kommen. Dort konnte er sich auch eine Stelle suchen. Aber wenn es ihm möglich war, auf Kosten der *Post* zurückzukehren, umso besser. Die Zeitung war alt und angesehen. Der Herausgeber Bob Trump war dafür bekannt, daß er Arthur Craine nicht ausstehen konnte. Er würde sich sicher nicht die Gelegenheit entgehen lassen, ihm einen ordentlichen Stich zu versetzen, indem er Murphy einstellte. Zumindest erhoffte sich das Murphy.

Er atmete tief durch und betrat die leuchtende Marmorhalle. Der vertraute Lärm von Schreibmaschinen und Telefonen begrüßte ihn. Er lehnte sich gegen den Schalter der Rezeption und wartete darauf, daß eine erschöpft wirkende Blondine auf ihn aufmerksam wurde.

Er klappte sein Streichholzheftchen auf. „Bob Trump." Ihm gelang sein charmantestes Grinsen, als sie ihn mißbilligend musterte.

„Haben Sie einen Termin?" Sie erwiderte sein Lächeln nicht. Stattdessen schien sie einen Flecken Rübensaft zu fixieren, der auf Murphys einstmals weißem Hemd aussah wie billiger Rotwein.

„Sozusagen." Er fuhr sich mit der Hand durchs Haar. „Clark Gable gab mir den Rat, mich bei Mr. Trump zu melden."

Sie verdrehte ihre Augen. „Das erklärt alles", grummelte sie unbeeindruckt. Sie setzte sich einen Kopfhörer auf und stöpselte den Stekker ein. „Yeah, Mr. Trump, hier ist gerade noch einer von Mr. Gables Trinkkumpanen hereingeplatzt." Es gab eine lange Pause; plötzlich riß sie ihre Augen auf und starrte Murphy entgeistert an. „Ja, *grauenerregend,* Mr. Trump! Genau." Sie hielt das Mundstück zu. „Wie heißen Sie?" wollte sie wissen.

„John Murphy."

„Murphy, Mr. Trump." Ein lautes Gebrüll entwich dem Kopfhörer. „Jawohl!" erwiderte sie schließlich und zog den Stecker heraus. Sie wirbelte herum und musterte Murphy fast ein wenig ehrfürchtig. „Er sagt, er hätte schon auf Sie gewartet, und wo zum ... Sie gesteckt hätten. Er nahm schon an, daß Sie auf dem Highway 1 umgebracht worden seien oder sowas. Also fahren Sie schnell in den dritten Stock hinauf, bevor er einen Schlaganfall erleidet!" Das alles sagte sie in einem Atemzug, während sie die Schaltertür aufstieß und Murphy zum Fahrstuhl zerrte. „Er sagt, es ist ihm egal, wie grauenhaft Sie aussehen! Er hat Ihren Bericht über den Anschluß im Radio gehört, und dann rief ihn Gable am Donnerstag von Bakersfield aus an und erzählte ihm, was Sie zu Craine gesagt haben! Ich habe den Eindruck, daß Sie ab jetzt für die *Union Post* arbeiten werden, Sir. Ich hoffe allerdings, daß Sie hin und wieder mal ein Bad nehmen." Sie lächelte, zwinkerte ihm zu und winkte noch, als sich die Fahrstuhltüren schlossen.

* * *

„Sie sind ziemlich hartnäckig." Otto musterte Elisa scharf, die vor seinem Schreibtisch stand.

„Sie haben kein Recht, mich zu verhaften!" schnaubte sie mit funkelnden Augen. „Sehen Sie sich meinen Paß gut an. Es ist ein amerikanischer – "

„Mit einer Genehmigung, sich innerhalb der Reichsgrenzen aufzuhalten und zu arbeiten!" brüllte Otto.

„Das letzte Mal, als ich hier war, war dies hier immer noch Österreich! Jetzt bin ich mit einem amerikanischen Staatsbürger verheiratet. Rufen Sie die amerikanische Botschaft an! Ich verlange, daß Sie die Botschaft anrufen! Sie werden das nicht dulden!" Elisa beglückwünschte sich selbst. Obwohl sie innerlich total bebte, folgte sie tapfer den Instruktionen.

„Und was, glauben Sie, können die tun? Sie halten sich im Großdeutschen Reich auf, Elisa! Sie haben sich an die Gesetze zu halten!"

„Rufen Sie die Botschaft an."

Er beachtete sie nicht und hob ihren *Faust* hoch. Er legte das Buch wieder auf den Schreibtisch und änderte seinen Tonfall. „Es überrascht mich", sagte er beinahe freundlich, „daß Sie verheiratet sind. Und dazu noch mit einem Amerikaner." Er streckte seine Hand aus. „Ihren Ring lassen Sie besser bei mir."

Sie prallte zurück und bedeckte ihren Lapislazuli mit der anderen Hand. „Ich werde mich hüten."

„Er ist sicherer bei mir aufgehoben als dort, wohin Sie gehen werden", gab er amüsiert zu Bedenken.

„Ich verlange, daß Sie die amerikanische Botschaft anrufen!" Sie stampfte trotzig mit dem Fuß auf.

„Ein hübscher Ehering. Er steht Ihnen. Die Wärter werden Ihnen den Ring abnehmen. Oder Ihre Mithäftlinge."

Elisa antwortete nicht. Sie drehte den Ring an ihrem Finger. Seit der ersten schrecklichen Nacht, in der sie ihn sich angesteckt hatte, war er wie ein Schild für sie gewesen. Sie würde ihn jetzt nicht einer Bestie wie Otto aushändigen! „Mein Mann ist John Murphy vom IND", setzte sie an.

„Das würde ich an Ihrer Stelle nicht so laut sagen." Er grinste sie unverhohlen an. „Sie sind in regierungsfeindliche Aktivitäten verwickelt, Elisa. Wir wissen Bescheid, und früher oder später werden Sie es zugeben. Es ist besser, wenn Sie es mir sagen. Einem alten Freund – "

„Sie sind nie mein Freund gewesen. Das waren Sie nicht mal für Ihre eigene Familie. Sie haben keine Freunde. Ich habe Ihnen nichts zu sagen! Ich habe nichts getan, außer daß ich versucht habe, Ihnen auf der Straße auszuweichen. Es ist kein Staatsverbrechen, Sie zu verachten! Das geht außer Ihnen niemanden etwas an!"

Otto betrachtete den Stapel Akten auf seinem Schreibtisch; dann drückte er auf den Knopf der Gegensprechanlage. *„Ja, Sie können sie jetzt mitnehmen"*, sagte er. Das Verhör war beendet. Augenblicklich betrat ein Wärter das Zimmer.

„Otto … ?" fragte Elisa, als der Wärter sie fortstieß.

Als Elisa aus dem kleinen Büro geführt wurde, hob Otto den Telefonhörer auf. Irgendwie hatte sie das Gefühl, daß das, was er sagte, zu ihren Gunsten geschah.

„Falls sie in regierungsfeindliche Aktivitäten verwickelt ist, gibt es Mittel und Wege, sie zum Sprechen zu bringen …"

Der Wärter schubste sie zur Treppe, als ein markerschütternder Schrei durch den Flur gellte. Dem Schrei folgte eine Reihe weiterer Schreie, während sie die Stufen hinunterstiegen. Dann erstarb die Stimme jammernd, bis der Klang ihrer Schritte auf dem Steinboden das einzige war, das Elisa hörte. Bis zu diesem Moment hatte sie noch nicht wirklich die Angst vor Otto und dem Gestapo-Hauptquartier gekannt.

Sie wandte sich an den Wärter. „Wohin bringen Sie mich?" fragte sie. Mit einem Mal verspürte sie den Drang, das Eisengeländer zu pakken und es nicht mehr loszulassen. Ottos Worte schossen ihr wieder durch den Sinn: *Es gibt Mittel und Wege, sie zum Sprechen zu bringen.* Die Mittel und Wege der Gestapo hatten jemanden so entsetzlich schreien lassen, daß Elisa überzeugt war, daß er dem Tod in die Augen geblickt hatte!

Der Wärter grinste, als er ihren blassen, verängstigten Gesichtsausdruck sah. „Machen Sie sich mal keine Sorgen; ich bringe Sie in das feinste Hotel von ganz Wien!" Er lachte und stieß sie weiter die Stufen hinunter.

Draußen auf dem Hof schob er sie in ein wartendes Auto. Zehn Minuten später stieg Elisa unter den Torbögen des gefürchtesten Gefängnis der Stadt aus. Mit zusammengekniffenen Augen sah sie an den dicken Mauern empor, die einmal ein Kloster beherbergt hatten. Die Fenster waren bloße Schlitze. Sie waren in den Zellen so hoch angebracht, daß die Gefangenen wußten, sie würden nie mehr die Sonne sehen, sobald sich die Tore hinter ihnen schlossen.

Widerwillig ging Elisa unter den Torbögen hindurch zum Eingang des Gebäudes.

„Ihr Hotel, Frau Murphy", lachte der Wärter. Er ließ sie in der Obhut zweier mürrisch dreinschauender Wärterinnen, die ihr Gesicht nicht zu bemerken schienen. Sie stießen sie in einen kalten kleinen Raum und knallten die Tür hinter sich zu. Mit verschränkten Armen musterten sie Elisa abschätzig.

„Ausziehen!" brullte die eine Wärterin.

Elisa zuckte zurück und faßte sich an den Kragen ihres blauen Kleides. „Das werde ich nicht tun!“ sträubte sie sich. „Ich verlange, daß sofort die amerikanische Botschaft benachrichtigt wird!“

„Die können hier auch nichts ausrichten! Wir haben den Befehl, eine Leibesvisitation durchzuführen, bevor wir Sie in Ihre Zelle bringen!“ brüllte die Wärterin in ohrenbetäubender Lautstärke. „Sie werden sich ausziehen, oder wir ziehen Sie aus!“ Beide Frauen traten einen Schritt näher. Sie hatten die breiten Schultern und Gesichter von Bäuerinnen. Ihre Hände waren rauh und kräftig und voller Schwielen. Wovon sie so kräftig waren, wollte Elisa gar nicht wissen.

„Mein Mann wird einen formellen Protest einlegen – “ Elisas Drohung ging in einem bösen Grollen der zweiten Wärterin unter.

„Meinst du, das interessiert uns? Du *Hure!* Zieh deine Sachen aus, oder ich reiß sie dir runter. Schluß mit den Geschwätz!“

Elisa stand buchstäblich mit dem Rücken zur Wand. Mit den Steinmauern hinter und den beiden Wärterinnen vor sich fing sie zögernd an, ihr Kleid aufzuknöpfen.

Ihre beiden Peiniger verhöhnten sie. Sie machten sich über ihre schlanke Figur lustig und bemerkten, daß es sicher einige Wärter gab, die sie vielleicht zu der Untersuchung dieses gelungenen Beispiels vollendeter Weiblichkeit hinzuziehen sollten.

Zitternd hielt Elisa inne, als sie nur noch Slip und BH anhatte. Sie hoffte, daß dieser Zustand entwürdigend genug war, um diese groben, fast männlichen Wärterinnen zu befriedigen. Aber es reichte nicht.

„Alles ausziehen!“ brüllte die erste Wärterin. „Wir sollen Sie durchsuchen! *Überall“*, feixte sie. Sie hatte ihren Spaß bei der Quälerei, Elisa auch noch die letzten Fetzen ihrer Kleidung und ihrer Selbstbeherrschung abzunehmen.

Elisa schwor sich im stillen, vor diesen Bestien keine Träne zu vergießen! Sie würde ihnen nicht zeigen, wie tief sie die Kränkung und der Spott trafen.

„Also gut!“ brüllte die zweite Wärterin und zerrte Elisa von der Wand weg. „Jetzt werden wir dir mal zeigen, wie gründlich wir Verbrecher, die hierhergebracht werden, untersuchen!“ Sie lachte bei der Vorstellung. „Falls du je wieder rauskommst, kannst du deinen Freunden erzählen, worauf sie sich schon mal freuen können!“

Mit einem weiteren Schlag schickte sie Elisa auf die Knie. „Leg die Hände auf den Boden!“ kreischte die erste Wärterin.

Elisa gehorchte stumm. Sie war ihnen wehrlos ausgeliefert. Ihre Demütigung war bis auf eine Kleinigkeit vollkommen. Sie würde nicht weinen! Sie würde ihnen keine Schwäche offenbaren, egal, was noch folgen würde.

* * *

Verstört und ausgelaugt hatte Elisa einen dünnen Häftlingsanzug erhalten. Sie mußte ihn anziehen, bevor sie fotografiert wurde, wobei sie eine Nummer vor die Kamera halten mußte.

„Nummer 377", bellte der Wärter. „Sie sind jetzt Nummer 377. Sie werden auf diese Nummer hören, oder es setzt Prügel!"

Elisa nickte erschöpft. „Ich bin 377", wiederholte sie. Sie wünschte sich nur noch einen Ort, wo sie sich hinlegen konnte. Wie hatte das alles passieren können? Was hatte sie falsch gemacht, daß sie hier gelandet war?

„Nummer 377, folgen Sie mir. Dritter Stock. Frauenabteilung."

In Schuhen, die ihr viel zu groß waren, folgte Elisa dem Wärter. An jedem Quergang standen Soldaten mit aufgepflanzten Bajonetten. Mit jedem Schritt wurde der Gestank entsetzlicher, und Elisas Herz fing an, wie wild zu schlagen.

Der Wärter blieb an einer schweren Eisentür am hintersten Ende des Flurs stehen. Er schob das Guckloch auf und sah hinein. Mit einem riesigen Schlüssel öffnete er daraufhin die Tür und stieß Elisa in die Zelle. Scheppernd fiel die Tür hinter ihr ins Schloß. Sie war allein mit drei finster dreinblickenden Gefangenen, die sie allerdings neugierig musterten. Der faule Gestank war noch hundertmal schlimmer als draußen auf dem Gang. Elisa bemerkte einen Blecheimer mit Exkrementen in der einen Ecke des winzigen Raumes. Vier Metallbetten waren so eng zusammengeschoben, daß kaum noch Platz dazwischen blieb.

Eine der Gefangenen, eine Frau mit mattem, grauem Haar und einem Goldzahn, musterte den Neuling einigermaßen amüsiert. „Willkommen im Savoy, Liebste. Unsere geschätzte Zimmergenossin wurde heute morgen enthauptet."

Eine junge Frau brach bei den Worten in Tränen aus. Elisa zweifelte keinen Moment lang an der Exekutionsgeschichte.

Die Grauhaarige fuhr mit ihrer Begrüßungsrede fort. „Da sie nun aber im Gegensatz zu dir tot ist, kannst du ihr Bett haben. Alle Betten haben Flöhe, aber da gewöhnst du dich mit der Zeit dran." Der Goldzahn blitzte im schwachen Licht einer einzigen Birne. „Ich heiße Marianne. Das ist Susanne, und hier ist Karin." Sie zeigte auf eine andere junge Frau, die so reglos und stumm dalag, daß sich Elisa fragte, ob sie überhaupt noch lebte. „Karin redet nicht viel. Sie haben ihren Mann am ersten Tag umgebracht, verstehst du? Wir sind alle seit der ersten Nacht hier. Wo bist du gewesen? Nicht hier jedenfalls. Dafür bist du zu sauber. Also wie ist es da, wo die Sonne scheint? Wie heißt du? Warum bist du hier?"

Mit einem Mal brach Elisas Entschlossenheit, ihre Gefühle nicht zu zeigen, zusammen. Laut schluchzend verbarg sie ihr Gesicht in den Händen und weinte so lange, bis sie sich kaum noch auf den Füßen halten konnte.

Susanne, ein Mädchen von vielleicht achtzehn Jahren mit einem süßen Gesicht, tätschelte Elisas Rücken. „Haben sie dich geschlagen?" fragte sie mitfühlend. „Sie schlagen jeden."

Elisa schüttelte ihren Kopf. Nein, sie hatten sie nicht geschlagen.

„Warum weinst du dann so?" fragte Susanne.

„Es scheint schon so lange her zu sein", stammelte Elisa, „so lange, seit ich das letzte Mal die Sonne gesehen habe."

Susanne führte sie ans Kopfende des Bettes der Toten. Elisa ließ sich langsam nieder, wobei sie die Nähe des Todes spürte. Sie war zutiefst beschämt. Sie weinte nicht, weil sie geschlagen worden war oder wegen einer toten Freundin. Heute nacht weinte sie nur um ihrer selbst willen.

* * *

Bob Trump, der Zeitungschef, ähnelte seinem wohlhabenden Konkurrenten in keiner Weise. Sein Büro war weitläufig. Dutzende andere Tageszeitungen lagen auf dem Boden verstreut herum. Der Raum war völlig schmucklos bis auf ein paar gerahmte Ausgaben der *Union Post* an der Wand, über denen ein Schild hing, auf dem *„Wir waren zuerst da!"* stand.

Trump selbst war ein kleiner, zerzauster Kerl mit einem Gesicht wie ein Weltergewichtsboxer. Sein schwankender Gang erinnerte an Pluto aus den Popeye-Comics. Sein graues Haar stand auf der einen Seite ab, und Murphy vermutete, daß der nicht mehr so junge Chef nicht nur seine Mahlzeiten hier im Büro zu sich nahm, sondern auch auf der roten Ledercouch hinter dem Schreibtisch schlief.

„Na, mein Junge!“ Trump streckte ihm eine Hand entgegen, mit der anderen zupfte er an seinem Hosenträger vor Freude, Murphy kennenzulernen. Alles in allem, dachte Muphy, konnte er auch nicht zerrupfter aussehen als Trump selbst. Beide brauchten sie eine Rasur. Trumps Augen funkelten. „Sie also haben diesem alten Quatschkopf gesagt, was er Sie mal könne, he?“

Quatschkopf, bemerkte Murphy, war ein Wort, das Trump häufig benutzte. „Lassen Sie es mich so formulieren: Ich habe beschlossen, nicht mehr für Craine zu arbeiten“, erwiderte er bescheiden.

„Dieser alte *Quatschkopf* Craine weigert sich, den Tatsachen ins Auge zu sehen!“ Trump stellte sich auf seine Zehenspitzen wie ein Wanderprediger, der seinen Zuhörern rät, von den Sünden zu lassen. „Ich habe Sie *gehört,* Junge! Habe Sie während der Übertragung gehört. Und ich habe den Artikel gelesen, den Sie über diese Kinder geschrieben haben. Was mich betrifft, wenn Sie nicht zwischen hier und dem Ort, wo Sie gerade herkommen, einen anderen Job gefunden haben, sind Sie eingestellt. Was hat *er* Ihnen gezahlt?“

„Fünfundsiebzig die Woche, plus Essen und Spesen in Europa.“

„Ich zahle Ihnen hundert, mein Sohn.“

„Ich habe mittlerweile eine Frau. In Prag. Ich muß dahin zurück, Mr. Trump.“

„Ah, dann machen Sie sich auf den Weg, Junge! Aber besser rasieren Sie sich vorher noch.“ Der alte Mann fuhr mit der Hand über seine eigenen Stoppeln. „Dasselbe gilt wohl auch für mich, denke ich.“ Er verzog sein Gesicht. „Ich will Sie so schnell wie möglich da drüben haben. Da braut sich ziemlich was zusammen, was? Deutsche Truppen zu dicht an der tschechischen Grenze. Wir müssen auf London aufpassen. Die Briten werden Kopf stehen!“ Er steckte sich ein Pfefferminzbonbon in den Mund und bot Murphy auch eins an. „Die Wahrheit ist für diese Zeitung gut genug. Schreiben Sie es so, wie Sie es sehen, Mr. Murphy. Gable hat Sie in den höchsten Tönen empfohlen, und ...“ Er ließ eine ganze Reihe weiterer *Quatschköpfe* hören. „Wenn wir in London dieses Radio-Geschäft mit der CBS abschließen, sind Sie dafür mein Mann.“ Er runzelte die Stirn und schob die Unterlippe vor. „Sie brauchen einen Vorschuß.“ Es war eine Feststellung, keine Frage. Er nahm den Telefonhörer und trug jemandem mit Namen Mattie auf, einen Platz für Murphy auf einem Flug an die Ostküste zu reservieren und für den nächsten Flug eines Luftschiffes nach London. So einfach war das.

Murphy hatte zwei Stunden Zeit, um zu duschen und sich zu rasieren. Derweil bestellte Trump auf eigene Kosten zwei Anzüge von der Stange. „Hab' den Jungen dem alten Quatschkopf Craine direkt unter der Nase weggeschnappt", erzählte er munter den Schneidern, die die Beine von Murphys neuen Hosen umnähten.

36. In der Halle des Troll-Königs

Begierig lauschten Elisas Zellengenossinnen den Neuigkeiten über die Welt außerhalb der Gefängnismauern. Ohne Rücksicht auf Elisas eigenen Schmerz bombardierten sie sie pausenlos mit Fragen.

„Blühen die Blumen im Park von Schönbrunn?"

„Was ist mit Kanzler Schuschnigg?"

„Angeblich haben die Nazis die Volksabstimmung gewonnen. Aber wieviele Österreicher haben überhaupt wählen dürfen?"

„Verkaufen sie noch Kuchen bei Demel's, oder läßt der Führer alles nach Deutschland schaffen?"

Die meisten Fragen waren nicht wirklich wichtig. Sie drehten sich um Dinge, von denen sie an diesem dreckigen, stinkenden Ort träumten. Es dauerte nicht lange, bis Elisa erkannte, daß ihre eigene Sauberkeit und die Süße ihres Parfüms den anderen wie der Duft von Blumen erscheinen mußte. Ihr selbst stieg nur der grauenhafte Geruch aus dem Blecheimer in die Nase, während sich die Aufmerksamkeit der anderen um das Aroma der Welt draußen konzentrierte, das Elisa mit sich brachte. Selbst der trübe Blick der armen Karin hellte sich auf, als die Pariser Parfümerien erwähnt wurden.

Paris! Das Wort traf Elisa wie ein Schlag. Was würde geschehen, wenn es ihr nicht gelang, hier wieder herauszukommen? Wen sollte Fiori an ihrer Stelle nach Paris schicken? Gab es irgendeine dringende Nachricht in dem Buch, das jetzt auf Ottos Schreibtisch lag? Wie sollte sie Leah und die anderen von ihrem Unglück unterrichten?

In Prag hatten sie ihr geraten, alles abzustreiten! Das hatte sie getan. Ihr war gesagt worden, sie sollte der Gestapo mit der amerikanischen Botschaft drohen, mit dem Maestro des Musikvereins. Nichts davon hatte Otto im geringsten beeindruckt. Sie war noch immer hier, erniedrigt und ihrer Freiheit beraubt.

„Warum haben sie dich nicht geschlagen?" fragte Susanne zaghaft. „Sie schlagen doch für gewöhnlich jeden."

Marianne setzte sich neben Karin auf die Pritsche. „Wahrscheinlich lassen sie dich gehen. Sie schlagen einen nicht, wenn sie einen gehen lassen."

Der Trost, der in ihren Worten steckte, währte nur einen Moment. „Zuerst lassen sie dich für ein, zwei Tage noch mal gehen, nicht wahr, Marianne?" sagte Susanne gedankenverloren.

„Ja. Hier zwei Tage, dann noch mal für einen Tag raus. Dadurch kriegen sie dich klein. Siehst du, wenn du erst einmal hier warst und weißt, wie es hier aussieht, dann willst du nie wieder hierher zurück. Den süßen Duft der Freiheit in der Nase und dann wieder hierher zurückgebracht – du erzählst ihnen alles, nur um wieder raus zu kommen. Alles, was sie wissen wollen." Sie lehnte sich dicht an Elisas Hals und atmete noch einmal ihr Parfüm tief ein. Für einen flüchtigen Augenblick kam es Elisa so vor, als hätte man sie in einen Zwinger gesperrt, wo Menschen, wie Tiere gehalten, einander wie Hunde beschnupperten. Aber sie zuckte nicht zurück. Sie konnte diesen armen Seelen nicht einen Hauch Parfüm mißgönnen.

„Aber du bist doch auch noch hier", sagte Elisa zu Marianne.

„Ich habe ihnen nicht alles gesagt." Marianne lachte. „Natürlich gibt es auch gar nichts, was ich ihnen hätte sagen können. Also haben sie mich hier reingesteckt und fertig. Ich glaube, sie haben mich vergessen. Aber sie haben mich geschlagen, als ich das zweite Mal verhaftet wurde. Sie schlugen mich, und ich wußte, diesmal komme ich nicht mehr raus."

Die Welt schien kopf zu stehen. Elisa hatten sie kein Haar gekrümmt, und doch war das nicht notwendigerweise Anlaß zu Hoffnung. Selbst wenn man sie laufenließ, so waren diese Frauen doch davon überzeugt, daß sie in absehbarer Zeit in die Zelle zurückgebracht werden würde. Das war der normale Lauf der Dinge. Sie wußten alles über die Justiz, die mittlerweile in Österreich herrschte.

Marianne hob das Rückenteil von Susannes weiter Sträflingsbluse. Über den knochigen Rücken der jungen Frau verliefen dort kreuz und quer verschorfte Narben, wo die Peitsche ihr ins Fleisch geschnitten hatte. Susanne wußte aus erster Hand, was es bedeutete, geschlagen zu werden.

Ihr Blick war auf den Ring geheftet, der noch immer an Elisas Finger steckte. Es war der einzige Farbtupfer in der schwarzgrauen Eintönigkeit der Zelle. „Sie haben dir deinen Ring gelassen, Elisa?" Susanne zeigte auf Elisas Hand.

„Ich habe ihn mir nicht wegnehmen lassen", erklärte Elisa.

„Nicht wegnehmen *lassen?*" Marianne verzog ihr Gesicht und wich zurück. Plötzlich musterten alle drei Elisa mit mißtrauischen, feindseligen Blicken.

„Was ist?" fragte Elisa überrascht.

„Ja, du wirst uns allerdings wieder verlassen", stellte Marianne fest. „Sieh dich doch an. Von Kopf bis Fuß eine Nazibraut. Sie haben dich hier reingesteckt, um uns auszuhorchen. Um zu sehen, ob die arme

Helga noch was gesagt hat, bevor sie sie umgebracht haben. Ist es das?“

„Oh nein!“ widersprach Elisa, aber die Frauen wandten sich von ihr ab. Nicht ein Wort würden sie mehr zu ihr sagen. „Ich habe ihn mir nicht wegnehmen lassen.“

„Niemand behält einen Ring“, sagte Susanne zu ihr, überzeugt davon, daß ihr Verdacht zutraf, „und jeder wird geschlagen.“

* * *

Auf der Straße vor dem Haus schlenderte ein Nachtwächter auf seiner mitternächtlichen Runde von einem Lichtkegel zum nächsten. Leah wagte es nicht, das Licht in der Wohnung einzuschalten. Sie starrte aus dem Dunklen durchs Fenster, wie sie es seit Stunden getan hatte. Irgend etwas mußte ganz furchtbar schief gegangen sein. Elisa war nicht zurückgekommen, und in diesem Moment schlugen die Glocken des Stephansdoms die schwärzeste Stunde der Nacht. Leah wußte, daß Elisa in dieser Nacht nicht mehr zurückkommen würde. Vielleicht nie mehr. Trotzdem, sie konnte ihren Blick nicht von den Schatten jenseits der Straßenlaternen abwenden. Immer noch hoffte sie, Elisa würde aus ihnen hervortreten und zum Haus geeilt kommen. *Bitte, Elisa! Bitte, Allmächtiger! Laß mich nicht wieder allein! Beschütze sie! Allein kann ich Ludwig und Karl nicht helfen! Oh Gott, wenn du mich nicht hören kannst, dann hör doch wenigstens auf die Gebete der Kinder . . .*

Genau in diesem Augenblick torkelte Herr Hugel schwerfällig um die Ecke. Er war betrunken. Selbst in dem Halbdunkel konnte Leah seinen zufrieden stumpfsinnigen Gesichtsausdruck erkennen, als er den Nachtwächter mit einem fröhlichen „*Heil Hitler!*“ grüßte.

„Es ist fast schon Sperrstunde, Herr Hugel!“ gab der Nachtwächter zurück, wobei er mit einem Finger zum Kirchturm zeigte.

Herr Hugel lehnte sich vor und versuchte, seinen Schritt zu beschleunigen. Der Nachtwächter schüttelte den Kopf und verdrehte seine Augen. Dann setzte er seine Runde fort.

Unten in der Eingangshalle hörte Leah die Tür ins Schloß fallen. Hugels Lachen drang durch den Hausflur hinauf, und er begann, seine ganz eigene schleppende Version des *Horst-Wessel-Liedes* zu singen. Leah hielt sich die Ohren zu und kniff die Augen fest zusammen. *War das die Antwort auf ihre Gebete? Machte sich Gott über sie lustig? Gab es gar keine Hoffnung mehr für sie und Karl und Ludwig?*

Sie spürte, wie jemand sie leicht am Ärmel zupfte und wirbelte herum. Der kleine Ludwig stand vor ihr und blinzelte sie verschlafen an.

„Kommt sie zurück?" fragte er.

Sie kniete nieder und nahm ihn in die Arme. Sie brauchte seinen Trost fast noch mehr als er ihren. „Ich weiß es nicht, Ludwig. Ich weiß es wirklich nicht!"

„Haben sie sie auch verhaftet?" fragte er leise. „Sie war so hübsch. Die Menschen bleiben nicht so hübsch, wenn sie ins Gefängnis kommen."

Leah ertrug den Gedanken nicht, daß Elisa dasselbe Schicksal wie Shimon erleiden sollte. Sie sah zu dem Geigenkasten und dem kleinen Koffer hinüber, die Elisa neben der Tür gelassen hatte. Ohne diese Dinge hätte sie Wien freiwillig nicht verlassen. Was gab es für eine andere Erklärung außer einer Verhaftung? Menschen verschwanden aus noch so nichtigen Anlässen. Jedes noch so kleine Vergehen bedeutete Arrest.

„Ich weiß nicht, wo sie ist", antwortete Leah wahrheitsgemäß. „Aber wenn sie zu uns zurückkommen kann, dann wird sie es tun."

„Willst du, daß Karl und ich auch für sie beten? So wie wir für dich beten, Tante Leah?"

Leah preßte ihn noch enger an sich und nickte. Vielleicht hörte der schrecklich grausame Christengott nicht auf sie, weil sie Jüdin war. Vielleicht würde er die Gebete dieser kleinen Christenkinder eher erhören. *„Ja!"* weinte sie. „Bete für sie, Ludwig! Bitte!"

* * *

Das Licht über ihrer Pritsche brannte Tag und Nacht, und Elisa hatte jedes Zeitgefühl verloren. Zeit ließ sich nur noch an den Essenszeiten erkennen. Morgens gab es eine Kruste Brot und eine Tasse braunen Wassers ohne jeden Geschmack. Elisa brachte es nur deshalb herunter, weil sie sich an die Worte ihres Vaters erinnerte, als er ihr von denen im Lager erzählt hatte, die sich geweigert hatten zu essen. Sie waren kampflos gestorben. Sie würde nicht so leicht aufgeben. Wenn sie ebenso wie ihr Vater interniert werden sollte, würde sie essen, auch wenn es ihr den Magen umdrehte.

Ihre Zellengenossinnen ließen sie links liegen. Sie glaubten weiterhin an die Richtigkeit ihres ersten Eindrucks. Elisa war eine Spionin. Anders ließ es sich nicht erklären. Warum sonst hätten sie ihr den Ehering lassen sollen? Warum sonst war sie nicht geschlagen worden?

Nachdem sie die scheußliche Kruste, aus der das Abendessen bestand, heruntergewürgt hatte, schloß sie die Augen und tat, als schliefe sie wie die anderen. Seltsames Wimmern und Stöhnen erfüllte während dieser Stunden die Gänge des Frauentraktes. Weinen und Schluchzen ließ die Nacht erzittern. Elisa öffnete dann ihre Augen und starrte den Ring an ihrem Finger an. Hinter goldenen Blättern strahlte der Himmel hell, rein und blau. Sie lag im Schutz der Wälder und sah den Blättern zu, wie sie durch einen leichten Luftzug hin und her wehten. Und jedesmal tauchte, kurz bevor sie einschlief, Murphy auf, beugte sich über sie und gab ihr einen Gutenachtkuß.

In diesen Momenten konnte sie nicht an Paris denken. Oder an Leah und die beiden kleinen Jungen, die in der Falle saßen. Sie konnte nicht an die bevorstehenden Prügel denken, oder daran, daß sie freigelassen wurde, um dann wieder verhaftet zu werden, so wie es die Frauen berichtet hatten. In diesen Augenblicken gab es nur Musik und Murphy unter einem blauen Himmel. Es machte ihr nichts aus, daß die anderen sie haßten und ihr mißtrauten. Sie würde essen und von schöneren Momenten träumen. Vielleicht würde sie dann eines Tages auch wieder den süßen Duft der Freiheit schmecken können.

* * *

Leah war für das Radio dankbar. Die Musik von *Peer Gynt* übertönte Karls heftigen Husten. Warum hatte sie Elisa nicht um etwas mehr Medizin gebeten? Eine Flasche war sicher nicht genug. Andererseits, hätte sie gewußt, daß Elisa nicht zurückkäme, so hätte sie sie natürlich auch gar nicht aus der Wohnung gelassen! Nicht einmal für ein Regal voller Hustensaft!

Sie seufzte und schüttelte den Kopf angesichts der Sinnlosigkeit ihrer Gedanken. Was für einen Unterschied machte das alles jetzt? Elisa war wie vom Erdboden verschluckt, und der kleine Karl wurde von Stunde zu Stunde schwächer.

Karl folgte jeder ihrer Bewegungen im Schlafzimmer. Seine Augen schienen sich an ihr festzuhalten, während die Musik einer unausgesprochenen Geschichte folgte, deren Sinn er zwar *fühlen,* deren Inhalt ihm aber ein vollkommenes Geheimnis war. Er öffnete seinen Mund und erregte mit einem unterdrückten Weinen ihre Aufmerksamkeit.

„Was ist, Karl?“ Sie wußte, daß ihm die Ohren wehtaten, daß sein Hals entzündet war. Der Versuch zu sprechen, trieb Tränen in seine Augen.

Der Junge hob seine Hand, um einen imaginären Bogen zu führen, als die Cellos das Präludium zum zweiten Akt spielten. Ludwig sah ihm einen Moment lang zu. Als Karl bei dem Versuch, sich verständlich zu machen, wieder stöhnte, sagte er: „Er möchte, daß du ihm die Geschichte dazu erzählst. Gibt es eine Geschichte dazu, Tante Leah? Oder nur Musik?“

Woher konnte ein so kleines Kind wissen, daß dieses Stück mehr als nur Musik war? Konnte er die Prozession der Trolle in der Halle des Bergkönigs sehen? Konnte er Ingrids Trauer verstehen, als sie entführt wird? Sie betrachtete Karl erstaunt. Nie zuvor hatte sie ein Kind mit einer solchen Wahrnehmung gesehen.

Lächelnd setzte sie sich neben ihn und strich ihm die Haare aus der Stirn. Seit langem hatte sie aufgehört, seine Spalte zu bemerken. Die Schönheit eines klaren Sees lag in seinen Augen. Soviel Leben und Bewegung lag unter der stillen Oberfläche. Wie sehr sie diesen kleinen Jungen doch liebte!

„Die Musik stammt von einer Schallplatte“, fing Leah an zu erklären. „Da, hörst du die Kesselpauke? Die spielt mein Shimon! Er ist groß und stark wie ein Indianer aus einem amerikanischen Film.“

Karl nickte, und Ludwig hockte sich neben ihn. „Und spielst du auch?“

„Ja, das sind Vitorio und ich. Bald werdet ihr auch meine Freunde Elisa und Rudy hören.“

„Ich dachte, Elisa ist fortgegangen.“ Ludwig konnte nicht verstehen, wie es möglich war, daß Elisa gleichzeitig fort war und die Geige im Radio spielte. „Und warum kommt dein Freund Rudy nicht?“

Karl legte eine Hand auf Ludwigs Arm, um ihn zum Schweigen zu bringen. Er wollte die Geschichte hören. Er wollte sie in der Melodie spüren. Er konnte die Feierlichkeit der Musik fühlen.

„Peer Gynt ist ein dummer Junge. Er geht mit den Trollen in eine Welt, in der Kühe die Kuchen backen und Ochsen das Bier bringen. Er hat einen Schwanz und schwört, daß Schweine vollendete Musiker sind und Kühe so schön wie Frauen!“

Die Jungen kicherten bei der Vorstellung fröhlich. Leah fuhr fort:

„Das ist die Welt der Trolle, versteht ihr, aber das sind keine fröhlichen Gesellen. Nein, sie sind wie tierische Menschen. Wovor ein Mensch sich fürchtet, das wird er. Hört ihr? Der arme Peer kommt zu ihnen und – “

Karl stöhnte wieder. Er hob seine Finger und zeichnete ein Hakenkreuz in die Luft. Ludwig faßte Karls Gedanken in Worte. „Wie Herr Hugel und die Nazis. Sie glauben, daß ein Schwein Cello spielen kann, aber sie lassen dich nicht spielen, weil du Jüdin bist. Stimmt das nicht, Tante Leah?“

Leah antwortete nicht. Sie runzelte die Stirn und wandte sich ab. *Ja, es stimmte.* Sie fragte sich, wer ihren Platz im Orchester eingenommen haben mochte. Sie fragte sich, wer jetzt ihren geliebten Vitorio spielte. Nach einer Weile änderte sich die Musik in das traurige Lied von Aases Tod. Leah hörte ihr eigenes Spiel aus der Melodie heraus. Sie hörte die tiefen Töne des Cellos. Sie mußte lachen. „Sie denken, sie seien mich losgeworden“, sagte sie zu niemanden bestimmtes. „Aber hier bin ich. Und dort spielt Rudy Dorbransky noch immer im Radio. Rudy, den sie umgebracht haben. Shimon, den sie verhaftet haben, und ... *Elisa!*“ Plötzlich konnte sie nicht mehr lachen. Tatsächlich hatten die Trolle aus *Peer Gynt* die Welt übernommen. Der König der Trolle hatte hier sein Reich gefunden. Wie Peer Gynt trugen die Menschen in Wien jetzt Schwänze und schworen mit emporgerecktem Arm, daß eine Kuh eine schöne Frau sei, falls der Führer es verlangte! War es das, was der kleine Karl aus der Musik heraushörte? Oder hatte er das schon gewußt, bevor Leah das Radio eingeschaltet hatte?

37. Ein Märtyrer für die Sache

Otto ließ seinen Blick nicht von der Landkarte, die in Himmlers Büro in Wien hing. Farbige Stecknadeln markierten die Städte Paris, Prag und London.

Mit ausladenden Gesten erklärte der Chef der Gestapo den Anwesenden, die er aus allen möglichen Städten zusammengezogen hatte, die bevorstehenden Operationen. Sporer setzte sich auf einen Stuhl neben Otto. Er schien selbstbewußt und zufrieden mit dem Erfolg, den er im Sudetenland hatte.

„Was bedeuten schon ein paar Leben mehr oder weniger, wenn man bedenkt, daß man dem Führer und seinem Vaterland dient?“ Himmler stand da wie ein sanftmütiger kleiner Volksschullehrer, der zu seinen Schülern spricht. „Was haben wir in Österreich und jetzt in der Tschechoslowakei gelernt?“ Er erwartete von seinen Leuten nicht wirklich eine Antwort. Stattdessen beantwortete er seine Frage selber: *„Jede Sache braucht einen Märtyrer!* Dabei ist es natürlich angenehmer, wenn derjenige, der im Dienst der Sache stirbt, tot mehr nutzt als lebend. Nehmen wir zum Beispiel unseren *Horst Wessel,* dem wir unsere Hymne zu verdanken haben. Eine ganz miese Sorte. Sohn einer Prostituierten, Raufbold, Trinker. Und doch *loyal!“* Das letzte Wort brüllte Himmler heraus, wobei er sich auf die Zehenspitzen stellte. „Im Kampf gegen die Linken gefallen, und – “ Er schnipste mit den Fingern. „Wir hatten einen wunderbaren Helden.“

Dichter Rauch stand im Zimmer. Himmler faltete die Hände hinter seinem Rücken zusammen und schritt die ganze Länge des Raumes auf und ab, als wäre er tief in Gedanken verloren. Sporer stieß Otto leicht in die Seite und verdrehte seine Augen. Er und Otto ahnten schon das Ende von Himmlers dramatischen Ausführungen.

Schließlich blieb Himmler stehen und starrte wortlos über die Köpfe der dichtgedrängten Männer hinweg. „Wir haben von unserem Führer erfahren, daß das Reich womöglich neue Märtyrer benötigt, um die Leute mitzureißen.“ Er drehte sich zur Landkarte. „In diesen Städten haben wir die Märtyrer bereits auserwählt. Sie dienen dem Vaterland, und doch kann ich Ihnen versichern, daß sie dem Führer keineswegs loyal ergeben sind! Sie begeistern sich in keiner Weise für die nationalsozialistische Idee! Eine Überprüfung durch die Gestapo hat einwandfrei erwiesen, daß es sich bei diesen Männern um Verräter handelt!“

Ein junger Offizier hob zögernd seine Hand. „Warum sollten wir ihnen dann die Ehre erweisen, als Märtyrer sterben zu dürfen, Reichsführer? Warum töten wir sie nicht einfach?"

Mit einem leichten Lächeln schob Himmler seinen Kneifer auf der Nase zurecht. „Der Führer hat eine weit bessere Idee. Diese Verräter sind der Öffentlichkeit nicht als Verräter bekannt. Die meisten von ihnen stammen aus altem preußischen Adel. Ihr Tod wird einen enormen Aufschrei erzeugen. Massenunruhen! Demonstrationen! Auf diese Weise entledigen wir uns ein für alle mal der Juden, die noch im Reich geblieben sind! Wer in aller Welt kann uns dafür verurteilen, daß wir die Juden hassen, wenn sie deutsche Staatsbürger und Politiker in den europäischen Hauptstädten ermorden?" Er lächelte. Alles war so einfach.

„Aber warum sollen die Juden dafür verantwortlich gemacht werden?" fragte Otto.

Himmler lachte über die Frage. „Das ist das Schöne an dem Plan, Herr Wattenberger!" Auf sein Zeichen übernahm Sporer das Wort. Er stellte sich gerade hin, und hob seinen Kopf. Man konnte sehen, wie stolz er darauf war, mit den Ausführungen beauftragt zu werden. Aber es war wiederum auch keine Überraschung, da er selbst bereits damit begonnen hatte, den Plan in die Tat umzusetzen. „In Prag haben wir einen Judenjungen aus dem Reich angeworben, um den Plan des Führers auszuführen. Stellen Sie sich das vor! Einen Juden für unsere Zwecke zu benutzen!" Er lachte in sich hinein.

„Der Plan für London ist ganz ähnlich. Aber in Paris werden wir am besten die Hinterlist der Juden demonstrieren! Einige Mitglieder unserer dortigen Untergrundorganisation haben einen Judenjungen aufgetan, der ohne Ausweis und Arbeitserlaubnis durch die Straßen von Paris wandert. Er haßt die Arier, die er für seine eigenen Probleme verantwortlich macht. Seine Familie ist noch in Berlin, aber er ist schon vor einiger Zeit nach Paris geschickt worden. Der junge Mann empfindet einen tiefen Haß auf einen Mitarbeiter der Abwehr an der deutschen Botschaft. Es war nicht besonders schwierig, ihn von der Notwendigkeit zu überzeugen, die ganze Welt auf die Unterdrückung der deutschen Juden aufmerksam zu machen. Und daß das am besten dadurch geschieht, daß er in die deutsche Botschaft marschiert und den dortigen Chef der Spionageabwehr ermordet!"

Zustimmendes Murmeln wurde laut. Otto saß mit eingefrorenem Lächeln da. „Was dann?"

„Ganz einfach. Das Attentat wird kurz vor unseren alljährlichen

Maifeiern stattfinden. Die Bierhallen werden voller SA sein. Wir brauchen nur die Fackeln für sie anzuzünden und ihnen die Türen zu öffnen, Otto. Lastwagen werden für die Leute bereitstehen, um sie auf die Orte zu verteilen. Wichtig dabei ist, daß sie auf Ortschaften verteilt werden, wo man sie nicht kennt. Du, zum Beispiel, wirst deine Leute von Wien nach Grinsing bringen. Dort wird man sie nicht erkennen." Sporer zuckte mit den Achseln. „Sind sie erst einmal da, können sie tun und lassen, was sie wollen. Läden plündern. Synagogen anzünden. Es ist alles vorbereitet. Wir haben sogar Listen aufgestellt mit den Dingen, die aus den Synagogen herausgeholt werden sollen, bevor sie abgebrannt werden."

Einer der Anwesenden stellte noch eine Frage. „Und der Kerl aus der deutschen Botschaft in Paris? Er gehört *nicht* zu uns?"

„Ein Verräter durch und durch", versicherte Sporer. „Aber nach außen wirkt er so sauber wie der Schnee auf der Zugspitze. Er bekommt eine Heldenbestattung, und wir geben den Menschen einen weiteren Grund, die Juden zu verabscheuen. Eine weitere Gelegenheit, ihren Haß zu zeigen."

Himmler trat einen Schritt vor. „Da der jüdische Attentäter keine Aufenthaltsgenehmigung hat, wird es ein Leichtes sein, seine Auslieferung bewilligt zu bekommen. Hier werden wir ihn vor den Augen der Hitler-Jugend öffentlich hängen. Das ist der Plan und der spezielle Wunsch des Führers. Er möchte, daß die Jugend Geschmack auf jüdisches Blut bekommt und ihn nicht mehr vergißt."

Er sah sich im Zimmer um und lächelte knapp. *„Heil Hitler!"*

* * *

Während der ganzen langen Reise zurück nach Europa war Murphy innerlich zerrissen zwischen seinem Wunsch, sofort zu Elisa nach Prag zu reisen, und dem Auftrag seines neuen Arbeitgebers, die Pressekonferenz des britischen Premierministers Chamberlain in London zu besuchen. Bei jeder Zwischenlandung in den Vereinigten Staaten kaufte sich Murphy eine neue Zeitung. Alle berichteten sie von den eskalierenden Unruhen in der fernen Tschechoslowakei. Hitler forderte, daß die Sudetendeutschen ein Recht auf Selbstbestimmung eingeräumt bekämen. Würden England und Frankreich zu ihren Vertragsverpflichtungen stehen, falls Hitler tatsächlich seine Truppen in die Tschechoslowakei entsandte? Die Frage blieb ohne Antwort. Die amerikanischen Zeitungen schienen dem Thema mit einer eigenartig unbeteiligten Neugierde zu begegnen. Was hatte das alles letztlich, wie es Craine in seinem letzten Kommentar formulierte, mit den Vereinigten Staaten zu tun?

An diesem warmen Frühlingsnachmittag saß Murphy bei seinen alten Kollegen. Gemeinsam warteten sie auf Chamberlains Konferenz. Amanda Taylor nickte Murphy freundlich lächelnd zu, als hätte sie ihre mitternächtliche Begegnung bereits vergessen. Murphy grinste und winkte mit seinem Notizblock, als der Premierminister mit seiner Rede begann.

Chamberlain blätterte mit gerötetem Gesicht durch seine Unterlagen auf dem Podium. Er sah zu den anwesenden Journalisten, dann auf seine Notizen. Schließlich blickte er wieder auf und räusperte sich nervös. Haufenweise Fragen prasselten auf ihn nieder. Chamberlain ignorierte sie alle und konzentrierte sich auf seine vorbereitete Rede. Verworrene Sätze über das Selbstbestimmungsrecht aller Völker tönten aus seinem Mund. Am Ende faßte Murphy Chamberlains einstündige Ausschweifungen in eine kurze Bemerkung zusammen: „Im Interesse des Friedens favorisiere ich persönlich eine Übergabe des Sudetenlandes an die Deutschen."

„Ist das Ihre persönliche Ansicht, Herr Premierminister?" unterbrach ihn Amanda Taylor dreist. „Bedeutet das, daß wir nicht zu unseren vertraglichen Verpflichtungen gegenüber den Tschechen stehen werden?"

Gut gemacht, Amanda, jubelte Murphy innerlich, als Chamberlain rot anlief.

„Meiner Ansicht nach werden weder Frankreich noch Rußland zu ihren Verträgen mit der Tschechoslowakei stehen, falls die Deutschen angreifen. Sollte das der Fall sein, wird sich Britannien sicher nicht allein einmischen."

Strickland hob seine Hand, ohne allerdings darauf zu warten, daß ihm das Wort erteilt wurde. „Bedeutet das, daß sich die Tschechoslowakei den Deutschen allein gegenübersieht?"

„Ich bin davon überzeugt, daß sich die Angelegenheit friedlich lösen läßt. Die Deutschen im Sudetenland stellen gewisse Forderungen an die Prager Regierung. Beide Seiten sind vernünftig – "

„England wird nicht zu seinen Verpflichtungen stehen und den Tschechen bei der Verteidigung ihres Territoriums beistehen?"

„Die Tschechoslowakei ist, wie Sie alle wissen, ein aus vielen Nationalitäten zusammengewürfelter Staat. Auf dem Gebiet des Sudetenlandes leben zweieinhalb Millionen Deutsche; darin liegt das Problem. Diese Menschen wollen ein gewisses Mitspracherecht in ihren Angelegenheiten." Er räusperte sich. „In jedem Fall verfügen die Tschechen über eine gutbewaffnete Armee von etwa fünfunddreißig Divisionen. Ich bezweifle, daß die Deutschen diese Tatsache verdrängt haben. Jedenfalls scheint es verständlich, daß sich die deutsche Regierung für ihre Brüder und Schwestern jenseits der Grenze stark macht."

Murphy war nicht sicher, wieviel Chamberlain von der Frage beantwortet hatte. Erwartete er, daß die Tschechen allein gegen die Deutschen kämpften? Glaubte er, daß Hitler, angesichts der Entschlossenheit der Tschechen, sich einer deutschen Aggression zu widersetzen, einen Rückzieher machte? Wenn das der Fall war, dann war Chamberlains eigentliche Aussage, daß es ihm sowieso völlig einerlei war, solange nicht britisches Blut im Zuge der Streitigkeiten vergossen wurde.

Als die Pressekonferenz beendet war, gab es mehr offene Fragen als Antworten. Chamberlain stopfte einfach seine Unterlagen in seine abgetragene Aktenmappe und verschwand. Die Journalisten mußten sich ihren eigenen Reim machen. Und das konnten auch die Nazis in Berlin. Die tschechische Regierung hatte zu Recht vermutet, daß sie in dieser Angelegenheit allein stünde.

* * *

Eine Stunde nachdem Chamberlains Auslassungen sich wie ein Lauffeuer verbreiteten, rief Hitler seinen Generalstab in das Kriegszimmer seiner Berliner Staatskanzlei zusammen. Triumphierend erklärte der Führer, daß militärische Anstrengungen mit Mord begannen, um in einem nationalen Chaos zu münden. Die Maschinerie mit politischem Mord war in Prag bereits in Gang gesetzt. Schon bald, versprach Hitler, würden sie die Freude haben, ihre Sitzungen im Hradschin abzuhalten.

* * *

Wenige Stunden nach Chamberlains verheerender Pressekonferenz stand Winston Churchill vor dem CBS-Mikrophon neben Ed Murrow und reagierte in seinem schleppenden Tonfall auf die britische Apathie angesichts der Situation in der Tschechoslowakei. Er hatte die Rede zunächst vor ein paar tausend Gästen an der Freihandelskammer in Manchester gehalten; jetzt wiederholte er sie allein im Studio mit derselben dramatischen Geste. Murphy lauschte der Übertragung in der Lobby des Savoy-Hotels.

„So lautet mein Vorschlag. England und Frankreich stehen zusammen. Gemeinsam sind sie eine enorme Kraft, moralisch und physisch, eine Kraft, mit der sich anzulegen nur wenige wagen würden. Es wäre schön, wenn diese beiden Länder zu all den kleineren Staaten gingen, die bedroht sind, einer nach dem anderen von der Nazi-Tyrannei verschlungen zu werden, und ihnen freiheraus sagten: Wir werden euch nicht helfen, solange ihr euch nicht selber helft. Seid ihr vorbereitet, um spezielle Aufgaben zur Verteidigung des Bündnisses zu übernehmen? Wenn ihr dazu bereit seid und diese Bereitschaft durch Taten unter Beweis stellt, dann werden wir mit euch gemeinsam uns gegenseitig und den Rest der Welt vor einem neuerlichen Akt der Aggression beschützen.“

Murphy applaudierte lautstark, obwohl er so gut wie allein in der plüschigen Lobby des Hotels war. Der Nachtportier blickte kurz auf. „Es hört doch keiner zu“, sagte er mürrisch.

„Aber ja, das tun sie!“ sagte Murphy. „Es ist Abendessenszeit in den Staaten, und in der Tschechoslowakei leiden sie alle unter Schlaflosigkeit! Sie werden zuhören, Freund!“

„Wenn wir zehn gut ausgerustete Staaten zusammenschließen könnten, die sich gemeinsam einer Aggression gegen auch nur einen von ihnen widersetzen würden, dann sollten wir stark genug sein, um die augenblickliche Gefahr abwenden zu können.“

Mit geschlossenen Augen betete Murphy, daß diese Worte tatsächlich einen Eindruck auf die richtigen Leute machte. Er stellte sich Hitlers Toben vor, wenn er von diesem Vorhaben hörte und hoffte, daß die Stimme Winston Churchills sogar die Wände der Staatskanzlei in Berlin durchdrang.

„Ist das nicht besser, als Stück für Stück in einen Krieg hineingezogen zu werden, wenn die Hälfte unserer Freunde und Verbündeten schon verschluckt worden sind?“

Die Frage klang noch lange, nachdem die Zeitumstellung ihn zu Bett getrieben hatte, in Murphy nach. Immer wieder drang der Satz in seine Träume ein, und die Hoffnung, die Winston Churchill ausgesprochen hatte, ließ Murphy hoffen. Chamberlain hatte dagegen nur den Alptraum des Appeasements beschworen.

„Wenn sie doch nur wüßten, Elisa", murmelte er im Schlaf. „Sie haben nicht gesehen, was mit Wien passiert ist, sonst würden sie nicht Prag den Wölfen zum Fraß vorwerfen."

* * *

Am folgenden Nachmittag lief Amanda Taylor in der plüschigen Lobby des Londoner Savoy-Hotels hinter Murphy her. Sie klopfte ihm fröhlich auf den Rücken und hing sich bei ihm ein.

„Kann ich dich zu einem Drink einladen, Johnny?" fragte sie verspielt. „Oder hast du dem Zeug abgeschworen?"

Murphy merkte, wie er rot wurde. Er war dankbar, daß Amanda ihre Fassung soweit zurückgewonnen hatte, daß sie ihn ansprach, aber ihre Nähe machte ihn nervös. „Ich bin dabei", erwiderte er mit einem Schulterzucken.

„Auch gefeuert, höre ich." Sie zog ihn zur Bar. „Ich glaube, es ist gut für dich, vom alten Craine wegzukommen. Jetzt kannst du schreiben, was du willst. Eine Gnade, von der die meisten unter uns nur träumen. Und deshalb, mein Lieber, biete ich dir die Schlagzeile des Jahrhunderts. Einen Trumpf für Trump, wenn du so willst."

Sie hatte kaum einen Atemzug genommen, seit sie ihn am Arm gepackt hatte. Jetzt, mit dem Versprechen einer Story, hatte sie Murphy am Haken. Er folgte ihr in die verwaiste Bar, und sie setzten sich an einen ruhigen Tisch in der Ecke. „Also gut", stellte er sie zur Rede. „Was gibt's, Amanda?"

Sie streichelte seinen Arm. „Erzähl mir zuerst, wie es dir ergangen ist. Hast du deine Frau mit in die Staaten genommen, Johnny?" Ein Anflug von Widerwillen schien in ihren Augen aufzuflackern.

Murphy sah auf das gestärkte weiße Tischtuch. Das war's also. Sie wollte ihn in Verlegenheit bringen. Kein Zweifel. „Nein", antwortete er leise. „Sie ist noch in Prag."

„Mit all den ekligen Krawallen? Wo die Nazis Gewehr bei Fuß stehen, und die Armee im Sudetenland mobilisiert?" Sie tat, als sei sie besorgt. „An so einem Ort läßt man doch nicht seine Frau zurück!"

„Sieh mal, Amanda ..." Murphy stand der Sinn nicht nach solchen Spielchen. Er wand sich, und die Freude darüber war in ihrem Gesicht abzulesen. „Wir sind immer Freunde gewesen, oder? Tu das jetzt nicht."

Ihre Stimme wurde hart. „Tu was nicht, Johnny?"

„Diese Spielchen spielen."

„Du bist ja eine nette Unterhaltung."

„Ich war ziemlich am Ende", versuchte er, sich zu entschuldigen. „Ich ... Es tut mir leid. Das Ganze war mein Fehler. Ich hätte es nicht zulassen dürfen."

„Es ist nichts passiert." Ein Anflug von Ärger huschte über ihr Gesicht. „Rein gar nichts." Jetzt lag eine Warnung in ihrer Stimme. „Nicht wahr?"

Ihre Würde bedeutete Amanda alles. Murphy wußte das seit ihren ersten gemeinsamen Tagen in Berlin. Sie machte ihm klar, daß das, was zwischen ihnen vorgefallen war, auch zwischen ihnen bleiben sollte. Solange er nicht mit den anderen Jungs darüber plauderte, war es in Ordnung. „Ja." Murphy verstand sie nur zu gut. „Du kennst mich." Er brachte ein schüchternes Lächeln zustande. „Ich bin nicht der Typ, der mit seinen Affären prahlt."

„War ja auch 'ne tolle Affäre." Sie hatte sich etwas beruhigt. „Aber auch das geht niemanden etwas an, Johnny! Ich habe hier eine gewisse Position zu verteidigen ... Das ist schwer genug als Frau ..."

Murphy empfand dasselbe Mitgefühl für sie wie in jener Nacht in ihrem Haus. „Du bist eine großartige Journalistin, Amanda. Das war sehr gut gestern. Du hast diesen alten Kauz Chamberlain erwischt, während wir auf unseren Händen rumhockten."

Jetzt lächelte sie beinahe; sie wischte sich ihren Pony aus dem Gesicht und wurde geschäftsmäßig. Das Theater war vorbei, und sie waren wieder einfach nur Kollegen. „Also gut", sagte sie. „Ich geb dir ein paar von meinen Rosinen ab." Sie dämpfte ihre Stimme, als sich ein Kellner näherte und ihre Bestellungen entgegennahm. Einen Whisky-Sour für sie und eine Coke für Murphy. Er hatte nicht vor, sich abermals aufs Glatteis zu begeben.

„Warum ich?" Er nippte an seiner Coke.

„Weil du zufällig für die einzige anständige Zeitung auf beiden Seiten des Atlantik arbeitest, Johnny." Sie runzelte die Stirn und starrte in ihren Drink. „Die da oben wollen, daß wir in der Angelegenheit einen etwas schärferen Ton anschlagen."

„Schreibt jemand der *Times* vor, was sie zu berichten hat?" Der Gedanke war zwar schrecklich, aber nicht unvorstellbar.

Amanda nickte. „Und nicht nur uns. Der BBC haben sie dasselbe geraten. Chamberlain hält nicht viel von den Tschechen. Für ihn gehören sie nicht in die erste Liga, nicht mal in die zweite."

Das war nichts Neues für Murphy. Chamberlains Bemerkungen bei der Pressekonferenz hatten seine Position klargemacht. „Was sind jetzt die Schlagzeilen, mit denen du mich hier reingelockt hast?" Er machte nur Spaß, aber für einen Augenblick glaubte er, so was wie Schmerz in ihrem Blick zu erkennen. Er berührte ihre Hand. „Du hast sie uns allen weggeschnappt, und jetzt kannst du sie bei der *Times* nicht unterbringen. Ist es das?"

Seine Bemerkung schien sie wieder etwas zu besänftigen. Mit wiedergewonnener Fassung lehnte sie sich vor und flüsterte: „Erinnerst du dich, daß ich dir erzählt habe, mein Mann sei mit dem deutschen Außenminister befreundet?"

„Ribbentrop. Ja. Sie handeln beide mit Wein oder sowas ähnliches?" Murphy versuchte, sich an die Einzelheiten zu erinnern.

Amanda warf einen Blick über ihre Schulter und senkte ihre Stimme. „In Prag braut sich was Großes zusammen. Irgendwas steht kurz bevor; Ribbentrop meint, danach wäre nichts mehr so, wie es war. Er sagt, es würde etwas passieren, daß sogar Churchill seine Meinung darüber ändern würde, wer der Gute und wer der Böse ist."

„Das ist alles? Keine Einzelheiten?"

Sie zuckte die Schultern. „Tut mir leid, Johnny. Mehr gibt's nicht. Aber vielleicht sollten wir unseren Grips ein wenig anstrengen und überlegen, was es bedeuten könnte."

Murphy runzelte die Stirn. „Wenn es etwas gibt, worin die Nazis gut sind, dann ist es ihre Fähigkeit, aus schwarz weiß zu machen und umgekehrt." Er überlegte, wie das alles zusammenpassen könnte. Er hatte nicht die leiseste Ahnung. „Was denkst du?"

„Noch ein Aufstand vielleicht. Dann können die Nazis den Tschechen vorwerfen, daß sie ihn brutal niedergeschlagen hätten."

„Das funktioniert doch schon im Sudetenland."

„Vielleicht. Aber diese Art Auseinandersetzung nimmt sehr viel Zeit in Anspruch. Hitler muß sich beeilen, solange Chamberlain noch zaudert." Sie sah an Murphy vorbei, als stünde die Erklärung an der Wand geschrieben. „Vielleicht ein Attentat? Ein Politiker. Etwas, das die tschechische Regierung völlig über den Haufen schmeißt."

„Ich weiß nicht. In Österreich hat das mit Dollfuß auch nicht geklappt."

Sie lächelte. Sie war sicher, daß sie auf der richtigen Spur war. „Weil die Nazis die Verantwortung dafür trugen. Wenn die Kommunisten ihn getötet hätten, wäre Österreich ihnen viel eher in die Hände gefallen. Vielleicht hat Hitler soviel aus dem Versuch gelernt."

„Nicht schlecht, Sherlock. Aber wer könnte das Opfer sein?"

„Das ist nicht meine Abteilung. Aber wir sollten jemanden vor Ort haben, der darüber berichtet, wenn es passiert!" Sie lächelte. Das Spiel gefiel ihr. Plötzlich fuhr sie mit der Hand durch die Luft, als wollte sie den Unfug beiseitewischen. „Wahrscheinlich ist es gar nichts, Johnny. Jedenfalls nicht so was Schlimmes. Aber hier bin ich – von der *Times* dazu verdammt, einen pro-deutschen Standpunkt gegen die Tschechen einzunehmen. Es ist frustrierend. Also, du kannst es haben. Aus Ribbentrops Mund direkt in die Ohren meines Gatten. Von Weinhändler zu Weinhändler. Die Nazis scheinen sich keine allzu großen Sorgen zu machen. Sie scheinen ziemlich zuversichtlich zu sein, daß sie's schon in der Tasche haben. Ich kann mir nur nicht vorstellen, was das Ganze zu bedeuten hat."

„Ich denke, wir werden es noch früh genug erfahren", erwiderte Murphy leise, als ihm Elisa in den Sinn kam. Er wünschte, sie und ihre Familie wären nicht mehr in der Tschechoslowakei. Aus dem Weg, falls sich tatsächlich etwas anbahnte.

38. Haftentlassung

Elisa hatte keine Ahnung, weshalb sie zu Otto bestellt worden war, bis er ihr ein Blatt Papier über den Tisch zuschob.

„Unterschreiben Sie", sagte er mit einem herablassenden Lächeln.

Durch den Schmutz und grauenhaften Gestank, der an Elisas Körper haftete, schienen ihre blauen Augen Otto zornig zu durchbohren. Er amüsierte sich darüber, daß jemand so Hübsches einfach dadurch zum Leiden gebracht werden konnte, daß man ihn in die jämmerlichsten Umstände brachte.

Mit dem letzten Rest Würde nahm Elisa das Dokument auf und überflog den Text. Es war eine Entlassungsurkunde, in der es hieß, sie wäre korrekt behandelt worden, hätte hinreichend zu essen bekommen und wäre in angemessener Form untergebracht worden. Ihren Bedürfnissen sei entsprochen worden, und sie würde keinerlei Beschwerden oder ähnliches einreichen.

„Das ist alles gelogen!" schnaubte sie wütend.

„Hat man Sie geschlagen?" Überrascht zog er seine Brauen hoch.

„Nein."

„Haben Sie zu essen bekommen?"

„Schweinefraß! Das Bett hatte Flöhe, und es gab keine Toiletten."

„Unterschreiben Sie", befahl er. Sein Lächeln gefror. „Bevor ich meine Geduld verliere."

„Und was ist mit den Frauen, die immer noch in diesem Loch stekken? Sie ..."

Otto verschränkte seine Arme. „Wollen Sie sich wieder zu ihnen gesellen?"

Elisa starrte ihn einen Moment lang an, dann wandte sie ihren Blick dem sonnendurchfluteten Fenster zu; Wolken kräuselten sich an einem blauen Himmel. Sie schüttelte ihren Kopf, und ihr Trotz verflog. „Warum haben Sie mich verhaften lassen?"

„Das sagte ich Ihnen", erwiderte Otto, wobei er ihr einen Stift zuwarf. „Sie standen unter Verdacht."

„Weswegen? Sie können nicht einfach Menschen grundlos ins Gefängnis werfen."

„Doch, das können wir. Das ist der Punkt. Unterschreiben Sie, und Sie dürfen gehen."

Elisa schnappte sich den Stift und unterschrieb das Blatt voller Lügen. „Da, bitte."

„Gut." Otto schien zufrieden. „So, und jetzt planen Sie, nach Paris zu fliegen?"

„Um meinen Mann zu treffen."

„Sie werden nicht nach Wien zurückkommen, nehme ich an."

Für einen Moment erwog sie, nie mehr an diesen scheußlichen Ort zurückzukehren. Konnte sie denn das Risiko eingehen, das nächste Mal als Kurier verhaftet zu werden? Was würde passieren, falls Otto oder ein anderer die Wahrheit herausfand? Aber sofort kamen ihr Leah und die Jungen in den Sinn. „Sie täuschen sich, Otto. So wie Sie sich von Anfang an in mir getäuscht haben. Wien ist meine Heimat. Ich habe hier meine Arbeit, falls Sie das vergessen haben sollten. Ich werde innerhalb der nächsten Tage zurückkommen."

Elisas Kleider lagen in einer Papiertüte auf einem Stuhl neben der Tür. Ihr *Faust* lag noch immer auf Ottos Schreibtisch. Ihr Blick fiel auf den roten Einband des Buches. Ottos Lächeln kehrte wieder. „Ach ja, das gehört Ihnen, nicht wahr?" Er warf ihr einen Blick zu. Gezielt faßte er die Ecke einer bestimmten Seite und riß sie heraus. Sie war sprachlos vor Schreck.

„Nein!" brachte sie schließlich heraus, als er die Seite zerknüllte und in den Papierkorb warf.

„Nun ist es nicht länger von unschätzbarem Wert", sagte er. „Sie dürfen es mit sich nach Frankreich nehmen, ohne deshalb verhaftet zu werden, weil sie versuchen, eine unschätzbar wertvolle Erstausgabe des *Faust* auszuführen ."

Sie kniff ihre Augen zusammen. Für den Bruchteil einer Sekunde dachte sie, daß es vielleicht die Mühe wert wäre, über ihn herzufallen und ihm sein Gesicht blutig zu kratzen. *„Sie!"* zischte sie. „Es ist kaum zu glauben, daß Sie ein Sohn von Karl und Martha sind!"

Ihre Worte schienen ihn zu treffen; schließlich erhob er sich und sagte: „Ich bin ein Sohn meines Vaterlandes. Für sein Vaterland muß man auf so manches verzichten."

Elisa nahm den beschädigten *Faust*. „Sie haben Ihre Seele verkauft!"

Otto hob die Entlassungsurkunde hoch, als könnte er doch noch seine Meinung ändern und sie wieder ins Loch werfen lassen. „Es zahlt sich nicht aus, wenn man zu trotzig ist, Elisa", warnte er sie. „Es bedarf heutzutage oft keines bestimmten Grundes mehr, um Menschen an einem schrecklichen Ort ihrem sicheren Tod entgegensehen zu lassen. Ganz gleich, wie sehr Sie mich hassen, Sie dürfen es nicht zeigen, oder ich schicke Sie dorthin zurück, wo Sie herkommen, bis Sie gelernt haben, freundlich zu nicken und das zu unterschreiben, wovon ich verlange, daß Sie es unterschreiben!" Er trat um den Schreibtisch herum und stellte sich dicht vor sie. Seine Stimme klang drängend. „Verstehen Sie mich?"

Wieder durchzuckte sie die nackte Angst. Sie trat zurück und nickte hastig.

Mit zusammengepreßten Zähnen nahm er ihr das Buch ab und schlug es da auf, wo er die Seite herausgerissen hatte. „Was Sie für die Wahrheit halten, ist mitunter bloß eine Illusion. Ich balanciere hier am Rande des Abgrundes, und Ihrem eigenen Ärger zuliebe sagen Sie Dinge, die Sie in Lebensgefahr bringen!" Er packte ihren Arm. „Sagen Sie mir, wer von uns beiden der größere Narr ist, Elisa! Sind Sie es? Sie, die alles aufs Spiel setzte, nur um Ihre Eitelkeit zu befriedigen, indem Sie sich einem Nazi widersetzen, den Sie hassen? Oder bin ich es? Bin ich der Narr, weil ich mich selbst verleugne? Weil ich alles verleugne, was ich bin oder war, aus Überzeugung für eine größere Sache?"

Ottos Nähe und sein fester Griff jagten Elisa Angst ein. „Lassen Sie mich los", flüsterte sie. „Lassen Sie mich los, Otto."

Er hielt sie noch einen Moment lang fest, dann drückte er ihr das Buch in die Hand. „Lassen Sie es sich eine Warnung sein. In dieser Welt gibt es keinen Platz mehr für offenen Widerstand. Dafür werden Sie erschossen. Wofür sollte es dann also gut sein?" Er fuhr sich mit der Hand erschöpft übers Gesicht und blickte aus dem Fenster. „Machen Sie, daß Sie rauskommen. Bringen Sie sich in Ordnung, oder Sie verpassen noch Ihren Zug nach Paris."

Verwirrt schnappte sich Elisa ihre Tasche und ging zur Tür, drehte sich aber noch einmal um. Sie sah, wie Otto die herausgerissene Buchseite aus dem Papierkorb fischte. Er faltete sie auseinander und hielt sie einen Moment lang ins Licht. Schließlich zündete er ein Streichholz an, und die winzige Flamme züngelte an der Seite. Elisas Blick in seinem Rücken spürend drehte er sich um und lächelte seltsam, als die letzte Ecke des Blattes verkohlte und zu Asche verbrannte.

* * *

Elisa konnte an nichts anderes als an ein heißes, sauberes Bad zu denken. Während Leah ihr aus den Resten ein mageres Abendessen zubereitete, hockte Elisa in der Wanne, ließ das dreckige Badewasser ab und füllte sie aufs Neue, bis ihre Haut rosig glänzte. Erst jetzt konnte sie an Essen denken. Erst jetzt brachte sie sich dazu, an Fiori zu denken und an die Tatsache, daß sie sich um Tage verspätet hatte.

„Du solltest zu Bett gehen, Elisa, und dich ausruhen." Leahs Augen waren trübe vor Sorge und Kummer. Elisa war überzeugt, daß sie selbst nach tagelanger Haft nicht so krank aussah wie Leah. Die wochenlange Anspannung forderte ihren Tribut.

Elisa schüttelte den Kopf. Vorsichtig kostete sie die heiße Brühe. „Ich kann nicht", sagte sie heiser. „Ich kann nicht bleiben."

„Du gehst nach Paris?" rief Leah. „Oh, Elisa. Du darfst nicht zurückkommen! Wenn du nach Paris gehst, komm nicht zurück!"

„Sei nicht albern." Elisa sah zu dem Geigenkasten hinüber. „Ich muß doch eure Papiere holen, oder nicht? Ich habe es dir gesagt! Ich werde euch nicht im Stich lassen, Leah!" Sie schien so voller Kraft! Als Leah Elisas ermutigende Worte hörte, brach sie in Tränen aus. Aber Elisa fühlte sich nicht stark. Sie hatte Mariannes Warnung nicht vergessen. Zwar würde man sie freilassen, aber schon bald wieder verhaften. Erst Hoffnungen wecken, um sie dann zu zerstören. Das war die Methode der Nazis, um einen kleinzukriegen.

„Aber ich kann nicht glauben, daß du hier sicher bist", sagte Leah mit tränenerstickter Stimme.

* * *

Es war nicht wichtig, ob Fiori der Meinung war, daß sie zu spät kam, um von irgendeinem Nutzen zu sein. Elisa würde in jedem Fall nach Paris fahren. Die Paßfotos waren sicher im Saum des Geigenkastens versteckt. Für sie war das mittlerweile reine Routine. Mit genügend Geld konnte sie an den richtigen Stellen die Dokumente kaufen, die Leah, Karl und Ludwig zur Freiheit verhelfen würden!

Als sie jeden einzelnen zum Abschied umarmte, überwältigte sie nackte Furcht. Sie hatte so zuversichtlich von der Hilfe Gottes gesprochen. Aber das war vor ihrer Verhaftung, vor dem Gestank der Zelle und der Verbitterung ihrer Zellengenossinnen gewesen. Das war, bevor sie die Schreie der Mithäftlinge und das Brüllen der Wärter gehört hatte, bevor sie gewarnt worden war: *„Sie werden dich gehen lassen und dann erneut verhaften ... so kriegen sie dich klein. Du wirst ihnen alles erzählen, nur, um nicht wieder eingesperrt zu werden."*

Die Drohung klang in ihr nach. Es bedurfte keines Grundes mehr, um in Österreich verhaftet zu werden. Aber es gab genug Gründe, um Elisa wieder in ein finsteres Verlies zu werfen, wenn sie die Paßfotos fanden; wenn sie *wüßten!*

„Hugel ist gerade um die Ecke", rief Leah vom Fenster herüber. „Auf dem Weg zur Bierhalle. Geh *jetzt,* Elisa! Und Gott sei mit dir!"

„Lebt wohl", verabschiedete sich Elisa und trat in den Hausflur hinaus. Die Angst begleitete sie, sobald sie an einem Fremden vorbeiging. *Verfolgen sie mich? Verfolgt der da mich? Warum bleibt er jetzt stehen und starrt mich so an?*

Blicke, die noch vor einer Woche völlig normal gewirkt hätten, jagten ihr Angst ein, und sie beeilte sich, um zu Fiori zu kommen. Sie fragte sich, ob sich der Buchhändler bei ihrem Anblick erschrecken würde, ob er sich überhaupt an ihre *Faust*-Ausgabe erinnerte. Was sollte sie ihm wegen der herausgerissenen Seite sagen? Wie konnte sie die Tatsache erklären, daß sie sich um einen Tag verspätet hatte?

Der Griff ihres Geigenkastens war feucht von ihrem Schweiß, als sie in die Kärntner Straße bog. Genau an dieser Kreuzung hatte Otto sie verhaftet.

Die Glocke über der Tür bimmelte, als sie eintrat. Zwei junge Männer in deutschen Uniformen sahen zu ihr auf. Fiori warf ihr einen scharfen Blick zu.

„Heil Hitler", sagte Elisa freundlich.

Fiori senkte seinen Kopf. War da ein Lächeln auf seinen Lippen? „Heil Hitler", erwiderte er. Alles ganz natürlich, alles extra für die Deutschen mit ihren Hakenkreuzbinden am Arm.

Fiori betrachtete den Stapel Quittungen vor sich. Er schien aufrichtig überrascht, Elisa zu sehen. Soviel konnte sie in seinem Ausdruck erkennen. Er sammelte sich, und der kühle Blick, mit dem ein Händler seinen Kunden bedachte, kehrte zurück.

„Frau Murphy, nicht wahr?" fragte er.

Elisa legte ihren *Faust* vor ihn auf den Schreibtisch. „Drei Tage, sagten Sie. Entschuldigen Sie, daß ich mich verspätet habe." Ihre Stimme und ihr Blick verrieten ihre Anspannung.

„Natürlich." Er lächelte. „Ich habe das Gutachten für Sie. Es liegt im Hinterzimmer." Er wollte sich erheben, aber Elisa schüttelte traurig den Kopf.

„Seit ich bei Ihnen war ..." Sie schlug das Buch dort auf, wo die Seite herausgerissen war. „Ein Unglück. Eine Seite ist herausgerissen. Ich habe keine Ahnung, was das für den Wert bedeutet, aber ..."

Ohne zu antworten, nahm er das Buch und eilte ins Hinterzimmer, wobei er hinter sich die Tür schloß.

Elisa war übel. Was, wenn Otto nun eine besonders wichtige Seite rausgerissen hatte? Sie hatte das Gefühl, versagt zu haben, noch bevor sie überhaupt richtig angefangen hatte. Sie kämpfte gegen Tränen an, vor Wut über Otto, über sich selbst, daß sie nicht einfach ihren Arm zu diesem lächerlichen Gruß gehoben hatte! Wenn jetzt eine wichtige Botschaft wegen ihrer Halsstarrigkeit verloren war ...

Kurz darauf kam Fiori schon wieder heraus. Mit einer Handbewegung bedeutete er ihr, ihm zur Kasse zu folgen. Er legte das Buch behutsam zwischen sie auf den Tisch. „Eine sehr wertvolle Ausgabe", sagte er langsam. „Jammerschade, daß das mit der Seite ..." Er zog ein Zigarettenblättchen aus seiner Westentasche und faltete es auf. Darauf stand in sorgfältigen Druckbuchstaben geschrieben: *Le Morthomme, Rue de la Ville 4, Paris, Freitag abend.*

Elisa versuchte, sich nichts anmerken zu lassen, während sie sich hastig die Adresse einprägte. Fiori legte etwas Tabak auf das Blättchen und rollte sich geschickt eine Zigarette. „Rauchen Sie?" fragte er mit einem leichten Lächeln.

„Nein", antwortete sie, wobei sie kaum ihren Blick von der Zigarette abwenden konnte, während er ein Streichholz anzündete und die Flamme hochhielt. Die Adresse ging in Rauch auf. Aber in Elisas Erinnerung war sie fest eingebrannt. Lautlos wiederholte sie sie immer wieder. *Freitag abend. Nur ein Tag Zeit, um nach Paris zu kommen. Freitag abend. Was immer Otto herausgerissen hatte, war ohne Bedeutung gewesen. Gott sei Dank! Gott sei Dank!*

„Sie versuchen es besser woanders mit Ihrem Buch. Sie fahren nach Paris, sagen Sie?" Sie nickte, ohne ihren Blick von der glühenden Zigarettenspitze abzuwenden. „Gut", sagte Fiori. „So beschädigt, wie es ist, sinkt der Preis hier in Wien beträchtlich. Aber vielleicht haben Sie in Paris mehr Glück."

Es kam ihr vor wie ein Traum. Dies war der Augenblick, auf den sie gewartet hatte, seitdem sie aus Prag fort war! *Fahren Sie nach Paris,* sagte Fiori. *Bringen Sie die Nachricht zu Le Morthomme. Verlassen Sie Wien noch heute nacht.*

„Ja, dann werde ich es wohl mitnehmen." Ihre Stimme war kaum zu hören. „Wenn Sie glauben, daß das das beste ist."

„Werden Sie denn nach Wien zurückkehren?" fragte Fiori. „Schauen Sie mal vorbei und erzählen Sie mir, wie es Ihnen ergangen ist, Frau Murphy."

Es war alles gesagt. Jetzt mußte sie sich ihre Fahrkarte besorgen. Es gab Dinge, die sie für Leah und die Kinder unternehmen mußte.

Auf dem Bahnhof spielte eine Kapelle Militärmärsche, während zweihundert SS-Männer in schwarzen Uniformen auf jeder Seite eines langen roten Teppichs Haltung annahmen. Der Teppich erstreckte sich durch die riesige Halle. Schaulustige drängelten sich gegen die Soldaten, um eine bessere Sicht zu erhaschen.

„Was geht hier vor?“ fragte Elisa einen Straßenkehrer. Ihr drehte sich der Magen um.

Der hagere Alte stützte sich auf seinen Besen und betrachtete die Menge amüsiert. „Himmler reist heute ab. Kam nach Wien, um sicherzugehen, daß auch ja keine Zelle freibleibt.“ Er riß sich zusammen, als ihm bewußt wurde, daß das, was er gerade gesagt hatte, ihn genau in eine dieser Zellen bringen konnte. Nachlässig hob er seine Hand. „Heil Hitler“, sagte er und setzte seine Arbeit fort.

Elisa konnte sich gut an die Nazi-Paraden in Berlin erinnern, wenn Hitler auf dem Weg zur Staatskanzlei war. Aber die Begeisterung für den Chef der Gestapo konnte sie nicht begreifen. Himmler wirkte wie ein sanftmütiger Volksschullehrer, aber seine Seele war so verkommen, daß sie selbst Hitlers Seele Konkurrenz machte.

Die Kapelle spielte das Horst-Wessel-Lied, als eine lange schwarze Limousine vor dem Eingang hielt. Die Soldaten fingen zu singen an:

Die Fahne hoch, die Reihen fest geschlossen,
SA marschiert mit ruhig, festem Schritt ...

Sie waren Himmlers Privatarmee. Sie waren die Elite unter den Herzlosen. Ihre schwarze Kleidung verlieh ihnen etwas Übermenschliches – oder eher etwas Unmenschliches.

Mit klopfendem Herzen bahnte sich Elisa ihren Weg zum fast verwaisten Fahrkartenschalter. Mit zitternden Händen legte Elisa ihren Paß und ihre Reisedokumente auf den Schaltertisch, gerade als die Kapelle anfing, das Deutschlandlied zu spielen.

„Ein ziemliches Ereignis, was, Fräulein“, meinte der Schalterbeamte. „Wir haben nicht jeden Tag einen Mann wie den Reichsführer bei uns! Also, was kann ich für Sie tun, bitte?“

Elisa schluckte und räusperte sich. „Ich möchte einen Fahrschein nach Paris, bitte.“ Sie reichte ihm ihren amerikanischen Paß. „Nach Paris ...“

39. Das Gute im Kleinen

Es war fast acht Uhr abends, als Elisa aus dem Zug stieg. In dem hohen Gewölbe des Pariser Gare de Lyon plärrten die Lautsprecher die Ankunfts- und Abfahrtszeiten, und Reisende hasteten zu Fahrkartenschaltern oder zu wartenden Zügen. Anders als in Wien gab es hier keine Uniformierten, die die Papiere kontrollierten. Höfliche Polizisten in ihren blauen Mänteln spazierten freundlich durch das lärmende Durcheinander, wobei sie sich gelegentlich an ihre Hüte tippten, um hübschen Damen ihren Gruß zu erweisen.

Ein Polizist nickte und berührte den Rand seines Hutes, als Elisa vorbeiging. Sie lächelte mit einer Erleichterung, die man nur verstand, wenn man die verängstigten Passagiere in Wien mit denen hier in Paris verglich.

Die Bücherstände entlang der Seine waren um diese Uhrzeit sicher geschlossen, aber *Le Morthommes* Adresse hatte sich in Elisas Gedächtnis eingeprägt. Ihre Kontakte in Prag hatten ihr versichert, daß der alte Buchhändler sie jederzeit willkommen heißen würde. Sie hatte ihm viel zu erzählen seit ihrer entsetzlichen Begegnung mit Otto Wattenberger. Sie konnte sich nicht einmal sicher sein, daß die Nachricht, die sie mit sich führte, noch intakt war.

Le Morthommes Wohnung lag in demselben Haus, in dem er auch seinen kleinen verstaubten Laden hatte, auf der linken Seite der Seine – der Rive Gauche, wo viele Künstler ihre Ateliers hatten, und jede Menge Cafés zu finden waren. Sie sah das Schild schon, als das Taxi noch zwei Querstraßen davon entfernt war: *Antiquariat – Le Morthomme.*

Durch die schmutzigen Fensterscheiben der Wohnung fiel noch Licht. Elisa ließ ihren Blick über die finstere Straße wandern und bat den Fahrer zu warten. Er protestierte lautstark, aber sie stieg aus, ohne zu zahlen, so daß er gar keine Wahl hatte.

Die Treppe, die zur Wohnung hinaufführte, lag in einer Seitengasse, in der es nach verfaultem Müll stank. Aus den oberen Fenstern des gegenüberliegenden Hauses konnte Elisa die Stimme eines Mannes und einer Frau hören, die sich lautstark über den Preis ihres neuen Hutes stritten. Klaviermusik drang auf die Straße, zu der eine Frauenstimme die Tonleiter übte. In der Nachbarschaft von *Le Morthommes* Wohnung konnte man sich nicht ungestört zurückziehen, und Elisa fragte sich, wieviele geheime Treffen hier wohl stattfanden, die nicht so geheim sein konnten. Sie spürte, wie sie beobachtet wurde.

Sie stieg die schiefen Stufen hinauf, wobei sie sorgfältig darauf achtete, nicht das Geländer anzufassen, aus Angst, es könnte nachgeben. Die Tür öffnete sich, bevor sie noch die Hälfte geschafft hatte. Eine schwarzweiß gemusterte Katze sprang heraus und strich an Elisas Beinen entlang auf ihrem Weg nach unten.

Die Tür schloß sich wieder, und Elisa rief: „Hallo! Ich suche *Le Morthomme!*"

Eine schwerfällige Frau mit grauen Haaren und finsterem Blick trat auf den Treppenabsatz heraus. „Sie möchten *Le Morthomme* sehen, he?" Es klang eher wie eine Drohung. „Wissen Sie, wie spät es ist?"

„Ich bin gerade erst aus . . . gerade erst angekommen, und ich bleibe auch nicht lange." Elisa blieb auf den Stufen stehen und holte den *Faust* aus ihrer Tasche. „Ich wollte das hier schätzen lassen."

Die Frau preßte ihre aufgesprungenen Lippen zusammen. Ihr Blick wanderte vom Buch wieder zu Elisa. „Na und?" meinte sie. „Geschäft ist Geschäft. Kommen Sie also rein."

In der kleinen Wohnung, in der *Le Morthomme* und seine stämmige Frau wohnten, roch es nach frisch gebackenem Brot, Knoblauch und Käse. Die Möbel waren abgenutzt, aber nicht schäbig, eine angenehme Mischung aus Antiquitäten verschiedener Epochen. Dunkle, glänzende Holzböden waren mit verschieden gemusterten Perserteppichen bedeckt. Die verfallene Fassade verbarg die freundliche Wärme der kleinen Zimmer, in denen das Paar seit mehr als fünfzig Jahren lebte.

Elisa saß nun *Le Morthomme* gegenüber, während seine Frau Tee kochte und Plätzchen hereinbrachte. *Le Morthommes* Hand ruhte auf dem Einband des Buches, als legte er einen Eid ab. „Ich habe Sie gestern erwartet", sagte er.

„Ich wurde verhaftet", gestand Elisa beschämt. „Ich weiß nicht, warum. Es war schrecklich!" Sie berichtete ihm kurz von Otto und ihrem zufälligen Zusammentreffen auf der Straße, wobei *Le Morthomme* sie interessiert musterte. Als sie mit ihrem Bericht fertig war, sah er auf das Buch. Dann wandte er sich wieder ihr zu.

„Und Sie sagen, er hat die Seite aus dem Buch gerissen und sie verbrannt?" Er schnalzte mit der Zunge. „Eine Schande. So ein schönes Buch." Aber sein Mitgefühl schien nur den *Faust* zu betreffen, nicht Elisa. „Es ist das erste Mal, daß Sie als Kurier tätig sind, nicht wahr?" fragte er.

„Ja, aber zuvor habe ich dabei geholfen, Kinder über die Grenze zu bringen – "

„Kein Vergleich zu dem, worauf Sie sich jetzt eingelassen haben. Das kann ich Ihnen versichern.“ Er räusperte sich und schlug das Buch auf. „Und jetzt lassen Sie mich raten, welche Seite dieser Nazi-Hund herausgerissen hat.“ Er lächelte, wobei er seine Zahnlücken zeigte. „Die Szene heißt *Trüber Tag,* nicht wahr?“

„Was? Ja, aber woher ...“

„Es ist eine gräßliche Sache, ins Gefängnis gesteckt zu werden. Das haben Sie ja selbst erfahren.“ Er schlug das Buch bei der fehlenden Seite auf, und obwohl die Seite fehlte, rezitierte er den Text, der dort eigentlich stand: *„Im Elend! Verzweifelnd! Erbärmlich auf der Erde lange verirrt und nun gefangen! Als Missetäterin im Kerker zu entsetzlichen Qualen eingesperrt, das holde unselige Geschöpf!“*

„Sie kennen den Text gut“, sagte Elisa. Sie spürte, daß er ihr mit dem Zitat etwas sagen wollte. Ihr zu erklären versuchte, ... Was?

„Und wie hat Ihnen das Gefängnis gefallen?“ fragte er.

„Das habe ich Ihnen doch gesagt. Eine entsetzliche Hölle!“

„Und wenn Sie dort Monate oder gar Jahre hätten verbringen müssen“, bohrte er weiter, „hätten Sie das Buch dann immer noch so mutig zu *Le Morthomme* gebracht?“

„Was wollen Sie von mir wissen?“ fragte Elisa unsicher.

„Was ich Ihnen erkläre, ist“, sagte *Le Morthomme,* „daß viele verhaftet und gefoltert werden, weil sie sich uns angeschlossen haben. Wurden Sie geschlagen?“

„Nein.“

„Ich frag' mich, warum?“ Er schien jetzt amüsiert.

„Das ... habe ich mich auch gefragt.“ Elisa klang sehr kleinlaut.

„Wenn man Sie gefoltert hätte, hätten Sie ihnen gesagt, was sie wissen wollten?“

„Was hätte ich ihnen schon sagen können? Ich weiß nicht mehr, als daß ich dorthin geschickt wurde. Erst zu Fiori – “

„Hätten Sie ihnen Fioris Namen genannt, wenn man Sie gefoltert hätte?“ Er preßte seine Hand auf das aufgeschlagene Buch.

„Ich ... glaube nicht. Woher soll ich das wissen?“

„Sie werden sich das doch überlegt haben. Ist es Ihnen nicht in den Sinn gekommen, daß Sie Fiori verraten hätten, wenn man Sie geschlagen hätte?“

„Warum fragen Sie mich das?“

„Antworten Sie einfach, was Sie wirklich glauben, Elisa“, sagte der alte Mann sanft.

Le Morthomme lehnte sich zurück und zitierte weiter aus dem *Faust.*

„Bösen Geistern übergeben und der richtenden gefühllosen Menschheit! Und mich wiegst du indes in abgeschmackten Zerstreuungen, verbirgst mir ihren wachsenden Jammer und lässest sie hilflos verderben ... !“

Elisa zuckte zurück. Verwirrt schaute sie von einem zum anderen. „Ich verstehe nicht!“ rief sie. „Bitte sagen Sie mir, was das alles zu bedeuten hat!“

„Sie müssen es selber herausfinden“, sagte *Le Morthomme* leise. „Sie haben jetzt erfahren, was Haft bedeutet. Sie haben sie erlebt, und Sie wissen, was es bedeutet, wenn Sie sich uns anschließen.“

„*Wenn?*“ Sie blinzelte das Buch an, das sie so weit und unter solchen Gefahren mit sich gebracht hatte. „Aber ich *habe* mich Ihnen angeschlossen!“

„Sagen wir es so“, erwiderte *Le Morthomme,* „Sie haben einen Test durchlaufen. Sie haben ihn durchlaufen, so wie ihn andere Kuriere vor Ihnen durchlaufen mußten. Obwohl viele unter dem ersten Eindruck der Haft daran gescheitert sind. Viele sind zusammengebrochen, bevor die Peitsche auch nur erwähnt wurde. Andere haben beschlossen, daß sie ihre Sicherheit nicht noch einmal aufs Spiel setzen wollen. Auf keinen Fall. Für nichts in der Welt. Es liegt unermeßlicher Schrekken innerhalb dieser Mauern; und wenn Sie sich uns anschließen, wird Sie die Erinnerung an diesen Schrecken nie mehr verlassen, bis zu Ihrem Tod, oder bis Sie wieder im Gefängnis stecken, ohne Hoffnung, jemals wieder auf freien Fuß gesetzt zu werden ... oder bis das alles überstanden ist ...“

Mit einem Mal wurde ihr alles klar. Nichts davon war wirklich gewesen. Otto hatte sie herausgefordert, hatte sie verhaftet, sie verhört und gequält aus Gründen, die sie sich nie erträumt hätte. „Es war ein *Test?* Alles nur ein *Spiel?* Und wenn ich versagt hätte?“

Er beantwortete ihre Frage nicht. „Sie sind jetzt in Frankreich. Sie müssen nicht nach Wien zurück. Zurück ins Reich. Wenn Sie sich aber dafür entscheiden zurückzugehen ... und uns zu helfen, dann ist Ihr Leben womöglich für immer in dem Gestank und dem Elend der Hölle verloren, die über die Welt hereingebrochen ist.“

„Das bedeutet, daß Otto ...“ Sie bemühte sich, daß, was *Le Morthomme* ihr sagte, zu glauben. „Otto sagte zu mir, daß es nicht so ist, wie es scheint. Er hat mich gewarnt, und ich habe es für eine Drohung gehalten.“

„Wenn Sie den nächsten Schritt gehen, gibt es kein Zurück mehr. Wenn Sie dann aussteigen, werden sie Sie töten; wenn Sie uns verraten, werden wir Sie töten.“

Elisa starrte auf ihre Hände. Vor ihrer Reise in die tiefste Finsternis des Nazi-Gefängnisses hatte sie nur eine vage Vorstellung von der Gefahr gehabt. Jetzt war sie sich der wirklichen Gefahr bewußt. Heute abend stand sie vor der Wahl; sie konnte einfach davongehen, für immer alles vergessen. „Sie werden mich nicht töten müssen." Nervös fummelte sie an ihrem Ehering herum. Es war nicht länger ein mutiges Spiel. Wie Otto würde sie von jetzt an am Rande des Abgrundes balancieren. „Sagen Sie mir", sagte sie stockend. „Sagen Sie mir, was ich zu tun habe."

„Als erstes müssen Sie der Partei beitreten. Leugnen Sie alle früheren Verbindungen."

Die Worte trafen sie wie ein Schlag ins Gesicht. „Aber ich ..."

Le Morthomme hob seine Hand, um sie zu unterbrechen. „Sie *müssen* sich für die nächste Zeit von Ihren früheren Freunden abwenden. Wenn Sie überleben, werden Ihre Freunde vielleicht einmal die Wahrheit erfahren. Aber fürs erste stellen Sie sich besser darauf ein, von ihnen verachtet zu werden."

Diese Vorstellung war schlimmer als das schrecklichste Gefängnis. Leah und die beiden Jungen tauchten vor ihr auf. Die Fotos in ihrem Geigenkasten schrien förmlich um Aufmerksamkeit. „Da ist etwas, das ich vorher noch erledigen muß", sagte sie. „Bitte! Ich brauche Ihre Hilfe. Wir wußten nicht, wer uns in Wien helfen könnte. Wir brauchen Papiere – Ausweispapiere."

Le Morthomme lehnte sich zurück und kratzte sich am Ohr. „Worin sind Sie da verwickelt? Sie sind ein Kurier, nicht mehr. Wovon sprechen Sie da?"

Elisa legte die Fotos vor ihn auf den Tisch. *Le Morthomme* preßte seine Lippen zusammen. Ihm gefiel nicht, was er sah.

„Es wurde Ihnen doch gesagt, daß Sie sich nicht mit diesen Dingen abgeben sollten."

„Das muß ich erst noch zu Ende bringen", sagte Elisa entschlossen. „Ich habe sie in der Nacht, in der die Nazis einmarschiert sind, in Wien zurücklassen müssen."

„Ihre Arbeit als Kurier ist viel wichtiger als das Leben einzelner. Das wußten Sie von Anfang an."

„Ich kann sie nicht dort zurücklassen." Elisa klappte den Deckel des Geigenkastens zu und setzte sich dem seltsamen kleinen Mann gegenüber. „Bitte. Gibt es nicht eine Möglichkeit, ihnen Papiere zu besorgen? Visa? Französische Pässe?"

Le Morthomme hob Leahs Foto hoch, dann Ludwigs. Karls Foto mit dem gespaltenen Gesicht und den traurigen Augen ließ er auf dem Tisch liegen. „Vielleicht für diese beiden. Vielleicht. Aber nicht für ihn. Sie können nichts für ein solches Kind unternehmen."

„Warum nicht?" Sie lehnte sich flehend vor. „Warum sollten sie sich überhaupt mit so einem kleinen Jungen beschäftigen?"

„Sie kennen die Antwort so gut wie ich." *Le Morthomme* sah sie scharf an. „Die Geschichte von den beiden ist erst kürzlich durch die ganze Welt gegangen. Das amerikanische *Liberty*-Magazin hat darüber berichtet. Ich habe eine Ausgabe unten in meinem Laden. Sie wären erstaunt, wieviele Amerikaner hereinkommen und allwöchentlich nach der neuen Ausgabe fragen." Plötzlich lächelte er sie interessiert an. „Madame Murphy, es war Ihr Ehemann, der den Bericht geschrieben hat. Er muß es gewesen sein, der Walter Kronenbergers Aufzeichnungen aus Österreich herausgeschmuggelt hat. Jetzt wollen Sie seine Kinder herausschmuggeln. Meinen Sie nicht, daß die Nazis früher oder später sich darauf einen Reim machen werden?"

Elisa blinzelte ihn an. „Murphy?" fragte sie erstaunt. „Wie konnte er ...? Woher hat er ...?"

Le Morthommes Mundwinkel zuckten überrascht darüber, daß ihr diese entscheidende Kleinigkeit offenbar neu war. „John Murphy, ja, vom IND. In deren Büro wurde Kronenberger erschossen. John Murphy ist doch Ihr Mann, oder nicht?"

„Mein Mann." Elisa wiederholte die Worte vorsichtig. „Aber er weiß nichts von den Kindern."

„Allerdings weiß er von ihnen, Madame. Und er hat sie auch der ganzen Welt in Erinnerung gerufen. Die Nazis werden den peinlichen Umstand, daß sie noch am Leben sind, nicht länger dulden. Und ich warne Sie, Sie können ihnen nicht helfen, oder wir werden Sie nicht mehr einsetzen können."

„Aber warum?"

„Weil Sie zum Untergang verurteilt wären. So wie es die Kinder sind. So wie Ihre Freundin. Jetzt sind andere Dinge wichtiger, Dinge, die jedes ... Opfer verlangen. Um viele zu retten, werden einige verloren sein."

„Heißt das, daß Sie mir nicht mit den Papieren helfen werden?"

„Das heißt, daß es mir nicht möglich ist. Und Sie müssen sich aus jeder Situation heraushalten, die unsere Unternehmungen gefährdet."

Elisa erwiderte nichts. Stattdessen nahm sie ihm wortlos die Fotos ab und verstaute sie wieder in ihrem Versteck im Geigenkasten. „Dann fürchte ich, daß ich nicht länger mitmachen kann." Sie sah ihm gerade in die Augen. „Um vielen zu helfen, muß ich bei einem anfangen. Einer nach dem anderen muß gerettet werden; und am Ende habe ich dann vielleicht an der Rettung vieler teilgehabt. Wenn der Transport von Botschaften wichtiger wird als diese Kinder, dann ist das nichts für mich." Sie sammelte ihre Dinge ein. „Ich werde Sie jetzt verlassen. Sagen Sie, wem auch immer Sie das sagen müssen, daß ich dafür nicht stark genug bin. Ich kann nicht für Sie arbeiten. Sagen Sie das, wer immer dafür verantwortlich ist."

„Sie sind sehr kurzsichtig, Madame." *Le Morthomme* schnalzte mißbilligend mit der Zunge. „Aber wenn es so ist, wie Sie sagen, dann sind Sie für uns eine Gefahr. Es scheint, daß Sie Otto Wattenbergers Warnung schon vergessen haben. Er hat sogar seine Mutter und seinen Vater verleugnet. Er hat sich von Anfang an dazu entschlossen, so zu tun, als stünde er auf der Seite des Bösen. Zum Teil mußte er bis zum Äußersten gehen. Es bedeutet sehr viel Mut, das zu tun."

Elisa atmete tief durch. „Diesen Mut habe ich nicht. Ich kann mich nicht dermaßen verstellen."

„Wenn Sie sich nicht verstellen können, dann sind auch Sie zum Tode verurteilt. Es tut mir leid. So laufen die Dinge jetzt, Elisa. Sie müssen lernen, sich zu verstellen. Sie müssen lernen, Dinge wie Liebe und Freundschaft einem größeren Wohl zu opfern."

„Ohne das Gute im Kleinen gibt es kein größeres Wohl, *Le Morthomme.* Da trennen sich unsere Wege."

Der *Tote Mann* hatte ihr gesagt, was von ihr verlangt wurde. Aber das brachte sie nicht fertig. Sie hatte Haft, Verhör und Schrecken über sich ergehen lassen, aber sie versagte am Ende bei dem Test, weil sie ihre Freunde nicht im Stich lassen konnte. Liebe hatte aus ihr eine Närrin gemacht. Liebe hatte sie zu einer Gefahr für die kleine Welt der Spionage werden lassen.

„Sie wären ideal gewesen", sagte *Le Morthomme,* nachdem er seine Frau gebeten hatte, die Ausgabe des *Liberty*-Magazins mit Murphys Bericht zu holen. „Es ist eine Schande, daß sich unsere Wege trennen müssen."

„Ich wünsche Ihnen ... Ich bete, daß Sie Erfolg haben, *Le Morthomme,* aber ich kann die Kleinen nicht Ihren politischen Zielen opfern. Ich ... es tut mir leid, daß ich Otto so Unrecht getan habe."

Le Morthomme lachte in sich hinein. „Das braucht Ihnen nicht leid zu tun! Es wird von ihm verlangt, daß man ihn falsch einschätzt. Das bedeutet, daß er seine Rolle gut spielt, nicht wahr?" Sein Lächeln erstarb so schnell, wie es gekommen war. „Und jetzt wünsche ich

Ihnen viel Glück bei dem, was Sie zu tun haben. Wenn wir versagen, und Hitler Erfolg hat, dann bleibt keine Hoffnung mehr. Dann bleibt nichts mehr, außer der Erinnerung an die Versuche, etwas im Kleinen zu bewirken. Sogar diese Versuche können Sie schon Ihr Leben kosten. Wenn Sie damit erwischt werden – " Er nahm seiner atemlosen Frau die Zeitschrift ab, als sie wieder heraufkam.„ – dann versichere ich Ihnen, daß auch Sie nicht überleben werden. Ich verabscheue den Gedanken, daß so etwas Schönes zerstört werden könnte. Wie ich höre, machen die Nazis keine halben Sachen."

Elisa betrachtete die Zeitschrift. Das Deckblatt zeigte zwei kleine Jungen, die in zerschlissenen Overalls in einem kleinen Bach fischten. Es wirkte so amerikanisch. So sorglos. Genauso stellte sie sich Murphy vor, wie er als Kind gewesen war. Das Bild schien nicht zu der Schlagzeile zu passen, die einen Bericht über das Grauen ankündigte, das ein Mann und seine Kinder in Nazi-Deutschland widerfahren war.

Einen Moment lang wollte sie *Le Morthomme* noch einmal bitten, ihr mit den Papieren zu helfen. Welche andere Hoffnung blieb ihr? Aber sie hielt sich selbst davon ab und ging zur Tür. Ihr Mut verließ sie für einen Augenblick. Sie wünschte sich, daß Murphy bei ihr wäre, so wie er in jener Nacht bei ihr gewesen war, als ihr Vater aus dem Zug gezerrt worden war. Murphy hätte ihr gesagt, was er davon hielt. Er hätte ihr gesagt, was sie zu tun hatte.

Sie hielt sich die Zeitung vor die Brust. „Vielen Dank", sagte sie.

„Sehen Sie zu, daß Sie das loswerden, bevor Sie zurückfahren", ermahnte sie *Le Morthomme*. „Wenn sie das bei Ihnen finden, werden sie Sie noch in demselben Augenblick in ein KZ werfen. Das versichere ich Ihnen!"

Elisa nickte und stieg die Stufen in die stinkige Seitengasse hinunter. Sie war wieder allein. Sie mußte überlegen, was zu tun war. Wie kam sie an die Ausweise? Wohin konnte sie Leah und die Jungen bringen?

Sie konnte keinen klaren Gedanken fassen, in ihrem Kopf drehte es sich. Über ihr probte die verhinderte Opernsängerin weiterhin ihre schrägen Tonleitern. Die Katze fauchte und polterte über einen Abfallhaufen, als Elisa vorbeiging. Sie klammerte sich an das Magazin, als wäre es ein Brief von Murphy – als wäre es Murphy selbst. Wenn er doch nur hier wäre; er wüßte, was zu tun wäre!

40. Ein Rendezvous

Der Taxifahrer war genauso mürrisch vom langen Warten wie Elisa enttäuscht von ihrem Treffen. Wie es schien, hatte sie die Paßfotos völlig umsonst den ganzen Weg bis nach Paris mitgeschleppt.

Der in strahlendes Licht getauchte Eiffelturm wirkte wie ein Finger, der gen Himmel zeigte. *Was soll ich jetzt unternehmen, Allmächtiger?* betete sie innerlich. *An wen kann ich mich wenden?*

Die Antwort kam ihr schließlich wie die natürlichste Sache auf der Welt vor. Mit einem Mal klang ihr Thomas' Stimme im Ohr! Paris! *Das Café! Ruf mich dort an. Frag nach Thomas. Nenne nicht meinen Nachnamen. Der Besitzer ist ein Freund von mir.*

Vor dem Taxi tauchte die eindrucksvolle Fassade des Gare de Lyon auf. Elisa sah zu der riesigen Uhr hinauf. Es waren noch fast anderthalb Stunden, bis ihr Zug nach Wien abfuhr. Auf alle Fälle genug Zeit!

Sie bezahlte den Fahrer und eilte in die überfüllte Halle. Die Zeitschrift in der einen und ihren Geigenkasten in der anderen Hand bahnte sie sich einen Weg durch die Menschenmenge zu den gläsernen Telefonzellen vor dem Restaurant *Train Bleu.* Ein halbes Dutzend Leute wartete in einer Schlange darauf, telefonieren zu können. Es schien überhaupt nicht voranzugehen, während einer nach dem anderen sein Gespräch führte.

Mit geschlossenen Augen betete Elisa, daß Thomas im Café war. Daß er bereit wäre, ihr zu helfen!

Durch die Lautsprecher wurden die Ankunfts- und Abfahrtszeiten durchgegeben. Paare eilten aus dem eleganten *Train Bleu.* Die Schlange kam nur langsam voran. Aber nach zwanzig Minuten trat Elisa endlich in die Zelle und suchte die Nummer des Cafés heraus. *Laß ihn da sein! Oh, Gott, bitte, laß ihn da sein!* betete sie, als das Telefon am anderen Ende der Leitung klingelte.

„Café de Triomphe", meldete sich eine barsche, ungeduldige Stimme.

Elisa konnte lautes Stimmengewirr hören. „Ich möchte Thomas sprechen!" brüllte Elisa in den Hörer, um den Lärm zu übertönen.

Es gab eine lange Pause. „Thomas, sagen Sie?"

„Ja, Thomas ..." Fast hätte sie seinen Nachnamen genannt, aber dann erinnerte sie sich an seine Warnung. „Sind Sie ein Freund von ihm?"

„Ja, Madame." Er klang jetzt etwas freundlicher. „Aber er ist heute abend nicht hier."

„Aber ich muß ihn sprechen! Ich muß ihn treffen!"
„Ihn treffen, Madame ... ?"
„Sagen Sie ihm, daß Elisa ..." Ein verärgerter Herr klopfte ungeduldig an die Scheibe der Telefonzelle.
„Elisa!" Der Cafébesitzer kannte offenbar ihren Namen.
„Ja! Sagen Sie ihm, daß ich mit dem Express nach Wien fahre und ihn im Restaurant *Train Bleu* erwarte. Sagen Sie ihm bitte, daß ich ihn dringend sprechen muß!"
„Oui, Mademoiselle, ich werde Henri sofort zu ihm schicken! Bleiben Sie da! *Train Bleu* am Gare de Lyon! Ich werde ihm Bescheid geben!"
Als er auflegte, trommelte der verärgerte Herr bereits mit der Faust gegen die Glasscheibe. Aber einen Moment lang rührte sie sich nicht. Sie hielt den Hörer in der Hand, obwohl die Leitung schon tot war. Thomas würde kommen! Er konnte ihr helfen! Dieses Mal würde er sie nicht im Stich lassen so wie damals, als sie Theo verhaftet hatten. Hatte er nicht gesagt, daß er sie noch immer liebte? Hatte er nicht versprochen, alles für sie aufzugeben?
„Machen Sie, daß Sie rauskommen! Ich habe einen dringenden Anruf zu erledigen und mein Zug fährt jeden Augenblick ab. Glauben Sie, daß Sie die einzige sind, die ein Telefon braucht? Kommen Sie raus!"
Elisa öffnete die Tür. Sie spürte kaum, wie der Mann sie beiseitestieß.
Ungläubig blinzelnd verharrte sie eine Weile in der riesigen Halle. Fast erwartete sie, daß Thomas schon in diesem Moment durch die Schwingtüren trat.
Elisa packte den Geigenkasten und ging langsam zur Damentoilette. In einer leeren Kabine öffnete sie den Kasten und holte vorsichtig den Umschlag mit den Fotos unter dem Futter hervor. *Thomas wird kommen! Ich werde ihm die Fotos geben und er wird einen Weg finden, die gefälschten Papiere zu besorgen!*
Sie verließ die Toilette und kämpfte gegen die Flut eiliger Passagiere und bahnte sich ihren Weg zum Restaurant. Der Empfangschef lächelte das hübsche Fräulein erwartungsvoll an und verbeugte sich leicht, als sie eintrat. Aber sie schien ihn nicht zu bemerken. Das Restaurant war zum Bersten voll.
„Ich warte auf jemanden", sagte sie abwesend. „Könnte ich einen Platz am Eingang haben?"
„Mademoiselle!" Er verbeugte sich abermals und führte sie an einen

kleinen Tisch in der Nähe des Büffets. Sie beachtete ihn nicht, als er eine Speisekarte vor sie hinlegte. Ihr Blick blieb unverwandt auf den Eingang des Restaurants gerichtet. *Thomas wird kommen! Er wird uns helfen!*

* * *

Die ganze Nacht lang versuchte *Le Morthomme* den Code zu entziffern, der in den Seiten des Buches versteckt war, das Elisa ihm gebracht hatte. Das helle Licht der Schreibtischlampe strengte seine Augen an, während er nacheinander die Buchstaben fand und die deutschen Worte herausschrieb. Zuerst übersetzte er sie ins Französische und dann ins Englische.

Der junge von Kleistmann schwebte in Gefahr. Soviel hatte der *Tote Mann* herausgefunden. Das hatte er schon seit Wochen vermutet, wenn der schlanke Offizier bei ihm gewesen war und er ihm hinterhergesehen hatte. Ja, Thomas von Kleistmanns Leben war heute nacht nicht mehr sehr viel wert. *Le Morthommes* Vermutung war richtig. Thomas war beobachtet worden, und sein Tod beschlossene Sache.

Aber es stand noch sehr viel mehr in dem Buch. Thomas war ein kleiner, fast unbedeutender Teil in diesem Rätsel. Etwas ... *etwas!*

Er fuhr sich mit der Hand über die Augen und nippte an dem Tee, den ihm seine Frau hingestellt hatte. Ohne Zweifel würde das hier die ganze Nacht in Anspruch nehmen. Thomas sollte nicht das einzige Opfer sein; und das Ende des Ganzen würde gleichzeitig auch das Ende der Staaten und der Völker darstellen.

Der *Tote Mann* fühlte sich darin bestätigt, daß er diesen hübschen jungen Kurier ohne gefälschte Papiere fortgeschickt hatte. Mit jedem neuen grauenhaften Wort wurde ihm klarer, daß das Schicksal zweier kleiner Jungen nur eine sehr untergeordnete Rolle spielte angesichts dessen, was er aus diesen Seiten Buchstabe für Buchstabe herauslas.

* * *

Der Verkehr kam fast zum Erliegen, gerade als die Turmuhr des Gare de Lyon in Sicht kam.

Thomas beugte sich vor, um besser sehen zu können. Reisende kamen und gingen unter dem hohen Torbogen des Eingangs zum Bahnhof. *Ist das da Elisa zwischen ihnen? Wartet sie dort auf mich?*

„Haben Sie eine Ahnung", fragte er den Fahrer, „wann der Orient-Express abfährt?"

Der Fahrer räusperte sich und schob die Unterlippe vor, während er einen Blick auf die Turmuhr warf. „Wenn Sie den Express noch erwischen wollen, Monsieur, werden Sie's kaum noch rechtzeitig schaffen. Nicht bei dem Verkehr ..."

Thomas antwortete nicht. Er hatte bereits seine Geldbörse gezückt, holte eine Handvoll Geldscheine heraus und legte sie neben sich auf den Sitz. Er wußte nicht wieviel – es war ihm auch völlig egal. Er sprang aus dem Taxi. Der Fahrer rief ihm erstaunt seinen Dank hinterher. Hupen ertönten, als Thomas sich durch die nur kriechend vorankommende Wagenkolonne drängelte.

„He, du Verrückter! Willst du dich umbringen ... ?"

Auf beiden Seiten der Straße, die zum Bahnhof führte, waren die Cafés zum Bersten gefüllt mit Theaterbesuchern. Ohne seinen Blick von der Turmuhr zu nehmen, drängelte sich Thomas durch die Menge. Frauen stockte der Atem, und Männer brüllten ihm verärgert hinterher, als er sie beiseitestieß. *Elisa war am Gare de Lyon! Elisa war in Paris!* Alles andere war egal. Er sah weder die verdutzten Gesichter, noch hörte er das wütende Gebrüll. Die Zeiger der riesigen Uhr tickten weiter, und Thomas legte noch einen Schritt zu. Sie war da, irgendwo dort unter der vergoldeten Kuppel des riesigen Bahnhofs.

Bedrohlich strahlten ihn die Scheinwerfer tausender Autos an, als er vom Bordstein auf die Straße trat. Wurde er verfolgt? In diesem Augenblick war ihm auch das egal. Elisas Zug fuhr ab. Er mußte sie aufhalten, er mußte sie dazu bringen, hier in Paris zu bleiben. Alles andere war egal. Die Welt spielte keine Rolle. Canaris und Oster. England. Das deutsche Reich konnte zur Hölle fahren, aber Elisa war hier in Paris und suchte nach *ihm!*

Die Zeiger der Uhr tickten weiter ...

* * *

Elisa stand auf Zehenspitzen neben dem abfahrbereiten Zug. Sie ließ ihren Blick über die Menschenmassen in der lärmenden Halle wandern. Thomas kam nicht.

„Alles einsteigen! Dies ist der letzte Aufruf!“ rief der Schaffner. Die anderen Fahrgäste saßen bereits in ihren Abteilen. Der Express würde nicht warten. „Der kommt nicht mehr, Madame“, sagte der Schaffner mitfühlend. „Der Theaterverkehr hat ihn bestimmt zu lange aufgehalten.“ Er führte sie zu ihrem Abteil. Sie stieg ein und setzte sich zwischen vier Mitreisende.

Elisa suchte weiter mit ihren Blicken die Menschenmenge in der Halle ab. Sie würde ihn mit Leichtigkeit erkennen; wenn er da war, würde sie ihn auch sehen. Der Schaffner hatte recht, obwohl er ihre Sorge mit Liebe verwechselte.

Der Umschlag mit den Fotos der Kinder war von ihren verschwitzten Händen ganz naß geworden. Thomas kam nicht. Er konnte ihr nicht helfen. Er *hätte* es getan, davon war sie überzeugt, wenn sie ihn nur getroffen und ihm in die Augen gesehen hätte. Er hätte ihr aus Liebe geholfen.

Sie schloß ihre Augen. Sie fühlte sich sehr einsam. Sie hatte den Kindern ein Versprechen gegeben: *„Ihr müßt euch nur ein bißchen länger gedulden ...“* Nun würde sie ohne die notwendigen Papiere nach Wien zurückkehren.

Thomas rammte einen Gepäckträger, und die Koffer fielen in alle Richtungen. Zornige Flüche verfolgten ihn, als er unter den riesigen Bögen des Bahnhofportals hindurchrannte.

Auf der anderen Seite der Halle ertönte der Pfiff des Expresses.

„Elisa!“ brüllte Thomas, aber seine Stimme verlor sich in dem schrillen Pfeifen des Zuges. Freunde und Verwandte traten zurück, als die Abteiltüren dem Fahrplan gehorchend zuschlugen. Durch die geöffneten Fenster wurden die Gespräche noch schnell zu einem Abschluß gebracht. Abschiedsgrüße und eine letzte Umarmung in aller Eile.

Thomas rannte noch schneller über den Marmorboden. Er wich den Massen aus, die ihm den Weg versperrten und suchte die Fenster der Abteile ab. „Elisa!“ Da war sie; er erkannte ihr Profil, sie hatte den Blick gesenkt. „Sieh hoch! Hier bin ich!“ Noch immer hatte er die Halle erst zur Hälfte durchquert. Noch einmal brüllte er ihren Namen, als das schrille Pfeifen ein letztes Mal erschallte. *Warum sah sie nicht auf!*

Der Schaffner gab sein Signal. Die Passagiere beugten sich für eine letzte Berührung herunter, Fingerspitzen reckten sich ihnen vom Bahnsteig entgegen. Noch einmal ertönte die Pfeife, gerade als Thomas den Bahnsteig erreichte. Etwa ein Dutzend Wagen trennte ihn jetzt noch von Elisa. „Elisa!" schrie er noch einmal. Aber der Zug setzte sich langsam in Bewegung und verschwand in der Nacht.

* * *

Herschel Grünspan zog einen gewissen Stolz aus seiner Arbeit für *Le Morthomme.* Anfänglich hatte ihm der alte Mann nur erlaubt, älteren oder schwachen Kunden ihre Einkäufe zu tragen. Aber mittlerweile brachte er ihm auch etwas bei über die Bücher, die er verkaufte. Hin und wieder bekam Herschel die Aufgabe, sich um die Tische mit den weniger wertvollen Exemplaren zu kümmern. Nachdem er *Le Morthomme* eine Weile zugehört hatte, war Herschel sogar in der Lage, sich auch ein wenig über die Art der Bindung und über den eigentlichen Wert der Bücher zu unterhalten.

„Du bist wie ein Papagei", lachte der Tote Mann, aber Herschel hörte auch eine gewisse Genugtuung aus der Stimme des alten Buchhändlers heraus.

Jeden Morgen hinterließ Herschel ein paar Francs auf dem Frühstückstisch seines Onkels, bevor er auf die noch dunklen Straßen hinausschlüpfte. Er schrieb seinen Eltern von seiner Arbeit und sparte Geld für sie in der Hoffnung, sie ein wenig unterstützen zu können, während sie unter dem Boykott der jüdischen Geschäfte in Berlin litten.

Zweimal hatte *Le Morthomme* ihn vor einer Ausweisung bewahrt, als er aufgefordert wurde, seine Arbeitserlaubnis vorzuzeigen. „Er arbeitet für mich", hatte der *Tote Mann* erklärt. „Ich gestatte ihm, für mich zu arbeiten." Ein paar Francs hatten ihren Besitzer gewechselt, und womöglich war auch mal ein kostbares Buch in der Tasche eines französischen Inspektors verschwunden. „Du bist ein kräftiger Junge", teilte der alte Mann Herschel mit. „Meine Kunden mögen dich. Sogar die Nazis mögen dich."

„Sie wissen nicht, daß ich Jude bin."

„Und bist du dumm genug, es ihnen zu verraten?" Der *Tote Mann* lächelte.

Vielleicht mochten ihn die Kunden, aber es gab einige unter ihnen, für die Herschel keine besondere Gegenliebe empfand. Deutsche kamen in jeder Art und Größe. Viele waren Flüchtlinge wie er. Aber es waren auch viele deutsche Beamte darunter, die in Paris stationiert waren oder die gerade lang genug in der Stadt blieben, um die Cabarets aufzusuchen oder ein verbotenes Buch auf dem berühmten Büchermarkt zu kaufen.

Die Kunden, die regelmäßig kamen, waren häufig in Gedanken verloren oder arrogant, zumindest empfand das Herschel so. Es gab einen im besonderen, der er nie zu bemerken schien, obwohl Herschel ihn sofort erkannt hatte.

Schon in Berlin, als er mit seinem Vater in Lindheims Kaufhaus gearbeitet hatte, war Herschel dieser selbstgefällige junge Wehrmachtsoffizier zuwider gewesen, der Elisas Herz so vollständig in Besitz genommen hatte. Theo Lindheim hatte ihn in der Änderungsschneiderei als ein „Mitglied der Familie" vorgestellt. Thomas von Kleistmann hatte eisern geschwiegen, während ihm seine Kleider angepaßt wurden. Es war offensichtlich, daß er sich den Juden überlegen fühlte, ob sie nun Schneider oder Theo Lindheim persönlich waren. Am Ende hatte sich dieser stolze, hochnäsige Arier sogar über Elisa gestellt. Jeder wußte Bescheid. Jeder außer Elisa hatte gewußt, daß von Kleistmann ein Seelenverwandter Hitlers war.

Von Kleistmann kam häufig zu *Le Morthomme*, und jedesmal wandte sich Herschel ab und haßte ihn im stillen für das, was er verkörperte, und was er schon in Berlin verkörpert hatte. Nur *Le Morthomme* schien Herschels brodelnden Zorn zu bemerken. Zu guter Letzt fragte er den jungen Mann: „Was hat dir dieser Deutsche nur angetan?"

„Er ist Antisemit." Herschel sah nicht von seinem Stapel auf.

„Ach was? Zeigst du heute allen, daß du ein Jude bist? Hat er dir die Zähne eingeschlagen?"

„Er nicht; aber seinesgleichen. Sie haben meinen Vater letztes Jahr in Berlin überfallen. Bestien, wie er eine ist, erlauben es der Gestapo, Unschuldige – "

„Er ist ein guter Kunde."

„Er zahlt nicht genug. Ich würde ihm gerne seine Schuld abverlangen!"

„Er hat nie mit dir gesprochen."

„Das würde er auch nicht, selbst wenn er mich bemerkt."

Le Morthomme lächelte. „Ich habe ein Päckchen für ihn. Du mußt es für mich in die deutsche Botschaft bringen."

„Die Botschaft?"

„Dort arbeitet er."

„Ich kann da nicht hingehen! Ich bin Jude!"

„Du bist in Frankreich. Hier arbeitest du für den *Toten Mann.* Jeder, der mich kennt – und das ist jeder –, wird meinen Gehilfen in Frieden lassen. Also, bring das Päckchen in die deutsche Botschaft. Frag nach Thomas von Kleistmann. Du sprichst gut deutsch. Meine anderen Gehilfen sprechen nur französisch und englisch. Du mußt dich beeilen, Herschel, oder ich werde einen Kunden verlieren."

* * *

Wie eine Alarmglocke schrillten *Le Morthommes* Worte in Herschels Kopf. *„Ja! Der alte Mann wird trotzdem einen Kunden verlieren!"* dachte er, als er nach Hause zu seiner Dachkammer rannte. Hatte da eine Art göttlicher Fügung durch *Le Morthomme* zu ihm gesprochen?

Herschel sprang zwei Stufen auf einmal nehmend die schiefe Treppe hinauf und riß die Tür zu seinem heißen, stickigen Zimmer auf. Er hob die Matratze hoch, unter der er die kostbare Waffe für genau diesen Moment versteckt hatte. Das war seine Gelegenheit! Was machte es schon aus, daß er ein paar Tage zu früh dran war? Der Deutsche würde sterben! Herschel würde seiner Wut und Verzweiflung Ausdruck verleihen!

Er wiegte die Waffe zärtlich in seiner Hand. „Für Zion werde ich die töten, die mein Volk töten." Er probte seine Erklärung, mit der er unter dem Blitzlichtgewitter der Fotografen auf die Fragen der Reporter antworten würde. *Warum? Warum haben Sie Thomas von Kleistmann getötet? Teilen Sie uns Ihre politischen Motive mit!*

Herschel steckte sich den Revolver in die Tasche. Er würde alle Fragen beantworten. Sein Schuß würde eine Antwort auf jeden Nazi-Stiefel sein, der das Gesicht eines deutschen Juden zertrümmert hatte!

„Sie werden mich hören", gelobte er, als er die Stufen zur Metro hinunterstieg. Sie würde ihn genau bis zum Haupteingang der deutschen Botschaft bringen. Erst als er vor dem Eisentor stand und stammelte, er sei der Botenjunge von *Le Morthomme,* merkte er, daß er zitterte. Angst ergriff ihn. Die Macht des Hakenkreuzes schien ihn zu zerschneiden. Wie eine Säge durchtrennte sie seinen Mut. Er sah auf das Schachbrettmuster der Fliesen im Foyer und fuhr mit der Hand in seine Manteltasche. Die Waffe, die er dort fühlte, war jetzt seine einzige Hoffnung.

41. Vitorios Rache

Le Morthomme hatte Elisa das *Liberty*-Magazin mitgegeben, um ihr klarzumachen, daß es keine Chance gab, Karl und Ludwig Kronenberger lebend über die Grenze zu bringen.

Während der Zug langsam über die Bergpässe Richtung Österreich fuhr, las Elisa Murphys Bericht noch einmal. Sie war stolz auf ihn; sein klares Bekennen zur Aufrichtigkeit überzeugte sie zutiefst. Ganz im Gegenteil zu *Le Morthommes* Anliegen festigte der schreckliche Bericht ihre Entschlossenheit. Es mußte etwas unternommen werden. Sie kehrte nach Wien ohne die lebenswichtigen Unterlagen zurück, auf die sie gezählt hatte; eigentlich hätte auch der letzte Hoffnungsschimmer in ihr erloschen sein müssen. Aber dann las sie Murphys Worte noch einmal:

Zuerst war da nur ein kleiner Riß in der Festung des Rechts. Die Menschen schauten beiseite, als andere Menschen entschieden, wer es wert war, Kinder zu bekommen. Sie sahen beiseite, als der Staat zunächst entschied, welches Kind es wert war zu leben, und dann, wer von den Älteren es noch wert war, am Leben zu bleiben und an den Gütern der ganzen Nation teilzuhaben. Von da aus war es nur noch ein kleiner Schritt zu der Entscheidung, wer mit welcher Art Deformierung es nicht mehr wert war, noch länger am Leben zu bleiben. Auch die Geisteskranken wurden auf den Scheiterhaufen geschart. Der kleine Riß verbreiterte sich zu einer tiefen Kluft, als der Staat erklärte, daß Angehörigen einer bestimmten ethnischen Herkunft, einer bestimmten Religion oder politischen Überzeugung das Weiterleben nicht gestattet werden sollte, daß die Farbe der Haut, der Augen und so weiter und so fort ausschlaggebend sein sollten, nicht mehr zur großen germanischen „christlichen“ Rasse zu gehören.

Immer wieder las Elisa den Bericht. Die ganze Zeit über hatte sie in John Murphy nichts anderes als einen einfachen Reporter gesehen! Sie hatte nie für möglich erachtet, daß sich hinter seiner leichtherzigen Fassade eine Tiefe offenbarte, die in der Lage war, die vollen Ausmaße der Tragödie zu erfassen.

Wenn sie ihn jemals wiedersehen sollte, würde sie ihm in die Augen sehen und es ihm sagen. Sie hatte sein Innerstes aus seinen Worten herausgelesen, seine Worte hatten ihr neuen Mut gegeben.

Ja, dachte sie, für Walter Kronenberger war es zu spät. Aber vielleicht gab es noch Hoffnung für seine Söhne!

* * *

Murphy mußte seinen Bericht schreiben. Es gab einen Abgabetermin. Aber er kam nicht voran. Eine Zeile folgte der anderen, immer wieder hielt er mittendrin inne, weil sich die Buchstaben seiner Schreibmaschine ineinander verfingen. Elisa tauchte vor ihm auf, und er mußte für einen Moment aufhören, seine Augen schließen und die Luft anhalten. Erst dann konnte er weitermachen.

Er konnte nicht begreifen, warum sich ihr Gesicht und ihre Zärtlichkeit ihm gerade in diesem Moment derart in Erinnerung riefen. Es verwirrte ihn, daß der Gedanke an ihr Lächeln und ihre samtweiche Haut ihn daran hinderte, sich zu konzentrieren. Er hatte Wichtiges zu tun. Die ganze Welt schien auf ein Desaster zuzusteuern, und alles, woran Murphy denken konnte, war eine Frau!

Er riß das Blatt aus der Walze, legte ein neues ein und begann von Neuem.

Heute morgen hat Premierminister Neville Chamberlain erneut eine britische Verantwortung in der Angelegenheit zurückgewiesen ... Einmal mehr brach Murphy ab. Seine beiden Zeigefinger verharrten über der Tastatur. Er schloß seine Augen, um Elisas Anblick loszuwerden, aber es gelang ihm nicht. Lebhafter als je zuvor sah er sie vor sich. Murphy riß die Seite heraus. Wütend zerknüllte er sie zu einem unförmigen Klumpen und warf ihn auf den Boden.

Es gab da etwas, das er zuerst schreiben mußte, oder aber er würde seinen Termin nie einhalten.

Liebste Elisa,
man erwartet von mir einen Bericht über die Situation in der Tschechoslowakei, aber alles, woran ich denken kann, ist eine bestimmte Frau in Prag. Gestern habe ich in der Lobby des Savoy-Hotels eine Aufnahme von Vivaldis „Vier Jahreszeiten" gehört. Siehst du, wieviel ich von Dir gelernt habe? Ich weiß jetzt sogar, wie man Vivaldi schreibt, und ich erkenne eine Geige, wenn ich sie höre!

Lächelnd hielt er inne. Er fühlte sich augenblicklich besser. Seit Wochen hatte er ihr schreiben wollen. Hatte mit ihr reden wollen, ihr erzählen ... ihr alles erzählen wollen. Mit einem Mal wollte Murphy, daß sie ihn *kennenlernte!* Er wollte, daß sie sein Innerstes kannte, so wie sie ihm ihr Innerstes durch ihre Musik vermittelt hatte.

Als ich den „Frühling" hörte, merkte ich, daß ich meine Augen geschlossen hatte. So konnte ich mir vorstellen, Du wärst bei mir. Drei Kollegen, die bei mir saßen, glaubten, ich sei eingeschlafen, dabei war ich hellwach und träumte von Dir.

Liebe war mehr als Süßholzraspeln. Murphy sehnte sich danach, ihr alles, was er in diesem schrecklichen Augenblick empfand, mitzuteilen. Dieser Moment des Kontrapunktes, an dem die Welt zwischen Wut und Apathie hin- und hergerissen schien. Beide Melodiebögen liefen auf die Zerstörung zu ... die Auslöschung von Menschen wie Walter Kronenberger und dem Tod von Abermillionen Kindern. Er wollte Elisa mitteilen, wovon er mittlerweile überzeugt war – daß Haß der Knüppel war, mit dem die Unschuld blutig zu Tode geprügelt wurde, aber die Gleichgültigkeit mit dem Haß im Bunde stand! Die Gleichgültigkeit erlaubte es dem Bösen, über das Gute zu triumphieren.

Ja, all das wollte Murphy ihr schreiben, obwohl er überzeugt war, daß sie es schon wußte. Sie war jemand, der sich wirklich einsetzte. Vielleicht war das ja der Grund, warum er sich so stürmisch in sie verliebt hatte.

Ich sollte arbeiten, aber alles, woran ich denken kann, bist Du. Alle meine Gedanken kreisen nur um Dich. Es gibt nicht einen Moment, an dem Du nicht bei mir wärst. Es gab nicht eine Stunde, seitdem ich Dich das letzte Mal gesehen habe, in der ich mich nicht in der Menge umgesehen habe, in der Hoffnung, Dich zu treffen.

Eine Stunde verging und noch eine zweite. Der Abgabetermin verstrich, und immer noch saß Murphy an seiner Schreibmaschine. Seite um Seite schrieb er über seine Hoffnungen und seine Ängste um die Welt, um sich selbst, um Elisa – und für die Kinder, die sie womöglich eines Tages bekommen würde ...

* * *

Mindestens zwei Dutzend Nachrichten waren Thomas durch *Le Morthomme* zugeführt worden. Aber dies war das erste Mal, daß der *Tote Mann* jemanden direkt in die deutsche Botschaft schickte.

Thomas knöpfte sich seine Uniformjacke zu und ging die Stufen zur Eingangshalle hinunter, wo der mürrische Junge mit einem in Papier eingewickelten Buch in seinen schweißnassen Händen ihn erwartete. Irgendetwas im Blick dieses schmächtigen Jugendlichen mit seinen dunklen Augen bereitete Thomas Unbehagen. Er hatte ihn dutzende Male am Bücherstand gesehen, aber jetzt, hier im Foyer der Botschaft, schien sein Gesicht von einem unausgesprochenen Haß verzerrt. Er erinnerte Thomas an einen anderen Jungen, einen sehr viel jüngeren. In *Berlin?* Thomas hatte immer angenommen, daß *Le Morthommes* Gehilfe ein Franzose sei.

„Von Kleistmann“, sagte Thomas knapp. „Du hast ein Päckchen für mich?“

Der Junge nickte kurz. „Von *Le Morthomme*“, sagte er auf französisch. Sein finsterer Blick war starr auf Thomas gerichtet.

„Du sprichst deutsch, nicht wahr?“

Der Junge nickte wieder nur einmal kurz.

Thomas musterte ihn ungehalten. Er war sicher, daß er ihn schon einmal in Berlin gesehen hatte. „Du bist kein Franzose“, sagte Thomas. Es klang wie eine Beschuldigung.

„Nein, kein Franzose“, gab der Junge mit einem deutlichen Berliner Akzent zurück.

Thomas musterte ihn eine ganze Weile, wobei er sich zu erinnern versuchte, *wo* in Berlin ... „Das dachte ich mir. Ich habe dich doch schon mal gesehen.“

„Ich bin immer am Bücherstand von *Le Morthomme*“, antwortete der Junge mit einem merkwürdigen Unterton. Dann streckte er in Erwartung eines Trinkgeldes seine Hand aus. „Ich bin einen sehr weiten Weg gekommen, Herr von Kleistmann. Es ist üblich ...“

Es war ja auch egal, wer der Junge war, entschied sich Thomas. Wenn *Le Morthomme* der Meinung war, daß die Information es erforderte, direkt zur Botschaft gebracht zu werden, dann würde Thomas nicht noch mehr Zeit mit diesem mürrischen Jungen vergeuden. Er ließ eine Münze in die Hand des Jungen fallen. Dann machte er auf den Absätzen kehrt und eilte die Treppe hinauf zu seinem Zimmer.

* * *

Es war fast kein Mensch in der Halle des Wiener Bahnhofs zu sehen, und die Stimmung unter der riesigen roten Hakenkreuzfahne war gedämpft, als Elisa aus dem Zug stieg. Vielleicht waren die, die fortwollten, schon alle abgereist. Ein paar Soldaten in Uniform saßen auf langen Holzbänken herum, aber keine Kapelle spielte ihnen ein Abschiedsständchen. Kein roter Teppich war ausgerollt. Keine schreienden Menschenmengen. Nur eine schwermütige Stille und das müde Zischen des Zuges hinter ihr, als sie auf das Portal zuging, das sie in die Sonne entließ.

Elisa hatte es nicht geschafft, die Papiere zu besorgen, die es den zwei kleinen Jungen und Leah gestattet hätten, diesen Ort zu verlassen. Sie spürte ihr Versagen auf ihrem Weg zur Straßenbahn. Was sollte sie Karl und Ludwig sagen? Wie sollte sie ihnen erklären, daß das wochenlange Warten sie ihrer Flucht kein Stück näher gebracht hatte, obwohl die Gefahr immer größer wurde? Sie bereute es, ihnen überhaupt soviel Hoffnung gemacht zu haben. Sie schlang ihre Arme um den Geigenkasten, in dem immer noch die Paßfotos sorgfältig versteckt waren. Vielleicht konnte sie sie mit in die Tschechoslowakei nehmen und dort die Pässe machen lassen, obwohl tschechische Ausweise mittlerweile besonders gründlich von der Gestapo kontrolliert wurden.

Mit sorgenvoller Miene blickte sie der grünweißen Straßenbahn entgegen. Die Straßenbahn war beinahe leer. Ein paar Passagiere, die ihr aus dem Bahnhof gefolgt waren, stiegen mit ihr ein.

Wortlos zahlte sie und setzte sich auf einen Sitz auf der schattigen Seite des Abteils. Sie legte den Geigenkasten neben sich, um jeden abzuschrecken, der sich neben sie setzen wollte. Sie mußte über ihre nächsten Schritte nachdenken. Sie konnte nicht länger auf fremde Hilfe bauen. Mit der einen Hand am Fenster sah sie hinaus auf ihr geliebtes Wien. Niemals hätte sie es für möglich gehalten, daß sie sich eines Tages danach sehnen würde, von hier fortzukommen. Soviele glückliche Erinnerungen verband sie mit diesem Ort. Aber all das war jetzt vorbei, genauso, wie es Murphy vorhergesagt hatte. Es gab nichts mehr, wofür es sich gelohnt hatte zu bleiben. Wären nicht Leah und die Kinder gewesen, sie wäre nie im Leben hierher zurückgekehrt. Das Wien ihrer glücklichen Tage gab es nicht mehr. Das Wien mit fröhlicher Musik und sorglosen Zeiten war verschwunden. Die Melodie war verschlossen.

Elisa sah auf den Geigenkasten hinunter. Plötzlich erinnerte sie sich an ein anderes Versprechen, das sie gegeben hatte. Eins, das sehr viel leichter zu erfüllen war. *Ja! Ich werde Vitorio aus seinem Gefängnis holen,* dachte sie, als die Straßenbahn ganz in der Nähe des Pfandleihers hielt, der Leah betrogen hatte.

Vielleicht blieb Elisa eine totale Niederlage erspart! Fast beschwingt von dem Gedanken beeilte sie sich, zu dem kleinen Laden zu kommen, von dem ihr Leah berichtet hatte. Sonnenlicht spiegelte sich auf der Fensterscheibe, und dahinter sah Elisa ein Durcheinander der verschiedensten Musikinstrumente. Geigen, Hörner, Oboen, Trompeten, ein Fagott und zwei Violas – und dort, in einer Ecke der Auslage, stand das staubige Cello! Vitorio, das von Leah so liebevoll gepflegte Pedronelli-Cello, briet im Sonnenlicht hinter der Scheibe eines Pfandleihers! Innerlich krampfte sich Elisa zusammen, als sie einen kurzen Blick darauf warf. Aber wenigstens war es noch nicht verkauft! Das war doch immerhin etwas.

Sie stieß die Tür auf und trat in den Laden, der noch staubiger und unaufgeräumter war als die Auslage im Fenster. Der Pfandleiher sah genauso aus, wie ihn Leah beschrieben hatte. Er trug sogar seine Armbinde. Er sah auf und lächelte die hübsche blonde Arierin an, die seinen Laden betrat.

Elisa erwiderte freundlich sein Lächeln und hob ihren Arm. *„Heil Hitler"*, sagte sie.

„Heil Hitler!" Sein Lächeln wurde noch breiter. Sie hatte nicht versucht, ihren Berliner Akzent zu verbergen. Er hielt sie für eine wahre Landsmännin. Er verbeugte sich knapp und rieb nervös seine Glatze. „Womit kann ich Ihnen dienen?"

„Ich suche", sagte Elisa, wobei sie das Schaufenster betrachtete, „nach einem Instrument, das ich meinem Neffen mitbringen kann. Ich bin selbst Musikerin, wissen Sie. Ich war hier, um bei Himmlers Besuch zu spielen, und ... nun, ich würde gern ein Instrument aus Wien mitbringen. Schließlich haben hier all die berühmten Komponisten gelebt!"

„Eine reizende Idee! Ganz reizend!" Er beeilte sich, hinter seinem Ladentisch vorzukommen. Er wischte sich die Hände an seiner Schürze ab und schlurfte zum Fenster. Ein grüner Vorhang diente der Auslage als Hintergrund. „Ich habe jede Art ... alles! Alle Juden in Wien haben versucht, ihren Müll hier loszuwerden, aber ich kaufe nur das Beste! Nur das Beste!"

Du stiehlst das Beste, meinst du. Elisa versuchte, sich zusammenzureißen und nickte weiter lächelnd mit dem Kopf. „Nun, ich will gar nichts Besonderes. Natürlich könnte ich mit Leichtigkeit ein gutes Instrument kaufen – ich erkenne die Unterschiede. Aber es ist für ein Kind. Es soll ein robustes Instrument sein vielleicht eine Viola."

Der Pfandleiher holte beide Violas aus dem Schaufenster. Elisa spielte sie mit Leichtigkeit, wobei sie darauf achtete, daß sie etwas nicht allzu Kompliziertes aber Eingängiges wählte. Beide klangen sie durchschnittlich, aber als sie aufhörte, war der Pfandleiher davon überzeugt, zwei verlorengeglaubte Stradivari zu besitzen! „Was habe ich für ein Glück! Die Götter sind mir gnädig! Sie werden es nicht glauben, was ich für diese beiden gezahlt habe!"

„Oh ja, das glaube ich. Aber Sie dürfen sie beide für nicht weniger als dreitausend pro Stück verkaufen, oder Sie betrügen sich selbst!"

„In der Tat! Dreitausend!" Er war außer sich. „Das werde ich nicht; das verspreche ich. Vielleicht sollte ich sie zum Musikverein bringen. Dort könnte sich doch jemand für solche Instrumente interessieren!"

„Ohne jeden Zweifel", erwiderte Elisa.

„Nun, was gibt es denn sonst noch? Geigen? Violas?"

„Er ist nur ein Kind. Ein ziemlich großes, ungeschicktes Kind, um genau zu sein. Ich suche etwas, daß die Stimmung Wiens vermittelt, aber nicht so wertvoll ist."

Der Pfandleiher war zufrieden, daß er solche Kostbarkeiten besaß, aber was sollte er ihr verkaufen? „Sind Sie interessiert an ... vielleicht ist ja ein ... vielleicht würden Sie sich ja für ein Cello interessieren?"

Sie warf einen Blick ins Schaufenster. „Dieses zerschrammte alte Ding da?" Sie nickte in Richtung Vitorio und entschuldigte sich im stillen bei ihm. „Ich weiß nicht ..." Sie zögerte, wobei sie die Saiten einer Geige zupfte. „Es ist ziemlich groß."

„Cellos sind robust, Fräulein." Er war bereits dabei, es aus der Ecke des Schaufensters hervorzuholen. „Genau das Richtige für einen kleinen Jungen, oder einen großen Jungen." Er reichte es ihr voller Stolz.

Elisa zog widerwillig ihre Brauen hoch. „Wirklich? Wer hat Ihnen denn das erzählt?"

Er runzelte die Stirn. „Nun, die Frau, die es mir verkauft hat, meinte – "

Elisa zupfte angewidert an den Saiten. Es war nicht gestimmt, und sie zuckte entsetzt zusammen. „Hmmm. Was hat sie gesagt?"

„Daß es sehr ... wertvoll sei ..."

„Was haben Sie dafür bezahlt?" Elisa wußte die lächerliche Summe bereits von Leah. Fünfunddreißig Schilling für ein Instrument, das bei einer Versteigerung nicht unter dreitausend weggehen würde. Er hatte das Cello nicht gekauft. Er hatte es gestohlen.

„Nicht allzuviel", erwiderte der Pfandleiher verlegen. Er überlegte, welche Summe nicht zu hoch für so ein großes Instrument wäre.

„Wieviel?" Elisa zog ihre Brauen hoch, als wollte sie sagen, daß dafür jeder Preis so hoch sei.

„Zweihundert", log der Pfandleiher.

„*Zwei*hundert? *Zwei?*" Alles in ihrer Stimme verriet ihm, daß nur ein vollkommener Idiot soviel für dieses Ding bezahlen würde. Sie zupfte noch einmal an einer Saite. Der Ton hüpfte wacklig durch den Raum.

„Vielleicht waren es keine zwei. Lassen Sie mich überlegen. Ich könnte doch keinen solchen Fehler gemacht haben. Es waren ... fünfunddreißig, glaube ich. Zweihundert für das andere, das ich gestern verkauft habe." Er log wieder, aber wenigstens hatte Elisa ihn dazu gebracht, den Preis zuzugeben, den er Leah wirklich gezahlt hatte.

„Fünfunddreißig, ja? Nun, dann sollten Sie keinen zu großen Verlust mit dem Ding machen."

„Verlust?" kreischte er. „Aber sie hat behauptet – "

„Sie wissen doch, wie leicht es ist, Leute übers Ohr zu hauen", gurrte Elisa und zupfte noch einmal die ungestimmten Saiten.

„Übers Ohr gehauen!" Er rang seine Hände und sah das Cello haßerfüllt an. „Ich bin betrogen worden!"

„Das können Sie genauso gut im Fenster lassen. Es macht nicht mehr viel aus, ob sich das Holz noch verzieht!"

„Wieviel geben Sie mir dafür?"

Sie schüttelte den Kopf, als machte er Witze. „Ihnen *geben?* Hierfür?"

„Für Ihren Neffen. Ein ungeschickter Junge, haben Sie gesagt! Als Spielzeug! Nur ein kleines Andenken an Wien, wie Sie selbst gesagt haben! Wollen Sie es mir nicht abnehmen, Fräulein?"

„Sicherlich nicht für den Preis, den Sie dafür bezahlt haben. Fünfunddreißig Schilling? Geradezu lächerlich!"

„Ich geb' es Ihnen für die Hälfte", bot er bereitwillig an.

Sie war immer noch nicht überzeugt.

„Geben Sie mir zehn dafür?" bettelte er.

Elisa musterte das Cello scharf. Langsam wurde sie weich. Der Pfandleiher witterte seine Chance, es loszuwerden. „Es ist so groß", sagte sie. „Sehr schwer zu tragen."

„Es hat einen Kasten!"

„Und Bögen? Ich würde es ungerne ohne Bögen mit nach Hause bringen!"

„Aber ja doch!" Er klatschte sich in die Hände. „In dem Kasten sind zwei Bögen! Na, was meinen Sie?"

Sie holte tief Luft und schlug mißmutig die Saiten noch lauter an. Der Pfandleiher zuckte zurück. „Zehn Schilling? Für ein Andenken?" Sie zögerte.

„Mit Kasten und Bögen! Sie können es in den Gepäckwagen werfen, dann müssen Sie es nicht selber tragen." Er biß sich auf die Lippe. „Also gut, acht Schilling und keinen Groschen weniger."

„Ich gebe Ihnen fünf."

„Abgemacht!" Erleichtert, hastete der Pfandleiher davon, um den Kasten zu holen. Er kam mit dem alten, vertrauten und zerschrammten Kasten zurück, mit dem die beste Cellistin Wiens ihr Instrument geschützt hatte. Elisa zählte fünf Schillinge ab und legte sie auf den Ladentisch. Sie wandte sich zum Gehen.

„Sie feilschen wie ein Jude!" lachte der Pfandleiher.

Elisa lächelte und wuchtete Vitorio vorsichtig hoch. „Und Sie handeln wie ein Nazi."

Er nahm ihre Bemerkung als Kompliment und hielt ihr die Tür auf. Dann wischte er sich die Stirn, erleichtert darüber, daß ihn das Ganze nur dreißig Schilling gekostet hatte.

42. Nachricht für Ninive

Mit dem Cello in der einen und der Geige in der anderen Hand zwängte sich Elisa durch den Hauseingang. Herr Hugel kam ihr erst in den Sinn, als es schon zu spät war.

Die Tür zu seiner Wohnung im Erdgeschoß öffnete sich, und er trat heraus. Er musterte sie mißtrauisch. Sein Blick wanderte von den Instrumenten zu Elisas gerötetem Gesicht und wieder zurück.

„Heil Hitler", sagte er mit einem bedrohlichen Unterton.

„Heil ...", erwiderte Elisa. „Sie sehen ja, daß es mir unmöglich ist, Sie korrekt zu grüßen." Sie versuchte, fröhlich zu klingen. Aber er erwiderte ihr Lächeln nicht.

„Was wollen Sie?" Er starrte immer auf die Instrumente.

Elisa antwortete ihm nicht gleich. „2 B."

Er nickte. „Ah, ja, Elisa Linder. Sie ist krank, nehme ich an. Ich höre sie manchmal husten." Er wurde jetzt etwas lebhafter. „Ist das ein Cello?"

„Wie bitte? Ja?" Elisa steuerte auf die Treppe zu. „Da sie nicht in der Lage war, zu den Proben zu kommen, dachte ich, ich bringe es ihr besser vorbei."

„Sind Sie auch Musikerin?" rief er ihr hinterher.

„Ja." Elisa stieg bereits die Stufen hoch. Es schien, als wollte er ein bißchen schwatzen. Aber sie wollte nur fort von ihm, sich mit Leah hinter der Tür verstecken.

„Spielen Sie auch dem Führer vor?"

„Sooft ich kann." Sie erreichte den Treppenabsatz. Er hatte seine Augen weit aufgerissen, so beeindruckt war er. Er war Hausmeister in einem Haus, in dem Musiker wohnten, die dem Führer *persönlich* vorspielten!

* * *

Thomas blätterte jede Seite einzeln im Licht der Lampe um. Er wagte es nicht, die Nachricht aufzuschreiben, aber die Bedeutung jedes einzelnen Wortes, durch dessen Markierung das Licht fiel, brannte sich in sein Bewußtsein ein.

Das Leben eines hochrangigen Offiziers der Abwehr an der deutschen

Botschaft in Paris ist ernsthaft gefährdet. Der Mord soll zeitlich mit dem Aufstand im Sudetenland zusammenfallen ... Oberkommando an britische Regierung: Termin für Invasion Ende Mai. Steht zu euren Verträgen. Hitler wird den militärischen Widerstand mehrerer Großmächte nicht überstehen.

Die Tatsache, daß sein eigenes Leben in höchster Gefahr war, überraschte Thomas nicht. Seit Wochen hatte er die Gefahr schon zu spüren geglaubt. Er hatte diese Möglichkeit in dem Moment akzeptiert, da er sich zum Kampf an der Seite der Gegner im Oberkommando entschlossen hatte. Falls sein Verrat aufgedeckt wurde, war ihm ein langsamer Tod gewiß. Die Vorstellung eines schnellen Attentats bot im Gegensatz dazu fast eine Erleichterung.

Diese kurze Mitteilung aus Wien bedeutete jedenfalls mehr als die bloße Warnung vor einer drohenden Gefahr. Die Briten mußten davon in Kenntnis gesetzt werden! Sie mußten persönlich von der bevorstehenden Invasion unterrichtet werden! Und wenn Thomas nur einer von vielen sein sollte, die durch Nazi-Sympathisanten ihren Tod fanden, so mußte doch das Außenministerium benachrichtigt werden!

Thomas hatte zwei freie Tage vor sich. Die würde er nutzen. Die Zugfahrt an die französische Küste dauerte nicht lange. Wenn er erst einmal da war, würde er Fischer finden, die ihn bereitwillig mit zum Fischen hinausnehmen würden ...

* * *

„Ich habe versagt", gestand Herschel unglücklich seinen Kameraden. „Ich war da, im Foyer der Botschaft. *Le Morthomme* hatte mich hingeschickt. Ich habe die Waffe mitgenommen, aber ich habe es nicht fertiggebracht ... ich hatte Angst! Es war, als hielte die Furcht meine Hand zurück. Ich hab' ihm einfach das Päckchen gegeben und ihn gehen lassen." Herschel vergrub sein Gesicht in den Händen.

„Das macht überhaupt nichts, Herschel", sagte Hans erleichtert. „Die Zeit ist dafür noch nicht reif. Ich werde dir das Zeichen geben. Hast du das vergessen?" Er schlug ihm auf den Rücken. „Mai. Dann muß es erledigt werden! Wenn die Nazis alle betrunken in ihren Bierhallen hocken! Ich werde dir sagen, wann du schießen mußt, und dann, glaube mir, wirst du auch den Mut dazu haben!"

Johann und Raphael nickten wohlwollend. Herschel beruhigte sich ein wenig. Seine einzigen Freunde stempelten ihn nicht zum Feigling. Johann legte ihm seine Hand auf den Arm und sagte tröstend: „Es war nicht Furcht, Herschel, die dich davon abgehalten hat, ihn zu erschießen. Nicht Angst, sondern die Hand der Vorsehung. Es ist ein bestimmter Tag geplant. An diesem Tag werden eine Menge Juden überall auf der Welt Zeichen setzen! Warte, bis du Bescheid bekommst; und solange versuche nicht, Mut zu sammeln, wenn er gar nicht verlangt ist."

Aus ihrem Trost schöpfte Herschel eine neue Entschlossenheit. „Ja! Ich werde warten und für den Augenblick beten, an dem die Tat vollbracht wird", sagte er mit bebender Stimme. Und noch als er sprach, wußte er, daß er eine neue Chance erhalten würde. Thomas würde vor ihm stehen, und Herschel würde gnadenlos abdrücken. „Für Zion!" rief Hans und kippte seinen bitteren Rotwein in einem Zug hinunter.

„Für Zion!" wiederholten die anderen und tranken auf den Tod eines weiteren Nazis.

* * *

Die kleine Wohnung war von Gelächter erfüllt. Leah spielte heitere Bach-Melodien, und Karl saß auf dem Bett und klatschte in die Hände, während Ludwig vergnügt um sie herumtanzte.

Elisa hatte ihr Versprechen gehalten. Vitorio war endlich wieder frei, erlöst aus dem Gefängnis des unehrlichen Pfandleihers.

Als Elisa ihnen erzählte, wie der Pfandleiher sie förmlich angefleht hatte, ihm das Instrument aus den Händen zu nehmen, überschlug sich Leah vor Lachen und johlte, bis ihr die Tränen über die Wangen liefen und ihr der Magen wehtat.

Die Augen des kleinen Karl lächelten, als er auf das schimmernde Holz seines alten Freundes sah. Jetzt würde alles gut werden: Das Cello war wieder da. Manche Geschichten besaßen noch ein Happy-End.

Ludwig zupfte Elisa am Rock, als sie ihre Geige aus dem Kasten holte, um Leah darauf zu begleiten. „Und hast du auch einen Paß für Vitorio bekommen?" fragte er.

Elisa blieb wie angewurzelt stehen. Leahs Lachen erstarb, als sie sah, daß offenbar nicht alles so gut gelaufen war. Elisa hatte nicht alle Versprechen einlösen können.

„Ich habe sie nicht bekommen", sagte sie leise. „Ich hab's versucht. Ich hab' sogar versucht, Thomas zu treffen, aber ..."

Leah hob ihren Arm, um sie zu unterbrechen. Elisa mußte sich nicht rechtfertigen. „Es hat nie eine treuere Freundin gegeben", sagte sie. Und sie fing an zu spielen, als wäre das, was ihnen bevorstand, ohne jede Bedeutung. Sie konnte wieder an kleine Wunder glauben, und wenigstens für eine gewisse Zeit würde sie ihre Ängste beim Musizieren vergessen.

* * *

Ein kalter Wind wehte über den Kanal. Nicht einmal Thomas' schwerer Mantel schien ausreichenden Schutz vor der Kälte zu bieten. Er klappte den Kragen hoch. Die Wellen schlugen gegen den Bug des kleinen Fischerbootes, das auf dem Weg nach England die Wogen durchschnitt.

Thomas fragte sich, warum der britische Premierminister nicht einsah, daß Hitlers Traum von der Zukunft sich nicht mit Österreich oder dem tschechischen Sudetenland zufriedengab. Das Auge des Drachens reichte sehr viel weiter! Von seinem Horst in Berchtesgaden aus konnte der Führer vor seinem geistigen Auge deutlich die Kreidefelsen von Dover und die zusammenstürzenden Häuser des Parlaments erkennen.

Das Geschrei der Möwen, die dem Fischerboot folgten, schreckte Thomas aus seinen Gedanken. Diese Vögel kamen von der französischen Küste. Heute Nacht würden sie sich in England ausruhen. Thomas sah zu ihnen auf und erschauderte. Hatte sich der englische Premierminister klargemacht, wie leicht die Distanz mit Flugzeugen zu überwinden war? Hatte er nichts von dem niederschmetternden Urteil des amerikanischen Helden Charles Lindbergh gehört, der die deutsche Luftwaffe zur mächtigsten der Welt erklärt hatte? Warum also glaubte Chamberlain, daß sich Hitler mit dem Sudetenland zufriedengeben würde? Es war nur ein kurzer Flug für die deutschen Bomber nach London. Wenn es dieser Handvoll zerzauster Möwen gelang, die bewegte See zu überqueren, dann vermochte es auch Hitler – sofern er nicht bald aufgehalten wurde.

So lautete die Botschaft, die Canaris und die anderen durch von Kleistmann der britischen Regierung zukommen ließ. Keine Zeit sollte mit dem Entschlüsseln von Codes und der Übersetzung der Nachricht vergeudet werden. Diese so wichtige Mitteilung war tief in Thomas' Gedächtnis eingebrannt. Jeder Tag konnte die Entscheidung in der Tschechoslowakei bringen. Ein Attentat auf einen entscheidenden Regierungsvertreter, dann Chaos und Aufstände, worauf schließlich der Einmarsch deutscher Divisionen folgen würde, um die Ordnung wiederherzustellen, und das Land dem Reich einzuverleiben.

Genauere Einzelheiten waren nicht bekannt. Sie wußten nicht, welcher tschechische Politiker ermordet werden und wie es geschehen sollte. Wie der Prophet Jonas, so wurde Thomas geschickt, um dieses heutige Ninive zu warnen. Wenn sie ihm keinen Glauben schenkten, dann bedeutete das das sichere Ende eines weiteren Landes, noch bevor die Woche zu Ende ging. Und mit einem weiteren, unwiderruflichen Schritt hatte man sich der Apokalypse genähert.

Thomas war nicht länger kalt. Prickelnder Schweiß rann ihm den Rücken herunter. *Und wenn sie nicht hören ... ?*

Ein Dutzend Möwen schrien und drehten in einer geordneten Formation ab, als sich das Boot der englischen Küste näherte. Ohne jede Anstrengung segelten sie im Wind. Lange vor dem Boot würden sie das Land erreicht haben. Vielleicht beobachtete Hitler auch die Möwen. Vielleicht hatte er schon von Anfang an gewußt, wie einfach es war, den Kanal zu überqueren!

43. Ottos Rolle

Elisa war sich im klaren, daß ihre Idee keinerlei Hoffnung versprach, und doch war es ihre einzige. Sie wartete, bis Hugel zur Kirche gegangen war; dann schlüpfte sie aus dem Haus und eilte zu dem schrecklichen Ort, an den Otto sie gebracht hatte.

Obgleich sie innerlich bebte, lächelte sie, als sie das Gestapo-Hauptquartier betrat. Sie betrat das Haus als freier Mensch, aber sie wußte nicht, ob sie es jemals wieder würde verlassen können. In der Halle wimmelte es von jungen und älteren Damen, die an ihren Schreibmaschinen saßen. Auf den Schreibtischen stapelten sich Aktenordner. Jeder verkörperte das Leben eines Menschen, der in einem dieser grauenhaften Gefängnissse eingesperrt war. Die Akten wurden sorgfältiger behandelt als die Menschen, um die es dabei ging.

Elisa lehnte sich gegen den Schalter und ließ ihren Blick über die Marmorfassade der riesigen Lobby wandern. Sie wußte, daß vor dem Anschluß irgendeine Behörde hier untergebracht gewesen war, das Sozial- oder vielleicht auch das Wohnungsamt. Jetzt diente es einem sehr viel schrecklicheren Zweck.

Auf einer langen Holzbank an der gegenüberliegenden Wand wartete etwa ein Dutzend Frauen. Einige hielten Babys im Arm, andere hatten Päckchen bei sich, die sie vielleicht ihrem Mann oder ihrem Bruder oder ihrem Vater in die Zelle mitbringen wollten. Sie alle warteten auf eine Nachricht von ihren Liebsten. Die Nachrichten waren nie gut.

Elisa versuchte, nicht wie eine der hoffnungslosen Frauen zu wirken, die gekommen war, um zu fragen: *„Wohin haben sie ihn gebracht? Ist er verurteilt worden? Wird er jemals wieder nach Hause kommen?“*

Eine stämmige junge Blondine blickte zu Elisa auf. Sie war überrascht ein Lächeln auf Elisas Lippen zu sehen. „Ich möchte jemanden besuchen“, sagte Elisa. Sie fühlte die feindseligen Blicke der Frauen in ihrem Rücken. *„Heil Hitler“*, fügte sie hinzu

„Das möchten die anderen auch.“ Die Schalterbeamtin deutete mit ihrem Kopf auf die Bank. Ihr Akzent war eindeutig deutsch, nicht österreichisch.

„Es ist rein privat.“ Elisa brachte es tatsächlich fertig, fröhlich zu klingen. „Der, den ich besuchen möchte, sitzt in einem Büro, nicht in einer Zelle.“

„Das ist ja mal was anderes", lachte die Beamtin. Sie empfand kein Mitleid für die verängstigten Frauen auf der Bank.

„Otto Wattenberger, ist er da?" Elisas Stimme brach unter der Anstrengung, sich verstellen zu müssen. Sie spielte das Spiel so, wie sie *Le Morthomme* gegenüber behauptet hatte, dazu niemals fähig zu sein.

„Otto? Natürlich. Weiß er, daß Sie kommen wollten?"

„Das nehme ich nicht an."

„Verhöre und Untersuchungen im dritten Stock, wir sollten ihn da nicht unterbrechen." Sie nickte Elisa zu. Wobei sollten sie ihn nicht unterbrechen? Wie er jemanden bis auf die Haut durchsuchte? Wie jemand geschlagen wurde? Wie hielt es Otto nur im Zentrum dieses Grauens aus?

„Natürlich. Sagen Sie ihm, Elisa sei hier, ja?"

Die Blondine wählte und wartete einen Moment. „Beschäftigt? Eine Elisa. Ja, gut." Grinsend warf sie Elisa einen Blick zu. „Er sagt, Sie möchten heraufkommen. Sie kennen den Weg?"

Elisa nickte. Sie erinnerte sich an die Schreie, die sie in dem Korridor an dem Tag gehört hatte, an dem Otto sie verhaftet hatte. In ihren Alpträumen war sie diese Gänge immer wieder entlanggegangen. Ja, diesen Weg würde sie nie mehr vergessen.

Dieses Mal nahm sie den Fahrstuhl in den dritten Stock. Der Gang war leer und still, als hätten die Schreie der Opfer jedes andere Geräusch verbannt. Die Böden waren blankgebohnerter Marmor. Elisa bildete sich ein, daß sie Blutspuren in dem verworrenen Muster der Steine erkennen konnte.

Ein Stück weiter vorne trat Otto aus seinem Büro und erwartete sie mit verschränkten Armen. Selbst jetzt versuchte sie zu lächeln, aber sein Ausdruck schien bei ihrem Anblick alles andere als erfreut. Er trat zurück und ließ sie zuerst in das unaufgeräumte kleine Büro. Er schloß die Tür, aber er rührte sich weder vom Fleck, noch bot er ihr einen Platz an.

„Ich dachte, wir wären für Sie erledigt?"

„Sie haben davon gehört?"

„Genug jedenfalls. Für Sie ist es auf alle Fälle besser so. Es war sowieso eine dumme Idee." Er wandte sich ab, dann sah er ihr wieder in die Augen, als wollte er noch etwas sagen. Als wollte er sie fragen, ob sie verstand, worum es überhaupt ging.

„Ihre Idee, Otto?"

Er nickte. „Sie sagten, daß Sie nach Prag gingen. In der Nacht des

Anschlusses, an der Grenze. Ihr amerikanischer Paß. All das. Es schien zu dem Zeitpunkt eine gute Idee zu sein."

„Und Sie wollten, daß ich Bescheid wußte, nicht wahr?" Mit einem Mal war ihr alles klar. Er hatte ihren Namen und ihre Beschreibung den Leuten in Prag nicht allein deswegen gegeben, weil er der Meinung war, daß sie einen guten Kurier abgäbe. Er wollte, daß sie mitbekam, was er alles geopfert hatte. Was seine wirkliche Rolle war!

„Vielleicht stimmt das zum Teil", pflichtete er ihr bei. Für einen Moment wurde sein Blick sehr traurig.

Wie einsam er hier sein muß, dachte Elisa. *Wie schwer es sein muß, diese Lüge zu leben, die die eigene Familie dazu bringt, dich zu hassen.*

„Sie spielen Ihre Rolle gut, Otto. Aber ich kann es nicht. So gut kenne ich mich. Deshalb bin ich hier, um Sie um Hilfe zu bitten."

Bevor sie noch etwas sagen konnte, faßte er sich mit einem Stöhnen an den Kopf. Er stürmte an ihr vorbei und setzte sich an seinen Schreibtisch. „Nicht." Er konnte kaum sprechen. „Bitten Sie mich nicht, Elisa. Ich weiß, was Sie wollen, aber ich kann Ihnen nicht helfen. Nicht heute."

Elisa wartete eine ganze Weile. Schließlich fragte sie leise: „Warum, Otto?"

Er drehte sich ihr zu, sein Gesicht war gramverzerrt. Vielleicht fiel das Heucheln leichter, wenn niemand da war, der Bescheid wußte. „Nicht jetzt. Es gibt da etwas ... heute ... Ich kann es nicht sagen. Aber ich wage nicht, mich gerade jetzt in Gefahr zu bringen. Wenn Sie nur verstünden!"

„Aber ich verstehe nicht, Otto. Wie kann etwas wichtiger sein als ..."

„Diese Jungen?" beendete er ihren Satz lahm.

Elisa starrte ihn scharf an. Woher konnte er wissen, was sie von ihm wollte? „Jungen?"

„Kronenberger. Ich habe sie in der Nacht des Anschlusses gesehen. Es war nach der Sperrstunde, und sie waren mit Ihrer Freundin zusammen. Ich bin zu Ihrer Wohnung gegangen; ich dachte darüber nach, was Sie zu mir gesagt hatten. Ich hatte versucht, das alles zu verhindern." Er deutete auf die Aktenberge. „Indem ich weitergab, was mir zu Ohren kam. In der Hoffnung, es würde einen Unterschied machen. Daß es vielleicht helfen würde, das Schlimmste zu verhindern. Dann ging alles so schnell. Ich weiß nicht, warum ich zu Ihrer Wohnung ging in jener Nacht – ich habe einfach *gefühlt,* was Sie gesagt haben, und ich habe mein eigenes Versagen gefühlt. Ich habe mein

Leben aufgegeben, meine Familie. Und am Ende hat es überhaupt nichts gebracht."

„Dann helfen Sie uns! Helfen Sie ihnen, Otto!"

„Ich kann nicht. Nicht jetzt, nicht gerade jetzt", fügte er lahm hinzu, als draußen auf dem Gang das forsche Geklapper von Absätzen erklang. Elisa und Otto sahen sich an; dann fuhr sich Otto, als wollte er den angemessenen Ausdruck aufs Gesicht bringen, über den Mund. Als er die Hand wieder wegnahm, lächelte er.

„Otto!" rief eine Stimme von der anderen Seite der schweren Tür. „Helga sagt, du hättest da ein Mädchen bei dir! Kann dein alter Freund Sporer nicht auch etwas von ihr haben? Nun komm schon, alter Pfarrer, mach auf!"

Elisa wurde blaß und wandte sich schnell ab. Sie wünschte sich, es gäbe einen Platz zum Verstecken. Otto rückte seinen Schlips gerade und brachte ein herzhaftes Lachen zustande. „Komm rein, alter Witzbold!" rief er. Sein Schauspiel war hervorragend. Alles war wieder unter Kontrolle.

Die Tür flog auf und Albert Sporer trat ein. Sein Blick wanderte augenblicklich an Elisas Körper hinunter. Er versuchte gar nicht, seine Bewunderung zu verbergen. „Ja, wen haben wir denn hier? Hat unser Pfarrer Sie denn auch zufriedengestellt, Liebling?" Er kam auf sie zu und spähte ihr über die Schulter, als wollte er ihr an die Kehle gehen.

Instinktiv wehrte Elisa ihn mit der Hand ab und brachte ein nervöses Lachen zustande. Sie trat soweit zurück, daß sie beinahe ans Fenster stieß. „Wer ist das, Otto? Du hättest mich warnen sollen; dann hätte ich meine Nonnentracht angezogen." Ihre Worte klangen vergnügt genug. Sie gratulierte sich zu ihrer eigenen Vorstellung, als Sporer anerkennend lachte.

„Eine Nonnentracht, was? Ich finde Nonnen ganz besonders reizend!"

„Sowas hat Sporer nur selten aufgehalten, Elisa", sagte Otto leichtfertig, aber Elisa war sich fast sicher, daß er keine Späße machte.

„Das stimmt. Ich bin jemand, der kriegt, was er will." Sein Blick wanderte an den Knöpfen von Elisas Bluse herunter. „Jedesmal."

Diesmal war es ihr unmöglich zu lachen. Ein Schauer lief ihr über den Rücken. Sie warf Otto einen flehentlichen Blick zu. „Ich muß jetzt gehen."

„Wozu die Eile?" Sporer ergriff ihre Hand. Er schien ihr Unbehagen nicht zu bemerken. „Frag' sie, ob sie nicht mit uns zu Mittag essen will,

Otto. Sag' ihr, daß ich verspreche, weder zu kneifen noch zu beißen." Er hielt ihre Hand hoch und berührte ihren Ehering.

„Ich bin sowieso schon vergeben", sagte Elisa. Sie war für den Ring dankbar, dankbar für Murphy, wo immer er steckte ...

„Eine verheiratete Frau." Otto zuckte die Schultern.

„Nun, auch das hat mich nie aufgehalten." Sporer küßte ihre Hand. Elisa drehte sich der Magen um. Sie erinnerte sich an sein gemeines Grinsen in jener Nacht auf dem Judenplatz. Sie dachte an seine Befehle, die Rudy Dorbranskys Tod bedeutet hatten. Sie sah ihn deutlich vor sich, wie er an der österreichisch-tschechischen Grenze der jüdischen Frau die Kleider vom Leib gerissen und ihren Mann verprügelt hatte. „Es gibt eine Menge arische Frauen, die bereit sind, dem Führer ein Kind zu schenken ... mit oder ohne der Hilfe ihrer Männer." Sporer lachte anzüglich und zog eine Braue an Otto gewandt hoch. „Ist es womöglich das, was ihr zwei vorhabt?"

Otto verzog mißbilligend sein Gesicht.

„Wenn Sie von Otto genug haben, Frau Elisa, denken Sie bitte daran, daß es noch andere gibt, die Ihren Wunsch, ein Kind fürs Vaterland zu zeugen, nur allzu gerne erfüllen würden."

„Vielen Dank auch", brachte Elisa es fertig zu antworten. „Dafür brauchen Sie zuerst Ottos Erlaubnis." Sie lächelte, zwinkerte Otto zu und huschte zur Tür hinaus.

Elisa wartete nicht auf den Fahrstuhl. Sie hastete die enge Treppe hinunter, an der langen Bank in der Halle vorbei hinaus ins Sonnenlicht.

Otto hatte die Wahrheit gesagt. Er war viel zu nah am Herzen des Bösen, als daß er ihr jetzt helfen konnte. Es stand etwas *Schreckliches* bevor, und er konnte ihr nicht sagen, was es war.

* * *

Sporer strahlte höchsterfreut. Er saß Otto gegenüber am Tisch eines kleinen Straßencafés vor den Toren Wiens. Eine halbe Flasche Wein hatte er bereits getrunken, was unüblich für Sporer war, aber heute hatte er allen Grund zu feiern.

Er lehnte sich vor und sagte mit leiser Stimme: „Siehst du, wie einfach es war, Otto? Und du hast das alles verpaßt! Ein paar Tote, ein paar sehr hübsche Fotos, auf denen tschechische Polizisten *unschuldige*

Zivilisten schlagen, und der britische Premierminister meint, Prag solle seine militärischen Stützpunkte im Sudetenland aufgeben und das Gebiet dem Führer übergeben! Unsere Mission war ein Erfolg!"

Otto hob sein Glas. „Gratuliere, Sporer. Da ist dir ja ... etwas ... sicher." Er nahm fröhlich einen kräftigen Schluck Wein. „Denk an mich, wenn du Feldmarschall bist, ja?"

Sporer brüllte vor Lachen, und die Köpfe in dem kleinen Restaurant drehten sich zu ihnen um. „An dich denken? Mein guter Freund, wenn du etwas mehr guten Willen zeigen würdest, würde ich dich mit an die Spitze nehmen!" Er kippte seinen Wein hinunter und schenkte noch einmal nach. „Und wenn ich der Gauleiter vom Sudetenland bin, können wir uns die Weiber aussuchen! Guter Wein und gutes Essen und vielleicht sogar ein bißchen Kunst, wie Göring?"

Otto legte einen Finger an den Mund. „Noch sind wir nicht in der Tschechoslowakei, Albert", mahnte er.

„Aber so gut wie, und das weißt du! In zwei Tagen werden wir im Sudetenland einmarschieren, und niemand wird uns aufhalten! Genau wie im Rheinland. Wie in Österreich. Und wenn sie nur wüßten!" Er spähte durch sein Weinglas, als sähe er durch eine Kristallkugel. „Wenn die Dummköpfe wüßten, wie die Generäle murren und der Führer zittert beim Gedanken daran, daß die tschechischen Divisionen Widerstand leisten könnten! Fünfunddreißig Divisionen, und sie wären auch in der Lage, einen Luftkrieg zu führen."

„Wir würden sie mit Leichtigkeit schlagen", höhnte Otto.

Sporer schüttelte den Kopf. „Ich habe ihre Festungsanlagen gesehen. Sie sind besser ausgerüstet als die Franzosen. Ich sag' dir, Otto, die ganze Sache wäre in Frage gestellt, wenn sie den Mut aufbrächten. Aber sie haben keine Courage, weil die Engländer und die Franzosen ihnen nicht den Rücken stärken. In zwei Tagen, mein Freund, wenn irgendjemand fragt, wo die Truppen hin sind, dann verrat' es nicht!" Er schnaubte verächtlich und verschüttete etwas Wein auf der Tischdecke. „Militärgeheimnis." Er legte einen Finger an den Mund. „Niemand darf etwas wissen, bevor es erledigt ist. Das würde mich meine Beförderung kosten, verstehst du?" Sporer war sichtlich betrunken.

Otto sah sich nervös um, aber niemand schien sie zu beachten. „Halt den Mund, oder sie drehen uns beiden den Hals um."

Otto erhob sich und zog seinen Kameraden mit hinaus an die frische Luft. „Ich kenne einen kleinen Fuchs, der zuviele Trauben vom Weinberg genossen hat", lachte er und schubste Sporer zum Wagen.

* * *

Albert Sporer erzählte weitere Details, während Otto langsam zurück nach Wien fuhr.

„Jeder in Prag weiß, daß Präsident Beneš eine Aufführung der Oper *Die Jüdin* angesetzt hat! Die Premiere ist morgen abend. Beneš wird hingehen, zusammen mit den Prager Juden! Sie haben sämtliche Karten gekauft, die Juden, meine ich. Wir aber haben *einen* ganz bestimmten Juden angeworben, der eine ganz bestimmte Aufgabe für uns erledigen wird! Nur weiß er nicht, daß er es für uns tut. Er glaubt, er tut es für die Kommunisten!"

Otto wußte jetzt genau, worin der Plan bestand, aber er wollte noch mehr Einzelheiten erfahren. „Und dieser Jude wird den Präsidenten der Tschechoslowakei ermorden. Stimmt's? Habe ich recht, Albert?"

Sporer nickte schläfrig. „So wie damals bei AbrahamLincoln, dem amerikanischen Präsidenten. Ziemlich poetisch, finde ich. Ich selber habe mir den Plan ausgedacht, nachdem Beneš erwähnte, daß er ein Bewunderer Lincolns sei."

44. Ein ehrenvoller Verrat

Im Arbeitszimmer von Winston Churchills Landhaus suchte Thomas von Kleistmann in seinem ärmlichen englischen Wortschatz nach Worten, mit denen er dem großen Mann die Dringlichkeit seiner Mission klarmachen konnte.

Churchill starrte ihn von seinem Sofa aus durchdringend an. Seine Unterlippe hatte er böse vorgeschoben. „Sie sagen, daß sie Sie nicht sprechen wollten?" nuschelte er. „Der Premierminister? Der Außenminister? Sie sind hier unter höchster Lebensgefahr hergekommen, um England über die Pläne, die in der Staatskanzlei ausgebrütet wurden, in Kenntnis zu setzen, und sie weigern sich, mit Ihnen zu sprechen?" Seine Augen funkelten vor Zorn.

„Ich bin nicht am Sekretär vorbeigekommen." Thomas schüttelte seinen Kopf. „Deshalb bin ich hier nach Chartwell gefahren. Sie scheinen der letzte vernünftige Mensch in England zu sein, Mr. Churchill."

„Vernünftig, vielleicht. Aber ich bin machtlos angesichts dieser Ignoranz. Der Premier hat eine erbärmliche Rede vor der Presse gehalten. Ich habe bereits mit dem tschechischen Botschafter gesprochen. Er ist natürlich sehr bekümmert darüber, daß sein Land offensichtlich im Stich gelassen wird. Im gleichen Maße wird sich Herr Hitler sehr darüber freuen."

„Sie können nicht machtlos sein, Mr. Churchill. Wenn es aber so sein sollte, dann habe ich die Reise umsonst unternommen. Es gibt Offiziere im deutschen Oberkommando, die diesen Wahnsinnigen an der Spitze unseres Landes beraten. Sie sagen ihm, daß unsere Armee in keiner Weise zu einem offenen Schlagabtausch gerüstet ist. Sie sagen, daß die Wehrmacht jetzt nicht kämpfen kann. Er erwidert darauf, daß sie gar nicht kämpfen muß, da die Briten, die Franzosen und die Tschechen Feiglinge sind. Ich habe mit dem französischen Kriegsminister gesprochen, bevor ich hierherkam. Die Franzosen sehen, was England unternimmt; und die Briten achten darauf, was die Franzosen tun!"

Churchill räusperte sich. „Und währenddessen liegt die Welt in süßem Schlummer."

Mit zusammengepreßten Lippen starrte Thomas sein Gesicht an, das sich in der silbernen Teekanne spiegelte. Er mußte daran denken, daß ein anderer hier hätte sitzen können. Aber aus irgendeinem Grund war er für diesen ehrenvollen Verrat auserwählt worden. Vielleicht wurde eine fürchterliche weltweite Zerstörung dadurch verhindert, daß er und Churchill in diesem Augenblick hier gemeinsam an ihrem Tee nippten und auf den Garten hinaussahen.

„Ja, die Welt schläft, und ich sage Ihnen, wie aussichtslos Englands Träume vom Frieden sind!“ Thomas hatte die Zahlen klar im Kopf. „Seit vier Jahren ist Deutschland Tag und Nacht mit Aufrüsten beschäftigt. Es gibt genug Waffen, um jeden kampffähigen Mann damit auszurüsten. Mr. Churchill.“ Thomas hielt inne und sah auf den englischen Rasen hinaus. „Ich kam in der Hoffnung hierher, daß Sie das der Öffentlichkeit begreiflich machen könnten. Die kleine Tschechoslowakei wird noch in dieser Woche vom Erdboden verschwinden, wenn nicht ...“

Churchills Unterlippe schob sich noch weiter vor, als sich sein bulldoggenhaftes Gesicht verfinsterte. „Wir sind bestimmte Verpflichtungen gegenüber den kleinen Nationen dieser Welt eingegangen. Aber ich befürchte, daß der Völkerbund nicht mehr ist, als eine hübsche, reingewaschene Grabstätte. Wir brauchen eine Vision, oder Hitler wird tatsächlich die Welt beherrschen; und Stück für Stück wird er sich über den Kanal an uns heranmachen. Gemeinsam müssen sich die Nationen der Welt dieser Gefahr entgegenstellen, so wie Sie sie dargestellt haben. Wir müssen aufrüsten und zu unseren Verpflichtungen stehen!“ Er lehnte sich mit entschlossenem Blick vor. „Richten Sie Ihren Generälen aus, daß ich Folgendes verspreche: Ich werde es publik machen. Niemals zuvor fiel die Entscheidung zwischen Wohl und Wehe leichter, war sie so offensichtlich, und stellte sie sich der Menschheit so brutal dar. Wir haben die Wahl, das bedrohte Gleichgewicht aber wankt!“

* * *

Das Taxi war gerade in die Auffahrt zu Winston Churchills Anwesen gebogen, als der hagere, gut aussehende junge Deutsche durch die Tür heraustrat. Murphy erkannte ihn sofort wieder – es war derselbe Mann, der bei Churchill und Eden auf dem Zimmer in Cannes gewesen war, kurz bevor Eden zum Rücktritt als Außenminister gezwungen wurde.

Wie damals zog der dunkelhaarige junge Mann seinen Hut tief in die Stirn und wandte sich von Murphy ab. Er lief forsch die Auffahrt hinunter zu einem wartenden Taxi.

Murphy beschlich dieselbe dunkle Vorahnung wie schon in Cannes. In Frankreich hatte der Mann die korrekte Haltung eines Militärs an sich gehabt. Auch wenn die Besorgnis deutlich zu erkennen gewesen war, so hatte er doch fast trotzig gewirkt, als er an Murphy vorbeigegangen war. Heute verriet jede seiner Bewegungen Angst. Murphy blieb noch einen Moment in seinem Taxi sitzen, als das andere Taxi widerstrebend ansprang. Das heutige Treffen des Deutschen mit Churchill hatte wohl länger gedauert. Einen Augenblick zog es Murphy in Erwägung, ihm zu folgen, aber dann sah er das finstere Bulldoggengesicht Churchills, der am Eingang auf ihn wartete.

* * *

Churchill hatte eine kleine Papiertüte mit Brotkrumen bei sich, mit denen er die Enten füttern wollte.

Zigarrenqualm stieg über den beiden Männern auf, als sie das riesige Grundstück abschritten. Murphy verglich den Staatsmann mit einer dampfenden Lokomotive.

„Eine hervorragende Rede", sagte Murphy. Er bemerkte, daß sie nie außer Sichtweite eines außerordentlich großen glatzköpfigen Mannes waren, der wie ein Preisringer aussah.

„Genau das richtige, um einen wütend zu machen." Churchill folgte Murphys Blick zu dem großen Kerl. „Mein Leibwächter, Mr. Murphy. Ihnen wird nicht entgangen sein, daß Kriege und internationale Zwischenfälle im allgemeinen damit beginnen, daß jemand ermordet wird, der dem Aggressor feindselig gegenübersteht. Ich stehe Herrn Hitler feindselig gegenüber. Jedenfalls würde ich es bereuen, wenn mein vorzeitiges Ableben den Funken für eine solche Auseinandersetzung darstellte."

„Befürchten Sie, ein mögliches Ziel zu sein?"

Churchill kaute nachdenklich auf seinem Zigarrenstummel. „Ein ziemlich dickes Ziel." Er lächelte. Er spazierte auf eine kleine Holzbrücke hinaus, die unter seinem Gewicht ächzend nachzugeben drohte.

Murphy folgte ihm. Zwei Dutzend Enten fingen bei Churchills Anblick zu quaken an und näherten sich. Er öffnete die Tüte mit den Krumen und warf eine Handvoll über das Geländer. „Wer war das, der gerade ging, als ich kam?" erlaubte sich Murphy zu fragen.

Churchill sah ihn scharf an. „Ein toter Mann, falls jemals herauskommt, daß er hier war“, warnte er.

„Er war in Cannes bei Ihnen und Mr. Eden. Ein deutscher – “

„Ein tapferer Mann“, warf Churchill ein. „Und davon gibt es eine Menge unter den Deutschen. Diese Männer haben ein Gewissen, und indem sie ihr eigenes Leben riskieren, werden sie zu dem Gewissen derer, die nicht so nobel und tapfer sind. Hier haben wir einen Knaben, der den Unterschied zwischen Richtig und Falsch, zwischen Angreifer und Opfer kennt.“

„Zwischen seinem eigenen Land und den Tschechen?“

Churchill nickte kurz. „Ich befürchte, daß die unter uns, die wirklich überzeugt sind, ein wenig diesen Enten hier ähneln. Wir quaken und schaukeln auf stürmischer See. Und es achtet niemand darauf.“ Er hielt Murphy die Tüte hin. Murphy nahm eine Handvoll Brotkrumen und warf sie der gefiederten Meute zu.

„Ich brauche die Hoffnung, daß wenigstens ein paar zuhören. Ihre Rede vor dem Parlament – “

„Ohne Zweifel gibt es noch ein paar ängstliche Enten da draußen. Ein paar.“ Er zeigte auf eine schwarzbraune Ente, die die anderen zu vertreiben versuchte. „Das da ist eine interessante Kreatur, Mr. Murphy. Sie werden bemerken, daß sie, ganz egal, wieviel sie kriegt, immer genau das will, was die anderen Enten in dem Teich haben. Sie kriegt auch oft, was sie will. Deshalb sind die anderen nicht ganz so groß wie diese eine. Warum schwimmen sie weg, wenn sie kommt? Sie quaken und machen ein Riesentheater, während ihnen Frau Ente das Futter stiehlt. Sehen Sie?“ Er warf noch eine Handvoll Krumen ins Wasser. „Während sie stiehlt, unternehmen die anderen nichts, um sie daran zu hindern. Sie nimmt der einen was weg, und eine andere nimmt, was sie kriegen kann und schwimmt davon.“ Churchill lächelte bitter. „Gemeinsam könnten sie sie vertreiben. Ein Bündnis von ängstlichen Quakern gegen die Aufschneiderin.“ Er seufzte und lehnte sich gegen das Geländer. „Unser Premierminister täte gut daran, ein paar Enten in seinen eigenen Teich zu setzen. Er könnte dabei etwas über Herrn Hitler lernen.“

Churchill wandte sich ab. „Das deutsche Oberkommando hat eine Warnung nach der anderen geschickt. Ich befürchte, diese letzte hat ein Sekretär abgewiesen. Ich werde dem Premier eine gebratene Gans schicken, wenn es an der Zeit ist, aber diesen gefiederten Aufschneider – “ Er deutete mit seinem Kopf zu der großen Ente – „beabsichtige ich, auf meinem eigenen Teller zu zerlegen.“

„Sie haben einen gewissen Ruf als Prophet, Mr. Churchill. Wann erwarten Sie den nächsten Schritt gegen die Tschechen?“

Churchill nahm den Stummel aus seinem Mund. „Ich bin kein Prophet, und die britische Regierung weiß so gut wie ich, *wann* Hitler was als nächstes unternehmen wird.“ Er hielt inne. „Die Sudetendeutschen wählen am kommenden Wochenende. Falls es Ärger gibt – und Hitler ist ein Meister im Krachschlagen – wird die Wehrmacht mit recht großer Wahrscheinlichkeit schon in der nächsten Woche gegen die Tschechen marschieren.“

Murphy folgte Churchill zu einer kleinen Steinbank an einem kleineren Teich. „So bald?“

Mit ausdruckslosem Blick erwiderte Churchill: „Mir ist klar, daß Sie jetzt eine Frau haben, die zur Zeit in Prag ist. Junger Mann, wenn ich Sie wäre, wenn ich ein Journalist in jungen Jahren wäre, würde ich nicht der Schwarzmalerei über eine bevorstehende Invasion der Tschechoslowakei lauschen. Die Story nehmen Sie am Wochenende nicht hier. Das Schicksal der tschechischen Nation wird in Prag besiegelt. Dort werden Sie Ihre Story finden. Wir haben sie im Stich gelassen, fürchte ich. Wir haben unseren Anteil an den Verpflichtungen des Völkerbunds vernachlässigt und vergessen, daß Recht recht ist, und das es tatsächlich einen Unterschied zwischen Aggressor und Opfer gibt, egal, wie Herr Hitler und seine Propaganda-Maschinerie die Situation darzustellen versuchen.“

Die Zigarre des großen Mannes war mittlerweile erkaltet. Er kramte in seinen Taschen nach einem Streichholz, aber er fand keins. Murphy überlegte bereits, ob er noch am selben Abend ein Flugzeug nach Prag würde kriegen können. zudem mußte er einen Weg finden, um Elisa und ihre Familie in Sicherheit zu bringen.

„Ja, junger Mann“, nuschelte Churchill. „Wenn ich Sie wäre, würde ich in dem nächsten Flugzeug nach Prag sitzen.“

45. Der Prager Plan

Herschel trug die Waffe jetzt stets bei sich. Wenn er von Hans die Nachricht zum Handeln erhielt, wollte er nicht einen Moment länger damit vergeuden, sie erst noch holen zu müssen. Immer wieder ließ er die Szene vor seinem inneren Auge ablaufen. Er rief von Kleistmanns Namen. Er zog die Waffe. Und als die Kugeln in den Körper des Deutschen eindrangen, schrie er für alle vernehmbar seine Ziele heraus.

Die Sonne brannte heiß auf den Bücherstand nieder. Herschel trug trotzdem einen weiten Pullover, um die Waffe darunter zu verbergen. Die Kunden unterhielten sich über die neuesten Nachrichten aus London. Chamberlains Äußerungen gaben zu keinerlei Hoffnungen Anlaß. Churchill hatte seine mutige Rede vor lauter Feiglingen gehalten! Aus dem Lauf eines geladenen Gewehres kam die einzige Sprache, die diese Nazi-Schlächter verstanden. Davon war Herschel überzeugt. Die Feigheit der übrigen Welt war ihm egal. Er würde es ihnen zeigen; er würde es ihnen allen zeigen!

Er packte eine Schachtel mit gebrauchten Büchern, die an diesem Abend in *Le Morthommes* düsteren Laden gebracht werden sollten. Aber seine Gedanken drehten sich nicht ums Geschäft. Er betete, daß Hans ihm endlich das *Kommando* erteilte!

Er bemerkte niemanden. Erst als er einen leichten Schlag auf den Rücken verspürte, drehte er sich um. Vor ihm stand Hans mit strahlendem Gesicht. Lächelnd zog er einen Mundwinkel hoch.

„Wann?" fragte Herschel.

„Morgen", antwortete Hans leise. „Sei gegen Mittag bereit."

* * *

„*Bis dahin*", sagte Otto leise, als sich Sporers Schritte im Flur entfernten. „*So* weit ist es gekommen!"

In der Tat, der Führer hatte alles tadellos geplant. Morgen abend wollte der Präsident der Tschechoslowakei der jüdischen Bevölkerung seines Landes seine Unterstützung zeigen. Und genau in diesem Augenblick würde ihn ein Jude ermorden! Albert Sporer würde in den dunklen Schatten der Prager Straßen warten. In dem Augenblick, da er das Zeichen gab, würden seine Nazis die bestürzten Theaterbesucher angreifen und in den Straßen randalieren.

Mehr als nur einem Menschen war am morgigen Abend der Tod bestimmt. Präsident Beneš war nicht der einzige, der bei dem geplanten Schlachtfest sterben sollte. Die Gewalt, die das Sudetenland heimgesucht hatte, würde sich auf das ganze Land ausbreiten. Dadurch bot sich Hitler die Entschuldigung, seine Divisionen einmarschieren zu lassen, um wieder „Ordnung" in der Tschechoslowakei herzustellen. In der Tat, die Strategie des Führers war gut ausgeklügelt. Hitler hatte die Propaganda als Werkzeug benutzt, um davon abzulenken, daß *er* die böse Kraft war, die hinter all den Aufständen stand. Er hatte den Regierungschefs Englands und Frankreichs erfolgreich vorgegaukelt, daß Appeasement und Apathie der Weg zum Frieden waren.

Otto schlug mit der Faust hart auf den Schreibtisch. Enttäuschung vermischte sich mit Wut. Hitlers Plan war der Erfolg garantiert. Jetzt, da Chamberlain seine Position klargemacht hatte, gab es nichts mehr, was ihn noch aufhalten konnte. Otto hatte sie gewarnt, daß der Umsturz kurz bevor stand. Elisa hatte das Buch nach Paris gebracht, und von da aus war es nach London gebracht worden. Warum hatte die britische Regierung seine Warnung nicht beachtet? Männer und Frauen hatten ihr Leben aufs Spiel gesetzt, um zu verhindern, daß Hitler mit jedem weiteren Erfolg mächtiger wurde. Warum beachteten die Briten die Botschaft nicht? *Bleibt standhaft gegenüber dem Bösen! Gebt keinen Zoll nach vor Drohungen und gebrochenen Versprechen!*

Niemand schien auf die Warnung zu hören. Niemand außer Winston Churchill und einer Handvoll anderer, die längst in Ungnade gefallen waren.

Otto vergrub seinen dröhnenden Schädel in den Händen. Es war nicht mehr genug Zeit, um noch einmal einen Kurier erst nach Paris und dann weiter nach London zu schicken. Was würde es auch nützen? Es schien Chamberlain ziemlich egal, ob der Präsident der Tschechoslowakei durch die Kugel eines Juden oder die eines Nazis tot umfiel. Es machte nichts aus, daß es die Idee dieses Verrückten war, der Europa rücksichtslos in den Untergang trieb!

„Gott", flüsterte er. Sollte denn alles umsonst gewesen sein? „Was stell' ich bloß an? Was kann ich jetzt noch unternehmen, um es zu verhindern?" Bis zu diesem Augenblick war Otto nur ein kleines Rädchen im Getriebe gewesen. Er hatte Warnungen und Informationen an die geschickt, die womöglich etwas hätten unternehmen können. Nun stand Sporer bereit. Er würde zurück zur Grenze fahren und den ersten Dominostein in der Reihe umkippen. Millionen Tschechen würden am Ende ihrer Freiheit beraubt sein. Um das noch zu verhindern, reichte eine weitere Warnung nicht mehr aus. Wenn Präsident Beneš ermordet wurde, war die Annektion der Tschechoslowakei unumstößlich.

Es war keine Zeit mehr; nur noch ein paar Sandkörner waren in dem Stundenglas verblieben. Prag mußte sofort benachrichtigt werden; Präsident Beneš persönlich mußte gewarnt werden!

Otto überschlug die Chancen, die er hatte, es rechtzeitig dorthin zu schaffen und vor allem zu Beneš durchgelassen zu werden. Sein Tschechisch war nicht besonders gut. Mit seinem deutschen Akzent und mit seiner Kleidung würde er an der ersten Sperre scheitern.

„*Wer also? Wen kann ich schicken?*“ Er stand auf und ging zum Fenster. Jenseits des großen Platzes war deutlich die Staatsoper zu erkennen. Der Musikverein war davon nicht weit entfernt. Beneš sollte während der Vorstellung der *Jüdin* im Nationaltheater erschossen werden. Otto ging noch einmal die Einzelheiten durch, während die Hakenkreuzfahne über der Kuppel der Staatsoper im Wind flatterte. Schon bald würde sie auch über dem Nationaltheater in Prag flattern ... *bald!*

* * *

Der Brief von John Murphy lag auf dem zugeklappten Deckel von Annas Konzertflügel.

Die Hände in ihrem Schoß gefaltet starrte Anna auf die Adresse des Absenders: *Savoy-Hotel, London, England.* Seitdem der Brief mit der Morgenpost abgegeben worden war, konnte Anna an nichts anderes mehr denken. Immer wieder stellte sie sich die erschreckende Frage. *Warum schickte Murphy seinen Brief an Elisa hierher nach Prag? War sie denn nicht bei ihm, an der Seite ihres Mannes?*

Anna beugte sich vor und berührte eine Ecke des Briefes. *Kam Elisa heim? Hatte Murphy sie aus irgendeinem Grund zurück nach Prag geschickt? Oder* - Anna schloß ihre Augen, als sie sich die schreckliche Frage stellte — *war es denn möglich, daß Elisa ihn überhaupt nicht getroffen hatte?*

Ohne Zweifel stand die Antwort auf diese Fragen in dem Brief. Wenn Elisa bis zum Morgen nicht zuhause war, so beschloß Anna, würde sie den Brief öffnen. In der Zwischenzeit quälte sie eine furchtbare Sorge.

Sie betrachtete ihr Gesicht in dem Spiegel, der über dem Porzellankästchen hing. Tausende Male, während Theo im Gefängnis gewesen war, hatte sie denselben Blick an sich bemerkt. Es lag etwas in der Luft – *irgendetwas!* Irgend etwas Unheilvolles schlich durch die engen Gassen der Altstadt Prags. Und wie der Nebel, der vom Fluß aufstieg, trieb es gerade jenseits der Schwelle zur Erklärung. Anna erschauderte, als sie den kalten Atemhauch des Bösen verspürte.

* * *

Murphy warf seine Sachen in die Tasche und rief die Rezeption des Savoy an.

„Ich reise ab", sagte er. „Würden Sie bitte die Rechnung fertigmachen und mir ein Taxi besorgen?"

Er fühlte sich gut. Besser, als er eigentlich sollte, wo es schließlich so aussah, als würde jetzt endgültig der Himmel über Europa zusammenstürzen. Aber alles, woran er denken konnte, war Elisa; noch bevor die Nacht zu Ende ging, würde er wieder im selben Zimmer mit ihr sitzen. Was immer auch geschah, gemeinsam würden sie es durchstehen. Er wollte ihr all das *sagen,* was er ihr geschrieben hatte. Er wollte ihr dabei in die Augen sehen. Er wollte ein für allemal herausfinden, ob er eine Chance bei ihr besaß.

An diesem Nachmittag hatte er seinen Bericht fertiggeschrieben und Trump ein Telegramm geschickt, daß er nach Prag fuhr. Trump hatte geantwortet, daß in Prag überhaupt nichts los sei. *Paris* sei wichtig, und *London.* Der Befehl lautete: *Bleiben Sie, wo Sie sind!* Vielleicht hatte sich Trump gedacht, daß Murphy andere Gründe hätte, um nach Prag zu fahren; hatte Murphy nicht eine Frau in Prag erwähnt?

Murphy war zu der Überzeugung gelangt, daß ihm das egal war. Er zerknüllte das Telegramm und warf es in den Papierkorb. Dann reservierte er sich einen Flug. Amanda hatte es in Worte gefaßt: Jemand sollte dort sein, *für den Fall,* daß etwas passierte. Murphy war überzeugt, daß, selbst wenn auf der politischen Ebene nichts geschah, er dafür sorgen würde, daß etwas mit Elisa passierte. Er fuhr heim. Er fuhr nach Prag. Er fuhr zu ihr.

* * *

„Vielleicht, wenn ich zurück nach Prag ginge ...“ Seit Stunden sprachen Elisa und Leah nun schon die Möglichkeiten durch.

„Tschechische Papiere sind nichts mehr wert, Elisa. Hör doch auf das, was sie im Radio sagen. Jeden Tag wütet Hitler gegen die Tschechen. In seinen Augen stehen sie nur eine Stufe höher als die Juden.“ Leah lachte bitter. „Für mich wär' das ja eine Verbesserung, aber ich will es den Jungen nicht zumuten.“

„Französische Pässe“, sagte Elisa. „Das war mein erster Wunsch, und ich denke nach wie vor, daß das das beste wär'. Ich hätte nicht ohne sie aus Paris abreisen dürfen.“ Sie sah zu dem Geigenkasten hinüber. „Wenn Otto uns nicht helfen kann, dann versuche ich es noch mal bei Thomas.“ Sie lächelte traurig. „Wenn ich wüßte, wo Murphy steckt, dann ...“

Leah schnipste mit den Fingern. „Was ist mit dem Kerl in der amerikanischen Botschaft? Der, der dich und Murphy getraut hat.“

„Ich war schon da. Sein Name ist Scotch. Ist letzten Monat nach Argentinien versetzt worden. Scheint, daß die Nazis nicht allzuviel von der Art hielten, wie er mit amerikanischen Dokumenten umging. Er kann von Glück sagen, daß es ihm nicht ...“

„... wie Shimon ergangen ist“, beendete Leah ihren Satz. Sie erhob sich erschöpft und sah zum Fenster hinaus. Es war ihr zur Gewohnheit geworden, aus dem Fenster auf die belebte Straße hinunterzuschauen und sich nach der Freiheit zu sehnen. „Nun dann“, seufzte sie. „Ich denke, eine tschechische Staatsangehörigkeit ist immer noch besser, als Jüdin zu sein. Und für die Jungen ist es besser, als staatenlos zu sein.“ Sie berührte den Saum des Vorhangs. „Da geht Hugel.“ Traurig schüttelte sie ihren Kopf. „Der Wächter über meine Freiheit. Wir haben die Augen zugemacht, und als wir wieder aufwachten, waren wir im Reich der Trolle. Und jeder ... *jeder* ... der sich anständig verhalten hat, ist in irgendeinem Gefängnis.“

Sie verstummte und sah Hugel zu, der gemächlich die Straße entlangschlenderte. „Da bin ich also. Und kann nicht anders.“ Sie drehte sich um und streckte die Arme in einer theatralischen Geste aus. „Ich werde nicht nur meinen jüdischen Glauben verleugnen, ich würde sogar eine Nonnentracht anziehen, wenn mir das helfen würde, hier herauszukommen! Und ich würde mit Freuden meinen Shimon zum Priester weihen, wenn er dadurch freikäme.“

„Es gibt eine Menge Nonnen und Priester im Gefängnis, die ihm Gesellschaft leisten können“, sagte Elisa. „Der Kragen eines Geistlichen ist keine Schutzgarantie – es sei denn, man ist bereit, hinter Hitler herzulaufen.“

„Ja, es sieht so aus, als wären uns die Möglichkeiten ausgegangen. Ich werde tschechisch lernen. Dvorak habe ich schon immer bewundert! Die Musik klingt in Prag genauso wie hier. Und dann ... vielleicht ... Shimon ...“ Ihre tapfere Fassade fing an zu bröckeln, als ihr klarwurde, daß sie Österreich ohne ihn würde verlassen müssen – wenn es ihr überhaupt gelingen sollte, herauszukommen.

„Leah ...“ Elisa suchte nach Worten, etwas, das Leah trösten könnte. Aber es gab dafür keine Worte mehr. Sie waren alle verbraucht. Ihre Worte konnten weder Leah noch Karl oder Ludwig retten. Worte hatten weder Walter Kronenberger noch seine Frau vor dem Tod bewahrt. Sie hatten nicht das Herz einer Gesellschaft erweicht, die ehrenhafte Menschen und Kinder, Alte und Schwache ermordete.

Trotzig wischte sich Leah eine einzelne Träne ab, die sie nicht hatte unterdrücken können. „Dann gehst du also zurück.“ Es war keine Frage. „Fahre nicht durchs Sudetenland. Die Nazis ...“

Sie wurde von einem heftigen Klopfen an der Tür unterbrochen. Hugel mußte zurückgekommen sein! Sie wurde kreidebleich und stand wie angewurzelt vor Elisa.

Elisa berührte sie am Ellbogen. Sie fragte sich, wie sie Leah auch nur für einen kurzen Moment allein lassen konnte! Ihre liebste Freundin stand am Rande eines Nervenzusammenbruchs. „Ich geh' schon“, sagte sie. „Was kann er uns schon antun?“

Das Klopfen wurde drängender. Trotz ihrer tapferen Worte bebte Elisa innerlich. Beide wußten sie, was ihnen Herr Hugel alles antun konnte.

„Ich komme!“ rief Elisa. Sie legte ihre Hand auf die Klinke. Dann wandte sie sich noch einmal um, um zu sehen, ob die Jungen auch im Schlafzimmer waren. Leah legte warnend einen Finger an ihre Lippen; dann schloß sie die Schlafzimmertür und nickte Elisa zu. „Wer ist da?“ flötete Elisa anscheinend unbekümmert.

Eine tiefe Stimme antwortete: „Otto.“ Darauf folgte eine lange Pause. „Bitte, lassen Sie mich herein.“

* * *

„Es ist alles arrangiert. In Paris wird ein hoher Nazi ermordet, als Vorbereitung sozusagen. Und dann morgen abend ein weiterer Mord in Prag. Es wird so aussehen, als gehörten die Vorfälle nicht zusammen, aber …"

Es wurde langsam dunkel, aber sie schalteten das Licht nicht ein. Leah hatte Tee gekocht. Otto rührte abwesend darin herum, bis er ganz kalt war. „Die Truppen sind bereits auf dem Weg zur Grenze. Auf Nebenstraßen. Feldwegen. *Manöver* haben sie es vor der Presse genannt. Gibt es irgend jemanden, der das glaubt?" Er sah sie gequält an. „Ich bin sicher, daß Chamberlain davon in Kenntnis gesetzt wurde. Seine Reaktion haben wir ja gehört: ‚Die Probleme der Tschechoslowakei sind nicht Englands Probleme!'" Mit zusammengepreßten Lippen starrte er in seine Tasse, als offenbare sich ihm dort die Zukunft. Und er sah die Zukunft klar und deutlich. „Also werden sie morgen abend Präsident Beneš im Nationaltheater ermorden. Sporer wird dort sein und mit seinen Leuten darauf warten, daß sie auch dieses Land in Schutt und Asche legen können."

Elisa räusperte sich. Otto mußte einen Grund haben, daß er ihnen das alles erzählte. „Warum sind Sie hergekommen, Otto? Doch nicht, um uns Ihr Herz auszuschütten."

„Mein Herz spielt darin nur eine untergeordnete Rolle." Er holte tief Luft. „Sporer muß aufgehalten werden. Sie kennen ihn. Sie wissen, wie er aussieht. Präsident Beneš muß gewarnt werden und – "

„Sie wollen, daß ich nach Prag fahre?"

„Ja, genau."

„Ich habe bei Ihrem Test versagt. Ich werde Leah nicht im Stich lassen. Ich werde sie nicht hier zurücklassen. Oder die Jungen."

„Das dachte ich mir." Er sah auf seine Hände, als wollte er sagen, daß sie ihm gebunden waren. „Wo sind sie? Die Jungen?"

„Sie werden sie erschrecken." Leah deutete auf die Hakenkreuzbinde an seinem Arm.

Er riß sie ab. „Ich will sie sehen." Er erhob sich. Ohne um Erlaubnis zu fragen, öffnete er die Schlafzimmertür und schaltete das Licht ein. Karl und Ludwig lagen im Bett und schliefen. Karls Atem rasselte böse. Otto betrachtete liebevoll den schmächtigen Körper des blassen Kindes. Er schaltete das Licht aus und schloß die Tür leise. „Sie werden ihn töten", sagte er mit einer Gewißheit, die Elisa einen Schauer über den Rücken jagte. „Es ist eine Belohnung auf Kronenbergers Söhne ausgesetzt. Sie werden ihn früh genug finden, und sie werden ihn nicht – sie können ihn nicht – am Leben lassen. Ihn aus dem Land zu schaffen, könnte Präsident Beneš das Leben kosten, wenn man Sie faßt."

„Ich habe nicht gesagt, daß ich gehe."

Ottos Augen glühten in dem schwachen Licht des Zimmers. „Sie *müssen* gehen."

„Nicht ohne Leah und die Kinder."

„Sie können Leah nicht mitnehmen, und die beiden Jungen zusammen bedeutet die sichere Festnahme." Seine Stimme klang jetzt noch erregter. „Aber der kleine Karl kann nicht hier in Österreich bleiben. Keinen Tag länger."

„Ich werde Leah nicht alleinlassen!" Elisa schlang ihren Arm trotzig um Leahs Schultern.

„Du mußt mich hier lassen", sagte Leah leise. „Verstehst du denn nicht, Elisa? Wenn du mir einen tschechischen Paß besorgen willst, so nutzt das überhaupt nichts, wenn es keine Tschechoslowakei mehr gibt!" Sie lächelte angesichts der Ironie, die darin steckte.

Otto nickte knapp. Wenigstens einer redete vernünftig. „Gut. Sie verstehen, worum es geht."

„Aber, Leah ..."

Otto schaltete die Lampe neben dem Sofa ein. „Ich lasse die Reisedokumente heute nacht vorbereiten. Ich kenne jemanden ... ich kann das übernehmen."

„Aber ... für *wen?*" Elisa verblüffte dieser scheinbare Sinneswandel.

„Für Karl natürlich. Sie können nicht zusammenbleiben. Ich werde Ludwig und Leah mitnehmen."

„Und wohin?"

„Zu meinen Eltern nach Tirol. Franz kann ihnen dort über die Schweizer Grenze helfen." Er sagte es in einem Ton, als sei es schon so gut wie erledigt. „Elisa, Sie *müssen* Karl mitnehmen. Er ist zu krank, um durchs Gebirge zu wandern. Und hier kann er auch nicht bleiben." Er schüttelte den Kopf. „Sein Foto hängt sogar in meinem Büro. Er ist nicht zu verwechseln, auch wenn das Foto alt ist." Otto hatte jetzt alles unter Kontrolle. „Haben Sie die Paßbilder?"

„Ja!" Ein Gefühl der Erleichterung überkam Elisa und Leah. Sie umarmten einander und kramten beide im Geigenkasten herum, wo die Fotos noch immer versteckt waren.

„Das müssen wir vernichten." Otto hielt das Foto von dem Kind mit dem traurigen Blick und dem zerteilten Gesicht hoch. Er zerriß es. „Verbrennen Sie's", befahl er. „Von der Nase aufwärts sieht er aus wie Ludwig. Wir werden dasselbe Foto für beide Pässe nehmen. Sie können seinen Mund verdecken. Ich habe gesehen, wie Sie's gemacht haben. Vielleicht mit einem Schal. Oder ein Verband." Nachdenklich runzelte er die Stirn. „Nein, mittlerweile nehmen sie Verbände schon aus reiner Routine ab."

„Was können wir also tun?" fragte Elisa. Ihre momentane Freude wich der Sorge über das, was vor ihnen lag. Die Erinnerung an andere Leibesvisitationen war noch frisch. Allerdings, die Nazis würden einem Kind den Verband vom Gesicht reißen.

Otto warf einen Blick auf seine Armbanduhr. „Ich werd' mir was einfallen lassen", sagte er nervös. Die Zeit war knapp, und er hatte noch eine Menge zu tun. „Ich erledige meinen Teil. Ausweise und ..."

Leah beugte sich auf ihrem Stuhl vor. Ihr angespanntes Gesicht war voller Hoffnung. „Herr Wattenberger." Sie zögerte. Er sah zu ihr auf, aber das Mitgefühl, das sie bemerkt hatte, war verschwunden. „Mein Mann ist im Gefängnis. Irgendwo. Vielleicht hier in Wien. Sein Name ist Shimon Feldstein. Ich ... ich ertrage den Gedanken nicht, ohne ihn zu gehen", flehte sie, aber Ottos Ausdruck blieb hart. Er tat, was er konnte. An einem bestimmten Punkt mußte er hart werden.

„Sie werden es ertragen *müssen,* Frau Feldstein." Er steckte die Fotos ein. „Wir alle müssen unseren Teil an diesem Unrecht ertragen." Er sah zur Tür. „Ich kann nichts für Sie tun."

„Otto!" Seine Mitleidlosigkeit entsetzte Elisa. War er so abgebrüht, daß er selbst hier kein Mitgefühl zeigen konnte?

„Nein, Elisa." Leah ahnte, was in Elisa vorging. „Er hat recht. Es ist hart, aber er hat recht."

Otto ging nicht weiter darauf ein. „Halten Sie sich gegen Mitternacht zum Aufbruch bereit. Ich will keine Verzögerung." Er huschte durch die Tür. Keine der beiden Frauen sprach ein Wort, während sich seine Schritte auf der Treppe entfernten.

46. Todesurteil

Die beiden Frauen weckten die Jungen nicht. Sie knipsten das Licht aus und unterhielten sich leise im Dunkeln. Elisa konnte Leahs Gesicht nicht erkennen, aber der Klang ihrer Stimme brannte sich in ihr Gedächtnis ein. Nie würde sie die Stimme ihrer Freundin vergessen. Jetzt war der Augenblick gekommen, da es hieß, Abschied voneinander zu nehmen. Beide spürten die Endgültigkeit ihrer Trennung. Und doch sagten sie nicht *Lebewohl* oder etwas Ähnliches.

Sie tauschten Erinnerungen aus, und Leah mußte lachen – Ihr Lachen klang klar und lieblich wie das Läuten einer Glocke. Im selben Moment hörte Elisa, wie die Glocken des Stephansdoms zur vollen Stunde läuteten. Jedesmal, wenn sie von jetzt ab die Glocken läuten hören würde, würde sie sich an diesen Augenblick erinnern, dieses unausgesprochene Lebewohl.

Sie sprachen über Shimon und Rudy, darüber, wie Murphy Schinken zu einer Zionisten-Party mitgebracht hatte. Sie erinnerten sich an Dirigenten und Professoren am Mozarteum in Salzburg, und wie sie sich zu später Stunde an den Aufseherinnen vorbei aus den Schlafräumen geschlichen hatten. Woran erinnerten sie sich nicht alles! Wieso war ihnen damals eigentlich nicht aufgefallen, daß es beinahe der Himmel auf Erden gewesen war? Wie hatten sie übersehen können, daß diese flüchtigen Augenblicke die letzten unschuldigen und fröhlichen Augenblicke ihres Lebens gewesen waren?

„Erinnerst du dich an Mendelssohns *Reformations-Symphonie?*" fragte Elisa. Sie summte ein paar Takte. *„Eine feste Burg ist unser Gott* ... und *krach!* Der Notenständer fällt um!"

Leahs glockenklares Gelächter erklang. „Und später hat Rudy gesagt, es wäre der Geist Martin Luthers gewesen, weil Mendelssohn Jude war und er sich niemals an eine Reformationshymne hätte wagen dürfen. Erinnerst du dich?"

Der Raum war von ihrem Lachen erfüllt – und plötzlich Stille. Beide dachten daran, daß Mendelssohns Musik jetzt verboten war. Aber sie sprachen diesen Gedanken nicht aus und auch nicht den, der darauf folgte: *Vielleicht würde man eines Tages die Musik von jüdischen Komponisten und Musikern wieder in Deutschland hören können. In Wien. Vielleicht würde man eines Tages Gottes Stimme wieder darin erkennen.* Aber niemals würden sie beide mehr die Musik gemeinsam spielen. Dies war der Abschied. Beide wußten sie es. Und er war endgültig.

Elisa ergriff Leahs Hände – kräftige Hände, die stundenlang spielen konnten, ohne zu ermüden. Schöne Hände. Gepflegte Fingernägel und Fingerkuppen, die über die Saiten tanzten. Elisa wollte sie an ihre Lippen führen und zum Abschied küssen. Aber sie tat es nicht.

„Wann immer ich die *Reformations-Symphonie* hören werde, werde ich an dich denken", sagte Leah. *„Eine feste Burg ist unser Gott* ... Ich kannte den Text noch gar nicht."

Elisa fand keine Worte, um zu antworten. „Gott schütze deine Hände", murmelte sie schließlich. Und die kräftigen Hände umarmten sie zärtlich.

„Ich werde es nie vergessen", flüsterte Leah. „Niemals werde ich es vergessen ..."

* * *

Der verräucherte Bierkeller wimmelte von ausgelassen lärmenden Gästen. Kellnerinnen balancierten ihre Tabletts hoch über ihren Köpfen und drängelten sich durch die Menschenmenge. Schaum lief über die Bierhumpen, blieb in Schnurrbärten kleben und verfärbte die Westen der Gäste, die sangen und tobten und die Ereignisse des Tages diskutierten.

Dies war der einzige Ort, an dem Herr Hugel seinen Frieden fand. Hier inmitten von Menschen, die wie er nirgendwo wirklich verwurzelt waren, die erst kürzlich einen Sinn gefunden hatten, indem sie sich dem Reich verschrieben hatten. Hugel lehnte sich über den Tisch, um dem Buchhalter einer Porzellanfabrik bei seiner Geschichte zuzuhören:

„Kein Wort zu niemandem! Das hat der von der Gestapo zu mir gesagt! Wir werden in der Angelegenheit auf Sie zurückkommen, das hat er gesagt!" Er sah von einem zum anderen. Alle lauschten ihm gebannt. „Aber er hat's nicht getan! So wie ich das sehe, hat die Gestapo die Bälger geschnappt, und der Kerl sich die ganze Belohnung eingesackt! Ich habe ihm alles gesagt, was er wissen mußte. Wie ich sie zum Musikverein gebracht habe. Da wollten sie nach ihrer Tante Lena suchen. Zumindest hat das der eine von ihnen behauptet. Ich hab' sie dann bei dieser Cellistin gelassen. Sonst war ja keiner da, und *sie* hat die Jungen auch nicht haben wollen! Aber ich hab' sie trotzdem dagelassen. Wenn sie Bescheid gewußt hat, dann hat sie wahrscheinlich die Belohnung kassiert!"

„Ah, na und, was kannst du schon mit fünfhundert Reichsmark anfangen?“ versuchte einer, ihn aufzuziehen.

„Wir hätten uns eine ganze Nacht davon besaufen können, zum Beispiel!“

Hugel hob seinen Bierkrug und verschwappte das Bier in die Richtung seines Nachbarn. „Na, dann also auf die Belohnung! Wir müssen nur noch die beiden Bälger und die Frau vom ...“ Er hielt mit dem Krug an seinen Lippen inne. „Was war das für eine Frau, bei der du sie gelassen hast?“ fragte er.

„Eine Cellistin. Hatte 'nen Koffer so groß wie'n Sarg! Nicht zu verwechseln. Aber sie hat sie nicht haben wollen. Hat sie wahrscheinlich gleich zu dieser Lena gebracht und sie dort abgeliefert. Das hab' ich dem von der Gestapo gesagt. Finden Sie die Cellistin, dann finden Sie Lena und die beiden Bälger. Das hab' ich ihm gesagt, und ich nehm' an, daß er genau das getan hat. Und mir hat er die Belohnung geklaut!“ Sein Publikum nickte voller Mitgefühl. Es machte keinen Unterschied, daß die Nazis an der Macht waren. Regierungen waren immer korrupt, ganz egal wer's war. Die Beamten gingen immer sicher, daß der gemeine Mann nicht das bekam, was ihm zustand.

„Was ist, Hugel? Holst du noch 'ne Runde?“

Die Frage wurde nicht gehört und auch nicht beantwortet. Dort, wo eben noch Hugels massiger Körper gesessen hatte, stand nur noch sein Bierkrug. Der Schaum lief noch immer an ihm herunter.

„Wo rennt denn der fette Kerl hin? Was soll die Eile?“ Sie sahen Hugel nach, der sich seinen Weg durch die Menge in Richtung Ausgang bahnte. In seiner Eile hätte er beinahe eine der Kellnerinnen umgerannt und ihr Tablett zu Boden geworfen. „Seit zwanzig Jahren besäuft er sich hier, und ich hab' noch nie erlebt, daß er ein volles Bier stehengelassen hat. Hab' auch nie gesehen, daß er an einem der Mädchen vorbei ist, ohne sie ein bißchen gezwickt zu haben.“

Die Männer im Bierkeller lachten, zuckten die Schultern und teilten Hugels Bier unter sich auf. Das war alles, was sie an Belohnung erwarten konnten.

* * *

Otto wartete schweigend, während der Drucker mit den Pässen und den Visa beschäftigt war. Es sah so aus, als seien die Papiere für nur ein

Kind. Otto würde Karl den Paß geben und eine Bescheinigung mit dem Briefkopf der Gestapo aufsetzen, die ihm das Visum ersetzte. Ludwig würde das richtige Visum erhalten, und Leah würde als Ottos Schwester gelten.

„Zu blöd", sagte er, „daß sie ihre Papiere im Zug liegengelassen haben."

Der Drucker brauchte keine weiteren Erklärungen. Er wurde gut bezahlt. Otto galt als absolut rücksichtslos. Es war überhaupt nicht vorstellbar, daß dieser Mann ein Schmuggler oder Fälscher war. „Es dauert noch eine Weile." Der dickliche kleine Mann beugte sich dicht über die Papiere.

„Wir werden unseren Zug verpassen!" fauchte Otto.

Der Mann zuckte mit den Schultern. Es war nicht seine Schuld, daß die Papiere verlorengegangen waren. Was konnte er dafür, wenn sie den Zug verpaßten? „Diese Dinge brauchen Zeit."

Zeit! Genau die hatte Otto nicht. Er bereute es schon, daß er Elisa zugesagt hatte, die Papiere noch heute nacht zu besorgen. Er hätte sie mit dem Versprechen zur Abreise überreden sollen, daß er sich um Leah und die Kinder kümmern würde! Kostbare Minuten vergingen, und da hockte er in diesem nach Tinte stinkenden Büro mit einem Drucker, der nicht mal richtig wach zu sein schien! Er hatte die erste Regel mißachtet; er war für einen Augenblick weich geworden. Und jetzt hing alles einzig und allein davon ab, ob der Drucker ein bißchen schneller arbeiten konnte oder nicht!

„Wenn unser ruhmreicher Führer dafür sorgen kann, daß ein Haus in drei Monaten fertig ist, obwohl der Architekt vorher gesagt hat, es würde ein Jahr dauern – " Otto streckte sich und funkelte den Mann arrogant an. „Dann frage ich mich, warum Sie nicht ein paar Dokumente, bloß ein bißchen Tinte und Papier, in einer Stunde hinkriegen?"

„Sie haben französische Pässe verlangt, Herr Wattenberger. Französische Reisevisa! Das hier ist das Reich! Warum wecken Sie dann nicht jemanden in der französischen Botschaft auf?"

„Was glauben Sie, wie die sich fühlen würden, wenn man sie von der Gestapo aus dem Bett zerrte, he? Seien Sie vernünftig! Ich will nicht, daß meine Schwester und ihr Sohn Schwierigkeiten bekommen!"

Der Drucker setzte seine langwierige, mühsame Arbeit fort. „Es gibt hunderte von unseren Agenten in Frankreich, die mit Papieren rumlaufen, die ich angefertigt habe! Selbst die Franzosen können keinen Unterschied erkennen. Also, wenn Sie Qualität wollen, dann sind Sie beim Richtigen. Wenn Sie Geschwindigkeit wollen, dann müssen Sie woanders hin."

„Wissen Sie eigentlich, mit wem Sie reden?" fragte Otto arrogant. Es zeigte keine große Wirkung. Der Drucker war ein Künstler; daß er für die Gestapo arbeitete, beeindruckte ihn nicht.

„Für mich sind Sie einfach nur ein Kunde", sagte er knapp. „Diese Dinge brauchen Zeit."

* * *

Karl sah stumm zu, als Leah ihre Sachen in verschiedene Taschen packte. Elisa hatte vorsorglich ein paar Anziehsachen für die Kleinen, die sie über die Grenze geschmuggelt hatte, aufgehoben. Jetzt konnten die Jungen die wenigen Dinge, die noch übrig waren, bekommen, da sie ja ihre eigenen Sachen auf dem Platz damals verloren hatten. Während Karl Leah weiter zuschaute, erinnerte er sich daran, wie ihr Vater immer ihre Taschen gepackt hatte. Jedesmal hatte er zwei Paar kleine Hosen und Nachthemden zusammengelegt. Immer zusammen.

Ludwig hockte schläfrig auf der Bettkante. „Aber wo gehen wir denn hin?"

Leah sah Karl nicht an. „Ein netter Mann bringt uns hoch in die Berge. Dort besuchen wir einen Bauernhof. Wie findest du das?"

Elisa hatte davon geredet, daß sie auf Bäume klettern und über Wiesen laufen könnten. Karl war für beides zu krank. Meinte Leah, daß er auch dorthin mitging? *Warum sieht sie mich nicht an?* fragte sich Karl. Und warum legte sie seine Hosen nicht neben Ludwigs?

„Hast du gehört, Karl?" Ludwig wurde bei dem Gedanken an Berge, Bäume und Wiesen langsam wach. „Wir fahren auf einen Bauernhof, Karl!"

Karl öffnete seinen Mund und stöhnte. *Nein!* Er schüttelte den Kopf und klopfte sich auf die Brust. Leah sah ihn kurz an und wandte sich gleich wieder ab. Er sah es in ihren Augen. Er würde nicht mit ihnen mitgehen.

„Natürlich gehst du, Karl", widersprach Ludwig. „Wir gehen doch alle, nicht wahr, Tante Leah?"

Leah verzog ihr Gesicht. Waren da Tränen in ihren Augen? „Karl geht mit Elisa nach Prag", sagte sie steif.

„Nein!" Ludwig sprang auf und stampfte mit dem Fuß auf. „Ich gehe dahin, wo mein Bruder hingeht! Und er geht dahin, wo ich hingehe!"

„Bitte, Ludwig ..." setzte Leah an. Sie sah zu Karl, der sich mit den Fingern an den Mund faßte. Er verstand es genau. Alles. Sie konnten nicht zusammenbleiben. Es schien kaum möglich, daß ein Kind verstand, daß er wegen einer Spalte im Rachen verfolgt wurde. Bei seinem Anblick verkrampfte sich Leahs Herz. Sie sank aufs Bett und kämmte ihm die Haare aus der Stirn. „Du verstehst das, nicht wahr, Karl?"

Er nickte.

„Nein!" schrie Ludwig. „Ohne ihn gehe ich nirgendwo hin. Ich will zu meinem Vater! Zu meiner Mutter!"

Karl sah Ludwig ernst an. Mit erhobenem Finger bedeutete er ihm, still zu sein. Ludwig gehorchte. Weinend fiel er neben Leahs Füßen zu Boden.

„Ihr werdet wieder zusammenkommen." Leah strich dem Jungen über den Kopf.

„Das hat Vater auch gesagt!" schluchzte Ludwig. „Aber wir werden ihn nie wiedersehen. *Niemals!*" Er weinte noch lauter. „Sie haben ihn umgebracht! So wie sie Mama umgebracht haben! Und jetzt wollen sie Karl auch umbringen!"

„Karl wird nichts geschehen." Leah wußte nicht, wie sie ihn trösten konnte. Ihre Beteuerungen bedeuteten nichts. Wie *konnten* sie denn auch etwas bedeuten?

Karl kletterte aus dem Bett. Er taumelte einen Moment und verzog vor Schmerzen das Gesicht. Er hockte sich neben seinen weinenden Bruder und schlang seine Arme um ihn, so wie es sein Vater vielleicht getan hätte – oder seine Mutter, wenn sie dagewesen wäre. Zärtlich wiegte Karl ihn hin und her. *Es wird alles gut werden, Ludwig.* Er versuchte, eine Melodie zu summen. *Ich bin klein, mein Herz ist rein, soll niemand drin wohnen als Jesus allein* ... Der kümmerliche Versuch schien Ludwig ein wenig zu besänftigen. Er sah zu Karl auf. Die Mißgestaltung schien er nicht wahrzunehmen, nur Liebe stand in seinen Augen.

„Ich werde Tag und Nacht für dich beten", versprach er. „Daß wir eines Tages wieder zusammensein werden. Auch mit Mama und Papa."

Karl nickte und streichelte seinen Bruder so zärtlich und voller Hoffnung, daß sich Leah abwenden mußte, um ihre eigenen Tränen zu verbergen. *Leb wohl. Ich liebe dich. Auf immer und ewig. Leb wohl.*

* * *

Hugels Wurstfinger zitterten aufgeregt, als er die oberste Schublade seines Schreibtischs öffnete und seine Unterwäsche auf der Suche nach seiner Waffe durchwühlte. Mit einem Mal war ihm alles klar geworden. Die Cellomusik. Gekicher, das nach Kindern geklungen hatte. Warum hatte er nicht eher daran gedacht? *Ah! Die Hand der Vorsehung führt mich! Die ganze Zeit über haben sie in meinem Haus gesteckt, und jetzt werde ich sie fangen. Fünfhundert Reichsmark!* Der Buchhalter würde Augen machen. Die Gestapo hatte sie nicht geschnappt. Nein, August Hugel würde ihnen im Namen des Führers und des Reichs die Waffe vorhalten!

Hugel kontrollierte, ob Kugeln in der Pistole waren. Da waren sie. Triumphierend hielt er die Waffe hoch über seinen Kopf.

Er würde ganz langsam und schön leise die Stufen hinaufsteigen. Es gab keinen Grund, sie zu warnen. Er wollte ihnen nicht die Gelegenheit geben, sich zu verstecken. Kleine Kinder konnten sich an allen möglichen Orten verstecken. Darauf hatte Hugel keine Lust. Er wollte auch nicht, daß sich die Frau in selbstmörderischer Absicht aus dem Fenster stürzte. Er wollte keine Schweinerei auf dem Bürgersteig. Einfach nur eine schöne Verhaftung.

Er nahm das Schlüsselbund vom Haken neben der Tür. Die Waffe unter den Arm geklemmt suchte er die Schlüssel ab, bis er den richtigen für 2-B gefunden hatte. Er hielt ihn bereit, um ihn gleich ins Schloß stecken zu können. Er würde ihn umdrehen, reinstürmen und ...

Stirnrunzelnd warf Hugel einen Blick auf das Telefon. Vielleicht sollte er die Gestapo anrufen. Kleine Kinder konnten einem durch die Beine huschen und entkommen. Vielleicht würde er Hilfe brauchen. Er senkte seinen Kopf und schob seine Unterlippe nachdenklich vor. Wenn sie versuchten zu fliehen, würde er sie einfach erschießen. Er spannte den Hahn der Waffe und machte sich bereit.

Mit seinem Handrücken wischte er sich den Schweiß von der Stirn. Er ging zur Tür und preßte sein Gesicht gegen das Holz, um zu lauschen.

Ja, da waren Stimmen. Zwei Frauen. Und die Stimme eines Kindes. Hugel hielt den Atem an. Er durfte nicht zulassen, daß sie ihn bemerkten. Durfte ihnen nicht die Zeit geben, sich zu verstecken, oder aus dem Fenster zu springen. Er wollte sie lebend abliefern!

„Aber, Tante Leah, wo ist denn dieser Ort? Wie weit ist das entfernt von dem Ort, an den Karl geht?"

Karl! Der Name von dem Kind, dessen Foto überall angeschlagen war. Hugel hatte das Foto gesehen. *Karl!* Ja, das war der Name von dieser kleinen Bestie.

Die Frauenstimme antwortete sanft: „Nicht so weit weg. Ein Ort, wo es keine Nazis gibt."

Die andere Frauenstimme sagte besorgt: „Wo mag er stecken? Er sagte, wir sollten uns gegen Mitternacht bereit halten, und jetzt ist es schon zwei Uhr! Er sollte längst da sein!"

Er? Herr Hugel runzelte die Stirn und drückte sein verschwitztes Gesicht noch dichter an die Tür, aber er verstand die leise Antwort nicht.

Also war noch jemand in die Sache verwickelt! Womöglich war er auf ein ganzes Nest von regierungsfeindlichen Verbrechern gestoßen. Vielleicht sollte er doch besser zurückgehen und die Gestapo rufen. Vielleicht würde er Hilfe brauchen, wenn er es mit mehr als nur zwei Frauen und zwei Jungen zu tun hatte.

Aber dann stellte er sich vor, wie er die Stufen noch einmal heraufkeuchte. Es war schon spät. *Er,* wer immer *er* war, hatte sich schon verspätet. Was, wenn *er* kam, während Hugel gerade am Telefon hing?

Hugel spannte den Hahn und trat einen Schritt zurück, um mit dem Schlüssel besser ins Schloß zu treffen. Er hatte genug Patronen in der Waffe.

* * *

Bei dem Geräusch an der Tür sahen sich Leah und Elisa an. Beide seufzten erleichtert auf. Sie standen bereit. Kleine Koffer, Cello und Geige. Sie würden nicht mehr hierher zurückkommen. Sie waren bereit.

Der Türknauf drehte sich, als Elisa die Tür gerade öffnen wollte. *„Otto?"*

Leah stockte der Atem, als die Tür aufschwang und August Hugel erschien. Sie stellte sich zwischen die Kinder und den Lauf der Pistole. Elisa wich zurück.

„Ha!" brüllte er triumphierend und trat mit dem Fuß die Tür zu. „Ihr habt wohl gedacht, daß ihr euch an mir vorbeischleichen könnt, was? Ihr habt gedacht, daß ich nicht aufpasse, he? Nun, ich sag' euch, daß mir nichts entgangen ist! Ja, ich habe nach diesen Kindern die Augen aufgehalten! Diese Mißgeburt, die Sie da hinter sich verstecken. Ich habe alles bemerkt und alles gehört. Die Cellomusik!" Er zeigte mit der Pistole auf den Cellokasten, als wäre auch das Cello sein Feind.

„Was wollen Sie?" Elisa versuchte, ihre bebende Stimme unter Kontrolle zu bekommen. Sie hatten zuviel durchgemacht, als daß sie jetzt aufgeben konnte. „Geld? Wir zahlen Ihnen – "

Er war verletzt. „Geld? Ich bin unbestechlich! Bei meiner Ehre als Sohn dieses Vaterlandes! *Wie auch immer*, ich werde der Polizei erzählen, daß Sie mir Geld geboten haben, daß Sie Geld haben, um es anzubieten, aber daß ich es abgelehnt habe. Mich werden Sie nicht bestechen!" Seine Ehrbarkeit erfüllte ihn mit Selbstzufriedenheit. Nur ein anständiger Mensch schlug eine Bestechung aus.

„Lassen Sie uns gehen. Wir werden dafür sorgen, daß – "

„*Sie?* Sie werden für überhaupt *nichts* sorgen! Ich verhafte Sie im Namen des Reiches! *Heil Hitler!* Ich verhafte Sie und dieses kleine Monster ..." Er richtete die Waffe auf Karl, der versuchte, seinen Mund mit seinen Händen zu verbergen. „Versuch' bloß nicht, an mir vorbeizulaufen. Ich erschieß' dich wie eine Ratte. Ich *weiß*, wer du bist!"

„Halten Sie den Mund!" Leah trat einen Schritt vor.

„Kommen Sie nicht näher!" Schweiß lief ihm übers Gesicht. „Wir werden hier auf *ihn* warten! Auf Ihren Komplizen! Und dann werde ich Sie alle abliefern. Ich hab' genug Munition für alle. Ich würde es an Ihrer Stelle nicht herausfordern!" Er ließ seinen Blick von einem zum anderen wandern und dann wieder zurück. „Ihr alle! Hände an die Wand!" Er hatte miterlebt, wie die Gestapo Verhaftungen durchführte.

* * *

Als die Arbeit erledigt war, untersuchte Otto die Schriftstücke unter dem hellen Licht. „Gut gemacht", sagte Otto zufrieden.

„Gut? Kein Mensch kann einen Unterschied zwischen diesen und echten Dokumenten finden!" Der Drucker war stolz auf seine Kunstfertigkeit.

Otto warf ein paar Geldscheine auf den Tisch. „Das sollte reichen." Es war die Hälfte von dem, was der Drucker verlangt hatte.

„Genug? Ich sagte Ihnen doch – " widersprach er.

„Und jetzt sage ich Ihnen was!" unterbrach ihn Otto mit stählernem Blick. „Ein Wort hierüber und es wartet eine schöne finstere Zelle auf Sie!"

Otto hatte auf seinen schlechten Ruf zu achten. Der Drucker nickte und sammelte das Geld ein. Er hatte seine Arbeit getan. Kein Mensch würde etwas davon erfahren – jedenfalls nicht von ihm.

Es war weit nach Mitternacht, als Otto das Gestapo-Gebäude erreichte. Um diese Zeit waren die Gänge voller erschreckter Menschen und Schreie der Gequälten hallten durch die Flure wie das Heulen sterbender Wölfe.

Otto senkte seinen Kopf und hastete die Stufen hoch an einem Wächter vorbei, der eben einen weinenden Mann zu Boden stieß. Um diese Zeit haßte sich Otto am meisten. Es war die Zeit, da ihm der Wahnsinn seiner Mission den Verstand zu rauben und ihn schreiend in die Nacht hinaus zu jagen drohte.

Er schlug die Tür zu seinem dunklen Büro zu, aber die Schreie dieser Hölle konnte er damit nicht aussperren. Immer noch drangen sie durch das Holz und bohrten sich in seinen Schädel. Er holte ein Blatt Papier hervor und fing an zu schreiben:

An alle, die es angeht:
Charles Murphy ist fünf Jahre alt. Er reist in Begleitung von Elsa Murphy mit einem französischen Paß. Er leidet an Tuberkulose. Auf Befehl der Gestapo ist es ihm gestattet, die österreichische Grenze zu überqueren. Ziel: Heldorf Tuberkulose-Klinik, Marienbad, Tschechoslowakei. Jede Verzögerung oder Belästigung wird eine Untersuchung des Wiener Gestapo-Hauptquartiers nach sich ziehen.
Gezeichnet Otto Wattenberger.

Es war vollbracht. Er hatte seinen Namen unter ein Schriftstuck gesetzt, mit dessen Hilfe ein Kind aus dem Reich geschmuggelt werden sollte, das eine Bedrohung für all das darstellte, wofür Hitler stand. Dafür konnte es keine Ausrede geben, falls der Junge entdeckt werden sollte. Die Drohung mit einer Untersuchung durch die Gestapo zielte ins Leere. Als Otto das offizielle Gestapo-Siegel unter das Schriftstück stempelte, wußte er, daß dasselbe Siegel dazu benutzt wurde, um Todesurteile und Erschießungsbefehle zu beglaubigen. Vielleicht hatte er gerade sein eigenes Todesurteil besiegelt und das von Elisa und dem Jungen. Was auch immer es bedeuten mochte, es war vollbracht, und Otto würde es nicht wieder rückgängig machen.

Er wartete so lange, bis die Tinte getrocknet war, dann steckte er die Unterlagen in einen Umschlag mit Gestapo-Siegel. Er stempelte Vorder- und Rückseite mit seinem persönlichen Offizierssiegel und knipste das Licht aus. Der Schrei einer Frau hallte durch die Gänge, als er auf die dunklen Straßen Wiens hinaustrat.

47. Flucht aus der Finsternis

Murphy saß untröstlich in dem leeren Wartesaal des Flughafens Heathrow. Wie in Sandburgs Gedicht war der Nebel auf kleinen Katzenpfoten hereingeschlichen und hielt jeden verfügbaren Vogel in seinen Krallen gefangen. Kein Flugzeug konnte in England landen, und es startete auch keins.

Murphy marschierte eine Weile auf und ab. Alle paar Schritte blieb er stehen, um auf die graue Wand vor dem Fenster hinauszustarren. Der Gedanke, daß er so nah dran war, Elisa wiederzutreffen, und sie doch unerreichbar für ihn war, bereitete ihm nicht nur Sorgen um ihr Wohl. Er war gereizt und nervös. Er ließ den Schalterbeamten wissen, was er von diesem ganzen Blödsinn hielt, wies aber auch das Angebot zurück, wieder zum Savoy gebracht zu werden. Taxis gab es hier um diese Zeit auch keine mehr. Nur ein Verrückter fuhr bei dieser Brühe. Murphy war als einziger verrückt genug, es zu wollen.

Jetzt wünschte er, er wäre doch zum Savoy zurückgefahren. Er rollte seinen Mantel zusammen und streckte sich auf einer Bank aus.

* * *

Hugel schreckte hoch, als Schritte im Hausflur zu hören waren.

„Sie!" fauchte er Elisa an. „Gehen Sie zur Tür."

Elisa zögerte, aber Hugel drohte mit der Waffe. Das Klopfen war kaum zu hören. Otto war zurückgekehrt.

„Fragen Sie, wer da ist?" forderte Hugel mit leiser Stimme.

„Wer . . . ?" Elisas Stimme zitterte.

„Otto. Machen Sie schon!"

Hugel stellte sich neben die Tür. Die Pistole hielt er in Augenhöhe. „Öffnen Sie", wies er Elisa an. Seine Lippen verzogen sich zu einem leichten Lächeln.

Otto klopfte noch einmal. „Ich bin es", drängte er.

„Öffnen Sie!" befahl Hugel.

Entmutigt gehorchte Elisa. Knarrend schwang die Tür auf und Otto blickte direkt in die Mündung von Hugels Waffe. Er zeigte keinerlei Regung. Elisa ließ ihn nicht aus den Augen, aber ihm stockte nicht einmal der Atem. Er trat über die Schwelle, als Hugel ihm bedeutete hereinzukommen. Selbst jetzt zeigte er weder Überraschung noch Angst oder Wut.

„Wer ist dieses fette Schwein?" fragte er Leah.

„Ich bin August Hugel! Blockwart! Und ich verhafte Sie im Namen des Gesetzes!"

„So hingebungsvolle Männer wünschte ich mir bei der Gestapo." Otto hob seine Hände, als Hugel drohend mit der Waffe herumfuchtelte.

„Gestapo!" Jetzt war es an Hugel, überrascht zu sein. „Ein Verräter? Ein Verräter! An die Wand!" brüllte er.

„Blockwart? Sie haben Ihren Beruf verfehlt, Herr Hugel. Sie würden sich besser für eine Tätigkeit wie die meine eignen." Otto gehorchte.

„Vielleicht *werde* ich ja Ihre Tätigkeit übernehmen! Ich weiß über alles Bescheid – diese Kinder, diese Bestie. Sie wollen sie fortschaffen ... irgendwohin."

„Ein wahrer Nazi. Lauscht am Schlüsselloch. Ich gratuliere, Hugel. Solcher Fleiß wird belohnt." Otto hielt seine Hände hoch über seinen Kopf. Er sprach weiter in ruhigem Ton. Er betrachtete Karls kleine Gestalt, die noch immer auf dem Fußboden schlief. „Erzählen Sie mal, was Sie jetzt anstellen, wo Sie unsere kleine Bande geschnappt haben?"

„*Jetzt* werde ich die Gestapo rufen!" Hugel hob siegessicher den Telefonhörer. Die Leitung war tot.

„Es läßt sich schon seit dem Anschluß nicht mehr benutzen", sagte Leah.

Hugel schleuderte den Hörer zu Boden. „Na schön! Meins funktioniert hervorragend. Kommen Sie, Sie alle. Behaltet die Hände oben!" Er stieß Karl mit dem Fuß an. Zum ersten Mal zeigte sich Zorn in Ottos Augen.

„Lassen Sie den Jungen in Ruhe", warnte Otto.

„Und was werden Sie tun, wenn ich es nicht lasse?" Hugel. Immerhin hatte er doch die Waffe.

„Sie töten", sagte Otto seelenruhig. Seine Stimme ließ daran nicht den geringsten Zweifel.

Hugel trat nervös zurück und öffnete die Tür. „Nehmen Sie ihn!" sagte er zu Otto. „Tragen Sie halt den Bastard, wenn es Sie glücklich macht."

Mit dem Kind in den Armen würde Otto nicht so leicht jemanden umbringen können. Otto bückte sich, um Karl hochzuheben. Er drückte das schläfrige Kind an sich. Dann zog er ein Taschentuch hervor und bedeckte damit den Mund und die Nase des Jungen.

„Kommen Sie schon!“ fauchte Hugel ungeduldig. „Es ist zu spät, um diese Fratze zu verbergen!“ Otto hob seinen Kopf und brachte den fetten Kerl mit einem einzigen drohenden Blick zum Schweigen.

„Heben Sie ihn hoch!“ brüllte Hugel. „Und den anderen auch!“

Ludwig schlief im Stehen an die Wand gelehnt. Otto nahm auch ihn auf den Arm. Zärtlich trug er die beiden Brüder. Elisa betrachtete den großen, starken Mann, und für einen Augenblick stellte sie sich vor, wie er ursprünglich gewesen sein mußte, *wenn nur* ...

„Haltet eure Hände schön über euren Köpfen!“ Hugel wich bis zum Treppengeländer zurück, während sie einer nach dem anderen ins Treppenhaus hinaustraten.

Otto konnte seine Hände nicht heben; Karl und Ludwig hatten sich in seinen Armen eingerollt. Bei diesem Anblick fühlte sich Hugel sicher. Die Waffe an der Schläfe eines Fünfjährigen, der in den Armen eines Mannes schlief. Niemand würde es wagen, ihn herauszufordern. Die Vorsehung hatte alles richtig verfügt. Bei der nächsten Messe würde er Gott dafür danken.

Leah hatte kein Wort von sich gegeben. All ihre Alpträume waren wahr geworden. Die schlimmste aller Befürchtungen war eingetroffen, und kein Wort hätte noch etwas daran geändert. Nichts konnte das Verhängnis aufhalten. Die Waffe zielte schußbereit auf Karls Kopf.

Hugel schritt zur Treppe. „Ich werde als erster gehen.“ Er faßte ans Geländer. „Keine Dummheiten. Ich brauche nur den Finger zu krümmen.“

Sie widersprachen nicht. Schweigend gingen sie hinter ihm her. Hugel war es stets leichter gefallen, Treppen *hinunter* zu gehen. Aber er hatte es noch nie rückwärts mit Gefangenen vor sich getan. „Keine Spielereien“, warnte er noch einmal und stieß Karl den Pistolenlauf in die Seite. Der Junge wachte kurz auf und wandte sich ab.

Dann stellte Otto die Frage – eine einfache Frage, die überhaupt nicht hierher zu passen schien. Seine Stimme klang ruhig, als wollte er die Kinder nicht aufwecken. Er sprach fast zärtlich, als wäre Hugel, der auf der obersten Stufe vor ihm stand, sein liebster und ältester Freund. „Wie lange ist es her, daß Sie zur Beichte waren?“ .

Hugel schnaubte wütend, zornig darüber, daß Otto die geladene Pistole noch immer nicht ernst nahm! *„Beichte!“*

Otto lächelte. Und als wollte er einen weiteren Schritt machen, holte er aus und rammte Hugel seinen Stiefel in den Magen.

Hugel schrie gequält auf, als die Kraft des Tritts seinen schweren Körper zurückstieß. Die Waffe baumelte gefährlich an seinem Finger. Ein Schuß löste sich und die Kugel schlug neben seinen Füßen in den Boden.

Otto wirbelte herum und drückte Elisa die Kinder in die Arme, während Hugel versuchte, sein Gleichgewicht wiederzuerlangen. Der Rest war einfach. Ein zweiter gezielter Tritt schickte den fetten Kerl zu Boden. Wie ein gefällter Baumstamm rollte er mit einem gellenden Schrei die Treppe hinunter. Noch vier weitere Schüsse lösten sich in schneller Folge, jedesmal wenn Hugels Kopf auf den Stufen aufschlug. Immer schneller schleuderte ihn sein Gewicht die Treppe hinunter, bis er unten über den Marmorboden rutschte und sein Schädel in der Eingangshalle gegen die Wand krachte.

Die Augen zu einem Schlitz verengt wartete Otto am oberen Ende der Treppe, bis Hugel nach einem letzten Zucken reglos liegenblieb. Seine Augen starrten leer zu Otto herauf und der Mund war zu einem bizarren Grinsen verzerrt. Sein enormes Körpergewicht hatte ihm das Genick gebrochen.

Plötzlich öffneten sich Türen zu anderen Wohnungen. Rufe und Fragen hallten durchs Treppenhaus.

„Herr Hugel ist die Treppe heruntergefallen!“ antwortete Otto. Als Stimmen laut wurden, die nach einem Krankenwagen und der Polizei riefen, drehte sich Otto zu Leah und Elisa um. „Wir haben keine Zeit mehr. Nehmt euch, was ihr braucht.“

Damit schob er sie zurück in die Wohnung. Dort verteilte er schnell die Papiere. „Elisa, dies zeigen Sie den Soldaten.“ Er hob den Brief hoch. „Sie werden ihn nicht anrühren, sobald sie das gelesen haben. Tuberkulose. Er ist auf dem Weg zu einem Sanatorium. Denken Sie immer daran!“

Im Treppenhaus herrschte ein aufgeregtes Durcheinander. Mieter hingen über dem Geländer und starrten auf den Körper in der Halle.

„Was ist los?“ Ludwig hob seinen Kopf und sah sich fragend um.

„Wir brechen auf.“ Otto nahm ihn Leah ab.

Karl wachte auf und streckte seine Arme nach Leah aus, um sie ein letztes Mal zu umarmen. Sie drückte ihn, dann ergriff sie das Cello. Mit seinen Blicken liebkoste Karl den abgenutzten Kasten des Instrumentes. Was für wunderschöne Augen. Wortlos fragten sie: *Werden wir uns jemals wiedersehen?*

Für eine Antwort war keine Zeit mehr. Otto schüttelte an Leah gewandt den Kopf. „Das können Sie nicht mitnehmen.“ Er hielt die Tür auf. „Wir fahren nur bis Kitzbühel. Sie können es nicht über die Berge schleppen."

Elisa hob den Kopf, als wollte sie widersprechen. „Ich werde es für sie mitnehmen, bevor sie es in Österreich lassen muß."

Darauf beruhigte sich Karl wieder. Die Frage schwand aus seinem Blick. Vitorio würde sie begleiten, also *mußte* er Leah wiedersehen! Eines Tages würden sie wieder zusammensein ...

Die kleine Gruppe bahnte sich den Weg durch die schaulustige Menge, die sich um den Leichnam scharte.

„Ein schlechter Mensch ..."

„Zweifellos war er wieder betrunken."

„Überrascht mich nicht, daß er die Treppe runtergefallen ist."

Sirenen kündigten die Ankunft der Gestapo und der Ambulanz an. In seiner leblosen Hand hielt Hugel noch immer die Waffe. Das würde Fragen über den Tod des Blockwarts aufwerfen, ungeachtet seiner schalen Bierfahne.

Elisa konnte Leah nicht mehr umarmen. Keine Zeit. Keine Zeit. Sie hatten sich bereits Lebewohl gesagt. Karl hielt die Geige, während Elisa das Cello zum Wagen trug. Leah, Otto und Ludwig huschten um die Ecke, wo Ottos Auto wartete.

Drei Fahrzeuge mit Sirene und Blaulicht jagten an ihnen vorbei, als Elisa Karl auf den Beifahrersitz des Packards half. Vitorio legte sie auf die Rückbank, so daß das Cello wie eine zusätzliche Person wirkte.

Karl spähte über die Lehne zu den Uniformierten hinüber, die sich durch die Menge drängelten und im Haus verschwanden. Sie würden mehrere Männer benötigen, um Herrn Hugel aufzuheben, dachte er.

Elisa drehte den Schlüssel um. Der Motor stotterte und starb wieder ab. *„Oh, bitte, Allmächtiger!"* betete sie laut. Der Motor stotterte erneut, aber schließlich sprang er aufheulend an. Sie knallte den Gang rein und der Wagen löste sich vom Bordstein. Noch ein Polizeiwagen schoß an ihnen vorbei.

* * *

Otto und die anderen hatten noch nicht einmal die Außenbezirke Wiens erreicht, da kam schon die Meldung über sein Kurzwellen-Radio. *Alle Beamten sind angehalten, auf folgende Ermittlungssache besondere Sorgfalt zu verwenden. Zwei Frauen, ein Mann und zwei*

Jungen werden von der Gestapo gesucht. Sie sollen im Zusammenhang mit dem ungeklärten Tod eines Parteimitglieds in den frühen Morgenstunden befragt werden. Sie wurden direkt nach dem Vorfall zusammen gesehen –

Otto schaltete das Radio ab. Ludwig war mittlerweile gänzlich wach und blies ihm aufgeregt ins Ohr, als er sich vorbeugte, um die Nachrichten zu hören.

„Haben sie über uns gesprochen, Herr Otto?“ fragte er.

„Nein“, antwortete Otto wahrheitsgemäß. „Sie sprachen von zwei Frauen, einem Mann und zwei Kindern. Wir sind nur ein Mann, eine Frau und ein Junge, der um diese Uhrzeit längst schlafen sollte.“

Leah betrachtete Otto aus dem Augenwinkel mit einer Mischung aus Bewunderung und Verwirrung. Was für ein Mensch wäre er wohl, wenn er sich nicht in all das verstrickt hätte? Und was für ein Mensch war er, in diesem Augenblick? *Ein guter Mensch*, dachte sie. *Ein guter Mensch, der diese unendlichen Schwierigkeiten auf sich genommen hatte, um etwas in diesem ganzen Irrsinn zu bewirken.*

* * *

Die hohen Häuser Wiens waren in tiefste Finsternis gehüllt, farblose Kolosse einer schlafenden Stadt. Das Licht der Scheinwerfer von Elisas Wagen reflektierte auf dem glänzenden Kopfsteinpflaster der leeren Ringstraße. Für einen kurzen Augenblick erinnerte sie sich an die friedliche Schönheit dieser Stadt, die einmal ihre Heimat gewesen war. Trauer durchzuckte sie, verschwand aber ebenso schnell wieder angesichts ihrer Situation: sie waren auf der Flucht.

Der kleine Karl preßte sich aufrecht sitzend an ihre Seite. Seine Blicke verschlangen die düstere Ansicht Wiens. Seine Augenbrauen kräuselten sich nachdenklich.

Dieses einzelne Kind verkörperte jene Millionen Kinder, die das Böse zur Vernichtung freigegeben hatte. *Tot in einem namenlosen Grab; Fleisch, von Flammen verzehrt!*

Wieder einmal war Elisa die Trägerin einer Botschaft! *Bleibt standhaft gegenüber dem Bösen, oder es wird auch euch verschlingen! Erhebt euch gegen jene, die die Seelen eurer Kinder rauben und ihre Gebete durch Gemeinplätze ersetzen! Schützt die Rechte der Hilflosen, oder eines Tages werdet ihr selbst hilflos sein, und dann wird niemand mehr da sein, um euch zu erretten!* Elisa sah noch einmal zur Seite und erkannte ihr eigenes Gesicht in der Scheibe neben dem des kleinen Jungen. Ein Ebenbild, das der Dunkelheit zu entfliehen versuchte. Ein Ebenbild, verfolgt von den zornigen Augen des Bösen.

48. Grenzübergang

Gerade als im Osten der Himmel langsam heller wurde, bemerkte Elisa die ersten Rücklichter des Armeekonvois vor sich. Sie waren kaum fünf Kilometer von Wien entfernt.

Auf beiden Seiten der Landstraße konnte sie die Motoren tausender Wagen hören, die um die Stadt herumgefahren waren und sich jetzt vor ihr stauten.

Sie schaltete herunter und bremste soweit ab, bis sie ihre Geschwindigkeit den Armeefahrzeugen angepaßt hatte. Sie schaltete das Radio ein, vielleicht wurde eine Umleitung für Privatfahrzeuge durchgegeben. Aber alles, was sie zu hören bekam, war Marschmusik.

Das war sie also – die Wehrmacht des Deutschen Reiches, Lastwagen und Truppentransporter, in denen junge Männer schliefen, die noch nicht wußten, warum sie die ganze Nacht hindurch Richtung Osten fuhren. Elisa biß sich auf die Lippen. Sie hätte es ihnen erzählen können. In Paris würde heute mittag ein Mord verübt werden. Und in Prag würde am Abend ein zweites Attentat folgen, mit anschließenden Unruhen und Krawallen in den Straßen der Stadt.

Beim Anblick all der Soldaten wurde Karl totenbleich. Es war dasselbe Schauspiel, das er und Ludwig an jenem Morgen in Wien mitangesehen hatten, als ihr Vater sie verlassen hatte. Seitdem nahm das Grauen kein Ende. Hörte das denn nie auf? Gab es keinen sicheren Ort? Keinen Ort, wohin man fliehen konnte, weg von den blutroten Fahnen und der bebenden Erde?

Zum ersten Mal, seitdem sie aufgebrochen waren, sagte Elisa etwas. „Sie werden abbiegen", meinte sie ermutigend, als sie nur noch in Schrittempo vorankamen. „Sie können nicht bis zur tschechischen Grenze durchfahren."

Aber die Truppentransporter, die Panzer und die Lastwagen mit Waffen bogen nicht ab. Hin und wieder blieb eins der Fahrzeuge stehen, und dann kam die ganze Kolonne ächzend zum Stehen. So vergingen Stunden. Elisa fühlte sich kein Stück sicherer als bei Sonnenaufgang.

Ihr Magen rumorte vor Hunger. Sie hätten längst die tschechische Grenze passiert haben sollen. Dort hatten sie in einem kleinen tschechischen Café, das sie kannte, frühstücken wollen. Ein kurzer Blick verriet ihr, daß auch Karl hungrig war. Mit den Händen um den Bauch gelegt, spähte er zu einer Gruppe Wehrmachtssoldaten, die gerade am

Straßenrand Käsebrote zu sich nahmen. Aber er wußte so gut wie Elisa, daß er jetzt nicht essen konnte. Selbst wenn es einen Ort gab, wo sie hätten anhalten können, durfte er es nicht wagen, das Tuch von seinem Mund zu nehmen.

„Es dauert nicht mehr lange", sagte Elisa mitfühlend. Aber im Grunde bedeutete das nicht viel. Der Wagen kroch voran, und abermals mußten sie anhalten. Als die Straße eine weite Kurve machte, konnte Elisa etwa ein Dutzend anderer Zivilfahrzeuge erkennen, die zwischen den Wehrmachtstransportern eingeklemmt waren. Ein Soldat auf einem Motorrad fuhr zu jedem einzelnen dieser Zivilisten und verlangte, die Ausweise zu sehen.

Elisas Mund war völlig ausgetrocknet. Nervös fuhr sie mit den Fingern über das Lenkrad und betrachtete das Gestapo-Siegel auf Ottos Brief. Sie betete im stillen für sich, für Karl, den Präsidenten der Tschechoslowakei und den anderen, der gegen Mittag in Paris erschossen werden sollte. Sie betete für die Millionen Menschen außerhalb der Grenzen des Reichs, die durch die Ereignisse des heutigen Tages ins Leid gezogen werden würden!

* * *

Gegen Morgen legte sich der Nebel über dem Flughafen Heathrow. Und mit den ersten Sonnenstrahlen tauchten auch die ersten Taxen aus London auf. Aus jedem der Taxen stromten Reporter, die sich durch die Eingänge drängelten und sich um die Plätze an den Schaltern schlugen.

„Ein Ticket nach Prag ..."

„Wann startet der Flug nach Prag?"

„Wie bitte? Soll das heißen, wir kommen hier erst nachmittags weg?"

Murphy grüßte jeden von ihnen, der an seiner Bank vorbeilief, auf der er es sich bequem gemacht hatte und auf den Zwei-Uhr-Flug nach Prag wartete. Amüsiert beobachtete er, wie ein Faustkampf zwischen Cedric Wells vom *Edinburgh Examiner* und Keith Walpole von der angesehenen *London Morning Post* ausbrach. Wie es schien, hatte sich Cedric in die Schlange gedrängelt und das letzte Ticket nach Prag ergattert.

Amanda Taylor erblickte Murphy, als Walpole gerade Wells' Nase blutig geschlagen hatte; den Kampf hatte er so zwar gewonnen, aber den Platz nach Prag trotzdem verloren. Sie winkte erfreut und brachte ihm eine Tasse dampfenden Kaffees mit.

„Ich dachte, du wärst schon längst in Prag, Johnny!“ Sie setzte sich neben ihn.

„Ich auch. Aber der Nebel ...“ Er hielt sein Ticket hoch. „Laß es mich so formulieren: ich stand ganz vorne in der Schlange. Ich dachte, du solltest nicht nach Prag reisen?“

„Das hab' ich auch geglaubt. Scheint, daß die Redaktion zur Vernunft gekommen ist.“ Sie warf ihm einen düsteren Blick zu. Jede Heiterkeit war aus ihrer Stimme gewichen. „Die Wehrmacht hat ihre Truppen nach Osten gebracht. Die Deutschen versuchen nicht einmal, diese Tatsache zu verbergen. Die einzige Erklärung, die sie abgeben, ist, daß es sich um eine Generalprobe für den Fall handelt, daß die Tschechen angreifen. Irgend etwas liegt in der Luft. Mehr, als irgend jemand zuzugeben bereit wäre. Aber zuviel, als daß es selbst die konservative *Times* ignorieren könnte. Sieht so aus, als hättest du bald Gelegenheit, mich deiner Frau vorzustellen, Johnny.“

Murphy betrachtete die mürrische, aufgebrachte Menge Journalisten. „Krieg“, sagte er. „Ich habe gelernt, ihn anhand der Bussarde zu erkennen, die sich um die Reste schlagen.“

„Du bist selber ein ziemlich ausgebuffter Bussard, Johnny.“ Amanda lächelte wieder. „Wir sorgen nicht für die Nachrichten, wie du weißt. Wir berichten nur darüber.“

* * *

Es war noch nicht einmal Mittag, als Thomas von Kleistmann zum Bücherstand des *Toten Mannes* schlenderte. Er wirkte verstört und mitgenommen. *Verletzlich,* dachte Herschel überrascht. Während seine Hand instinktiv zu seiner versteckten Waffe wanderte.

Herschel versuchte, ihn nicht blöd anzugaffen. Woher hatte Hans so zuverlässig gewußt, daß von Kleistmann heute herkäme? Den ganzen Morgen über hatte Herschel angenommen, daß er den Nazi in der Deutschen Botschaft würde erschießen müssen. Aber so war es viel einfacher. Hier, unter der Markise des *Toten Mannes,* gab es weder Hakenkreuzfahnen noch irgendwelche finster dreinblickenden SS-Wachen, die ihn hätten einschüchtern können.

Er schirmte seine Augen mit der Hand ab und sah zum Himmel hinauf. Vielleicht war es wieder eine göttliche Fügung, die ihm seinen Feind in die Hände gespielt hatte. „Rue du Cherche-Midi", murmelte Herschel, als er an die Straße und das Gefängnis denken mußte, in dem der Jude Dreyfus gesessen hatte. Die Erinnerung daran beflügelte einmal mehr Herschels Mut. Andere Juden hatten gelitten. Ohne jeden Zweifel würde er für den Mord an diesem Nazi verhaftet werden. Aber er würde sich die anderen ins Gedächtnis rufen, die hinter Gittern und dicken Mauern dahinsiechten. Tapfer würde er ihrem Beispiel folgen.

„Haben Sie Ihre Fahrt aufs Land genossen, Major von Kleistmann?" fragte *Le Morthomme* freundlich.

„Ich habe ein paar hervorragende Weine probiert ..."

„Hatten Sie denn wenigstens eine weibliche Begleitung, mit der Sie den Wein teilen konnten?" Der alte Buchhändler lächelte ihn an.

Herschel erinnerte sich an Thomas, wie er seinen Arm um Elisa gelegt hatte. Wie klein sie neben ihm gewirkt hatte, und wie leicht er ihr das Herz gebrochen hatte!

„Frauen? Auf dem Land? Es gibt doch genug in Paris. Und welche Frau kann sich mit einer Dame aus Paris vergleichen, *Le Morthomme?*"

„Nun gut, haben Sie dann vielleicht ein gutes Buch gelesen?"

Thomas breitete seine leeren Hände aus. „Ich komme mit leeren Händen, befürchte ich. Haben Sie vielleicht irgend etwas Neues, das ich kaufen könnte?"

Der alte Buchhändler lachte entschuldigend. „Es gibt nichts Neues auf Erden, wie es so schön heißt! Nichts, wofür Sie sich interessieren würden. Rein gar nichts, fürchte ich."

Thomas verzog sein Gesicht und stand schweigend über einen Tisch gebeugt, der unter dem Gewicht unzähliger Bücher nachzugeben drohte. Abwesend blätterte er das eine oder andere Exemplar durch. Schließlich seufzte er aus tiefstem Herzen und sah zum *Toten Mann* auf. „Nun, dann", sagte er.

Er brach auf! Herschel wußte, daß er aufbrechen würde! Er erkannte es an der Art und Weise, wie der hochaufgeschossene Deutsche sich am Stand umsah. Krampfhaft suchte er nach einer Möglichkeit, ihn aufzuhalten. Er durfte nicht vor dem verabredeten Zeitpunkt fortgehen. Um zwölf Uhr mußte er sterben, gemeinsam mit den anderen, mit deren Untergang ein Zeichen gegen den Nazi-Terror gesetzt werden sollte! Herschel tastete nach seiner Pistole. Fast panisch vor Angst, er könnte sein Opfer verlieren, rief er: „Nichts Neues? Wir haben eine ganze Reihe neuer Bücher hereinbekommen, seit Sie das letzte Mal hier waren! Und auch unter den älteren sind viele, die Sie noch nicht gelesen haben!"

Thomas schien überrascht davon, daß Herschel ihn so unvermittelt ansprach. Er wandte sich um und mit neugierigen Lächeln sagte er: „Da macht der *Tote Mann* also noch einen richtigen Buchhändler aus dir."

Herschel nickte und fuhr sich nervös mit der Zunge über die Lippen. Schweißperlen standen auf seiner Stirn. Es war noch immer so lange hin bis zum verabredeten Zeitpunkt! Hans hatte gesagt, daß jedes Opfer zum selben Zeitpunkt fallen mußte.

„Ja, er mag Bücher verkaufen. Aber er muß noch einiges über die Lesegewohnheiten meiner Kunden lernen." Der alte Buchhändler schien Herschel das Wort abschneiden zu wollen. Aber der Junge gab nicht auf.

„Haben Sie sich schon an diesem Tisch umgesehen?" Er trat beiseite, aber Thomas hatte seine Aufmerksamkeit schon wieder dem alten Mann zugewandt.

„Wir können nichts tun, außer abzuwarten", sagte er mit gedämpfter Stimme.

Der *Tote Mann* legte seine knochige Hand auf Thomas' Arm. „Sie müssen sehr vorsichtig sein ..."

Herschel starrte den alten Mann erstaunt an. Wovor warnte er den Deutschen? Hatte *Le Morthomme* Herschels Vorhaben durchschaut? Hatte er den Revolver bemerkt, oder die leise Unterhaltung mitgehört?

Thomas nickte. „Danke", sagte er, als wollte er gehen.

Die Sonne stand hoch. Die Glocken des Notre-Dame hatten noch nicht zur Mittagsstunde geläutet, aber Herschel konnte nicht länger auf die anderen Attentäter warten, die bereit waren, die Mündung ihrer Waffe auf einen unmenschlichen Nazi zu richten.

Er öffnete seinen Mund und rief: „Warten Sie!"

Aber Thomas wartete nicht. Er drehte sich um und schlängelte sich zwischen den überladenen Tischen hindurch. Herschel fummelte den Revolver aus seinem Hosenbund hervor.

„Von Kleistmann!" schrie er. „Erinnern Sie sich an Elisa?"

Thomas blieb abrupt stehen. Er wandte sich um, als Herschel den Hahn der Waffe spannte und sie mit beiden Händen zitternd auf ihn richtete. „Woher weißt du – ?" setzte Thomas an; er erstarrte, als sein Blick auf den in der Sonne glitzernden Lauf fiel.

„Cherche-Midi!" Herschel schrie den Namen des Gefängnisses heraus. Langsam zog er den Abzug.

Le Morthomme hob abwehrend die Hände. „Nein!" Sein Schrei wurde von dem Schuß übertönt, als sich der alte Mann vor die Mündung warf.

Herschels Augen weiteten sich vor Schrecken. Der Tote Mann öffnete und schloß überrascht seinen Mund. Blut trat zwischen seinen gelben Zähnen hervor.

Thomas stürzte vor und entriß Herschel die noch qualmende Waffe. Im selben Moment fing er den zusammensackenden Körper des *Toten Mannes* auf.

Als überall Rufe laut wurden, wich Herschel zurück. Seine Hand war völlig steif, als hielte sie noch immer die Waffe. Ängstliche Schreie erfüllten die Luft rings um ihn. Am Boden versuchte von Kleistmann, den Blutfluß zu stoppen und rief nach einem Arzt.

„*Le Morthomme!* Jemand hat *Le Morthomme* erschossen!" Die Luft war erfüllt von dem schrecklichen Schrei, als die Glocken des Notre-Dame, die zur Mittagsstunde läuteten, mit einstimmten.

Herschel schüttelte den Kopf. Er drehte sich um und stieß sich seinen Weg durch die panische Menschenmenge frei. Als er das Seine-Ufer erreichte, fing er zu rennen an. Er rannte den ganzen Weg bis zur Rue du Cherche-Midi, an den dicken Mauern des Gefängnisses vorbei, hinter denen sein verfolgter Held Dreyfus hatte darben müssen. Er hielt nicht eher an, bis er in der dunklen Dachkammer zusammenbrach, wo Träume von Ruhm und Ehre sein Innerstes erhellt hatten wie die Mittagssonne.

* * *

„Rechts ran! Fahren Sie bitte rechts ran!" rief der Beamte im Beiwagen des Motorrades über den Lärm der Motoren hinweg Elisa zu.

Elisa nickte gehorsam und lenkte scharf an den Bordstein der Straße. Sofort überholte sie ein Transporter, um ihren Platz in der Schlange einzunehmen.

Mit zitternden Händen sammelte sie ihre Unterlagen zusammen. Der Beamte kam gemächlich zur Wagentür gestapft. Durch das Fenster warf er einen Blick auf Karl, der ruhig mit im Schoß gefalteten Händen neben Elisa hockte.

„Guten Tag, Wachtmeister! Worum geht es?“ Elisa versuchte, eine freundliche Neugierde an den Tag zu legen.

„Manöver. Um herauszufinden, wie wir uns in einem Angriffsfall verhalten müssen.“ Man merkte seiner Antwort an, daß er sie schon dutzende Male an diesem langen, schwierigen Morgen gegeben hatte. „Steigen Sie bitte aus.“

Elisa behielt ihren Ausdruck freundlichem Entgegenkommens bei. „Wie Sie wünschen.“

„Er auch“, sagte der Beamte und zeigte auf Karl.

Der Junge machte Anstalten zu gehorchen. „Einen Augenblick, Liebling.“ Elisa hielt Karl auf, der zu husten anfing.

„Ich sagte, daß *er* auch aussteigen soll.“ Der Polizist ließ sich auf keinen Widerspruch ein.

Elisa reichte ihm den Brief mit dem Gestapo-Siegel. Sollte er sich doch mit Otto auseinandersetzen. Mit der Gestapo. Nicht mit ihr. Seine Augen weiteten sich ein wenig, als er den Brief aus dem Umschlag zog und ihn zu lesen begann. „Tuberkulose?“ Er wich unwillkürlich einen Schritt zurück. „Richtig, er kann bleiben, wo er ist, Frau ... Murphy?“ Er sprach den Namen mit einiger Schwierigkeit aus.

Elisa faßte neuen Mut. „Gibt es irgendeine Möglichkeit, daß wir an ... dem da vorbeikommen? Wie Sie sehen können ...“ Karls Husten wurde vor Erschöpfung schlimmer. „Der Junge braucht ärztliche Hilfe. Wir hätten ihn nicht auf die Reise geschickt, wenn wir das geahnt hätten.“

Der Polizist las den Brief noch einmal. Schließlich warf er einen Blick auf die vorbeifahrenden Fahrzeuge. „Vielleicht, Frau Murphy ...“ Er rieb sich nachdenklich das Kinn.

Ein zweites Motorrad knatterte heran. Ein junger Kurier mit Mantel und einer verdreckten Schutzbrille rief ihm zu: „Nachricht aus Wien!“

„Einen Moment, Frau Murphy.“ Der Beamte ging zu dem Kurier hinüber.

„Was gibt's?“

„Sie sollen nach zwei Jungen Ausschau halten. Zwei Frauen und einem Mann. Hat was mit den Kronenberger-Zwillingen zu tun, nach denen wir suchen.“

Elisas Herz pochte wie wild, als der Polizist nickte. Karls ungerührter Gesichtsausdruck blieb unverändert. Mit Sicherheit hatte der Junge seinen Namen gehört, aber er zeigte keinerlei Reaktion.

„Sind mir nicht untergekommen ...“ Der Beamte deutete auf Elisa, die an der geöffneten Wagentür wartete. „Aber ich hab' hier ein Problem. Ein krankes Kind. Tuberkulose. Ist auf dem Weg zum Sanatorium in Marienbad.“ Er winkte mit dem Gestapo-Briefbogen. „Die ganzen Abgase der Lastwagen werden ihm sicher nicht gut tun. Könnten sie nicht bis zur Grenze vor Ihnen herfahren, Schmidt? Zwanzig Kilometer, was?“

Der Kurier nickte und hob ein weiteres Mal seine Schutzbrille, um einen Blick auf die hübsche Blondine zu werfen, die neben dem amerikanischen Wagen stand. Er grinste zu ihr herüber. „Aber sicher! Ist doch eine nette Aufgabe, verglichen mit der hier.“

Der Beamte schien erleichtert. Er winkte mit dem Papier Elisa zu. „Schmidt wird Sie in Nullkommanichts zur Grenze bringen!“

„Vielen Dank!“ Elisa winkte zurück.

„Heil Hitler!“ sagte der Polizist erleichtert, als er ihr die Papiere zurückgab.

Sie erwiderte seinen Gruß und betete, daß er nicht bemerkte, wie ihre Finger zitterten, als sie die Unterlagen in Empfang nahm. „Und viel Glück“, fügte er hinzu. Er startete den Motor und überholte den dahinkriechenden Konvoi auf der Gegenfahrbahn.

* * *

Fünf Kilometer vor der tschechischen Grenze verschwand der Konvoi plötzlich. Rechts und links bogen die Wagen auf staubige Feldwege ein.

Dort würden sie auf weitere Befehle warten. *Prag in Trümmern. Wehrmacht angefordert, um die Ordnung wiederherzustellen.* Dann würden sie einmarschieren. Sie würden dieselbe Straße nehmen, auf der Elisa jetzt vor ihnen floh. Sie würden das Sudetenland passieren und weiter auf Prag zuhalten, wo Albert Sporer alles für sie vorbereitete. Sie würden durch die Straßen toben und ihre Hakenkreuzfahnen am Hradschin und am Nationaltheater hissen! Sie würden die Türen von denen eintreten, der sich ihnen widersetzte. Sie würden Theo wiederfinden. Sie würden Karl finden, und alles ... das alles ... würde umsonst gewesen sein.

Wer konnte sich einer solchen Armee widersetzen? Wer konnte sich dieser Kraft widersetzen? Briten und Franzosen kniffen schon beim Gedanken daran. Präsident Beneš, der geschworen hatte, sein Land sei auch allein zum Kampf bereit, würde heute abend tot sein, wenn Sporers Plan gelang. *Es sei denn ... es sei denn ...*

Der Kurier fuhr rechts ran, als die tschechische Grenzstation in Sicht kam. Elisa verlangsamte so, daß sie sich bei ihm bedanken konnte.

„War mir ein Vergnügen", rief er und winkte. „Vielleicht besuche ich Sie ja morgen in Marienbad", fügte er hinzu.

„Das ist aber auf tschechischem Gebiet", bemerkte Elisa heiter.

„Heute ja." Er lachte, aber es war kein Scherz. „Wer weiß, was morgen ist."

Elisas Erleichterung hielt sich in Grenzen, als sie die Sperren erreichte. Tschechische Grenzer kamen heraus und grüßten sie mit düsterer Miene. Die Straße hinter ihr war menschenleer, aber sie konnten die Staubwolken erkennen. Sie wußten, was die Wolken zu bedeuten hatten.

Selbst nachdem sie die Grenze überquert hatte, fühlte sie sich nicht sicher. Otto hatte sie gewarnt. Es wimmelte von Nazis auch auf tschechischem Gebiet. Wie Würmer in einem Apfel hatten sie das Herz der Nation ausgehöhlt. Sogar Elisa spürte keine Sicherheit.

Es würde noch Stunden dauern, bis sie Prag erreichten. Wenn sie zu spät kam, um Präsident Beneš und die Tschechen zu warnen, würde es auch für Theo zu spät sein. Und für Karl. Und für Millionen andere ...

49. Die Jüdin

Endlos zog die Karawane entgegenkommender Truppentransporter und bewaffneter Einheiten nach Osten. Wehrmachtverbände, die normalerweise in den Alpen nahe dem Hof der Wattenbergers stationiert waren, wurden nun an die Grenze zur Tschechoslowakei versetzt.

Otto war oft gezwungen, deutsche Fahrzeuge passieren zu lassen, die die lange Kolonne überholten. Der Kopf der Nazi-Schlange war bereits an Ort und Stelle im Sudetenland, jetzt wand sich der Schwanz in dieselbe Richtung.

Die Sonne ging schon unter, als Otto zu den hohen Gipfeln seiner Tiroler Heimat hinaufblickte. Endlich hatten sie das Ende der Truppenbewegung passiert. Ein paar liegengebliebene Lastwagen, zeugten als einziges von ihrem Durchmarsch. Der Anblick des schier endlosen Zuges hatte Leah erschreckt. Es bestätigte jedes von Ottos Worten.

Otto hatte während der langen Fahrt nur wenig gesprochen. Sein Gesicht war von Erschöpfung gezeichnet. Er schaltete das Radio ein und drehte an der Sendereinstellung herum, in der Hoffnung, irgendwelche Nachrichten aus Paris zu erfahren.

Der Empfang von Polkas und Volksliedern war mal besser, mal schlechter, während sie zwischen schroffen Felshängen hindurchfuhren. Vereinzelt blinkten die Lichter kleiner Dörfer auf. Es gab keine Neuigkeiten aus Paris. Hitler tobte nicht angesichts des Meuchelmordes an einem ehrenhaften Nazi durch Judenhand. Weder Heß noch Goebbels unterbrachen die Musik mit einem Bericht über den Volkszorn, der sich angesichts dieses gemeinen Aktes einer Judenbestie entlud! Die Musik spielte ununterbrochen weiter. Irgendetwas war in Paris auf wundervolle Weise schiefgegangen. Der Militärattaché war nicht tot. Es war kein arbeitsloser Jude verhaftet und ans Reich ausgeliefert worden, wo ihm sein Urteil sicher gewesen wäre! Fast lächelte Otto, als die letzten Sonnenstrahlen hinter den Alpen versanken. *Ist es die klare, frische Luft?* fragte sich Leah. *Ist es die Nähe seines Zuhauses? Oder ist es die ununterbrochene Musik, sind es die fehlenden Nachrichten?*

Nach einer Stunde wohltuendem Schweigens sah Otto zu Leah hinüber. „Sie haben nichts zu berichten. Kein Verbrechen gegen das deutsche Volk. Etwas ist in Paris schiefgelaufen. Gott sei Dank. Gott sei Dank!“

* * *

Etwas *war* schiefgegangen in Paris. Albert Sporer schaltete das Radio ab und wandte sich dem Dutzend Männer zu, die die verschiedenen Demonstrationszüge am Abend anführen sollten.

Er zuckte die Schultern. „Macht nichts“, sagte er. „Bei uns wird jedenfalls alles glattgehen. Selbst wenn der Jude Beneš verfehlen sollte, haben wir zur Sicherheit noch einen Scharfschützen in der Loge gegenüber postiert.“ Er lächelte. Beneš würde tatsächlich wie sein Held Lincoln sterben – nur, daß sein Tod nicht das Ende eines Krieges markierte sondern den Anfang. „Paßt doch ausgezeichnet, daß er während einer Vorführung von der *Jüdin* umkommt, nicht wahr? Wenn die Pauke ertönt, und die Flammen emporsteigen, um die junge jüdische Braut zu verschlingen ...“ Er spielte die Szene im Geiste durch. „Der Jude wird als erster schießen. Ist ein junger Kerl, der sich bei der Vorstellung von dem, was er da tun wird, in die Hosen macht.“ Sporer holte seinen Smoking aus dem Schrank. „Und wenn er danebenschießt – der andere wird garantiert nicht danebenschießen. Wenn die Flammen die Jüdin verschlingen, wenn die Pauke ertönt, dann wird Beneš sterben.“

* * *

Mehr als hundert Kilometer von Prag entfernt, platzte ein Reifen des Packard. Elisa brachte den Wagen nach einem kurzen Schleudern am Rande der schmalen Straße zum Stehen. Es war fast sechs Uhr abends. In zwei Stunden würde die Vorstellung im Nationaltheater beginnen! Zwei Stunden und es mochte um Beneš geschehen sein – und um die gesamte Tschechoslowakei!

Erschöpft und beinahe jeder Hoffnung beraubt, legte Elisa ihren Kopf aufs Lenkrad. *Was jetzt? Was sollte sie tun?*

Zum Verzweifeln war keine Zeit. Karl klopfte sie drängend auf den Rücken. Er schüttelte den Kopf. Zum Ausruhen war keine Zeit!

„Ich habe noch nie einen Reifen gewechselt“, sagte Elisa, als erklärte das ihre Langsamkeit.

Er schüttelte noch einmal seinen Kopf. Das war völlig egal. Er rutschte zur Tür und kletterte hinaus. So dünn und schmächtig öffnete er dennoch seinen Mund zu einem ungeduldigen und verärgerten Schrei. Er trommelte mit der Faust auf den flachen Reifen. Sie würde den Reifen wechseln *müssen,* und zwar *sofort!*

* * *

Präsident Beneš war ein kleiner Mensch, voll Güte und Klugheit. Er trat den Reportern ebenso mutig entgegen, wie er der Krise in seinem Land begegnete.

„Wir haben soeben eine Nachricht vom deutschen Botschafter erhalten, daß es sich bei den Truppenbewegungen um Manöver – "

„Und das glauben Sie?" rief ein Franzose. Murphy konnte ihn inmitten der Menge nicht sehen. Dicht gedrängt standen sie in dem vergoldeten Vorzimmer des Hradschins.

„Wir hoffen, daß wir uns auf ihr Wort verlassen können."

„Und wenn nicht? Wird sich die Tschechoslowakei allein zur Wehr setzen? Bleiben Sie dabei, daß die Tschechen auch ohne die Unterstützung Frankreichs und Englands kämpfen werden?"

Beneš runzelte die Stirn. Er war ein geduldiger Mensch. Er glaubte daran, daß sein Land dem Druck der Nazis von außen und dem der Sudetendeutschen, die ihr Gebiet der Kontrolle Prags entziehen wollten, im Innern würde standhalten können. „Wir verhandeln mit den Führern in den Sudetengebieten, den deutschen sowie den – "

„Verhandeln!" wurde er rüde von einem deutschen Reporter unterbrochen. „Sie schlagen ihnen die Köpfe ein, meinen Sie wohl!"

Beneš ging nicht darauf ein. Er ignorierte die Bemerkung; ihm war klar, daß der Schreihals auf der Lohnliste Adolf Hitlers stand. „Wir hoffen ... daß die Bereitschaft zu Verhandlungen und die Vernunft in dieser Angelegenheit die Oberhand behalten. Hier stehen sich Menschen gegenüber, die Burger ein und desselben Landes sind, trotz ihrer unterschiedlichen Herkunft."

„Herr Präsident, es ist ausgiebig diskutiert worden, daß die von Ihnen angeordnete heutige Aufführung der *Jüdin* tatsächlich die rassistischen Gefühle der Deutschen in Ihrem Land weiter anheizen könnte." Murphy reckte seinen Hals, um zu sehen, wer die Frage gestellt hatte. Es war eine gute Frage. Bei dieser ganzen Angelegenheit ging es einzig und allein um Rassen. Ein Bürgerkrieg in der Tschechoslowakei würde nur solange dauern, bis die Deutschen einmarschierten.

„Sehen Sie, rassistische Empfindungen sind nicht gut", erwiderte Beneš überlegt. „In unserem Land leben wie in Amerika die unterschiedlichsten Rassen zusammen. Es ist in unserer Verfassung verankert, daß alle Menschen frei ihren Glauben wählen können. Das gilt für Männer und Frauen jeder Rasse, seien sie Juden, Tschechen oder Deutsche. Für Rassenwahn ist hier kein Platz. Die Oper *Die Jüdin,* in der es um eine junge Jüdin geht, die sich in einen Christen verliebt und deshalb von der Kirche hingerichtet wird, paßt hervorragend in unsere Zeit. Ich habe darum gebeten, daß sie aufgeführt wird, nicht, um Konflikte heraufzubeschwören, sondern um zu zeigen, wie sinnlos sie in dieser Angelegenheit sind."

„Einige Ihrer deutschen Mitbürger haben angekündigt, daß sie gegen diese offensichtliche jüdische Propaganda demonstrieren wollen", rief der Deutsche. „Werden Sie Truppen aufmarschieren lassen, um die Demonstrationen ebenso brutal niederzuschlagen, wie Sie es in den Sudetengebieten tun?"

„Wir werden heute abend keine Truppen vor dem Nationaltheater benötigen." Beneš lächelte grimmig. „Für die unter Ihnen, die mit dem Stück nicht vertraut sind, möchte ich bemerken, daß die junge Jüdin, die vom Kardinal verbrannt wird, sich als die Tochter des Kardinals herausstellt. Vielleicht ziehen die Rassisten unter unseren deutschen Mitbürgern eine gewisse Lehre daraus."

„Die Eintrittskarten wurde alle an Juden verkauft", höhnte der Reporter. „Es wird kein Deutscher in der Lage sein, die Vorstellung zu besuchen."

„Hatten sich denn irgendwelche Deutsche an den Theaterkassen angestellt?" Er richtete seinen Finger an dem Nazi vorbei auf Amanda. „Ja? Eine Frage?"

„Schauspiele sind ja alle schön und gut. Aber die deutsche Wehrmacht hält gerade die Generalprobe für ein anderes Stück entlang Ihrer Grenzen ab. Die Frage steht noch immer: Ist Ihr Land stark genug, um einem Angriff standzuhalten, falls die Deutschen einmarschieren?"

Beneš nickte. „Sie kämen nicht an unseren Befestigungsanlagen vorbei. Unsere Grenzen sind besser geschützt als die Frankreichs. Aber noch einmal möchte ich betonen, daß die Abschreckung nur einen Teil unserer Politik darstellt. Wie es sich gehört, versuchen wir die Zukunft unseres Landes mit allen Staatsbürgern zu diskutieren. Herr Hitler ist kein Bürger dieses Landes; seine Vorstellungen haben keinen Platz innerhalb demokratischer Strukturen. In diesem Punkt bleiben wir standhaft! Der deutsche Führer hat sein Maß überschritten. Wir werden nicht einem SS-Soldaten gestatten, den Boden der freien Tschechoslowakei zu betreten!“

Beneš’ Rede war unter den gegebenen Umständen mutig; der Wolf lauerte schließlich bereits an der Türschwelle. Hielt Beneš an seiner Unterstützung der jüdischen Bevölkerung seines Landes fest, so mußte Murphy ihm zugestehen, daß Beneš Courage besaß. *Die Jüdin* im Nationaltheater aufführen zu lassen, war eine weitere Gelegenheit für Beneš, Hitler zu zeigen, was er von dessen Rassentheorie hielt. Natürlich wußte jeder, auch Beneš, was Hitler von der slawischen Rasse hielt. *„Gerade soviel wie von dem jüdischen Geschmeiß“*, hatte Hitler gestern im Radio gesagt.

* * *

Murphys Brief lag noch immer ungeöffnet auf Annas Flügel. Theo hatte ihr verboten, ihn aufzumachen. Er wußte offensichtlich mehr, als er zugab, und sein Verbot hatte Anna wütend gemacht. Aber den Brief rührte sie trotzdem nicht an.

Es gab andere Dinge, um die sie sich kümmern mußte. Wilhelm führte ihnen voller Stolz seine Fliegeruniform vor. Er verließ sie. Zusammen mit Hunderttausend anderen Reservisten war er einberufen worden. Mit einem ironischen Unterton wiederholte er Hitlers Worte: „Es ist nur ein Manöver, Mama.“ Er gab ihr einen Kuß auf die Wange. „Wie die deutschen Truppen. Wir werden herausfinden, welche Seite bessere Manöver abhalten kann, nehme ich an. Ist schon komisch. Sie können unsere Positionen erkennen, und wir die von ihnen. Wir haben sie beobachtet. Sie haben so ziemlich alles, was sie haben, aufgefahren.“ Er lachte. „Das Schweizer Rotkreuz-Corps könnte ins Reich tanzen und es übernehmen. Niemand mehr übrig, um es zu verteidigen. Sie verrenken ihre Nacken, um einen Blick auf die Tschechoslowakei zu ergattern!“

Theo umarmte seinen Sohn. „Sei vorsichtig“, sagte er. Unzählige Male hatte er sich überlegt, wie es sein würde, wenn Wilhelm eines Tages gegen seine alten Schulkameraden und Freunde, die bei der Hitler-Jugend ihn hassen gelernt hatten, würde kämpfen müssen. „Ich glaube nicht, daß es zu einem offenen Schlagabtausch kommen wird. Beneš ist ein vernünftiger Mensch. Wir sind nicht in Österreich, dies ist ...“ Er beendete seinen Satz nicht. Dies war der Ort, auf den er seine Hoffnungen gestützt hatte. War er ein Narr gewesen? Würde er morgen zum Klang marschierender Soldaten erwachen?

Anna drückte ihren Sohn fest an sich. Ihre Tränen befeuchteten seine Uniform. „Wofür ist eine Uniform schon gut, wenn nicht, damit eine Frau darauf weint?“ Sie versuchte zu lachen, als sie die Tränen abwischte.

„Dann laß deine Tränen drauf, Mutter. Ich bin in ein, zwei Tagen zurück.“ Er küßte sie auf die Wange, eilte zur Tür hinaus und sprang die Stufen hinunter. Er sah sich erst wieder um, kurz bevor er die Straßenecke erreicht hatte. Er winkte ihnen zum Abschied noch einmal zu. Theo legte seinen Arm um Anna, und sie lehnte sich an ihn.

„Gibt es denn keinen Ort, wo wir hin können, Theo? Keinen Ort, an dem unserem Sohn das erspart bliebe?“

Theo antwortete nicht. Die Nachrichten gaben zu Hoffnung keinen Anlaß. Der Gedanke an die Folgen der ablehnenden Haltung der Briten und Franzosen jagte einem Schauer über den Rücken. Nur noch Jungen wie Wilhelm standen jetzt noch zwischen Hitler und Prag.

* * *

Die Scheinwerfer der entgegenkommenden tschechischen Armeefahrzeuge blendeten Elisa. Die Lastwagen waren nicht so zahlreich und auch nicht so neu, wie die der Wehrmacht. Aber schonungslos fuhren sie die Straße hinunter, auf der sie und Karl gerade gekommen waren. Irgendwo auf halber Strecke würden sie auf die Wehrmacht treffen. Sie würden den deutschen Truppen und den Panzereinheiten gegenüberstehen, und sie aufhalten! Das hatte die Stimme von Präsident Beneš im Radio klargemacht. Die Stimme der Vernunft. Die Stimme seines Volkes. Würde diese Stimme heute nacht durch Hitler zum Schweigen gebracht werden?

Bei dem Gedanken daran trat sie noch heftiger aufs Gaspedal. Karl hielt sich mit aufgerissenen Augen am Armaturenbrett fest, während der Wagen durch die Dunkelheit jagte. Er beugte sich vor, als wollte er allein durch seine Willenskraft ihn dazu bringen, sogar noch schneller zu fahren.

* * *

Murphy beeilte sich, von der Pressekonferenz fortzukommen. Er hielt nicht einmal inne, um die Argumente, die Präsident Beneš vorgebracht hatte, zu diskutieren. Jedem, der Verstand genug besaß und Ohren hatte zu hören, mußten sie ohnehin klar sein. Beneš und sein Glauben an die Demokratie hatten das Land tagtäglich vor Chaos und Untergang bewahrt, seit die Unruhen in den Sudetengebieten begonnen hatten. Er war ein Mann von Ehre und voller Hoffnung.

Kein Wunder, daß Theo Prag als zweite Heimat für sich und seine Familie gewählt hatte, dachte Murphy, als er ein Taxi anhielt. „In die Altstadt", trug er dem Fahrer auf tschechisch auf. Und auf Englisch fügte er hinzu: „Und tritt aufs Gas, Kerl. Ich will zu meinem Mädchen!"

* * *

Das Abendessen stand unangetastet auf dem Eßtisch der Lindheims. Murphy schritt die Länge des kleinen Zimmers immer wieder auf und ab. Sie war nach Wien gereist? Zurück nach Wien? Und sie hatte ihrer Familie gesagt, daß sie ihn dort treffen wollte. Was blieb ihm jetzt zu tun, in dieser Nacht? Die Grenzen waren bereits in Erwartung der drohenden Auseinandersetzung geschlossen.

Annas starrer Blick folgte Murphy. Theo ließ seinen Kopf hängen.

„Ich werde sehen, daß ich heute nacht einen Flug nach Wien bekomme", sagte Murphy. „Sie hat dort Freunde . . ." Er sah zu Theo hinüber. Erinnerte sich Theo an die Nacht, in der sie aus Wien geflohen waren? Erinnerte er sich an die Vorwürfe, die sich Elisa gemacht hatte, als sie Leah und Shimon zurücklassen mußte? „Ich bin sicher, daß es damit zu tun hat."

Anna konnte es einfach nicht begreifen. Sie hatten nichts von ihr gehört, seit sie vor Wochen fortgegangen war. Und jetzt kam heraus, daß sie Murphy nicht einmal gesehen hatte, daß es alles ein Theater gewesen war, ein tödliches Spiel ihrer *Freunde* wegen! „Du warst nicht mit ihr zusammen", wiederholte Anna tonlos, als sie sich darüber klarwurde. „Sie wollte sich gar nicht mit dir treffen."

Murphy verzog sein Gesicht. Er hatte Wien erlebt. Er wußte, wohin sie da zurückgekehrt war. „Ich werde mir einen Wagen besorgen und noch heute nacht aufbrechen, wenn ich keinen Flug bekomme!" sagte er. Er zog die Vorhänge zurück und starrte hinaus auf die leere Straße.

* * *

Sporer prüfte die Trommel seines Revolvers und fuhr mit dem Finger über die einzelnen Kugeln. Er war zuversichtlich, daß wenigstens eine von ihnen ihr Ziel erreichen würde. *Die Pauke und das Lied der sterbenden Jüdin!* Das Publikum würde den Schuß kaum mitbekommen. Sie würden überhaupt nichts mitbekommen, bis der kleine Jude aufsprang, um davonzulaufen – nachdem Beneš auf seinem Platz zusammengesackt war. *Gekreisch und Geheul!* Sporer würde noch eine Kugel drauflegen, um sicher zu gehen. Daß es in Paris nicht geklappt hatte, machte nichts. Das Chaos auf dem Wenzelsplatz war für den Abend vorprogrammiert! Chaos und dann das triumphierende Knallen der Stiefelabsätze auf dem Kopfsteinpflaster!

Er steckte die Waffe in seinen Hosenbund. Dann beugte er sich zum Spiegel vor, um seine schwarze Fliege zurechtzurücken. Während er die Hemdsärmel unter dem Jackett hervorzog, dachte er, daß er gut aussah. Er würde einer der wenigen Arier im Publikum sein. Er allein war die nationalsozialistische Antwort auf die jüdische Oper! Beneš würde seine Sentimentalität mit seinem eigenen Blut bezahlen. Die tschechische Armee würde vor der Wehrmacht davonlaufen. Ohne den Mut, den Beneš ihnen zusprach, würden sie untergehen. Schon morgen abend würde die Hakenkreuzfahne stolz im Wind über dem Hradschin wehen!

* * *

Aus dunklen Seitengassen heraus beobachteten Gruppen zorniger Männer, wie die reichen Juden Prags am Nationaltheater vorfuhren. Mit Pelzen und Juwelen behangenen Frauen wurde aus langen, glänzenden Limousinen geholfen. Der ganze Tand war auf Kosten deutscher Männer und Frauen erworben!

Zähneknirschend hielten sie ihre Knüppel und Äxte bereit. Schon bald würde diese arrogante jüdische Oberschicht schreiend und heulend aus dem Theater gerannt kommen! Sie würden sich vor Angst die Haare raufen und ihre Juwelen festhalten! Beneš würde in seiner eigenen Blutlache verrecken, und dann erst ging das Schlachtfest an den Judenschweinen richtig los!

50. Heimkehr

Noch brannten die Lichter in dem großen Theatersaal. Die Juwelen funkelten; dunkle Haare schimmerten, und Satinkleider glitzerten. Der Duft aller möglichen Parfüms vermischte sich in dem riesigen Auditorium des tschechischen Nationaltheaters. Erwartungsvolles Stimmengewirr erfüllte die Luft. Diese Nacht sollte die Einheit und Solidarität der Bevölkerungsgruppen demonstrieren. „*Viele Rassen unter einer Flagge*“, hatte Beneš erklärt. Heute nacht bewies er seine Entschlossenheit, dem Ideal der Toleranz zu dienen. Die Truppen standen hinter den Grenzbefestigungen bereit; Hitler würde es nicht wagen, sich mit einem Mann wie Beneš anzulegen! Nicht jetzt. Noch nicht.

Als die Saalbeleuchtung langsam erlosch, ertönte ein Tusch aus dem Orchestergraben, und das Stimmengewirr verstummte. Das Publikum erhob sich beim Klang der Nationalhymne. Das Licht eines Scheinwerfers fiel auf die Präsidentenloge hoch oben, rechts von der Bühne. Präsident Beneš erschien, die Hand aufs Herz gelegt.

Die Rampenlichter erstrahlten und tauchten die Bühne in helles Licht; langsam öffnete sich der Vorhang ...

* * *

Acht Uhr. Die hohen Türme des Hradschins deuteten wie hellerleuchtete Finger hinauf in die Wolken. Scheinwerfer suchten den nächtlichen Himmel über der Stadt ab. Sie standen auf dem Platz vor dem Nationaltheater. Elisa fiel es nicht schwer, ihren Standort auszumachen.

„Ich muß dich zu meiner Mutter bringen, Karl“, erklärte Elisa. Wenn es zu einem Blutvergießen kam, wollte sie nicht, daß Karl darin verwickelt wurde. „Ich kann selber nur kurz bleiben, aber ich komme später zurück. Du mußt bei meiner Mutter bleiben.“ Elisa mißachtete jedes Straßenschild und jede Ampel auf ihrem Weg in die Altstadt. Fast ohne abzubremsen, schoß sie um Kurven und Ecken. „Du brauchst keine Angst zu haben, Karl. Du mußt nur beten! Bete für mich, Karl!“

Der Junge legte ihr zärtlich seine Hand auf die Schulter, während sie wie wild ihrem Ziel entgegenrauschte. Acht Uhr. Beneš saß mittlerweile schon auf seinem Platz! Jeder saß auf seinem Platz, auch Sporer und seine Leute!

Elisa betete, daß sie nicht zu spät kam. Sie betete, daß sie Beneš ohne große Schwierigkeiten fand und daß er ihr *Glauben* schenkte!

* * *

Diese kleine Ratte, dachte Sporer, als er den Präsidenten durch sein Opernglas beobachtete. Er stellte ein geradezu lächerlich leichtes Ziel dar. Sporer hätte ihn in diesem Moment ohne jede Schwierigkeit erschießen können. Aber er würde die Flammen und das Donnern der Pauke abwarten, den Lärm des Schlußaktes, der seinen zweiten Schuß übertönen würde.

Er richtete sein Fernglas auf die Mitte des ersten Ranges, wo der kleine jüdische Kommunist schweißgebadet das Programmheft aufrollte und düster zu seinem Opfer hinüberstarrte. Sporer war sich nicht sicher, ob der Jude, ungeachtet seiner Überzeugung, die Sache auch tatsächlich durchstand. Es machte keinen großen Unterschied. Nachdem Sporer Beneš getötet hatte, würde er sich einfach vorbeugen und mit dem Finger auf den Juden zeigen. *Dort sitzt der Mörder, er hat geschossen,* würde er schreien. Sie würden die Pistole bei dem Juden finden. Die tschechische Polizei würde sicher nicht lange fackeln und ihren Gefangenen töten, noch bevor sie das Gefängnis erreichten.

Sporer lehnte sich in seinen weich gepolsterten Sitz zurück. Bilder des Durcheinanders und von blutgetränkten Satinkleidern schossen ihm durch den Kopf. Er war geduldig, und diese Tugend hatte ihm stets zum Erfolg verholfen.

* * *

Murphy nahm seinen Hut und legte die Hand auf den Türgriff. „Ich seh zu, daß ich ein Telefongespräch nach Wien durchgestellt bekomme. Ich habe dort Freunde. Sie wird sich zweifellos mit dem Musikverein in Verbindung gesetzt haben."

„Bitte – " Theo schwankte unter der Last der Anspannung. Warum hatte er sie gehen lassen? Falls ihr etwas zugestoßen war, wie sollte er sich das jemals verzeihen können? Er konnte nicht einmal Anna in die Augen sehen.

Anna alterte sichtlich in Sekundenschnelle. „Fahr nicht wieder fort, ohne uns Bescheid zu geben“, bat sie. „Wenn deine Freunde irgendetwas wissen ... versuch', sie zu finden.“

Murphy runzelte die Stirn und atmete langsam aus. Was konnte er ihnen Beruhigendes sagen? „Wir dürfen nicht vergessen, daß sie einen amerikanischen Paß hat. Das zählt immer noch eine ganze Menge.“ Er schüttelte Theos Hand. „Ich werde bei der amerikanischen Botschaft vorbeischauen, sobald ich mit dem Telefonat durchgekommen bin ...“ Er öffnete die Tür, gerade als die Scheinwerfer eines Wagens um die Ecke schossen. Wie Bühnenstrahler tauchten sie die drei in helles Licht. Theo hob seine Hand, um seine Augen abzuschirmen, als der Wagen mit kreischenden Bremsen vor dem Haus zum Halt kam.

„Papa!“ rief Elisa, als sie aus dem Auto sprang, dessen Motor noch lief. „Murphy! Oh Gott, *beeilt* euch! Sie wollen Präsident Beneš ermorden!“

* * *

Sporer! Murphy erinnerte sich noch gut an sein Gesicht. Er erinnerte sich klar und deutlich an den Mann, der Rudy Dorbransky zu Tode gefoltert hatte. Und jetzt war er also hier, sagte Elisa! Irgendwo unter den Tausenden, die im Publikum des Nationaltheaters saßen!

Es gab nichts zu Parken, keine Möglichkeit, in die Nähe des Eingangs zu kommen. Überall standen Autos und verbauten die Durchfahrt. Scheinwerfer beleuchteten den Himmel über dem Theater.

„Beeil dich, Murphy!“ rief Elisa. Sie waren ohnehin schon so spät. „Otto sagt, es würden Männer in den Seitenstraßen auf die Nachricht von Beneš' Tod warten!“

Murphy paßte es nicht, in einer dunklen Nebenstraße des Theaters zu parken. Er fuhr um die Ecke, ließ den Motor aufheulen und jagte den Wagen über den Bordstein des breiten Bürgersteigs. Die Fahrer der Limousinen stürmten auseinander, als er auf die Stufen zuraste, die zur Eingangshalle hinaufführten. Der Wagen setzte auf dem Stein auf, als Murphy ihn die Stufen hinaufjagte. Einlasser in roten Uniformen und Goldpailletten rissen erstaunt ihre Münder auf, als sie den grünen Packard erblickten, der sich die Treppe hinauf auf sie zu kämpfte.

„Raus!" brüllte Murphy; die Räder drehten an einer Stufe durch. Elisa gehorchte, und Murphy folgte ihr. Der Wagen rollte zurück und rammte eine Limousine, die am Bordstein geparkt war.

Türsteher und Soldaten kamen brüllend auf sie zugelaufen. *Wenigstens haben wir ihre Aufmerksamkeit erregt,* dachte Murphy, als einer von ihnen ihn mit festem Griff packte und zu Boden drückte.

„Sag es ihnen, Elisa!" rief Murphy.

„Sie wollen Präsident Beneš töten!" schrie sie, als zwei Wärter sie in die Halle zerrten. „Bitte! Sie müssen sie aufhalten!" Plötzlich merkte sie, daß sie deutsch sprach. Sie wiederholte es noch einmal auf tschechisch. Daraufhin packten die Wärter sie noch fester und stießen sie gegen eine Wand. Sie raubten ihr den Atem. Elisa konnte sehen, daß sie Murphy noch härter anfaßten.

„Wer?" Einer der Wärter schüttelte sie vehement. „Wer will ihn töten – ?"

„Die Nazis!" Elisa weinte. Das hatte sie nicht erwartet! Sie hatte gedacht, sie könnte es ihnen einfach sagen und –

„Welche Nazis?" Der Wärter schüttelte sie noch heftiger, als könnte er die Information aus ihr herausprügeln.

„Sie ... bitte! Warnen Sie Beneš! So gehen Sie doch!" Sie hörte, wie die Musik des Schlußaktes einsetzte.

„Er ist in seiner Privatloge! Seine Leibwächter sind bei ihm!"

„Verstehen Sie denn nicht – ?" flehte sie. „Sie werden ihn *umbringen.* Die anderen warten nur darauf. In den Straßen ... Sie werden auch Sie töten. Großer Gott! Ich bin aus Wien hierhergekommen! Um Sie zu warnen ... die Gestapo!"

Die Stimme des riesigen Wärters ging in der tosenden Musik unter, die das Feuer ankündigte, das schon bald sowohl die junge Heldin als auch den Präsidenten verschlingen sollte!

„Holen Sie einen Offizier!" verlangte Murphy. „Mein Gott! Begreifen Sie denn nicht? Sie werden Beneš töten! Jetzt gleich!"

Sechs Offiziere kamen mit weißen Handschuhen und panischen Gesichtern die Treppe herunter, um einen Blick auf das verrückte Pärchen zu werfen, das in der Halle gegen die Wand gepreßt wurde. Sie unterhielten sich flüsternd miteinander, als sie auf Elisa zugingen. Wütende Stimmen. Feindselige Blicke musterten aus der Ferne den zertrümmerten Packard. Es traf alles zu! Genauso wie Otto es gesagt hatte! Heute nacht würden sie Präsident Beneš töten. Und schon morgen früh würde Prag von einem Höllenfeuer vernichtet, so wie jetzt die Flammen über der jüdischen Braut loderten. Den Schluß diktierte

Berlin, stillschweigend von London toleriert! Die Aufführung fand heute abend in Prag statt!

„Bitte!" rief sie noch einmal. „Ich muß sofort zu Präsident Beneš! Ich muß ihn warnen!"

Die Offiziere wechselten nervöse Blicke. „Woher sollen wir wissen, daß es nicht *Sie* sind, die dem Präsidenten etwas antun wollen?"

Die Treppe, die zum zweiten Rang der Logen hinaufführte, war mit einer tschechischen Fahne geschmückt. Vor nicht allzu langer Zeit war Präsident Beneš diese Stufen hinaufgegangen. Sie würden ihn hinunter tragen müssen, wenn nicht …

„Lassen Sie mich los! Sie tun mir weh!" rief Elisa atemlos.

„Lassen Sie sie los", befahl der verantwortliche Offizier. „Also, was hat das Ganze zu bedeuten?"

„Sie verstehen nicht!" Elisa versuchte, sich an dem Mann vorbeizudrängeln, der ihr den Weg versperrte. „Da drin ist ein Attentäter!"

„Ich nehme an, Sie wollen mir weismachen, daß Hitler den Präsidenten umbringen will, um sich für die heutige Vorführung zu rächen?" Er lachte und warf einen Blick auf Murphy, der versuchte hochzukommen.

Diesen kurzen Augenblick Unaufmerksamkeit nutzte Elisa. Sie nahm ihren ganzen Mut zusammen und rannte los. Sie schlidderte über den Marmorboden und stürmte die Treppe zwei Stufen auf einmal nehmend hinauf. Die Offiziere schrien aufgeregt hinter ihr her.

Die Logen waren nummeriert. Elisa hetzte über den roten Teppich bis zum Ende des Flures, wo die Loge des Präsidenten war. Vor ihr stand eine weitere Gruppe Soldaten. Hinter ihr schrie jemand: „Haltet sie auf! Sie will zum Präsidenten!"

Überrascht zogen die Soldaten ihre Revolver und Säbel und kamen auf sie zu. Die Flammen auf der Bühne zuckten höher und höher. Fast erreichten sie die schöne Heldin. Sie sang lauter und lauter und fiel unglücklich zu Boden.

Jemand stieß Elisa zu Boden, und sein Gewicht nagelte sie darauf fest. Ihr eigener Schrei verlor sich in der Hölle, die auf der Bühne unter ihnen in diesem Moment aufheulte.

Elisas Kopf knallte hart gegen die Tür der Präsidentenloge. Von allen Seiten wurde sie gepackt. *So nah dran!* Sie hörte, wie die Musik anhob. Jeden Augenblick würde das Donnern der Pauke ertönen.

* * *

Sporer tastete nach der Pistole in seinem Jackett. Der jüdische Kommunist hatte ebenfalls seine Waffe gezogen. Die Flammen auf der Bühne loderten immer höher. Beneš beugte sich vor, begeistert sog er das Stück in sich auf. Beneš bot eine perfekte Zielscheibe. Einfach perfekt.

Sporer zog den Hahn und zielte durch den Stoff seines Mantels. Der Jude sah auf – eine deutliche Geste. Zu deutlich. Er hockte auf dem Rand seines Stuhls und starrte zu Beneš hinüber.

Der Paukenspieler hob seinen Arm; das Trauerlied der Heldin wurde noch lauter. Nur noch ein Augenblick –

Die Türen an der Rückwand des Zuschauerraums sprangen auf. Eine grausige Gestalt wankte herein. Ihr Anzug war zerrissen, ihre Nase blutete. Wild fuchtelte die Gestalt mit den Armen und schrie wie verrückt. Die Aussprache hatte einen ausländischen Akzent, aber die Bedeutung der Worte war unmißverständlich.

„Sie wollen Beneš töten!" schrie Murphy über die tosende Musik hinweg! „Beneš!"

Der Präsident sah zu Murphy hinunter, als der jüdische Attentäter sich erhob und wie wild zu schießen begann. Beneš duckte sich, ein Soldat neben ihm stürzte mit einem Armdurchschuß zu Boden.

Das Geschrei des Publikums übertönte alles andere. Sporer sprang auf und schmiß seinen Stuhl um. Es gab keine Chance. Er wartete einen Augenblick länger in der Hoffnung, daß Beneš noch einmal seinen Kopf herausstrecken würde. Die Tür zur Präsidentenloge öffnete sich kurz, und in diesem Bruchteil sah Sporer sie! *Elisa!* Die Frau, die bei Otto im Büro gewesen war! Instinktiv zielte er und drückte ab. Die Kugel drang nur einen Zentimeter neben dem Kopf der Frau in die Wand. Das Geschrei wurde noch lauter, und die Tür schlug zu.

„Dort!" Jemand deutete auf Sporer. „Er hat eine Waffe! Dort oben!"

Männer und Frauen stürzten zu Boden und bedeckten ihre Köpfe, als Sporer in die Menge feuerte. Er sprang auf die Brüstung seiner Loge und ergriff den Vorhang. Daran schwang er sich hinunter, bis der Stoff unter seinem Gewicht riß.

Er schlug hart auf der Bühne auf. Murphy stürmte den Gang entlang. Er sprang über die am Boden liegenden Körper hinweg und kletterte die Stufen hinauf, während Sporer versuchte, sich wieder aufzurappeln.

Die Flammen auf der Bühne loderten noch immer, obwohl die Schauspieler längst hinter der Bühne Schutz gesucht hatten. Murphy nahm die Stufen in einem Satz und stürzte sich auf Sporer, noch bevor sich dieser hatte erheben können. Sporer hob seine Pistole und drückte noch einmal ab; die Kugel versengte die Haut an Murphys Wange.

Wie ein Wilder schrie Murphy auf, zerrte Sporer an den Haaren hoch und schmetterte seinen Kopf gegen den Bühnenboden. Schreiend trat Sporer nach ihm. Die Waffe fiel ihm aus der Hand und rutschte in das Feuer, das entfacht worden war, um ein jüdisches Leben zu beenden. Immer wieder schlug Murphy Sporers Kopf gegen den Boden, bis dieser schließlich reglos neben ihm liegenblieb.

* * *

Es war fast Mitternacht, als Otto den Wagen den letzten steilen Anstieg zum Bauernhof seiner Eltern hinauflenkte. Im Radio spielten sie Mendelssohns Fünfte Symphonie. Die *Reformations-Symphonie.* Leah mußte an Elisa denken. *„Eine feste Burg ...“* sagte sie laut.

Otto warf ihr einen neugierigen Blick zu. „Ich denke, das ist ein Sender aus Genf. Das ist ein Vorteil, wenn man hier wohnt. Wir waren immer näher an der Schweiz als an den Deutschen. Es hilft, wenn Sie im Radio die Wahrheit hören wollen.“

„Glauben Sie, daß sie es geschafft hat?“ fragte Leah nach einer Weile.

„Ich glaube, daß Präsident Beneš noch lebt“, antwortete Otto. „Ich weiß nicht warum, aber ich bin sicher, daß er noch am Leben ist. Er wird den Fuhrer beschuldigen, und Hitler wird entgegnen, daß das alles viel Rauch um nichts sei! Er wird behaupten, daß man ihm da was anhängen wollte! Er hätte sowieso nie vorgehabt, irgendwo einzumarschieren!“

„Glauben Sie?“ Leah verspürte neue Hoffnung. Die frische Bergluft füllte ihre Lungen. Sie sah aus dem Fenster hinauf zu den Sternen, die sich wie ein unendlicher Baldachin von einem Gipfel zum anderen erstreckten.

„Mittlerweile hätten wir es erfahren, wenn die Wehrmacht einmarschiert wäre. Wenn Beneš getötet worden wäre, hätten sie es vor Stunden durchgegeben.“

„Gut.“ Sie deckte Ludwig mit ihrem Mantel zu. Der Junge schlief fest auf dem Rücksitz. „Und was werden wir jetzt unternehmen?“

Die Schlaglöcher in der Straße wurden immer tiefer. Eine Weile antwortete Otto nicht. Schließlich zeigte er zu den Lichtern eines großen

Bauernhofes, der sich über einem Hang vor einer grünen Wiese erhob. Das durch die Fenster fallende Licht bildete goldene Rechtecke, die den Hügel so erleuchteten wie die Sterne den Himmel. „Mein Zuhause“, sagte er knapp. Es war seine Antwort auf ihre Frage.

Die Eingangstür öffnete sich und die untersetzte Gestalt einer Bäuerin trat heraus. Ein großer, hagerer Mann mit herabhängendem Schnurrbart gesellte sich zu ihr. Ihre Umrisse zeichneten sich vor dem erleuchteten Türrahmen ab. Die Frau stützte ihre Hände in ihre Hüften und stellte sich auf die Zehenspitzen, um zu erkennen, wer dort die Straße heraufkam. „Ihre Eltern?“ fragte Leah.

Otto nickte. Er schien unfähig zu sprechen. „Ich kehre heim“, flüsterte er, *„heim!“*

* * *

Murphys Brief lag geöffnet auf dem Kopfkissen. *Saubere Laken, die Decken zurückgeworfen ...*

Elisa liebkoste Murphy mit ihren Blicken, bis er ganz trunken von ihrer Nähe war.

„Ich hatte keine Ahnung, daß du wußtest, wie man Vivaldi buchstabiert“, flüsterte sie.

Er streckte seine Hand aus und berührte ihre Wange. „Du weißt eine ganze Menge nicht von mir ...“

„Noch.“ Sie drückte ihre Lippen auf seinen Mund, küßte ihn und sog seine Berührung in sich auf. Mit ihren Lippen an seinem Gesicht wiederholte sie die Worte, die er ihr geschrieben hatte: „Alles, woran ich denken kann, bist du. All meine Gedanken kreisen nur um dich ...“

Er zog sie noch näher und küßte sie abermals. „Es gab nicht eine Stunde, seitdem ich dich das letzte Mal gesehen habe, in der ich mich nicht in der Menge in der Hoffnung umgesehen habe, dich zu teffen.“

Sie lächelte und legte ihren Kopf an seine breiten Schultern. „Jetzt bin ich hier, Murphy“, seufzte sie. „Für alle Zeit. Wenn du mich willst, ich bin hier.“

* * *

Der Cellokasten lehnte wie ein Wachtposten in der Ecke des Schlafzimmers. Anna hatte Karl schon vor Stunden in das warme, weiche Bett gelegt. Es war ein schönes Bett. Es hatte einst Annas kleinem Jungen gehört, der jetzt erwachsen war und irgendwo herumflog, um die Nazis abzuschrecken. Anna hatte Karl alles darüber berichtet, damit er unbesorgt einschlafen konnte. „Alles wird gut werden", hatte sie gesagt. Hitler würde nicht hierher nach Prag kommen, so wie er nach Wien gekommen war.

Ein warmer Frühlingswind war aufgekommen. Die Vorhänge flatterten und der Duft von Blumen und ausschlagenden Bäumen erfüllte den Raum. Karl lag still im Bett und fragte sich, ob er irgendwann über grüne Wiesen würde rennen können, so wie Leah es beschrieben hatte. Oder vielleicht auf einen Baum klettern.

Bei dem Gedanken vermißte er Ludwig sehr. Und er vermißte auch seinen Vater und seine Mutter. Er schloß die Augen und versuchte sie sich auf einer Wiese mit hohem grünen Gras vorzustellen. Im stillen betete er, daß Gott auf sie acht gab und daß Engel für sie musizierten, so wie Tante Leah ihm auf Vitorio vorgespielt hatte, wenn er traurig gewesen war.

Er schlug die Augen wieder auf und war froh, daß Vitorio bei ihm war. Eine Weile lag er unter der Daunendecke und betrachete den Cellokasten. Als er aus dem Bett stieg und auf Zehenspitzen zu Vitorio schlich, konnte er durch die Wände Elisas unterdrücktes Lachen hören.

Er öffnete die Schlösser und klappte den Deckel auf. Vorsichtig zog er den Seidenschal, der das rotschimmernde Holz des kostbaren Instruments bedeckte, beiseite. Für heute nacht würde er den Deckel geöffnet lassen; jedesmal, wenn er sich allein fühlte, würde er seine Augen aufmachen, und sein alter Freund Vitorio würde bei ihm sein und auf ihn aufpassen.

Bei diesem Gedanken fühlte er sich besser, ja beinahe glücklich. Er zog die Decke bis zum Kinn und kuschelte sich in das weiche Federbett. Er schloß die Augen und hörte die Melodie. Ja, er hörte sie ganz deutlich, als die zarten Hände des Windes Vitorios Saiten zum Schwingen brachten.

Erleichtert seufzte Karl und träumte von grünen Wiesen, während die Engel ihr Wiegenlied spielten und eine leise, süße Stimme ihn in den Schlaf sang.

Die „ZION-PASSION“ von Bodie Thoene

In dieser Reihe erfahren Sie mehr über den Leidensweg des jüdischen Volkes – die Vorgeschichte zu der Bestseller-Serie „Die Zion-Chroniken“. Die Autorin Bodie Thoene legt hier eine weitere spannende Serie vor. Ihre Erfahrung als Drehbuchautorin kam ihr bei der sorgfältigen Recherche und der packenden Ausgestaltung der Romane sicher zugute.

Wien – der Auftakt
Die Zion-Passion 1
Bestell-Nr. 329 900
514 Seiten

Prag – der Konflikt
Die Zion-Passion 2
Bestell-Nr. 330 007
406 Seiten

München – das Abkommen
Die Zion-Passion 3
Bestell-Nr. 330 057
444 Seiten

Jerusalem – die Hoffnung
Die Zion-Passion 4
Bestell-Nr. 330 095
470 Seiten

Danzig – der Plan
Die Zion-Passion 5
Bestell-Nr. 330 116
472 Seiten

Warschau – das Requiem
Die Zion-Passion 6
Bestell-Nr. 330
540 Seiten

FRANCKE
Verlag der Francke-Buchhandlung GmbH

Die „ZION-CHRONIKEN“
von Bodie Thoene

„Die Zion-Chroniken“ ist eine großangelegte, äußerst spannende Serie vor dem Hintergrund des Überlebenskampfes des jüdischen Volkes nach dem Holocaust. Die Autorin Bodie Thoene ist hauptsächlich für Filmproduktionen tätig. Ihre „Zion-Chroniken“ – vor dem Hintergrund der jüdischen Staatsgründung spielend – besteht aus fünf Bänden.

Der Weg nach Zion
Die Zion-Chroniken – Bd. 1
Bestell-Nr. 330 458
440 Seiten, gebunden

Eine Tochter aus Zion
Die Zion-Chroniken – Bd. 2
Bestell-Nr. 330 459
328 Seiten, gebunden

Die Rückkehr nach Zion
Die Zion-Chroniken – Bd. 3
Bestell-Nr. 330 467
468 Seiten, gebunden

Licht über Zion
Die Zion-Chroniken – Bd. 4
Bestell-Nr. 330 468
440 Seiten, gebunden

Das Tor nach Zion
Die Zion-Chroniken – Bd. 5
Bestell-Nr. 330 483
508 Seiten, gebunden

FRANCKE
Verlag der Francke-Buchhandlung GmbH